ROBERT S. CHAMBERLAIN

LA CONQUISTA Y COLONIZACIÓN DE HONDURAS
(1502-1550)

LA CONQUISTA Y COLONIZACIÓN DE HONDURAS
(1502-1550)
Robert S. Chamberlain
Traducción al español: David Ruiz
Libro original publicado por la Institucion Carnegie de Washington 1953.
Reimpreso por Octagon Press 1966.
©Editorial Colección Erandique 2024
Spervisión Editorial: Óscar Flores López
Diseño de portada: Andrea Rodríguez-Lilyana Gálvez
Administración: Tesla Rodas y Jéssica Cordero
Levantamiento de texto: Zona Creativa
Presidente: José Azcona Bocock

Segunda edición
Tegucigalpa, Honduras-marzo de 2024

CONTENIDO

UN LIBRO POCO CONOCIDO 1
INTRODUCCIÓN 3
I: LA CONQUISTA Y COLONIZACIÓN DE HONDURAS E HIGUERAS HASTA 1537 .... **13**
   1. HONDURAS E HIGUERAS HASTA 1534 15
      EL DESCUBRIMIENTO 15
      OLID, LAS CASAS, Y COMIENZOS DE LA COLONIZACIÓN 20
      CORTÉS VA A HONDURAS 25
      ESTADO JURISDICCIONAL 28
      LÓPEZ DE SALCEDO COMO GOBERNADOR REAL 32
      CERECEDA COMO GOBERNADOR INTERINO 37
   2. CERECEDA Y LOS INICIOS DE LA COLONIZACIÓN PERMANENTE EN HONDURAS 43
      PRIMERA DELIMITACIÓN DE HIGUERAS 43
      ESTADO DE LA CULTURA NATIVA 45
      OCUPACIÓN DE HIGUERAS POR CERECEDA 47
      DESCONTENTO BAJO CERECEDA 52
      LLAMAMIENTO PARA QUE ALVARADO TOME EL MANDO 55
   3. ASPIRACIONES DE MONTEJO Y SU RELACIÓN CON LA HISTORIA DE HONDURAS-HIGUERAS 59
      MAL GOBIERNO EN HONDURAS-HIGUERAS 59
      ENTRENAMIENTO DE MONTEJO COMO CONQUISTADOR 61
      LA OCUPACIÓN DE YUCATÁN 63
      NOMBRAMIENTO DE MONTEJO A HONDURAS-HIGUERAS 65
   4. INTERVENCIÓN DE PEDRO DE ALVARADO 71
      LAS NEGOCIACIONES ENTRE MONTEJO Y ALVARADO 71

LA SITUACIÓN EN HIGUERAS ANTES DE LA LLEGADA DE ALVARADO 78
CAMPAÑAS DE ALVARADO EN HIGUERAS 80
FUNDACIÓN DE GRACIAS A DIOS 92

II. FRANCISCO DE MONTEJO Y LA CONQUISTA DE HIGUERAS 1537-39 99

5. LA CONQUISTA FINAL DE HIGUERAS 101

MONTEJO ASUME LA GOBERNATURA DE HONDURAS-HIGUERAS 101

LA GRAN REVUELTA INDIA, 1537-39 LEMPIRA Y EL PEÑÓN DE CERQUÍN 115

EL ESTALLIDO DE LA REVUELTA GENERAL EN HONDURAS 122

LA MUERTE DE LEMPIRA Y EL GIRO DE LOS ACONTECIMIENTOS 128

LAS CAMPAÑAS EN HIGUERAS DESPUÉS DE LA CAÍDA DEL PEÑÓN DE CERQUÍN 131

EL LIDERAZGO DE MONTEJO 140

6. ADMINISTRACIÓN DE MONTEJO EN HONDURAS-HIGUERAS 145

ASPIRACIONES DE MONTEJO COMO GOBERNADOR 145

CONDICIONES DE HONDURAS-HIGUERAS EN 1537 146

PROBLEMAS DE LOS LÍMITES JURISDICCIONALES DE HONDURAS-HIGUERAS 148

PLANES PARA EL DESARROLLO POLÍTICO Y COMERCIAL, 1537-39 157

MINERÍA EN HONDURAS-HIGUERAS HASTA 1539 165

MEDIDAS ADMINISTRATIVAS GENERALES, 1537-39 173

LOS ESPAÑOLES Y LOS INDIOS, 1537-39 177

PEDRAZA, ECLESIÁSTICO, PROTECTOR DE LOS INDIOS Y JUEZ REAL 187

RESUMEN DE LAS POLITICAS Y PROYECTOS DE MONTEJO 197

III HONDURAS E HIGUERAS DESDE LA CONQUISTA DE HIGUERAS HASTA LA INSTALACIÓN DE LA AUDIENCIA DE LOS CONFINES 1539-44 211

7. LA DISPUTA ENTRE ALVARADO Y MONTEJO SOBRE LA GOBERNATURA 213

    LAS CUASAS DE LA CONTROVERSIA 213

    DECISIÓN DE LA CORONA EN APOYO A ALVARADO 222

    REGRESO DE ALVARADO DESDE ESPAÑA 230

    PEDRAZA COMO MEDIADOR 233

    PLANES DE ACCIONES LEGALES CONTRA MONTEJO 239

    MONTEJO DESTITUIDO DE SU CARGO 248

    MONTEJO LLEGA A UN ACUERDO 253

8. PROBLEMAS JURISDICCIONALES, 1539-44 259

    HONDURAS-HIGUERAS COMO PROVINCIA SUBORDINADA DE GUATEMALA 259

    LA DISOLUCIÓN DE LA UNIÓN CON GUATEMALA Y LA ADMINISTRACIÓN DE GARCÍA DE CELIS Y LÓPEZ DE GAMBOA 265

    EL REGRESO DE MONTEJO COMO GOBERNADOR 277

    PÉRES DE CABRERA, GOBERNADOR DE HONDURAS-HIGUERAS EN EL NOMBRE DE LA AUDIENCIA DE SANTO DOMINGO 284

    MALDONADO COMO MAGISTRADO PRINCIPAL DE HONDURAS-HIGUERAS POR NOMBRAMIENTO DEL VIRREY Y LA AUDIENCIA DE LA NUEVA ESPAÑA 293

    TERCER Y ÚLTIMO PERIODO DE MONTEJO COMO GOVERNADOR DE HONDURAS-HIGUERAS 300

    LA LLEGADA DEL GOBIERNO REAL ABSOLUTO CON LA CREACIÓN DE LA AUDIENCIA DE LOS CONFINES 307

9. DESARROLLO ECONÓMICO, ADMINISTRATIVO Y MILITAR EN HONDURAS-HIGUERAS, 1539-50 311

    EXTENSIÓN DE LA CONQUISTA 311

    MEDIDAS ADMINISTRATIVAS DESIGNADAS PARA PROMOVER EL DESARROLLO 323

    DESARROLLO ECONÓMICO 329

PROBLEMAS DE ENCOMIENDA 336
POLÍTICAS INDIAS..338
LA IGLESIA 345
LA POBLACIÓN...349
CONCLUSIÓN 350
BIBLIOGRAFÍA 357
COMENTARIOS SOBRE LAS FUENTES 357
TABLA DE ABREVIATURAS BIBLIOGRÁFICAS 359

UN LIBRO POCO CONOCIDO

Debo confesar que no conocía la existencia de esta obra. Aunque había iniciado la edición de otros libros, cometí "el error" de echarle un vistazo. Decidí leer el primer capítulo, seguí con el siguiente, y el siguiente, y el siguiente... hasta llegar al final.

Es un libro apasionante.

La idea original de Robert S. Chamberlain (historiador estadounidense nacido en Ohio, en 1903, y fallecido en 1982), era la de escribir un libro sobre el conquistador español Francisco de Montejo.

Cuando llegó al Archivo General de Indias de Sevilla, Chamberlain encontró documentos sobre la conquista y colonización de Honduras-Higueras, y concluyó escribiendo un libro que se lee casi sin un respiro.

"Aunque Honduras-Higueras fue descubierto por Cristóbal Colón en 1502, la conquista inició en 1524 y concluyó, con su dominio definitivo en 1544", narra Chamberlain.

Nada menos que cuarenta y dos años...

Chamberlain relata, además, de los métodos violentos de conquistadores como Hernán Cortés, Pedro de Alvarado (llamado Tonatiuh, sol en lengua mexica), Cristóbal de Olid, González Dávila, las intrigas y traiciones por apropiarse de las nuevas tierras, sus largas y agotadoras campañas militares en las que tenían que enfrentarse, además de los guerreros indios, a las enfermedades, las tormentas diluviales, la ferocidad de las selvas...

Chamberlain encontró en el Archivo General documentos que atestiguan la resistencia realizada por Cicumba y por Lempira, y la respuesta de este a los conquistadores: "No conozco otro señor ni conoceré otra costumbre que la que ya conozco".

Con las derrotas de los caciques Cicumba y de Lempira, los españoles pudieron, finalmente, comenzar la colonización de Honduras-Higueras.

Antes los ojos de Chamberlain aparecieron, como el oro y la plata de las minas hondureñas, archivos sobre el ahorcamiento de nativos en el Valle de Olancho; y la historia, poco conocida de Gonzalo Guerrero, un español que se pasó al bando maya, y que fue asesinado (ataviado de ropa indígena y cubierto de pintura de guerra), mientras hacía frente a antiguos camaradas.

La ferocidad de los pueblos nativos llevó a algunos soldados españoles a asegurar que "la resistencia era más fuerte que la de los moros y los turcos".

Con el camino despejado, los conquistadores pudieron imponer el castellano, la religión católica y nuevas formas de gobierno, comercio y división social.

Extrañamente, la conquista y colonización de Honduras no es texto de estudio en los colegios; tampoco en las universidades o estudios de postgrado.

A pesar de que es un libro cargado de dolor porque describe el exterminio que sufrieron nuestros los pueblos originarios de Honduras-Higueras, es una hermosa investigación que nos hace transportarnos a un pasado en el que también hubo incontables ejemplos de heroicidad.

Gracias a Colección Erandique, lectores, investigadores, catedráticos y estudiantes, así como el público en general, tienen acceso a este clásico, que, como fue en mi caso, los maravillará de principio a fin.

Este libro llega por primea vez en español al público hondureño gracias a la traducción de David Ruiz.

Óscar Flores López
Editor Colección Erandique

Introducción

Este estudio de la conquista española y colonización de Honduras, como mi historia de la ocupación de Yucatán, nació de mi intención original de escribir una biografía de Francisco de Montejo, uno de los grandes, pero menos conocido, conquistadores. Mientras mi investigación en el Archivo General de Indias de Sevilla y otros archivos españoles progresaba, surgieron muchos elementos inesperados.

Primero, las actividades de Montejo en Yucatán y en Honduras, aunque interconectadas, en realidad constituyeron dos carreras separadas. El segundo elemento fue la relación extremadamente cercana entre la ocupación española de Yucatán y la conquista final de Honduras, una relación que no solo se centró en la persona de Montejo, sino también en los planes que concibió para el engrandecimiento personal y para el desarrollo de las dos provincias.

El tercer factor fue la sorprendente revelación a través de muchos documentos originales de que media década de la historia de Honduras (de mediados de 1539 hasta la primavera de 1544) hasta ahora nunca había sido registrada en escritos históricos; cinco años que trajeron importantes desarrollos constitucionales, extensión de conquistas y asentamientos, y progreso económico a través del descubrimiento de nuevos y ricos yacimientos de metales preciosos. La historia de estos años se perdió para los cronistas hacia 1600, si no antes.

La riqueza de los documentos permitió dar una imagen técnica y detallada de la combinación de políticas y acciones prácticas a través de las cuales, paso a paso, se inició, llevó adelante y se hizo permanente la conquista y la colonización. La compacidad territorial de la Provincia de Honduras se prestaba especialmente a tal análisis clínico.

En este estudio se resumen como antecedentes los primeros años de Honduras, que desde un principio fue lugar de encuentro de corrientes contrapuestas de la expansión española. Aquí, el análisis comienza en 1534, cuando se pusieron en marcha las tendencias que iban a determinar el patrón de la conquista y el asentamiento finales.

La historia de Honduras hasta 1550 es extremadamente compleja y es la historia de una de las provincias más perpetuamente turbulentas de las Indias durante las dos primeras décadas de su historia. Su lejanía de otros centros de colonización dejo un gran margen para la acción individual, tanto de gobernadores como de colonos. El hecho de que allí se encontraran impulsos de la expansión española desde varias direcciones (desde Santo Domingo, hacia abajo desde México y hacia arriba desde Panamá), creó rivalidad y violencia entre los españoles desde el principio. La estrecha conexión que más tarde se desarrolló entre la cercana Guatemala y Honduras, y la interrelación entre la conquista de Yucatán y la de Honduras, provocó una mayor confusión jurisdiccional.

No es exagerado decir que la rivalidad y el derramamiento de sangre entre capitanes y gobernadores comprometieron tanto los esfuerzos de los españoles que por mucho tiempo se desviaron de su objetivo principal. Aunque la provincia fue descubierta en 1502, la conquista no empezó sino hasta 1524. Sin embargo, sólo en 1539 lograron los españoles el dominio definitivo, y pasaron cinco años más antes de que el gobierno real pudiera finalmente poner orden en la provincia, mediante la instalación de la *Audiencia*, un sistema de gobierno por comisión.

La historia de la fundación de Honduras incluye necesariamente una gran parte de historia constitucional e inconstitucional, así como un relato de la conquista y la gente de la provincia. La implantación del gobierno dentro de la colonia y la fijación de su lugar dentro del marco más amplio de la administración española exterior cobran gran importancia.

La historia constitucional no solo incluye las primeras rivalidades de los capitanes recién llegados, sino también conflictos posteriores entre poderosos conquistadores-gobernadores –hombres de alto rango por derecho propio– y al final del período que abarca este estudio, competencia jurisdiccional entre las máximas agencias de gobierno en las secciones del norte de las indias españolas, el virrey y Audiencia de la Nueva España por un lado y la Audiencia de Santo Domingo por el otro. La tendencia de esta evolución gubernamental en Honduras es simbólica de la evolución más amplia de la administración exterior castellana, aunque, por su excepcional turbulencia, la provincia representa un caso exagerado.

He incluido una serie de pasajes detallados sobre peticiones, recomendaciones y protestas que los gobernadores, autoridades locales, eclesiásticos y colonos presentaron a la Corona de Castilla y a las agencias superiores de gobierno en el Nuevo Mundo en varios momentos, así como pasajes de otros documentos legales redactados por individuos o grupos, que exponen las opiniones tanto de los funcionarios como de los ciudadanos sobre cuestiones que conciernen a la colonia.

A falta de documentos privados extensos, como cartas, autobiografías, memorias y diarios, este tipo de documentos son los únicos disponibles que muestran la "opinión pública" de los colonos. Estas peticiones, recomendaciones y protestas de las autoridades, en particular las de los consejos municipales o cabildos, expresadas en correspondencia o a través de procuradores, muestran lo que los funcionarios y ciudadanos, o segmentos de ambos, creían que debía hacerse para beneficiar a la colonia, ya sea de la provincia en su conjunto o de sus propios municipios, en diversas etapas.

Las peticiones o recomendaciones de grupos o de personas contrarias a los actos o políticas de las autoridades representan lo que puede llamarse un "partido de oposición". Asimismo, los puntos de vista de los cabildos municipales y del cuerpo ciudadano — intereses locales dentro de la colonia— son frecuentemente discrepantes entre sí. Grupos minoritarios completamente en desacuerdo con las autoridades provinciales o con la mayoría de los colonos no pocas veces designaban a sus propios representantes para llevar sus puntos de vista particulares a la Corte de Castilla o a los órganos superiores de gobierno del Nuevo Mundo.

Los cabildos, elegidos anualmente, expresaban el punto de vista oficial o del grupo en el poder. Pero algunas veces las elecciones de los cabildos, y por lo tanto las acciones de sus miembros, estaban controladas por los gobernadores. Fue especialmente en tales circunstancias que los grupos de oposición nombrarían a sus propios agentes como el único medio de obtener una Audiencia ante la Corona o las más altas agencias gubernamentales de las Indias.

Las declaraciones más espectaculares, pero no infrecuentes, fueron provocadas por políticas y leyes reales que los colonos, ya fueran funcionarios o ciudadanos particulares, consideraban perjudiciales para sus intereses personales o para el bien de la colonia en su conjunto. Ni las autoridades ni los colonos dudaron lo más mínimo en protestar ante la Corona o los órganos superiores de gobierno del Nuevo Mundo en tales circunstancias. Mucho menos dudaron en protestar por los actos de un gobernador, o en hacerle recomendaciones sobre sus políticas. En Honduras había mucho reflejo de la anterior democracia castellana y de las ásperas actitudes individuales de los colonos de una provincia verdaderamente fronteriza, expresadas constitucionalmente, así como del desorden y la agitación sin ley.

De esta manera, las peticiones, recomendaciones y protestas formuladas legalmente, aun cuando no hayan producido resultados, son valiosas como uno de los pocos medios disponibles para determinar la opinión de los colonos en un momento dado y para determinar cuáles se son las políticas mejor calculadas para promover el bienestar de la colonia y sus miembros.

El diplomático y erudito estadounidense E. G. Squier nos ha dejado una descripción de Honduras de mediados del siglo XIX, que, combinando la precisión general y el sentimiento por la región, sirve para establecer la escena geográficamente:

"Los aspectos de la naturaleza en Honduras son variados y llamativos. Las condiciones de conformación de la costa, de elevación y consiguiente temperatura, la cantidad de lluvia que cae sobre los respectivos desniveles de las cordilleras, todo contribuye a diversificar las formas bajo las cuales la vida vegetal se presenta a los ojos del viajero. Los tres grandes rasgos, sin embargo, son los aluviones de la costa, generalmente densamente arbolados, los elevados valles del interior, extendiéndose en amplias sabanas, y las altas mesetas de las montañas, sustentando un interminable bosque de pinos dispersos, aliviados por ocasionales robles.

En la costa norte, en la amplia llanura a través de la cual el Ulúa y Chamelecón encuentran su camino hacia el mar, el país es tan bajo que ocasionalmente se inunda por distancias considerables. Aquí crecen inmensos bosques de cedro, caoba, ceiba, caucho, y otros árboles grandes y valiosos, densamente intercalados con palmeras, cuyas hojas se elevan a través de cada abertura, y bordean las bases de las colinas. Los arroyos más pequeños están cubiertos con verdor y completamente protegidos del sol, mientras que los grandes ríos brillan como bandas de plata en campos de esmeralda intacta. Pero incluso aquí, donde la tierra es más baja, se extienden amplias praderas cubiertas de hierba, refugio de innumerables aves silvestres, y durante la estación seca, cuando la hierba de las colinas se marchita y se seca, ofrece abundante sustento para los rebaños de ganado...

Más al este, en la misma costa, los densos bosques se limitan principalmente a los valles propios de los ríos, y dan lugar, a poca distancia tierra adentro, a sabanas arenosas, cubiertas de hierba gruesa, y aglomeraciones de pinos y acacias. Pero la costa del país es estrecha en todas partes. Las estribaciones o lomas dependientes de los grupos montañosos del interior descienden muchas veces hasta la misma orilla. Inmediatamente atrás de Omoa, a tiro de cañón de su fortaleza, las montañas comienzan a elevarse abruptamente, y rápidamente alcanzan la altura de nueve mil pies, contemplando majestuosamente sus sombras en las aguas claras de la hermosa Bahía de Amatique. Tal es también el caso del puerto de Trujillo. Los picos de Congrehoy, y las Montañas de la Santa Cruz o Poyas, forman puntos de referencia gigantescos para el navegante en su aproximación a la costa de Honduras.

Los aluviones de la costa del Pacífico también son densamente boscosos, pero no extensos. A corta distancia tierra adentro dan lugar a numerosas sabanas y jicarales. Estas sabanas están salpicadas de acacias (arbustos de goma arábiga) y cubiertas de hierba; pero el pino no aparece en este lado del continente, excepto en las laderas de las colinas a una altura de unos mil doscientos pies.

Los valles de todos los ríos, en ambas costas, son muy boscosos y cubiertos de lianas, o enredaderas; pero a medida que ascienden hacia el interior, la vegetación disminuye y se reduce a una estrecha franja de árboles y arbustos en sus orillas inmediatas. Estos valles, en las tierras altas del interior, a menudo se ensanchan en amplias y hermosas llanuras, mitad sabana, mitad bosque, los terrenos comunes donde los productos del trópico y de la zona templada, la palma y el pino, florecen uno al lado del otro. Tales son los llanos de Espino y

Comayagua sobre el Humuya, de Otoro sobre el Sta. Bárbara, Sensenti en el Ulúa, La Florida en el Chamelecón, Olancho en el Aguan y Yeguare en el Choluteca. En algunos de éstos, como en el de Comayagua, las diferentes formas de los cactus se convierten en características distintivas, alcanzando frecuentemente tamaños gigantescos y casi tomando el carácter de bosques. Aquí, también, aparece el agave, con su denso racimo verde de hojas espinosas, disparando su alto tallo para florecer una sola vez...

Las montañas que se elevan alrededor de estos valles están subidas por terrazas, coronadas de bosques de pinos y robles, y tapizadas de hierba. Las cumbres de las montañas a veces se elevan en picos, pero generalmente constituyen amplias mesetas, más o menos onduladas, y a menudo se extienden en ondulantes sabanas, atravesadas por bajas crestas de verdor y verdes cinturones de árboles, que caen sobre los arroyos tan brillantes y frescos como los de Nueva Inglaterra. Aquí la famosa mora es autóctona, y los arbustos que estorban al viajero se cubren de frutos. Los campos de trigo, ondulantes bajo los frescos vientos de la montaña, y los huertos de melocotoneros y manzanos, dan a estos distritos todas las características de una zona templada.

En las cimas de las montañas más altas, donde la hierba corta y fuerte presagia una temperatura demasiado baja para la vegetación exuberante de cualquier tipo, las plantas de aire desaparecen y los pinos y robles nudosos se envuelven en un sobrio manto de largo musgo gris, que ondea tristemente en el viento, como estandartes deshilachados y polvorientos de los muros de las viejas catedrales.

Las características geológicas de Honduras son igualmente remarcables e impresionantes. Partiendo del golfo de Fonseca y avanzando hacia el norte, dejamos atrás la cordillera volcánica de la costa, con sus herbáceas cumbres de escorias, y llegamos rápidamente a vastas masas de roca blanca y rosada, los extremos del gran núcleo de areniscas de las mesetas centrales. Vistos desde la distancia, parecen acantilados de trampa o basalto, y toman mil formas almenadas con las diferentes posiciones del viajero. Entre estos encontramos capas ocasionales de piedra caliza azul, y costillas de cuarzo y piedra verde sobresalen aquí y allá audazmente a través de las rocas superpuestas, ricamente veteadas con minerales de plata y oro.

A medida que avanzamos hacia el interior, las montañas se elevan por una sucesión de terrazas, profundamente surcadas por arroyos que descienden hacia el mar. Estas terrazas resultan ser una sucesión de vastos depósitos o lechos de areniscas estratificadas, que presentan bordes abruptos, por los cuales la mula de paso firme se afana penosamente y con dificultad. Pero cuando se completa el ascenso, el viajero encuentra extendidas ante él extensas sabanas, entremezcladas con arboledas de pinos y grupos de robles y arbustos. A menudo la capa del suelo es delgada y una escasa vegetación se esfuerza en vano por despojar a la naturaleza de su aspecto salvaje.

De repente, la meseta a lo largo de la cual viaja se rompe en unas pocas terrazas y revela, casi bajo sus pies, una llanura ancha y plana, abigarrada de sabana y bosque, surcada por arroyos brillantes y salpicada de aldeas.

En la parte occidental de Honduras, entre las montañas de Corquín, el contorno del país es sumamente audaz y diversificado. Los ríos, recogiendo sus aguas en cuencas interiores, se abren paso por las montañas y cerros porfídicos que los rodean en profundos valles o quebradas, con laderas empinadas. Sin embargo, en estas fisuras, a cuyo fondo sólo se llega por peligrosos caminos en zigzag, se encuentran franjas de tierra aluvial, donde el indio construye su choza, y el plátano necesario crece exuberante, bajo altos riscos repletos de picos, como gigantescos centinelas, a lo largo de sus murallas rocosas.

Mayor variedad de árboles y abundancia de vegetación cubren los cerros y montañas de la costa norte, que tienen, en consecuencia, un aspecto menos accidentado que los del declive del Pacífico, donde las lluvias no son tan constantes. Los cerros son más hinchados, y las montañas, aunque igualmente elevadas, tienen un perfil más suave y armonioso. Presentan pocos acantilados o crestas rocosas, y en sus bosques más densos ofrecen refugios más agradables a las multitudinarias formas de vida animal que se nutren en los geniales trópicos.

Pájaros de brillante plumaje centellean en el follaje de los árboles, y multitudes de monos se agrupan entre sus ramas. El tapir, el pecarí y el oso hormiguero viven a su sombra, y el puma y la pantera acechan en sus recovecos. Aquí también se encuentran la boa, la coral brillante y las tamagás mortales; la vainilla cuelga en festones de las ramas, y la zarzaparrilla vena la tierra con su raíz curativa. Y mientras la plata, encarcelada en cuarzo pedernal o piedra verde que se desmorona, tienta a los hombres a trabajar con la promesa de una rica recompensa en la otra vertiente del continente, aquí el oro brilla en las arenas de casi todos los arroyos.

Es así que la naturaleza, pródiga en sus dones, ha comprendido dentro de los límites comparativamente estrechos de Honduras una variedad de paisajes, así como de clima y producción, insuperable por ninguna parte igual de la tierra...". [1]

Al igual que en mi estudio sobre la conquista y colonización de Yucatán, al culminar este trabajo sobre Honduras, deseo reconocer mi profunda deuda con quienes inspiraron mi interés por los pueblos y civilizaciones precolombinas del Nuevo Mundo y el imperio español, quienes me entrenaron para mi trabajo y me animaron a terminarlo. También deseo expresar mi apreciación al señor Frederick G. Fassett Jr., del Instituto de Tecnología de Massachusetts, por los consejos en la preparación de mi escrito; y a la Sra. W. H. Harrison, editora del Departamento de Arqueología del Instituto Carnegie de Washington, quien, junto con la Sra. Elinor Snoddy, proveyeron una edición excelente. Asimismo, tengo una gran deuda con mi esposa, quien paciente y cuidadosamente leyó mi escrito y me ofreció sugerencias y críticas convincentes sobre su organización y presentación. Mi madre también, durante muchos años, ha alentado e inspirado mis esfuerzos en el campo histórico.

Alexandria, Virginia.

Robert S. Chamberlain

---

[1] Squier, 1855, págs. 152-59.d

I:
La conquista y colonización de Honduras e Higueras hasta 1537

1.
Honduras e Higueras hasta 1534

EL DESCUBRIMIENTO

Fue el gran almirante del mar, Cristóbal Colón, quien descubrió y reclamó por primera vez Honduras para la Corona de Castilla durante las etapas iniciales de su viaje final. Colón zarpó de Cádiz a principios de mayo de 1502 y hacia finales de junio llegó a la Isla Española, o Santo Domingo, entonces centro de la colonización española en el Nuevo Mundo. Después de preparar sus barcos para el viaje de nuevos descubrimientos en un puerto lejano, a mediados de julio Colón zarpó en busca de las ricas Indias que, en su opinión, debían estar en algún lugar hacia el oeste y en las cuales esperaba encontrar un estrecho. [1]

A fines de julio, el almirante llegó a Guanaja, una de las Islas de la Bahía frente a la costa norte de Honduras. Allí los españoles encontraron nativos que parecían algo superiores a los de las Indias Occidentales. Pronto apareció una gran canoa comercial nativa que transportaba un gran número de remeros, mujeres y niños como pasajeros. Un indio de porte superior estaba al mando. Los nativos iban vestidos con algodón excelentemente tejido, y la canoa llevaba artículos bien labrados que figuraban en el comercio muy desarrollado de la región, incluyendo hachas y otros utensilios de

---

[1] El resumen del descubrimiento y la historia temprana de Honduras, que está destinado únicamente a proporcionar antecedentes para los desarrollos posteriores a 1534, está basado en los siguientes trabajos secundarios, historias tempranas, crónicas y fuentes principales: Bancroft, 1883-87; Díaz del Castillo, 1904 y 1933-34; Fuentes y Guzmán, 1882-83; Helps, 1900-04; Herrera, 1601-15: Juarros, 1857; Milla y Gómez Carillo, 1879-97; Morrison, 1942; Oviedo, 1851-55; Scholes y Roys, 1948; Strong, 1935; Valle, 1948; Fifth Cortés *Carta de Relación* (Edición Gayango, 1866); *Relación* de Alonso Dávila, 1533; *Colección de documentos inéditos... de Indias*, 1864-84; 14:97 ff.; Montejo v. Alvarado, 1533, Archivo General de Indias de Sevilla, Justicia 1005-3-1. La *Colección de documentos inéditos... de Indias*,1864-84, en lo sucesivo se citará como DII; el Archivo General de Indias de Sevilla será citado como AGI. Todas las referencias en las notas al pie de página son a los materiales enumerados en las secciones E (Fuentes del manuscrito), F (Documentos Publicados), y G (crónicas, historias tempranas, y trabajos secundarios) de la Bibliografía.

cobre y cerámica. La aparición de esta canoa acrecentó las esperanzas de Colón de que estuvieran cerca las ricas y populosas tierras que buscaba.

Luego, el almirante navegó directamente hasta un punto que sobresale del continente, donde echó anclas y desembarcó el 14 de agosto. Colón la llamó Punta de Caxinas por un tipo de fruta comestible que abundaba en la región. Este punto más tarde pasó a ser conocido generalmente como el Cabo de Honduras. El almirante luego navegó hacia el este a lo largo de la costa y llegó a la desembocadura de un río, donde desembarcó nuevamente. Los nativos saludaron a los españoles en forma amistosa. Como algunos de estos indios tenían los lóbulos de las orejas muy distendidos, Colón llamó cuantitativamente a la región Costa de las Orejas. El almirante tomó posesión formal de la tierra para el soberano de Castilla, nombrando el río de donde partían sus barcos Río de la Posesión, y luego continuó hacia el este.

Casi un mes de vendavales, vientos en contra y tormentas eléctricas pusieron en peligro a la flotilla de Colón, pero el almirante finalmente dobló el punto este de Honduras, navegó hacia mares más tranquilos y siguió la baja Costa de los Mosquitos hacia el sur. Los agradecidos españoles dieron gracias a Dios por haberlos librado de mares turbulentos al nombrar el punto oriental de Honduras cabo Gracias a Dios.

Aunque con mala salud y el ánimo decaído, Colón continuó con su gran misión, la cual lo llevo a Panamá y eventualmente los condujo a muchos meses de naufragio y extremas dificultades frente a Jamaica. Él y sus hombres fueron rescatados tardíamente a mediados de 1504 y zarparon de Santo Domingo en septiembre hacia Castilla, y su carrera de descubrimientos sin precedentes llegó a su fin.

Dos décadas pasaron desde que Colón descubrió Honduras hasta los principios de la ocupación española. Después llegaron muchas expediciones desde distintas direcciones casi simultáneamente, pues para ese tiempo los españoles habían descubierto, explorado y conquistado grandes tierras tanto en el norte como en el sur de Honduras.

Hacia el sur, los esfuerzos españoles se concentraron en la región de Panamá, o Castilla del Oro, donde después de un comienzo vacilante, la colonización se había vuelto permanente. Vasco Núñez de Balboa había descubierto en 1513 el vasto Pacífico, y el viejo astuto y rapaz Pedrarias Dávila, que salió como gobernador de Castilla del Oro en 1515, había enviado con incansable energía expediciones de descubrimiento y conquista en todas direcciones. Además, desde la recién fundada Ciudad de Panamá, el contador de Española, Gil González Dávila y Andrés Niño en 1522-23 navegaron hacia el norte a lo largo de la costa. Exploraron la parte occidental de Nicaragua y su gran lago, encontrando una gran población nativa de cierta riqueza y logros culturales. González Dávila y Niño navegaron hasta la gran bahía del sur de Honduras, a la que llamaron Bahía de Fonseca en honor de Juan Rodríguez de Fonseca, obispo de Burgos y ministro real de Indias.

Aunque González Dávila y Niño habían realizado su viaje a sus expensas y con autoridad real directa, Pedrarias buscó de inmediato aprovechar sus logros y ganarse Nicaragua para sí mismo, sobre todo porque el nombramiento de su sucesor en Castilla del Oro ya estaba en marcha. Pedrarias, por lo tanto, colocó todos los obstáculos posibles en el camino de González Dávila, tratando de evitar que saliera de Panamá, y envió una expedición propia al Pacífico de Nicaragua al mando de Francisco Hernández de Córdoba, no el explorador del mismo nombre que había descubierto Yucatán en 1517.

Hernández de Córdoba fundó la ciudad de Bruselas en el Golfo de Nicoya y se trasladó al Mar de Agua Dulce, o Lago de Nicaragua, en cuya orilla occidental fundó una ciudad, Granada. Más al norte fundó otra ciudad, León. A partir de entonces, envió varias expediciones, una de las cuales se desplazó hacia el norte, a Honduras. La colonización española en Nicaragua permaneció concentrada a lo largo del Pacífico. Dado que el acceso al Caribe era más factible por el norte a través de los puertos de la Bahía de Honduras que por el este, los funcionarios y colonos de Nicaragua miraron durante mucho tiempo a Honduras en lugar de las costas orientales de su propia provincia en busca de contacto con las

Indias Occidentales y Castilla, un hecho que condujo a reclamaciones jurisdiccionales rivales entre los primeros gobernadores de Honduras y Nicaragua.

Mientras tanto, González Dávila había escapado de Pedrarias y regresado a Española. Entonces rogó a la Corona que le concediera autoridad sobre los distritos de Nicaragua que había explorado, y se apresuró a preparar una expedición para regresar allí. Zarpó de Santo Domingo a principios de 1524. Su objetivo era la costa caribeña de Nicaragua, desde donde pretendía dirigirse hacia el oeste hasta el Mar de Agua Dulce. Sin embargo, su curso real lo llevó a las costas del norte de Honduras, donde una tormenta azotó sus barcos. Debido a que Dávila tuvo que arrojar varios caballos por la borda para aligerar las embarcaciones, los españoles le dieron al lugar el nombre de Puerto de Caballos, que figuraría en gran medida en la historia posterior de Honduras.

González Dávila luego navegó más al oeste a la región de la Bahía de Amatique y el Río Dulce, desembocadura del gran Golfo Dulce. Tomó posesión formal de este territorio y fundó un pueblo, San Gil de Buenavista. Luego viajó de regreso a lo largo de la costa con una parte de sus hombres, desembarcó en un punto al este del Cabo de Honduras y avanzó tierra adentro hacia Nicaragua. Sin embargo, los colonos de San Gil de Buenavista pronto tuvieron dificultades y, en busca de una región más hospitalaria, se trasladaron al entonces importante pueblo indio de Nito, cerca de la desembocadura del río Dulce.

Mapa de Honduras

En Nicaragua, el capitán de Pedrarias, Hernández de Córdoba, oyó hablar de españoles en el norte e inmediatamente envió una compañía bajo el mando de Hernando de Soto para saber quiénes eran los recién llegados. Para entonces, González Dávila había penetrado una distancia considerable tierra adentro y pronto él y de Soto se encontraron en un distrito conocido como Toreba. Como ninguno tenía la menor intención de ceder, se produjo la lucha. González Dávila resultó vencedor pero, como no se sentía lo suficientemente fuerte para enfrentarse a las principales fuerzas de Hernández de Córdoba, regresó a Puerto de Caballos, donde se enteró de que aún otros españoles habían llegado recientemente de la Nueva España. Como pronto descubrió, esta nueva expedición estaba dirigida por Cristóbal de Olid, quien había sido enviado a

Honduras por Hernán Cortés, conquistador del Imperio azteca, pero que había renunciado a la autoridad de Cortés y pretendía poseer la provincia para sí mismo.

OLID, LAS CASAS, Y COMIENZOS DE LA COLONIZACIÓN

Mientras la ocupación española inicial de Centroamérica se expandía desde Panamá y Santo Domingo, eventos mucho más espectaculares e importantes estaban ocurriendo hacia el norte. Yucatán y su civilización maya habían sido descubiertos en 1517 por una expedición procedente de Cuba al mando del otro Francisco Hernández de Córdoba. Al año siguiente, Juan de Grijalva siguió este trascendental descubrimiento navegando a lo largo de la costa de Yucatán y México hasta el río Pánuco. La expedición de Grijalva reveló la existencia del rico y extenso imperio de Moctezuma, con su gran población, grandes ciudades y su capital, Tenochtitlán, muy atrás en las montañas del interior. La asombrosa conquista de este vasto imperio azteca por el incomparable Cortés entre 1519 y 1521 siguió con una rapidez impresionante.

Después de que Cortés se hizo dueño de las tierras del caído Imperio Azteca, que llegó a ser conocido como Nueva España, y fue confirmado como gobernador por la Corona, se volvió hacia nuevas conquistas. Como se decía que Guatemala y Honduras eran grandes y ricas, preparó una gran expedición en Veracruz para tomar posesión de Honduras y buscar un estrecho que se creía que existía entre los océanos Atlántico y Pacífico. Puso al mando de esta empresa a uno de sus más confiables y capaces capitanes de la conquista de México, Cristóbal de Olid. Cortés tenía preparados suministros adicionales para la expedición en Cuba, que Olid debía reunir antes de zarpar hacia Honduras.

Olid zarpó para La Habana en enero de 1524. En Cuba, los enemigos de Cortés, entre ellos principalmente el gobernador Diego Velázquez, bajo cuya autoridad Cortés había zarpado hacia México en 1519 pero cuya jurisdicción había renunciado inmediatamente, persuadieron a Olid, que estaba lejos de carecer de ambición personal, de servir a Cortés como el gran conquistador había servido a Velázquez. Olid mantuvo cuidadosamente su intención de arrebatarle Honduras a los fieles seguidores de Cortés. Olid zarpó de Cuba y llegó frente a la costa de Honduras a unas leguas al este de Puerto de Caballos a principios de mayo. Tomó posesión de la tierra a nombre de Cortés, pero los registros oficiales indican la verdadera determinación de Olid. Sin demora fundó un pueblo al que llamó Triunfo de la Cruz, y poco después manifestó abiertamente su intención de renunciar a la jurisdicción de Cortés. La mayoría de sus hombres lo aceptaron como su líder, después de lo cual se apresuró hacia el oeste al interior. Los españoles pronto encontraron en el valle de Naco "la mejor tierra de la provincia, llana, fértil, espaciosa y rodeada de montañas, con caminos anchos, muchas flores, frutos y plantas muy deliciosas, casi igual a Valencia... [2]

Había ahora cuatro pretendientes a la jurisdicción sobre Honduras: González Dávila en virtud de la autoridad real, Pedrarias por derecho de las expediciones de Hernández de Córdoba y de Soto, Cortés porque había enviado a Olid a tomar posesión en su nombre, y el mismo Olid. Eventualmente hubo un quinto pretendiente, la Audiencia de Santo Domingo, entonces el órgano supremo del gobierno real en el Nuevo Mundo, que buscaba establecer un control político directo. Estos intereses enfrentados, como era de esperar, produjeron confusión, traición, violencia y guerra civil. Situaciones de este tipo se repetirían muchas veces durante las siguientes dos décadas, con grave perjuicio para el desarrollo de la provincia.

Cuando los informes de las verdaderas intenciones de Olid llegaron a Cortés, él mandó a otro capitán capaz, Francisco de las Casas, en quien tenía una confianza especial porque estaban relacionados por matrimonio, para obligar a su rebelde subordinado a reconocer una vez más su autoridad. Cortés solo le asignó 150 hombres a las Casas, a quien estaba seguro de que un gran número de soldados de Olid se unirían de inmediato.

---

[2] Herrera, 1601-15; Década 3, Libro 5, Capítulo 12 (en adelante será citado con números, ej. 3-5-12)

El nuevo capitán llegó a Triunfo de la Cruz justo cuando Olid se preparaba para atacar a González Dávila, quien ahora estaba en el Valle de Naco. Al principio, ninguno de estos últimos había deseado una batalla abierta y, por lo tanto, habían llegado a un acuerdo momentáneo; pero Olid, cuyos hombres superaban en número a los de González Dávila, sólo esperaba la oportunidad de deshacerse de su rival con un mínimo de esfuerzo, pues González Dávila había dividido confiadamente sus fuerzas. Olid envió ahora a un teniente llamado Briones a sorprender a una parte de los hombres de González Dávila mientras él mismo planeaba navegar por la costa para atacar a otros grupos. Briones actuó rápidamente y debilitó la posición de González Dávila al capturar a la mitad de sus hombres. Olid estaba a punto de zarpar cuando los barcos de las Casas aparecieron frente a Triunfo de la Cruz.

Comprensiblemente, Olid desconfiaba de la nueva expedición y no solo trató de evitar que desembarcara, sino que también envió un mensaje urgente llamando a Briones. Los barcos de Olid y las Casas pronto se dispararon entre sí, para desconcierto de Olid, quien luego propuso una tregua y se ofreció a reconocer la autoridad de Cortés con la condición de que las Casas no desembarcara hasta que se acordaran los términos finales. De esta manera, Olid esperaba detener el ataque hasta que Briones lo apoyara, quien, sin embargo, sin que Olid lo supiera, había sido abordado por las Casas y le había ofrecido recompensas por su apoyo contra Olid. Al recibir las promesas de las Casas, Briones jugó un juego de espera, con la esperanza de servir a sus propios intereses. Pero Olid fue rescatado de esta incierta situación por una tormenta repentina, que hizo naufragar los barcos de las Casas y mató a varios de sus hombres, dejando a los supervivientes completamente en manos de Olid.

Olid luego se trasladó al Valle de Naco para completar el desconcierto de González Dávila y se estableció en el pueblo de Naco. Uno de sus capitanes pronto sorprendió a González Dávila y a la fuerza que le quedaba en las cercanías, y los llevó de regreso a Naco como prisioneros de Olid. Mientras tanto Briones, que temía la venganza de Olid, le dio su lealtad a Cortés.

Olid trató con generosidad a González Dávila y las Casas, tratándolos más como invitados de honor que como prisioneros. Su magnanimidad finalmente lo traicionó, ya que sus cautivos y otros tramaron su muerte, anticipando el apoyo de Briones. Los conspiradores encontraron su oportunidad una noche cuando atacaron a Olid y lo hirieron gravemente. Aunque logró escapar momentáneamente y buscó refugio en una choza india, pronto fue encontrado, juzgado y decapitado.

Los conspiradores proclamaron ahora la autoridad de Cortés, con las Casas como su representante, y todos los colonos aceptaron de inmediato esta nueva disposición. Como dueño de la colonia en nombre de Cortés, las Casas primero consolidó su posición y luego, sobre todo porque el puerto de Triunfo de la Cruz era inadecuado, decidió trasladar el pueblo a otro lugar y cambiar su nombre a Trujillo. Designó un cabildo para el pueblo nuevo, que pretendía tener unos ochenta ciudadanos. El deseo original de las Casas era establecer la nueva ciudad de Trujillo en Puerto de Caballos, un excelente puerto. Él mismo ya estaba deseoso de regresar a la Nueva España, por lo que nombró teniente a Juan López de Aguirre y lo facultó para efectuar el traslado del pueblo. Entonces, llevándose consigo a González Dávila, las Casas se dirigió por tierra a la Nueva España, por el camino de Guatemala, en cuya conquista se hallaba ahora ocupado Pedro de Alvarado y sus subordinados. En su marcha las Casas se encontró con Briones, a quien ahorcó por su traición.

Con el mando de Honduras, López de Aguirre se desplazó hacia el oeste desde Triunfo de la Cruz hasta Puerto de Caballos, pero rechazó la región por no ser apta para la colonización y decidió virar hacia el este hasta el Cabo de Honduras, más allá de Triunfo de la Cruz, donde Colón tocó por primera vez la tierra firme de Honduras. Basó esta decisión en informes traídos por españoles que habían llegado por mar al Puerto de Caballos y que calificaron favorablemente la zona del Cabo de Honduras.

López de Aguirre luego navegó hacia el cabo con aproximadamente la mitad de sus hombres en este barco recién llegado, mientras que el resto marchó por tierra. Sin embargo, en lugar de esperar la llegada del grupo de tierra, López de Aguirre se alejó para no regresar. Cuando el grupo que había venido por tierra llegó al cabo, quedaron muy desconcertados por su deserción, pero sin embargo fundaron Trujillo, o Trujillo del Pinar, en mayo de 1529, eligiendo como su líder y alcalde, u oficial municipal de justicia, llamado Medina, a quien las Casas había designado como una de las principales autoridades del pueblo.

La Audiencia de Santo Domingo, como máximo representante del gobierno real en las Indias, había estado gravemente preocupada por el curso turbulento de los acontecimientos en Honduras y ahora decidió interponer su poderosa autoridad para acabar con las luchas entre los españoles y avanzar en la gran tarea de la colonización. Por lo tanto, el alto tribunal envió a su fiscal, o procurador de la Corona, Pedro Moreno, a Honduras para afirmar su jurisdicción superior sobre la provincia. Moreno llegó poco después del establecimiento de Trujillo y Medina le suplicó que apoyara a la colonia diezmada.

Quedaban ahora en el norte de Honduras sólo unos cuarenta ciudadanos en Trujillo, carentes de armas y suministros, y unos cuantos más en Nito, remanentes de los esfuerzos de González Dávila por establecerse en la región del Río Dulce. La situación de los españoles en Nito era aún peor que la de los ciudadanos de Trujillo.

Moreno prometió ayuda si los españoles de Trujillo cambiaban la autoridad de Cortés por la de la Audiencia de Santo Domingo. Bajo sus términos, los colonos también debían aceptar a uno de los ex oficiales de Olid, Juan Ruano, como magistrado principal. Medina y los ciudadanos de Trujillo aceptaron estas condiciones, porque tenían pocas opciones. El nombre de Trujillo ahora se cambió a Ascensión. Moreno también envió mensajes a Hernández de Córdoba en Nicaragua para persuadirlo de deshacerse de la autoridad de Pedrarias y aceptar también la de la Audiencia de Santo Domingo. Pronto regresó a Santo Domingo, prometiendo enviar ayuda para Honduras. En un cambio repentino, los colonos de Ascensión proclamaron ahora una vez más su adhesión a Cortés, expulsaron a Ruano y adoptaron de nuevo el nombre de Trujillo.

Otra prueba de la preocupación que sentía la Audiencia de Santo Domingo por Honduras se encuentra en los esfuerzos por apoyar a González Dávila y su colonia anterior. En algún momento durante este período desgarrado por los conflictos, el tribunal envió refuerzos bajo el mando de Pedro de Garro, un veterano de los ejércitos españoles que lucharon en Italia. Garro, eventualmente ciudadano de Santiago de Guatemala, más tarde habló de esto.

Hace como veinte años (escribió) yo, Pedro de Garro vine a aquella tierra y provincia de Honduras y Naco como capitán comisionado por el presidente y jueces de Santo Domingo, con cuarenta y tres de a caballo y cincuenta y siete de a pie para traer ayuda a Gil González Dávila, que estaba en la provincia de Naco, y para hacer esta expedición compré yo mismo un navío...[3]

CORTÉS VA A HONDURAS

Mientras los españoles de Honduras estaban peleando entre ellos, Cortés, quien recibió varios reportes de los acontecimientos, se volvió completamente impaciente. Ansioso por nuevos logros y esperando encontrar oro, se determinó a ir a Honduras, establecer definitivamente su autoridad allí, y explorar y someter los vastos territorios desconocidos entre la Nueva España y esa provincia. Cortés entonces organizó una expedición de unos 140 españoles y 3000 aliados mexicanos y salió en la última parte de 1524 desde el pueblo español de Espíritu Santo en la costa del golfo del Istmo de Tehuantepec.

Después de una larga marcha a través de las tierras bajas de Tabasco, el sur de Campeche y el norte de Petén, los españoles entraron en una cordillera desolada, a la que llamaron las Montañas de Pedernal. Su aspereza pedregosa causó las mayores penalidades tanto a hombres como a caballos, y se perdieron muchas monturas valiosas. Las lluvias, los arroyos crecidos y la falta de alimentos trajeron más pruebas a los españoles después de

---

[3] Probanza de Pedro de Garro, 1541, Archivo General del Gobierno, Guatemala, Papeles del Archivo Colonial. El Archivo General del Gobierno, Guatemala, en adelante será citado como AGG.

que finalmente cruzaron las montañas, pero finalmente llegaron al Río Dulce. Allí, en la primavera de 1525, se encontraron con los restos de los ahora desesperados colonos de González Dávila en Nito. Cortés completó así una marcha peligrosa e increíblemente difícil a través de las vastas tierras desconocidas entre la Nueva España y Honduras, una de las más espectaculares de sus muchas grandes hazañas.

Cortés fue aclamado con júbilo por los débiles y hambrientos colonos de Nito, que habían carecido de fuerzas para aventurarse lejos de su asentamiento, incluso para buscar las necesidades básicas de la vida. De hecho, habían estado reparando laboriosamente un barco en el que zarpar cuando llegaron Cortés y sus hombres. Cortés ahora envió grupos para reunir suministros y, afortunadamente, también llegó un barco con provisiones.

Como los españoles en su conjunto consideraban a Nito y su región como insalubres e inadecuadas para un asentamiento permanente, Cortés decidió trasladar a los atormentados colonos a otra parte. Envió a algunos de ellos al sur, al rico Valle de Naco, que pronto pacificó su hábil teniente Gonzalo de Sandoval. Cortés decidió explorar la región del Golfo Dulce antes de trasladarse él mismo hacia el sur. Con unos cuarenta españoles y un número de indios subió el Río Dulce en un bergantín improvisado y canoas y salió al Golfo Dulce. Al principio esperó que resultara ser el anhelado estrecho entre el Mar del Norte, o Caribe, y el Mar del Sur, pero pronto se dio cuenta de su error.

Después de llegar al extremo occidental del Golfo Dulce, penetró tierra adentro y se enfrentó a algunos indios en combate, especialmente en el gran pueblo de Chacujal. Los impresionantes edificios de Chacujal fueron comparados por los españoles con los de la capital maya chontal de Acalán, e incluso con los de las grandes ciudades nahuas de México. Cortés encontró grandes almacenes de alimento en este pueblo y envió su bergantín de regreso a Nito, cargado de suministros. Se construyeron balsas para transportar más provisiones. Luego, Cortés y algunos hombres fueron río abajo hasta Nito en las balsas, mientras que la mayoría de sus soldados regresaron por tierra. Cortés tuvo un roce con los indios en el regreso a Nito, a donde las rápidas aguas del Río Dulce lo devolvieron en un tiempo increíblemente corto. Las provisiones que había reunido durante la expedición del Golfo Dulce y las que había obtenido en el distrito de Nito fueron muy útiles para los españoles, porque los que se habían quedado en Nito nuevamente necesitaban provisiones con urgencia.

Hubo informes ampliamente acreditados en México de que Cortés y sus hombres habían perecido durante su larga y dura marcha. El ansioso Pedro de Alvarado en Guatemala había enviado expediciones para buscar a su antiguo comandante, y cuando Cortés estaba en el territorio más allá del Golfo Dulce, es probable que las dos compañías no estuvieran muy alejadas.

Cortés estaba listo para adentrarse más en Honduras inmediatamente después de su regreso del Golfo Dulce y ahora estaba preparado para abandonar por completo su intento de establecer la región de Nito como un centro de colonización española. Navegó, pues, con toda la compañía hasta el puerto de Caballos, adonde ya se habían trasladado algunos de los que antes había enviado al sur desde Nito.

En el Puerto de Caballos, ahora también conocido como Puerto de San Andrés, Cortés fundó un pueblo, Natividad de Nuestra Señora, ya que el puerto estaba bien protegido y la región alrededor parecía atractiva. Diego de Godoy fue puesto al mando del nuevo municipio que tenía cincuenta ciudadanos y Cortés navegó hacia Trujillo. Contrariamente a las expectativas, el área resultó pestilente y, en un breve periodo, aproximadamente la mitad de los españoles de Natividad de Nuestra Señora sucumbieron a la enfermedad. Con el permiso de Cortés, el resto se dirigió luego al fértil y saludable Valle de Naco, donde Sandoval se estableció con seguridad.

En Trujillo las cosas habían ido sorprendentemente bien después de la partida del fiscal de la Audiencia de Santo Domingo, Pedro Moreno, la consiguiente expulsión de Juan Ruano y el regreso del pueblo a la lealtad a Cortés, quien inmediatamente asumió la jurisdicción superior. Se dio a la tarea de colocar a Honduras sobre una base verdaderamente firme, enviando un informe de sus actividades a la Audiencia de Santo Domingo con la esperanza de obtener su reconocimiento. También envió barcos a

Cuba y Jamaica para traer animales domésticos, plantas para el cultivo y provisiones adicionales.

Con Cortés ausente, enemigos egoístas en la Nueva España, alentados por los informes de su muerte, habían ganado temporalmente el control en la Ciudad de México y el gobierno cayó en desorden. Así que Cortés, aunque deseaba mucho completar su obra en Honduras y crear una estabilidad duradera allí, nombró a su pariente, Hernando de Saavedra, como su teniente en Honduras, y se preparó para navegar de regreso a la Nueva España, mientras que Gonzalo de Sandoval regresaría por tierra a través de Guatemala.

Las circunstancias obligaron a Cortés en varias ocasiones a retrasar su salida hacia la Nueva España. Contrariamente al plan, no solo permaneció en Honduras por un tiempo más, sino que llamó a Sandoval. Aunque Cortés ahora había contraído una enfermedad en la costa tropical cargada de fiebre de Honduras, gobernó con su previsión y vigor característicos.

Mientras tanto, Saavedra se había movido tierra adentro siguiendo las instrucciones de Cortés y había tomado el control de varios distritos populosos, aunque encontró resistencia en algunos lugares. Los *caciques*, o señores nativos, ahora se presentaban ante Cortés desde muchas partes para ofrecerle su lealtad voluntaria. De hecho, su prestigio entre los nativos aumentó en todas partes, porque los indios se sentían seguros de recibir un trato considerado y, en consecuencia, lo consideraban un protector. A través de una hábil combinación de fuerza y moderación, Cortés hizo que el control español sobre Honduras fuera más seguro que nunca.

ESTADO JURISDICCIONAL

Mientras tanto, el estado jurisdiccional de las provincias centroamericanas en su conjunto se había vuelto más complicado. En Nicaragua, Hernández de Córdoba, movido por ambiciones personales, buscó despojarse de la autoridad de Pedrarias y aceptar la de la Audiencia de Santo Domingo de acuerdo con las recomendaciones del fiscal Moreno. En consecuencia, planeó obtener el reconocimiento de su autoridad sobre Nicaragua como independiente de la de Pedrarias, aunque algunos de sus subordinados más importantes se opusieron a tal proceder. En un esfuerzo por expandir sus territorios, Córdoba envió una nueva expedición hacia el norte a la tierra entre Nicaragua y Honduras sobre la cual Cortés reclamaba jurisdicción. El capitán a cargo, aparentemente encontrando resistencia de los indios, comenzó a devastar el distrito y a esclavizar a sus habitantes. Los nativos oprimidos pidieron protección a Cortés, quien envió a Sandoval para advertir a la compañía de Hernández de Córdoba que se alejara, tras lo cual regresaron a Nicaragua para recibir más instrucciones.

Hernández de Córdoba luego mandó a otra compañía hacia Honduras y con ella cartas para la Corona y la Audiencia de Santo Domingo designadas para promover sus intereses personales. Su capitán buscaría un puerto adecuado en el Mar del Norte para servir a Nicaragua y probablemente también trataría de arreglar y entenderse con Cortés en cuanto a la jurisdicción.

Sandoval encontró y capturó esta segunda expedición, enviando a algunos de sus miembros de regreso a Cortés en Trujillo. Por estos prisioneros Cortés se enteró del plan de su líder para hacerse gobernador de Nicaragua. Cortés envió entonces presentes y mensajes de cortesía a Hernández de Córdoba y le ofreció ayuda para abastecerse a través de Honduras, pero al mismo tiempo le recomendó que no rompiera con Pedrarias.

Hernández de Córdoba pronto encontró una seria oposición en la propia Nicaragua por parte de algunos de sus oficiales y un número considerable de colonos. Temiendo perder el control de la situación y anticipando una eventual venganza del endurecido Pedrarias, le rogó al poderoso Cortés que se dirigiera hacia el sur y se hiciera cargo personalmente del gobierno. Cortés parece haber recibido con agrado la invitación, porque había llegado a creer que Nicaragua era una provincia rica. De hecho, sin saberlo Hernández de Córdoba, pudo incluso haber insinuado a algunos de los subordinados de ese capitán que deseaba autoridad allí, y así preparar el camino para la aceptación inmediata.

Cortés ahora ordenó a Sandoval que organizara una expedición a Nicaragua y bien podría haberse apoderado de la provincia si sus seguidores en la Nueva España no le hubieran enviado llamamientos urgentes para que regresara. Su partido en la Nueva España había restablecido tenuemente el equilibrio allí a su favor después de enterarse de que los informes sobre su muerte eran falsos. Por tanto, Cortés finalmente zarpó hacia la Nueva España a fines de abril de 1526, dejando instrucciones a su teniente, Hernando de Saavedra, para el avance de la colonización en Honduras.

El gran conquistador de México salió así de Honduras para no volver jamás. Había hecho mucho por la provincia, deteniendo temporalmente la disensión entre los españoles, extendiendo y estabilizando el área de control español y controlando la expansión hacia el norte de los reclamos territoriales de Hernández de Córdoba y Pedrarias. Sin duda, Honduras se habría ahorrado muchas pruebas y peligros futuros si Cortés hubiera podido permanecer más tiempo para darle a la provincia los beneficios de su genialidad militar y política.

Habiéndose marchado el gran conquistador, pero siguiendo sus instrucciones, Saavedra envió al contador o contralor de Honduras, Bartolomé de Celada, al sur a fundar un pueblo en el Valle de Olancho, territorio disputado entre Honduras y Nicaragua. Celada fundó esta villa en mayo de 1526, denominándola Villa de la Frontera de Cáceres, pero duró poco.

Volviendo una vez más a Nicaragua, Pedrarias finalmente se trasladó desde Panamá, tomó el control directo de la provincia y ejecutó al rebelde Hernández de Córdoba. Además, Pedrarias no perdió tiempo en proyectar sus reclamos jurisdiccionales hacia el norte. No solo reclamó Honduras, sino que envió expediciones al Valle de Olancho. Los nativos informaron de estas incursiones a Saavedra, quien exigió que los hombres de Pedrarias se retiraran, a lo que Pedrarias devolvió una respuesta aparentemente conciliadora e incluso manifestó su deseo de llegar a un acuerdo con el propio Cortés sobre las reclamaciones rivales. La Audiencia de Santo Domingo sería el árbitro final del arreglo propuesto.

Mientras tanto, Pedrarias instruyó a sus capitanes en el Valle de Olancho para atacar a los partidarios de Cortés. Haciendo esto a traición, capturaron a varios seguidores de Cortés y avanzaron hacia la costa norte, con la intención de ocupar Puerto de Caballos para darle a Nicaragua el puerto que necesitaba. Saavedra pronto se enteró de estos hechos y envió una fuerza superior para oponerse a la compañía de Pedrarias. Tras negociar ambos grupos acordaron retirarse, pero los capitanes de Pedrarias no cumplieron su palabra y uno de ellos siguió hacia Puerto de Caballos. El otro regresó al Valle de Olancho para salvaguardarlo para Pedrarias y allí fundó un asentamiento. Siguió un duro maltrato a los indios de este valle, y pronto se levantaron en una revuelta generalizada, destruyendo el asentamiento que los hombres de Pedrarias habían establecido y matando a muchos españoles, incluido el capitán. Los sobrevivientes buscaron refugio con un cacique que no se había sumado a la revuelta.

Aproximadamente al mismo tiempo, los nativos rebeldes, en abundante número, atacaron a unos pocos españoles en el antiguo pueblo de Cortés, Natividad de Nuestra Señora, en Puerto de Caballos y los obligaron a refugiarse en una fortaleza natural cercana. Este pequeño grupo detuvo a los indios y envió un pedido urgente de ayuda a Saavedra, pero él no estaba en condiciones de ayudar en ese momento, y el grupo de hombres de Pedrarias que se dirigía hacia la costa ahora se volvió para unirse a sus camaradas en el Valle de Olancho en lugar de continuar hasta Puerto de Caballos. Así que la pequeña guarnición de Natividad de Nuestra Señora tuvo que esperar hasta que llegara la ayuda o hasta que ellos mismos pudieran romper el asedio. Cuando la compañía de Pedrarias regresó al Valle de Olancho, se encontraron, por supuesto, con que sus compañeros españoles se habían encontrado con el desastre. Después de que se unieron a los refugiados, los grupos combinados solo pudieron mantener un punto precario en el que Pedrarias aún podía basar su jurisdicción sobre el área.

Como teniente de Cortés, Saavedra protestó enérgicamente por los actos de Pedrarias pero no se sintió lo suficientemente fuerte como para atacar a sus fuerzas en el Valle de Olancho. Pedrarias, animado así a presionar con más agresividad que nunca en sus pretensiones sobre Honduras, envió emisarios para exigir la sumisión de Saavedra y el cabildo de Trujillo; pero antes de que estos emisarios llegaran a la ciudad, la situación en Honduras había sido alterada fundamentalmente por la llegada de un gobernador designado directamente por la Corona.

LÓPEZ DE SALCEDO COMO GOBERNADOR REAL

Mientras estos sucesos se desarrollaban en Honduras, la Corona había tomado decisiones de vital importancia para la provincia. La corona deseaba poner sus Indias recién adquiridas bajo un control directo efectivo rápidamente y estaba expandiendo persistentemente el mecanismo de gobierno absoluto mediante la creación de agencias, como la Audiencia de Santo Domingo y gobernadores reales, para reemplazar a personas que, como Cortés, por ejemplo, podrían actuar con un alto grado de iniciativa personal. Quería orden y estabilidad en las colonias y el fin de las luchas entre los españoles, que no hacían sino impedir el desarrollo de nuevas posesiones en ultramar.

Un nuevo gobernador, Pedro de los Ríos, fue nombrado para reemplazar a Pedrarias en Casilla del Oro y, a finales de 1525, Diego López de Salcedo fue nombrado por la Corona como gobernador real de Honduras. Se ordenó a los españoles de esta y de las provincias vecinas que cesaran sus disputas; López de Salcedo recibió instrucciones de investigar los hechos y tomar las medidas necesarias para poner orden.

López de Salcedo zarpó de Santo Domingo rumbo a Honduras a principios de septiembre de 1526, con dos barcos y un número considerable de soldados. Un barco estaba cargado de provisiones y ropa para vender a los colonos. Detenido en Jamaica durante un mes completo por vientos desfavorables, López de Salcedo llegó frente a Cabo Camarón, al este de Trujillo, el 24 de octubre y pronto ancló frente al pueblo.

La transferencia de autoridad del ausente Cortés y su teniente Saavedra al nuevo gobernador real no se efectuó sin demoras y largas negociaciones, que casi desembocaron en una guerra civil, pues hubo demostraciones de fuerza de ambos lados. Saavedra, cuyos hombres superaban en número a los de López de Salcedo, se resolvió a defender hasta el final la autoridad de Cortés, y no fue hasta que él y el cabildo de Trujillo se convencieron sin lugar a dudas de que la comisión de López de Salcedo procedía directamente de la Corona y no sólo de la Audiencia de Santo Domingo, por alto que fuera el tribunal, que se permitió a los recién llegados desembarcar sin pelear. Las partes enfrentadas se miraron al principio "como si fuéramos moros y cristianos" y negociaron con altivez y sin buena voluntad. Entonces Saavedra cedió, amenazado con el castigo de la Corona por López de Salcedo, quien anunció su determinación de desembarcar, listo para la acción. López de Salcedo desembarcó entonces con todos sus soldados, portando en alto el estandarte real de Castilla, y "sin perjuicio de ninguna de las partes y por voluntad de Dios" fue finalmente recibido formalmente como gobernador. [4]

El nuevo magistrado principal entabló acción legal contra Saavedra y otros, incluidos miembros del cabildo de Trujillo, y los envió a Santo Domingo para ser juzgados más a fondo por la Audiencia. En el camino, sin embargo, los prisioneros tomaron el control del barco y navegaron a Cuba en busca de refugio. La instalación de López de Salcedo como gobernador impulsó el establecimiento del absolutismo real, pero el proceso no se completó hasta 1544, cuando la recién creada Audiencia de los Confines asumió el cargo de organismo supremo de gobierno en todas las provincias centroamericanas.

Más al sur, Pedro de los Ríos llegó a Panamá a fines de julio de 1526 para reemplazar al duro y anciano Pedrarias, quien se hizo a un lado, no sin enérgicas protestas a la Corona. De los Ríos reclamó jurisdicción sobre Nicaragua como parte de Castilla del Oro, al igual que Pedrarias.

Luego de que López de Salcedo fuera instalado como gobernador de Honduras, los emisarios que Pedrarias había enviado anteriormente hacia el norte para exigir la sumisión de Saavedra y el cabildo de Trujillo finalmente llegaron a la ciudad hondureña. Como encontraron allí un gobernador real en lugar del representante de Cortés, no se atrevieron a presentar las demandas de Pedrarias. Sin embargo, López de Salcedo los encarceló.

---

[4] López de Salcedo a la Corona, Trujillo, Diciembre 22, 1526, AGI, Guatemala 39.

La Corona no había fijado límites territoriales para la provincia cuando nombró a López de Salcedo gobernador de Honduras. Por ello y por la destitución de Pedrarias como gobernador de Castilla del Oro, López de Salcedo revirtió ahora todo el proceso en lo que respecta a las reclamaciones jurisdiccionales. Basando sus pretensiones en las actividades de González Dávila y Cortés, sostuvo que Nicaragua estaba justamente dentro de su jurisdicción como gobernador de Honduras y partió hacia la provincia del sur al frente de 150 hombres para hacer valer allí su autoridad. Dejó a Francisco de Cisneros como su representante en Trujillo, con unos pocos ciudadanos para custodiar la ciudad.

En su marcha hacia el sur, López de Salcedo impuso las cargas más duras a los infelices indios del Valle de Olancho, ahorcó a ciertos señores nativos que estaban involucrados en el reciente ataque a los españoles en Natividad de Nuestra Señora, y tuvo un encuentro fallido con rivales españoles que estaban aún en el Valle de Olancho. Sus demandas a los indios de provisiones y servicios despertaron tal temor y amargo odio entre ellos que quemaron sus pueblos, destruyeron sus cosechas y huyeron a las montañas. Esta hostilidad se extendió hacia el oeste hasta el populoso y fértil Valle de Comayagua y hacia el sur hasta Nicaragua, donde causó ansiedad entre los colonos de León. En tales condiciones, la expedición sufrió una gran falta de provisiones y el peligro constante de la hostilidad nativa generalizada.

A pesar de eso, López de Salcedo llegó a León en la primavera de 1527. Miguel de Estete, el teniente que Pedrarias había puesto en la ciudad, y el cabildo no dudaron en aceptar su autoridad; pero sus actos de gobierno mal calculados pronto crearon descontento entre los españoles e incitaron a los ya inquietos indios del norte de Nicaragua a una rebelión abierta. Naturalmente, el estado de la provincia pronto se volvió precario.

Mientras tanto, de los Ríos se mudaba a Nicaragua desafiando los reclamos de jurisdicción de López de Salcedo. A pesar de que la gestión de este último había sido todo menos satisfactoria, los cabildos municipales de la provincia se negaron a aceptar a de los Ríos, a quien López de Salcedo ordenó marcharse. De regreso a Panamá, de los Ríos fue recibido cortésmente por el pueblo de

Bruselas, que Hernández de Córdoba había fundado al entrar por primera vez en la provincia, por lo que López de Salcedo se vengó mezquinamente desmantelando el pueblo.

Pedrarias, ahora en Panamá, protestó por su destitución como gobernador de Castilla del Oro con tanta vehemencia que la Corona pronto lo compensó nombrándolo gobernador de Nicaragua, separando así esa provincia de Castilla del Oro. López de Salcedo, ahora truncado en Nicaragua, se dispuso a regresar a Honduras con sus seguidores, pero tanto las autoridades como los colonos, encabezados por Miguel de Estete, se volvieron contra él y proclamaron su lealtad a Pedrarias. Impidieron la salida de López de Salcedo de la provincia y apresaron a sus funcionarios.

Apresurándose desde Panamá, Pedrarias llegó a León en marzo de 1528 y fue recibido en todas partes como gobernador. Lidió rápidamente con López de Salcedo echándolo en prisión y citando una cédula real que disponía que las autoridades de otras provincias no debían intervenir en los asuntos de Nicaragua. También ignoró el pedido de López de Salcedo de regresar a Honduras. Recluido en prisión durante casi un año, la salud de López de Salcedo empeoró y su espíritu se quebró. Los mediadores finalmente concertaron un acuerdo por el cual la jurisdicción de López de Salcedo se restringía a una región que se extendía a lo largo de la costa norte desde Cabo Gracias a Dios al este hasta Puerto de Caballos al oeste y se proyectaba hacia el interior en forma triangular. Debía renunciar a todo territorio desde León hasta el Puerto de Natividad, cien ligas de norte a sur, y desde Chorotega, también llamado Fonseca, hasta Puerto de Caballos, setenta ligas de norte a sur, y cien leguas por el mar del Norte, con igual extensión por el mar del Sur y cuanto más se descubra (en aquellas regiones). [5]

Bajo términos fue puesto en libertad y regresó a Honduras a principios de 1529.

El acuerdo así impuesto resolvió de manera práctica la cuestión de la jurisdicción entre los gobernadores de Honduras y Nicaragua. Habría de surgir disensión sobre el territorio del Mar del Sur desde el río Lempa, que separaba a San Salvador de San Miguel, y sobre

---

[5] Herrera, 1601-15, 4-3-2

las tierras al este y norte de la Bahía de Fonseca, pero como fue Pedro de Alvarado y sus capitanes quienes expandieron efectivamente la colonización española desde Guatemala en esa dirección, fue con ellos, y no con los gobernadores de Nicaragua, con quienes los primeros magistrados principales de Honduras entrarían en disputas territoriales.

Mientras López de Salcedo intentaba ganar autoridad sobre Nicaragua, las cosas empeoraron en Honduras. Su teniente, Francisco de Cisneros, fue incapaz de mantener el orden entre el cuerpo de agotados pero rebeldes ciudadanos y pronto fue hecho a un lado, dejando que la provincia cayera en el caos administrativo. Desde Nicaragua, López de Salcedo designó a Diego Méndez de Hinostroza para restaurar el orden, pero una facción opositora pronto lo encarceló y colocó en la autoridad a un regidor o concejal municipal de Trujillo, Vasco de Herrera. El nuevo magistrado principal, que disfrutó de un buen apoyo durante un tiempo, envió una expedición para subyugar el Valle de Olancho, pero esto condujo a un mayor hostigamiento y una esclavización despiadada de los nativos, sin ningún beneficio permanente para la colonia.

Cuando López de Salcedo regreso a principios de 1529 estaba muy debilitado para recuperar su autoridad como gobernador. Incapaz de sofocar la lucha por el poder entre su teniente Méndez de Hinostroza y el regidor usurpador Vasco de Herrera, se ganó el desprecio de la mayoría de los colonos. [6] Con la esperanza de superar su profundo descontento, finalmente organizó una expedición considerable una vez más para intentar colonizar el rico Valle de Naco, donde, además de su conocido atractivo, ahora se reportaba persistentemente oro; pero el desdichado gobernador murió en los primeros días de 1539 y esta empresa fue aplazada.

---

[6] Sin embargo, todavía había un pequeño grupo que apoyaba firmemente al gobernador. Sin duda a instancias de López de Salcedo los *Hijosdalgo*, *conquistadores* y *pobladores* de Trujillo enviaron una carta, fechada el 20 de agosto de 1529, a la Corona en apoyo del gobernador (AGI, Guatemala 9).

CERECEDA COMO GOBERNADOR INTERINO

López de Salcedo había nombrado como sucesor interino a un funcionario de la Tesorería Real de la provincia, Andrés de Cereceda. Aunque su nombre ocupa un lugar destacado en la historia de Honduras durante los años siguientes, Cereceda estaba tan lejos de ser un hombre fuerte que un período típico de anarquía administrativa y lucha mortal por el poder siguió a la muerte de López de Salcedo. Vasco de Herrera, nuevamente apoyado por el cabildo de Trujillo, y Méndez de Hinostroza, alegando que su autoridad como teniente de López de Salcedo aún era válida, impugnaron la gobernación interina de Cereceda.

Sin embargo, finalmente se llegó a un compromiso nominal por el cual Cereceda y Vasco de Herrera actuarían como administradores conjuntos y Méndez de Hinostroza sería eliminado. Sin embargo, Vasco de Herrera era demasiado fuerte para asociarse, y aunque Cereceda continuó nominalmente como uno de los dos magistrados principales, fue su colega quien en realidad ejercía la autoridad, apoyado incondicionalmente por el cabildo municipal. Inevitablemente surgieron disputas entre los dos, especialmente después de que el cabildo redactó una solicitud secreta a la Corona para que Vasco de Herrera fuera nombrado gobernador, una medida de la que Cereceda se enteró.

Mientras tanto, la expedición que López de Salcedo había preparado para avanzar hacia el oeste poco antes de su muerte entró finalmente en el Valle de Naco y fundó un pueblo, Nuestra Señora de la Encarnación. Como todos los esfuerzos anteriores para fundar asentamientos hacia el oeste, este también fracasó. Casi al mismo tiempo, otra compañía al mando de Alonso Ortiz pacificó un distrito rebelde no lejos de Trujillo. Cuando Ortiz entró por primera vez en la región, los nativos huyeron de él, pero este capitán mostró tanta comprensión y moderación que pudo llevarlos pacíficamente a sus hogares, un logro notable, especialmente en este momento.

El control de Vasco de Herrera sobre la provincia resultó tenue, ya que había demasiadas facciones para permitirle estar seguro. Cereceda y Méndez de Hinostroza buscaron la oportunidad de establecerse y, en todo caso, aumentó el descontento entre los colonos. Vasco de Herrera nuevamente recurrió a la siempre esperanzadora posibilidad de salvar la situación mediante la colonización en otros lugares, aunque tal vez tuviera que abandonar Trujillo en el proceso. Temiendo que este plan llevara a la colonia a una ruina irrevocable, Cereceda hizo lo que pudo para oponerse. Pero una revuelta de indios explotados en las minas cercanas a Trujillo, durante la cual murieron varios españoles, le dio a Vasco de Herrera su oportunidad. Organizó una expedición con el propósito de someter a los indios rebeldes, pero en realidad marchó hacia el interior en un intento de colonización.

Con Cereceda temporalmente ausente de Trujillo en este momento y con Vasco de Herrera también lejos, Méndez de Hinostroza hizo preparativos para usurpar la autoridad. Organizó una comitiva y compareció ante el cabildo, exigiendo que se nombrara un solo magistrado principal y que se mantuviera el orden. Cuando Vasco de Herrera volvió por fin de la infructuosa expedición, dejando una compañía en el interior, y tomó acción contra él, Méndez de Hinostroza presentó su título de teniente, que le había dado López de Salcedo, y pidió reconocimiento. Pero Vasco de Herrera dictó la pena de muerte contra Méndez de Hinostroza, quien se apresuró a refugiarse en una iglesia, de la que pronto lo rescataron sus seguidores, que por el momento superaban en número a los hombres de Vasco de Herrera en Trujillo. Los que Vasco de Herrera había dejado en el interior se habían ido al Valle de Olancho para someter a los nativos rebeldes y no pudieron regresar rápidamente.

Cereceda, aunque vacilante y débil, tenía en mente el bien de la colonia y buscó actuar como mediador para restaurar cierta medida de estabilidad a lo largo de esta disputa. De repente, tomando el asunto en sus propias manos, los opositores de Vasco de Herrera lo mataron y dieron todo su apoyo a Méndez de Hinostroza. Cereceda ahora temía por su propia vida y trató de escapar, pero Méndez de Hinostroza lo atrapó y exigió que Cereceda lo reconociera como gobernador. En esta crisis, Cereceda se mantuvo firme y se negó, a pesar de las amenazas de asesinato.

Méndez de Hinostroza siguió adelante con sus planes para tomar el poder exclusivo, a pesar de que Cereceda convocó al cabildo en una reunión secreta para encontrar una solución, y obligó a los ciudadanos a reconocerlo. A continuación, nombró un nuevo cabildo y ordenó a Cereceda que cesara todo intento de ejercer la autoridad. También envió mensajes pidiendo apoyo a la compañía del Valle de Olancho, ahora comandada por Diego Díaz de Herrera, hermano del muerto Vasco, y logró ganarse a los soldados para su partido. Cereceda buscó demasiado tarde traer a Diego Díez de Herrera y sus hombres de regreso a Trujillo para apoyarlo.

La posición de Méndez de Hinostroza ahora parecía fuerte. Pero en desafío, Cereceda organizó a sus propios seguidores, atacó rápidamente y después de una dura lucha capturó a su oponente, a quien decapitó. Cereceda también tomó medidas contra los seguidores de su víctima. Así, después de más de un año de intrigas, asesinatos y luchas, Cereceda emergió como único gobernador interino, cumpliendo finalmente su elección para ese cargo por parte de López de Salcedo.

Cereceda no había ejercido mucho tiempo su autoridad cuando, a fines de octubre de 1532, llegó a la costa Diego Alvites, a quien la Corona nombró para suceder a López de Salcedo como primer magistrado de Honduras. Al nombrar a Alvites, la Corona había respondido a informes de anarquía y llamamientos urgentes para la designación de un nuevo gobernador real. La flotilla que trajo a Alvites y su partida naufragó a algunas leguas de Trujillo, pero finalmente llegó y asumió el cargo. Avanzado en edad y debilitado por la exposición, Alvites vio cercana la muerte y, con ella, la necesidad de un sucesor. Por tanto, el 12 de noviembre de 1532 eligió a Cereceda como gobernador interino, como antes lo había hecho López de Salcedo, y murió poco después. Honduras se quedó nuevamente sin un gobernador que gozara del prestigio que sólo podía traer el nombramiento real directo.

Cereceda asumió nuevamente la gubernatura interina. A pesar de su sincero deseo de servir a la colonia, demostró ser tan incompetente y vacilante como antes. Nuevamente se formaron facciones y enemigos, entre ellos Diego Díaz de Herrera, y conspiraron para deponerlo; fue capaz de mantener su posición con mucha dificultad. La necesidad de disipar el descontento y el faccionalismo, así como la obligación de avanzar en la colonización, ahora hizo que Cereceda desarrollara extensos esquemas de conquista y asentamiento. Planeaba establecer un pueblo en la ruta de la costa norte de Honduras a Nicaragua, tener comunicaciones seguras con esa provincia e intentar una vez más la colonización del Valle de Naco. Para lograr su primer objetivo él mando a un capitán con sesenta hombres al sur, con la intención de mandar más después, pero su partida se demoró por la noticia inesperada de que los españoles se acercaban a Trujillo a lo largo de la costa desde el oeste. Estos eran dirigidos por Alonso Dávila, un teniente principal de Francisco de Montejo, *Adelantado* de Yucatán, quien estaba ocupado en la conquista de esa provincia. Desde Salamanca de Campeche, en la costa oeste, Montejo había enviado a Dávila en 1531 para fundar otro pueblo. En busca de una región apropiada, Dávila había avanzado hacia el sudeste hasta que atravesó toda la península de Yucatán y llego a la Bahía de Chetumal, donde encontró un pueblo. La obstinada resistencia india provocó el abandono de este pueblo en 1532. Como toda la región detrás de Dávila estaba sublevada y por lo tanto aislado de Montejo, su expedición avanzó por la costa del Caribe hacia Honduras en canoa, con miras a restablecer el pueblo en un sitio favorable. No se encontró ninguno hasta que Dávila llegó a la zona del Puerto de Caballos y el Río de Ulúa. Para entonces, meses de incalculables dificultades y peligros habían reducido su expedición a los más extremos apuros. Envió un llamado urgente a Trujillo en busca de ayuda, al que Cereceda respondió enviando una columna para llevar provisiones para sus desesperados compatriotas y también para conocer su objetivo. Con esta ayuda, los exhaustos hombres de Dávila finalmente llegaron a Trujillo a principios de 1533.

Dávila esperaba regresar a la región del Río de Ulúa y Puerto de Caballos para establecer un pueblo a nombre de Montejo, pero eso era imposible sin el apoyo de las autoridades de Trujillo. Dado que el área que se proponía colonizar se encontraba en territorio reclamado por Cereceda para Honduras, por supuesto que no podía divulgar su verdadero objetivo a ese funcionario. Cereceda, desconociendo la verdadera intención de Dávila, rechazó el apoyo, señalando, con toda verdad, que la situación en Honduras era demasiado precaria para una ayuda tan extensa.

Con tanta discordia en Trujillo, era inevitable que Dávila se involucrara profundamente en las intrigas actuales, especialmente con su esperanza de fundar un pueblo en nombre de Montejo hacia el oeste. Para ello conspiró con Diego Díaz de Herrera pero en vano. Al darse cuenta finalmente de la inutilidad de su plan, contrató al capitán de un barco que llegó a Trujillo para llevarlo a él y a la mayoría de sus hombres de regreso a la costa oeste de Yucatán para reunirse con Montejo. Un pequeño grupo de la compañía de Dávila quedó para incorporarse a la ciudadanía de Trujillo.

La llegada no planificada de Dávila a Honduras presagiaba los acontecimientos por venir, pues era Montejo, bajo cuya autoridad actuó Dávila, quien emergería como el conquistador definitivo de Honduras.

Aunque Cereceda finalmente se dispuso a unirse al capitán a quien había enviado tierra adentro para establecer un pueblo en la ruta a Nicaragua, pronto se vio en la necesidad de dar marcha atrás, pues recibió la noticia de que, en su ausencia, Diego Díaz de Herrera planeaba desertar Trujillo con los colonos restantes. Cereceda se apresuró a regresar para evitar esto y, por lo tanto, sus esfuerzos por colonizar el interior del sur fracasaron. El descontento, el faccionalismo y la inestabilidad habían alcanzado en ese momento proporciones que amenazaban la existencia de la colonia, ahora en el estado más bajo. La falta de todo lo que necesitaban los españoles aumentó el peligro.

Aunque muchos capitanes y cientos de hombres —más de los que necesitaba Pizarro para derrocar al vasto, populoso y extraordinariamente rico Imperio Inca— habían llegado a Honduras desde los inicios de la colonización, los españoles habían disipado tanto sus fuerzas en batallas destructivas que Trujillo, con menos de 200 ciudadanos, quedó solo después de muchos intentos de asentamiento. Las incursiones de esclavos y las guerras brutales causaron estragos entre los nativos, pero fracasaron por completo en lograr la conquista real de cualquier territorio más allá de un área restringida alrededor de Trujillo. Hubo grandes disminuciones en la población india en todas las regiones donde los españoles permanecieron por algún tiempo, excepto en el rico Valle de Naco. La vida india había sido interrumpida dondequiera que fueran los invasores. Muchos indios fueron llevados como esclavos a las Indias Occidentales, donde la población nativa estaba desapareciendo rápidamente y había una gran necesidad de mano de obra. Los gobernadores que no participaron ellos mismos en este tráfico de esclavos lo aprobaron para otros. En 1533 la pestilencia arrasó con gran parte —la mitad, según se dice— de los indios que aún quedaban en la zona de dominio español.

El distrito de Trujillo y las regiones del sur habían sido explotadas sin piedad hasta el agotamiento; poco quedaba para mantener a los españoles. No se habían encontrado ricas minas de oro o plata y se habían encontrado muy pocos tesoros. El sistema de encomienda, con sus tributos y servicios de los que dependían en gran medida los españoles para su mantenimiento, no podía funcionar adecuadamente bajo las circunstancias. Las encomiendas que existían eran ahora muy débiles en cuanto a indios que pagaban tributos y en cuanto a productos. Después de casi una década, Trujillo y sus alrededores estaban más cerca que nunca del abandono; muchos de sus ciudadanos amenazaron con irse en busca de campos más verdes. Las historias sobre las riquezas desmesuradas del Perú aumentaron el descontento, como en todas las provincias que los españoles encontraban pobres y poco atractivas.

Buscando desesperadamente los medios para mantener unida a la colonia en desintegración, Cereceda a principios de 1534 volvió a su plan de conquista y asentamiento en el Valle de Naco. Esta vez la decisión de moverse hacia el oeste estaba destinada a traer resultados permanentes y, después de muchos momentos de ansiedad, cambiaría toda la historia de Honduras y le daría a la colonia un aspecto nuevo y más brillante.

2.
Cereceda y los inicios de la colonización permanente en Honduras

PRIMERA DELIMITACIÓN DE HIGUERAS

Cuando el gobernador interino Andrés de Cereceda se dispuso a moverse hacia el oeste desde Trujillo en 1534, la expansión territorial de Honduras nuevamente había recibido reconocimiento oficial, a pesar del acuerdo restrictivo entre Pedrarias y López de Salcedo. La región de la costa hacia el Golfo Dulce y tierra adentro, incluyendo la zona del Río de Ulúa y el Valle de Naco, se denominó oficialmente Higueras, la cual, unida a Honduras, se consideraba que constituía la "Provincia de Higueras y Cabo de Honduras".[1] Así, Honduras por un tiempo significó solamente los distritos orientales de la provincia combinada, el territorio al oeste de Cabo Camarón, incluyendo Trujillo, hasta un punto algunas leguas al oeste de Trujillo mismo; Higueras se extendía a lo largo de la costa oeste y norte hasta un punto indefinido en la región de Río Dulce-Golfo Dulce y hacia los vagos límites de Guatemala y Yucatán. El Valle de Olancho, detrás de Trujillo, estaba incluido en Honduras, y todo el territorio hacia el oeste desde la costa del "Mar

---

[1] Por ejemplo, la cédula del 22 de abril de 1535 (AGI, Guatemala 402) por la cual la Corona anunció a Cereceda la unión administrativa de la Provincia de Honduras e Higueras y la Provincia de Yucatán, fue dirigida a "Andrés de Cereceda nro. gor. de las provincias de Higueras y cabo de Honduras". La cédula proseguía: "como vereys por las provisiones q. enviamos al adelantado don franco. de Monejo avemos acordado de juntar esa provincia de cabo de honduras a la provincia e governación de Yucatán... y le avemos encomendado el cargo desa provincia como quien... tiene mucha experiencia de aquellas ptes. e es persona de quen. Confiamos mirara en todo nro. servicio e bien desa repuca..."
La cédula del 1 de marzo de 1535, por la que la Corona nombró a Montejo gobernador de Honduras e Higueras (AGI, Guatemala 402) comenzaba: "Don Carlos etc. por quanto y por fallecemiento de do. lopez de salzedo nro. governador que fue de la provincia de higueras y cabo de honduras..."
Hasta ahora, el término Honduras solo se ha usado en el texto con fines de simplificación, pero de aquí en adelante se empleará el término con guión, Honduras-Higeras, para referirse a la provincia en su conjunto.

del Norte", o Caribe, al sur hasta Nicaragua, San Salvador y San Miguel, estaba abarcado por Higueras. En 1540, una vez fundada la villa de San Pedro al suroeste de la desembocadura del río Ulúa y cerca del Puerto de Caballos, un tesorero de Honduras-Higueras, Diego García de Celis, definió a grandes rasgos el territorio:

... la última parte de la jurisdicción gubernamental de esta provincia hacia Yucatán, que es Higueras, se extiende treinta leguas y más por la costa más allá de este pueblo (de San Pedro) y Puerto de Caballos; y de este puerto a la ciudad de Trujillo hay como cuarenta y tres leguas por la costa, y del puerto de Trujillo al cabo Camarón, donde ponemos los límites finales de la provincia por la dirección de Nombre de Dios, hay otras treinta y cinco o cuarenta leguas por la misma costa...[2]

A finales de 1520, Hondura-Higueras fue removida de la autoridad de la Audiencia de Santo Domingo y puesta bajo la nueva Audiencia de la Nueva España para asuntos judiciales superiores, pero en 1534 la provincia regresó a la antigua Audiencia.[3]

Los primeros fracasos para colonizar Higueras no solo hicieron que sus límites fueran vagos, sino que incluso pusieron potencialmente en duda su estado jurisdiccional. En 1532, para fomentar el desarrollo económico de Guatemala y darle un puerto muy necesario en el Mar del Norte, la Corona autorizó a Pedro de Alvarado, como gobernador de esa provincia, a conquistar y colonizar el territorio que se encontraba dentro del área general de Higueras. Menos de un año después, Diego Alvites, entonces gobernador de Honduras-Higueras, recibió licencia real específica para subyugar y poblar el Valle de Naco y la región de Puerto de Caballos. Cerca de esta medida, en 1533, siguió una concesión de la gobernación del vasto territorio desde los límites occidentales de Tabasco hasta el Río de Ulúa, a Francisco de Montejo, Adelantado

---

[2] Diego García de Celis a la Corona, San Pedro, 1540, AGI, Indiferente General 1206.

[3] Cédula del 22 de marzo de 1534, AGI, Guatemala 402; Residencia de Montejo para Honduras-Higueras, 1544, AGI, Justicia 300.

de Yucatán, con permiso para conquistar y poblar la región del Río de Ulúa, Puerto de Caballos y el Valle de Naco, si los referidos gobernadores ni sus tenientes hubieren colonizado aquellos distritos bajo cédulas reales anteriores. [4] Para complicar aún más esta ya confusa situación, y casi inmediatamente después de asignar a Montejo el territorio desde el Río de Copilco hasta el Río de Ulúa, la Corona reafirmó la autoridad que ya le había conferido a Alvarado para actuar en Higueras. En esta confirmación, sin embargo, la Corona le dio instrucciones de no invadir territorios ya colonizados o bajo el control efectivo de los gobernadores de Yucatán y Honduras-Higueras. Las cédulas reales recién descritas tuvieron una importante influencia en la historia de Honduras-Higueras desde 1536 hasta el establecimiento de la Audiencia de los Confines en 1544, ya que dieron autoridad a los gobernadores de Honduras-Higueras, Guatemala y Yucatán para colonizar el mismo territorio general bajo circunstancias específicas. Las condiciones en Higueras y sus alrededores fueron durante mucho tiempo tales que cada uno de los tres gobernadores podía interpretar estas medidas reales más o menos a su antojo. [5]

ESTADO DE LA CULTURA NATIVA

Se dice que Honduras-Higueras estaba muy poblada cuando llegaron los españoles por primera vez. Se encontraron muchos pueblos de tamaño considerable, especialmente en los Valles de Comayagua y Naco, y en la región del Río de Ulúa, pero poco se sabe ahora de los grupos nativos. Sin embargo, parece claro que había diversos grados de cultura, algunos bastante avanzados. En la región alrededor del lago de Yojoa, entre la costa y las montañas, se fabricaba cerámica fina, y los indios de las tierras altas habían demostrado una gran habilidad de ingeniería en la construcción de fuertes fortificaciones de piedra. La agricultura estaba muy desarrollada, y el algodón y el gran alimento básico del Nuevo

---

[4] Estas cédulas se encuentran en los siguientes libros registrados: AGI, Guatemala 393 y 402 y México 2999.

[5] *Ibid.*

Mundo, el maíz, se producían en grandes cantidades. Del algodón los indios tejían buenos textiles. [6]

Se llevó a cabo un comercio extenso con los mayas de Yucatán, especialmente desde el área del Río de Ulúa, y con los comerciantes aztecas hacia el noroeste a través de Tabasco. Dicho comercio se realizaba en grandes canoas a través o a lo largo de la Bahía de Honduras, y desde allí por senderos y ríos a través del Petén, hogar de los itzaes mayas. El intercambio entre Higueras y Yucatán había existido durante siglos y aún continuaba. Colón había visto pruebas impresionantes de este comercio, como hemos señalado.

El cacao de finas arboledas cuidadosamente cultivadas era un producto principal de la zona del Río de Ulúa, que recibía a cambio finas telas de algodón yucateco del norte. Los caciques mayas de Yucatán mantenían puestos comerciales y agentes en la región sur, tal era el valor que le daban a este comercio.

Los puntos de mayor cultura parecen haber sido el rico valle de Ulúa y el fértil y algo más alto valle de Comayagua. No es de extrañar que hubiera centros de cultura avanzada en Higueras, pues Copán, una de las ciudades más grandes y antiguas del brillante "Primer Imperio" maya, aunque ahora decadente desde hacía mucho tiempo, se encontraba cerca al oeste. Algunos de los indios de Higueras, de hecho, pueden haber estado relacionados con los mayas. Los nativos de la zona costera de Honduras propiamente dicha parecen haber sido en general menos civilizados que los de Higueras y, en general, eran más fáciles de someter o hacer a un lado. Pero los nativos del interior, especialmente los del Valle de Olancho, eran agresivos.

Los indios del interior montañoso de toda la sección de Higueras y del Valle de Comayagua eran de constitución severa, así como de alta cultura. Eran enérgicos, amantes de la libertad y agresivos, y no se habían visto seriamente afectados por las anteriores incursiones españolas en su territorio o por los intentos españoles de colonización. Estaban listos y dispuestos a ofrecer la resistencia más fuerte a cualquier invasor. Aunque los indios cultos

---

[6] Para una breve descripción de la cultura nativa de Honduras-Higueras vea Roys, 1943, págs. 113-21.

del populoso Valle de Naco y el Río de Ulúa aceptaron a los españoles sin hostilidad persistente cuando llegaron por primera vez, también demostraron estar decididos a preservar sus libertades cuando la colonización española amenazaba con volverse permanente.

OCUPACIÓN DE HIGUERAS POR CERECEDA

Al planear la colonización de Higueras en 1534, Cereceda, que ahora era contador de la Tesorería Real de la provincia y gobernador interino, contó con el pleno apoyo de las autoridades menores y de los colonos más considerados de Honduras. No teniendo en absoluto la posibilidad de abandonar Trujillo y la sección de Honduras de la provincia, apartó a cincuenta ciudadanos, en su mayoría aquellos que no tenían ni salud ni ánimo para hacer muchas cosas, para mantener la ciudad y llevó a unos 130 a la nueva área. [7]

---

[7] Oviedo, 1851-55, 31-36; Herrera, 1601-15, 5-9-9; Cereceda to the Crown, Buena Esperanza, 31 de agosto de 1535, AGI, Guatemala 39; Cabildo de Gracias a Dios a la Corona, 21 de diciembre de 1536, AGI, Guatemala 44; Francisco de Barrientos a la Corona, Trujillo, 25 de julio de 1534, AGI, Guatemala 49; Diego García de Celis a la Corona, Puerto de Caballos, 20 de junio de 1534, AGI, Guatemala 49; Fiscal v. García de Celis, 1537, AGI, Justicia 1035-3-1; Oviedo, 1851-55, 31-36; Herrera, 1601-15, 5-9-9. Haring, 1947, págs. 298, 300, proporciona las siguientes descripciones de los deberes y la posición de los Oficiales Reales de Hacienda:
"La recaudación de las rentas, con pocas excepciones, estaba a cargo de personas denominadas específicamente Oficiales Reales (oficiales reales de hacienda, o simplemente oficiales reales). En un principio había cuatro en cada colonia, un tesorero, un contralor, un director comercial (factor) y un inspector (veedor). Los deberes del tesorero y del contralor son bastante obvios. El factor disponía del tributo en especie recibido de los nativos, hacía compras para las autoridades y, en general, atendía a todas las transacciones comerciales en las que estaban involucrados los dineros del rey. El veedor era veedor de los intereses del erario en las minas y oficinas de ensayo donde se refinaba el lingote y se le restaba el quinto...
En tiempos de los Habsburgo, la corona siempre separó claramente las funciones políticas y militares del gobierno de la administración de las finanzas. En consecuencia, los oficiales reales, aunque de rango inferior a los gobernadores, estaban en su propia esfera de autoridad coordinada con ellos; y en algunos casos podían oponerse a acciones que contradijeran sus instrucciones o implicaran gastos extraordinarios..."

Cereceda dividió la compañía destinada a Higueras en dos grupos. Un grupo, de unos sesenta jinetes y lacayos, marchó por tierra, arreando ganado con ellos; el otro, conducido por el mismo Cereceda, se hizo a la mar a fines de marzo. La expedición fue cuidadosamente preparada, pues era una expedición de conquista, así como de exploración y colonización. [8] Al llegar a Higueras las dos compañías se unieron en el pueblo de Naco, bien conocido por los españoles, donde permanecieron por un tiempo considerable. Cuando se vio obligado a seguir adelante por falta de suministros, Cereceda regresó al Valle de Sula, por el bajo Río de Ulúa. En una región habitada por indios conocidos por ellos como los Chontales, los españoles fundaron la Villa de Buena Esperanza en señal de las cosas mejores que buscaban. El sitio distaba tres leguas del pueblo nativo de Quimistán, siete de Naco y veintitrés del excelente puerto de Puerto de Caballos. Cereceda luego ordenó columnas en el área circundante para conquistarlo y explorar en busca de oro y plata. [9] Con tal expansión hacia el oeste, el centro político y económico de Honduras-Higueras pasó de Honduras a Higueras como la sección más importante. Esto fue posteriormente confirmado por la intervención de Alvarado en 1536, la conquista final de Higueras por Montejo de 1537 a 1539, y la posterior creación de la Audiencia de los Confines.

Mientras Cereceda intentaba extender la soberanía española desde Honduras, una expedición de unos cuarenta hombres, dirigida por Cristóbal de la Cueva, penetró en Higueras desde Guatemala. Esta compañía había sido enviada por el gobernador interino de Guatemala, Jorge de Alvarado (hermano de Pedro, quien entonces estaba ausente en su célebre expedición a la lejana Quito), para encontrar un puerto satisfactorio, como había sancionado la autoridad real, y para establecer una carretera entre el futuro puerto y la Ciudad de Santiago de Guatemala. Jorge de Alvarado también había oído que los indios de Honduras-Higueras

---

[8] *Ibid.*
[9] *Ibid.*

estaban en guerra, por lo que también contemplaba la pacificación de aquella zona.[10]

Cereceda temía que la llegada de de la Cueva significara una invasión de tierras bajo su jurisdicción, por lo que envió a averiguar la intención del capitán guatemalteco. Los dos dialogaron entonces personalmente, tomando como base de discusión las cédulas reales que autorizaban a los gobernadores de Guatemala y Honduras-Higueras a conquistar y poblar la costa del Mar del Norte y la necesidad de Guatemala de un puerto de abastecimiento. Llegaron a un acuerdo en el que, dado que Cereceda había ocupado primero la región, los hombres de de la Cueva serían puestos bajo su mando. Debía guiarlos a ellos y a los colonos de Buena Esperanza en campañas de exploración, conquista y asentamiento a lo largo de la costa y de regreso al interior. De la Cueva obtuvo la concesión de que se estableciera la tan necesaria carretera de suministro desde el Mar del Norte a Guatemala y que se estableciera un puerto.[11]

Los planes originales bajo este acuerdo parecen haber requerido la fundación del puerto cerca del Golfo Dulce, en el sitio abandonado de San Gil de Buena Vista, donde Gil González Dávila había fracasado una década antes, o en Puerto de Caballos, donde los esfuerzos anteriores también habían fracasado. Esto habría cumplido el objetivo principal de de la Cueva, pero por alguna razón lo abandonó y sugirió la colonización tierra adentro, a medio camino entre los mares del Norte y del Sur.[12] Cereceda al principio aceptó la propuesta de de la Cueva, pero luego presentó objeciones. Surgió la disensión, aumentada por el hecho de que después de un tiempo los hombres de de la Cueva se negaron a

---

[10] Herrera, 1601-15, 5-9-9; Cereceda a la Corona, Buena Esperanza, 31 de agosto de 1535, AGI, Guatemala 49; Montejo a la Corona, Gracias a Dios, 1 de junio de 1539, DII, 24:250-97, *passim*; Pedraza a la Corona, Gracias a Dios, 18 de mayo de 1539, AGI, Guatemala 9; Probanza de Melchor Hernández, 1556, AGG, Documentos del Archivo Colonial, Sección de San Salvador, leg. 193 exped. 1: Probanza de Gonzalo de Armenta, 1565, AGG, Documentos del Archivo Colonial; Probanza de Miguel de Trujillo, 1548, AGG, Sección de San Salvador, leg. 121, exepd. 21. Véase también Chamberlain, 1974ª.

[11] *Ibid.*

[12] *Ibid.*

reconocer la autoridad de Cereceda, a pesar del acuerdo entre los dos líderes. Acto seguido, de la Cueva renunció a cualquier otro intento de colaboración y condujo a sus hombres hacia el Mar del Sur. Allí aparentemente volvió a fundar, o al menos fortaleció, el pueblo de San Miguel, justo al noroeste de la gran Bahía de Fonseca, que había sido fundada por uno de los capitanes de Pedro de Alvarado pero que, en gran parte por haber aportado una gran cantidad de sus hombres a Alvarado para su expedición a Quito, se había despoblado casi por completo.[13]

De la Cueva y sus seguidores habían permanecido en Higueras por algún tiempo, y ellos y los colonos de Cereceda debieron penetrar en muchas partes de la provincia, explorando, conquistando y buscando oro. Independientemente de lo que hayan hecho, no resultó en ninguna ventaja permanente. Los líderes habían planeado hábilmente y mandado a suficientes hombres, pero la disensión había arruinado nuevamente el esfuerzo. Si hubieran trabajado en armonía, bien podrían haber traído muchas mejoras, no solo a Higueras sino también a Guatemala. Así las cosas, sólo la provincia de San Miguel se benefició, aunque sí necesitaba con urgencia nuevos colonos.[14]

El restablecimiento de San Miguel por de la Cueva volvió a poner ese distrito bajo el control de Guatemala. Cereceda y las demás autoridades de Honduras-Higueras, considerando a San Miguel como territorio propio, protestaron enérgicamente a la Corona. El área permaneció en disputa durante varios años entre los gobernadores de las dos provincias.[15]

Después de estos hechos, Cereceda hizo todo lo posible para expandir Higueras con sus propios recursos y nominalmente estableció el control sobre las áreas de Naco y Sula. El cacique Ciçumba, que dominaba extensos y populosos territorios en la parte baja del río Ulúa y que tenía muchos guerreros a su mando, era el principal enemigo. A lo largo del río, este gobernante indio tenía formidables fortalezas que consideraba impenetrable; estaba confiado y desafiante. Cereceda lo atacó estando aún de la Cueva

---

[13] *Ibid.*
[14] *Ibid.*
[15] *Ibid.*

en Higueras y obtuvo un efímero triunfo, pero apenas partieron los españoles, el resuelto cacique no sólo volvió a tomar las armas sino que buscó organizar la resistencia entre todos los indios de la zona que estaban resueltos a oponerse a los invasores.[16] Cereceda rápidamente dividió el territorio que había penetrado entre los ciudadanos de Buena Esperanza en encomienda. Ahora salieron a la luz los yacimientos de oro y plata de los que se rumoreaba desde hacía mucho tiempo y, para gran satisfacción de los colonos, les prometían riquezas futuras.

A pesar de muchas deficiencias como magistrado principal y líder militar, Cereceda no carecía de visión y deseo por el bienestar de la colonia, como lo atestiguan sus intentos anteriores de mediar entre las facciones en disputa en Trujillo y su acuerdo con de la Cueva. Reconoció que Higueras tenía grandes posibilidades comerciales, especialmente a la luz de la reciente conquista del rico y densamente poblado Perú. Ahora contemplaba el establecimiento de una ruta a través de la provincia desde Puerto de Caballos hasta la Bahía de Fonseca para llevar el comercio y el abastecimiento entre Castilla y las Indias Occidentales, las provincias centroamericanas y las colonias del Mar del Sur, especialmente Perú, con sus lingotes. Esta vía de comercio suplantaría la ruta más corta, pero difícil y pestilente, a través de Panamá. Ante este plan, el interés de Cereceda por San Miguel cobra verdadero sentido. Otras partes de su amplio plan de desarrollo contemplaron la fundación de un pueblo en Puerto de Caballos, el establecimiento de una ciudad en el interior del pueblo de Maniani, en la ruta entre Puerto de Caballos y la Bahía de Fonseca –ciudad pensada como un centro de comercio por una amplia zona– y la construcción de carreteras de conexión dentro de Higueras. También pudo haber vuelto a la idea de restablecer una ciudad portuaria en San Gil de Buena Vista.[17]

No está del todo claro si estos diseños comerciales previsores fueron originados únicamente por Cereceda o si fueron inspirados en parte por de la Cueva o el tesorero de Honduras-Higueras,

---

[16] Cereceda a la Corona, Buena Esperanza, 31 de agosto de 1535, AGI, Guatemala 39.

[17] *Ibid..;* Chamberlain, 1946b.

Diego García de Celis. Sin embargo, parece que recibieron la primera forma definitiva de Cereceda, quien también los dio a conocer a la Corona. Su acuerdo con de la Cueva puede, de hecho, haber previsto estos compromisos así como las necesidades inmediatas de Honduras-Higueras y Guatemala. [18]

Pedro de Alvarado después reconoció los méritos de estos diseños y se hizo cargo. [19] Cuando Montejo se hizo gobernador de Honduras-Higueras expandió su concepto hasta que se convirtió en la piedra clave de sus políticas allí. [20]

DESCONTENTO BAJO CERECEDA

A pesar de los comienzos prometedores, pronto se hizo evidente que la colonización por sí sola no remediaría la situación en la que había caído Honduras-Higueras. Después de que Cereceda y la mayoría de sus ciudadanos se trasladaron hacia el oeste, Trujillo declinó, porque la mayoría de los ciudadanos que quedaron allí eran ancianos, débiles, enfermos o desanimados. La comida, la ropa y todas las demás necesidades se volvieron tan escasas que la existencia continua de la ciudad volvió a ser dudosa. A falta de un liderazgo real y desalentados sin remedio, los ciudadanos de Trujillo resintieron la perspectiva del eclipse de Trujillo y Honduras si la colonización en Higueras resultaba permanente. Además, creyeron equivocadamente que Cereceda favorecía el abandono de su ciudad. No es de extrañar que enviaran llamados desesperados a la Audiencia de la Nueva España y Santo

---

[18] *Ibid.* Véase también Pedraza a la Corona, Gracias a Dios, 18 de mayo de 1539, AGI, Guatemala 9.

[19] *Ibid.* Fiscal *v.* Alvarado, 1537, AGI, Justicia 1035-2-2. La decisión de Alvarado de fundar una ciudad, Gracias a Dios, tierra adentro entre el Mar del Norte y del Sur en la misma región general en la cual Cereceda deseó establecer un pueblo, demostró interés en el plan.

[20] Montejo a la Corona, Naco, 28 de julio de 1537, AGI, Guatemala 9; Montejo a la Corona, Gracias a Dios, 1 de junio de 1539, DII, 24:250-97 *passim*; Pedraza a la Corona, Gracias a Dios, 18 de mayo de 1539, AGI, Guatemala 9.

Domingo y a la Corona pidiendo ayuda material y un gobernador designado directamente por la Corona.[21]

En Higueras, las carencias propias de Cereceda se vieron acentuadas por la enfermedad y, con el paso del tiempo, se mostró no sólo incapaz de ampliar el área que superficialmente había conquistado, sino también incapaz de explotar los elementos potenciales de permanencia y estabilidad que existían. El maltrato despiadado de los españoles a los indios, el arduo trabajo forzado y la esclavitud produjeron rápidamente sus efectos habituales. La densa población original tendió a ceder, los indios huyeron fuera del alcance de los españoles, y los nativos que permanecieron bajo el control español mostraron un resentimiento y una hostilidad crecientes. Muchos se negaron a servir a sus encomenderos. Todos estos eran asuntos serios, ya que los colonos dependían de un gran número de indios para su alimentación y servicio. Ciçumba era el líder natural de esta creciente resistencia.[22]

Con la debilidad de la provincia y de su líder evidente por doquier, la oposición de Ciçumba se hizo cada vez más eficaz; un número cada vez mayor de guerreros se unió a él, y los distritos que habían sido apenas sometidos se levantaron en armas. Las áreas nominalmente subyugadas se perdieron y la expansión de la conquista quedó fuera de discusión. Por lo tanto, no pasó mucho tiempo antes de que los españoles fueran arrinconados en un área pequeña alrededor de Buena Esperanza, con el temor constante de que un levantamiento en masa atrajera a los indios en números abrumadores.[23]

---

[21] Francisco de Barrientos a la Corona, Trujillo, 25 de julio de 1544, AGI, Guatemala 49; Cabildo de Trujillo a la Corona, 12 de marzo de 1540, AGI, Guatemala 44; Relación de Alonso Dávila, 1533, DII, 14:197 ff.

[22] Fiscal v. Alvarado, 1537, AGI, Justicia 1035-2-2; Cereceda a la Corona, Buena Esperanza, 1 de diciembre de 1535, AGI, Guatemala 39; Cereceda a la Corona, Puerto de Caballos, 14 de agosto de 1536, AGI, Guatemala 39; Cabildo de Gracias a Dios a la Corona, 1 de diciembre de 1536, AGI, Guatemala 44; Fiscal v. Diego García de Celis, 1537, AGI, Justicia 1035-3-1; Pedraza a la Corona, Gracias a Dios, 18 de mayo de 1539, AGI, Guatemala 9; Cédula del 30 de junio de 1538 referente al esclavitud de los Indios, AGI, Guatemala 402; Pedraza v. Montejo, 1539, AGI, Justicia 129-2; Montejo a la Corona, Gracias a Dios, 1 de junio de 1529, DII, 24:250 ff.; Herrera, 1601-15, 5-9-8 y 6-1-8.

[23] *Ibid.*

El descontento entre los colonos de Buena Esperanza, ahora sólo un nombre vacío, se hizo cada día más intenso, pues estaban desabastecidos en una zona rica y fértil, ya que los debilitados y reacios pueblos de encomienda no lograban suplir sus necesidades. Vieron un número cada vez mayor de indios hostiles presionando desde todos los lados. Despreciando la incompetencia de Cereceda, se mofaron de su autoridad cuando lo consideraron oportuno. Surgieron entonces rivalidades y roces personales entre Cereceda y su compañero oficial, el tesorero Diego García de Celis, segundo al mando de la colonia. García de Celis fue un hombre de temperamento irascible, poca paciencia y vigor considerable; se negó a prestar atención a Cereceda cada vez que no estaban de acuerdo. Los dos se convirtieron así en enemigos declarados, dividiendo seriamente la lealtad de los colonos. El caos fue el resultado inevitable. La colonia no tenía unidad cuando más se necesitaba.[24]

De los colonos que habían ido a Higueras, muchos consideraron la mudanza un fracaso y desearon irse; unos cuarenta o cincuenta realmente se fueron. Las noticias de la conquista del Perú, con toda su riqueza, continuaron ejerciendo su trastornador influjo. Incluso la existencia de metales preciosos al alcance de la mano no producía deseos de quedarse, ya que los indios rebeldes hacían imposible la minería. La ausencia de un liderazgo fuerte y unido y la falta de un verdadero motivo colonizador entre la mayoría de los colonos significó la destrucción de Buena Esperanza a menos que viniera ayuda efectiva de otra parte.[25]

Cereceda, a pesar de sus otras debilidades, se negó rotundamente a evacuar la región. Pero no deseando admitir su total incompetencia, al principio se contentó pasivamente con esperar cualquier ayuda que pudiera aparecer. Por el contrario, García de Celis reconoció que sólo medidas rápidas y positivas podrían salvar a la colonia y trató de incitar a Cereceda a la acción,

---

[24] *Ibid.* Se presentaron cargos en contra de García de Celis por insubordinación cuando fue a Castilla en 1536-37 (Fiscal v. Diego García de Celis, 1537, AGI, Justicia 1035-3-1) y la Corona ordenó que él y Cereceda hicieran las pases de ahora en adelante (Cédula del 13 de noviembre de 1537, AGI, Guatemala 402).

[25] *Ibid.*

pero fue en vano. Cereceda obstinadamente permitió que el orgullo personal se interpusiera en el camino, aunque ahora él mismo deseaba que un gobernador real lo reemplazara.[26]

LLAMAMIENTO PARA QUE ALVARADO TOME EL MANDO

García de Celis, con el apoyo de las autoridades municipales más firmes y de los colonos, decidió pedir auxilio al poderoso Pedro de Alvarado, adelantado y gobernador de Guatemala, recién regresado de su expedición a Quito, a otros funcionarios de Guatemala, y a los miembros de la Audiencia de la Nueva España. Cereceda se vio obligado a aceptar sus planes, en gran parte para mantener la ficción de su autoridad ante los funcionarios de Guatemala y la Nueva España. Los dos líderes y los funcionarios municipales de Buena Esperanza redactaron entonces un comunicado describiendo su desastrosa situación y pidiendo urgentemente apoyo hasta que la Corona pudiera tomar medidas para remediar estas condiciones.[27]

García de Celis dio ahora un paso más. Resolvió ir a Guatemala en nombre de todos aquellos decididos a buscar ayuda inmediata, para presentar personalmente sus pedidos. Acompañado por un grupo de diez soldados, partió de Buena Esperanza a principios de octubre de 1535. Planeaba regresar dentro de dos meses y se acordó que Cereceda y los funcionarios municipales no sancionarían el abandono de Higueras antes de esa fecha.[28] Después de una marcha difícil, García de Celis llegó a Santiago de Guatemala a finales de noviembre.[29] Encontraron ausente a Pedro de Alvarado, preparando una nueva expedición del Mar del Sur en el puerto de Acajutla. Alonso Maldonado, oidor o juez de la Audiencia de la Nueva España, que había sido enviado a Guatemala por ese tribunal para investigar la administración de

---

[26] *Ibid.*
[27] *Ibid.*
[28] *Ibid.*
[29] Fiscal v. Diego García de Celis, 1537, AGI, Justicia 1035-3-1; Fiscal v. Alvarado, 1537, AGI, Justicia 1035-2-2; Diego García de Celis a la Corona, Isla Terceira, 5 de marzo de 1537, AGI, Santo Domingo 168.

Pedro de Alvarado y sus tenientes, acababa de partir para la ciudad de México.[30]

García de Celis también supo que la Corona, en marzo de 1535, había nombrado a Montejo gobernador de Honduras-Higueras.[31] También pudo haber sido informado de la acción de la Corona que unió Honduras-Higueras y Yucatán en una unidad gubernamental y fiscal.[32] Como García de Celis había venido a Guatemala para obtener el apoyo de Alvarado, la noticia de que Montejo había sido nombrado gobernador de Honduras-Higueras lo inquietó mucho.[33]

Sin embargo, el hecho de que Maldonado todavía estuviera al alcance fue una ventaja para García de Celis, ya que le dio la oportunidad de dar a conocer su misión a un miembro influyente de la poderosa Audiencia de la Nueva España antes de lo que hubiera sido posible. También podría anticipar la eventual llegada de Montejo a Honduras-Higueras y tratar con Maldonado las complicaciones que traería la designación de Montejo. García de Celis se apresuró, pues, a poner en conocimiento de Maldonado la peligrosa situación de Higueras y a pedirle que la hiciera saber a la Audiencia de la Nueva España. También le dijo a Maldonado su intención de buscar ayuda directa de Alvarado y las demás autoridades de Guatemala, adjuntando súplicas para ser enviadas al recién llegado virrey de la Nueva España, Antonio de Mendoza, a la Audiencia y a Montejo. Su carta a Montejo indicaba el reconocimiento de ese funcionario como gobernador de Honduras-Higueras en vista de su nombramiento real.[34]

Maldonado respondió inmediatamente y prometió cumplir completamente estas solicitudes. También instó a García de Celis a convencer a los funcionarios y colonos de Higueras de que no abandonaran su provincia hasta que transcurriera el tiempo suficiente para permitir que las autoridades superiores de la Nueva

---

[30] *Ibid.*
[31] Cédula del 1 de marzo de 1535, AGI, Guatemala 402.
[32] Cédula del 13 de abril y 22 de abril de 1535, AGI, Guatemala 402.
[33] Fiscal v. Diego García de Celis, 1537, AGI, Justicia 1035-3-1; Diego García de Celis a la Corona, Isla Terceira, 5 de marzo de 1537, AGI, Santo Domingo 168.
[34] *Ibid.*

España enviaran ayuda.³⁵ Sin embargo, la urgencia de la situación llevó a García de Celis a comunicarse directamente con Alvarado, quien por su proximidad a Higueras podía actuar con mayor rapidez que ningún otro. Envió la correspondencia traída de Buena Esperanza y en sus propias cartas imploró a Alvarado que se trasladara a Higueras con la menor demora posible para que la colonia se mantuviera unida hasta que llegara Montejo como gobernador real. Declaró que si el apoyo no llegaba de inmediato, la provincia sería abandonada antes de que llegara Montejo.³⁶

Una comprensible renuencia hizo reflexionar a Alvarado sobre esta difícil tarea. Estaba organizando una armada para un tipo de empresa que durante mucho tiempo había atraído a su naturaleza inquieta, una búsqueda de mayor gloria y riquezas en las Islas de las Especias, y sus preparativos estaban muy avanzados. Dado que todo el sistema de conquista se basaba en recompensas tangibles para los conquistadores dentro de las tierras que subyugaban, era necesario pensar detenidamente antes de incurrir en los pesados gastos de una expedición para socorrer a una provincia inquieta que al final podría ofrecer una riqueza insuficiente. Además, la Corona ya otorgó la gobernación de Honduras-Higueras a Montejo, quien, al parecer, finalmente cosecharía las recompensas y el prestigio que pudieran materializarse del trabajo de Alvarado y sus seguidores. Sin embargo, la intervención de Alvarado podría traer a su propia provincia de Guatemala su ansiada salida al Mar del Norte, y ya se sabía que existían yacimientos de metales preciosos en Honduras-Higueras, aunque aún no se revelaba su extensión total.³⁷

La renuencia de Alvarado a atender la llamada desesperada de Higueras hizo que García de Celis, el 23 de diciembre, exigiera formalmente ("requerir", como se denominaba en la ley castellana) que lo hiciera. Presentó este "requerimiento" en nombre de las autoridades y colonos de Honduras-Higueras y como su representante elegido. Comprendió perfectamente la vacilación de

---

³⁵ *Ibid.*
³⁶ *Ibid.* Fiscal v. Alvarado, 1537, AGI, Justicia 1035-2-2.
³⁷ Fiscal v. Alvarado, 1537, AGI, Justicia 1035-3-1; Pedraza v. Montejo, 1539, AGI, Justicia 129-2; Montejo v. Alvarado, 1541, Justicia 134-3-1.

Alvarado y en un mensaje profético a la Corona expresó el temor de que si Alvarado interviniera, solo para ser seguido por Montejo como gobernador, inevitablemente seguiría el descontento, la disensión y la fricción entre funcionarios y colonos. Sin inmutarse, continuó los esfuerzos para persuadir a Alvarado para que ayudara.[38]

---

[38] *Ibid.*

3.
Aspiraciones de Montejo y su relación con la historia de Honduras-Higueras

MAL GOBIERNO EN HONDURAS-HIGUERAS

Durante los primeros años de la expansión española en el Nuevo Mundo, antes de que la mano dura del absolutismo castellano impusiera por doquier la voluntad directa del soberano, los actos y aspiraciones de vigorosos, decididos y ambiciosos conquistadores de alto rango determinaron con frecuencia el curso de los acontecimientos en amplias regiones. Así, desde 1535 hasta 1539, y aún después, las ambiciones personales de Francisco de Montejo, adelantado de Yucatán y luego gobernador de Honduras-Higueras, moldearon la historia de esta última provincia y lo establecieron como su verdadero conquistador.[1]

Incluso antes de 1535, la Corona había asignado a Montejo el gobierno de la amplia región que se extendía desde los límites occidentales de la provincia de Tabasco hacia el sureste hasta el río Ulúa, incluyendo partes del litoral de Higueras.[2] Pero en este año lo nombró gobernador de Honduras-Higueras y unió esta provincia y Yucatán en una unidad administrativa y fiscal bajo la autoridad superior de Montejo.[3]

Los factores que llevaron a la acción de la Corona de 1535 fueron múltiples y complejos. Fácilmente se comprende que la anarquía e inestabilidad crónicas de Honduras-Higueras deberían haber sido durante mucho tiempo motivo de preocupación para la Corona y las agencias superiores del gobierno real en el Nuevo

---

[1] Para el diseño personal de Montejo para un adelantamiento de Yucatán muy ampliado y mayores límites territoriales para Yucatán véase: Montejo a la Corona, Veracruz, 20 de abril de 1529, DII, 13:86-91; Montejo v. Alvarado, 1533, AGI, Justicia 1005-5-1; Residencias de Montejo para Honduras-Higueras, Chiapas, Tabasco y Yucatán, 1544, 1550, AGI, Justicia 244 y 300; Chamberlain, 1948.

[2] Cédulas del 19 de diciembre de 1533, AGI, México 2999.

[3] Véase las Cédulas del 1 de marzo, 13 de abril y 22 de abril de 1535, AGI, Guatemala 402.

Mundo. Tanto los funcionarios como los colonos habían solicitado muchas veces una solución completa del problema. En la primavera de 1533 el cabildo de Trujillo, ciertos ciudadanos y el mismo acosado Cereceda, como gobernador interino, enviaron una serie de apelaciones a la Audiencia de la Nueva España, dentro de cuya jurisdicción estaba entonces Honduras-Higueras. Describieron la precaria situación y subrayaron la necesidad de un gobernador designado por la Corona, que gozara del respeto y prestigio que sólo podía acarrear el nombramiento real directo. La Audiencia transmitió el contenido de estos mensajes a la Corona, con la admisión adjunta de que incluso este alto tribual era incapaz de mantener el orden en la distante y turbulenta provincia.[4]

Después de que Cereceda cambiara el centro de principal de la colonia a Higueras en 1534, el cabildo y la ciudadanía de Trujillo, resentidos e insatisfechos, informaron su situación directamente a la Corona. Pidieron nuevamente que, para evitar la despoblación de la ciudad, se nombrara "un gobernador de autoridad", que se enviaran más colonos y que la provincia fuera trasladada de la jurisdicción de la Audiencia de la Nueva España a la de Santo Domingo, ya que el tribunal de la isla se consideraba más accesible. Al mismo tiempo acusaron a Cereceda de haber abandonado a su suerte a Trujillo y a Honduras.[5] A estas recomendaciones se sumaron las de un funcionario de la tesorería de la provincia, el veedor, Francisco de Barrientos. Él instó al soberano a que nombrara gobernador a "un hombre de verdad y de las Indias" que pudiera inspirar respeto y comprender el punto de

---

[4] Véase la Audiencia de la Nueva España a la Corona, 5 de agosto de 1533, AGI, México 68; Relación de Alonso Dávila, 1533, DII, 14: 197 ff.; Cédula de 1 de marzo de 1535, que designa a Montejo como gobernador de Honduras-Higueras, AGI, Guatemala 402; Juan de Ruano a la Corona, Trujillo, 14 de abril de 1533, AGI, Guatemala 49; Cereceda y Juan de Ruano a la Corona, Trujillo, 14 de junio de 1533.

[5] Véase Herrera, 1601-15, 5-9-9 y 6-1-8; referencias a mensajes anteriores del Cabildo de Trujillo a la Corona, 12 de marzo de 1540, AGI, Guatemala 44; Francisco de Barrientos a la Corona, Trujillo, 25 de julio de 1534, AGI, Guatemala 49.

vista de los colonos, pues consideraba tal nombramiento fundamental para el orden en la provincia.[6]

Tales recomendaciones contribuyeron no solo a la formación de una política general de la Corona, sino también a la adopción gradual de una serie de medidas específicas destinadas a mejorar la situación de la provincia. Uno de los más importantes fue la devolución, en 1534, de Honduras-Higueras a la autoridad judicial de la Audiencia de Santo Domingo.[7] La Corona también consideró el nombramiento de un gobernador real adecuado. El último había sido el desgraciado Diego Alvitez. Fray Alonso de Guzmán, jeronimita que aún se encontraba en Castilla, ya había sido designado obispo de Honduras, con el fin de llevar cuanto antes la plena organización de la Iglesia secular de la provincia, por lo que la Corona consideró práctico que él también llegara a ser jefe magistrado. Pero no se dirigió a Honduras-Higueras, dejando la provincia todavía sin gobernador real ni obispo propio.[8]

ENTRENAMIENTO DE MONTEJO COMO CONQUISTADOR

En este momento Montejo le pareció a la Corona, en la lejana Castilla, casi providencialmente provisto para ofrecer una solución duradera a los frustrantes problemas de Honduras-Higueras. Tenía un historial distinguido en el Nuevo Mundo y gozaba de gran favor en la corte. Como noble menor ya de edad madura había ido primero a las Indias con Pedrarias en 1514.[9] Después de servir como capitán en una de las expediciones que envió Pedrarias al norte de Sudamérica, Montejo partió a Cuba en busca de campos más prometedores. Allí se hizo amigo del magistrado principal, Diego Velázquez, y se le asignaron indios y haciendas en la costa norte, justo al oeste de La Habana. Ya planeando el descubrimiento

---

[6] Francisco de Barrientos a la Corona, Trujillo, 25 de julio de 1534, AGI, Guatemala 49.

[7] Cédula del 22 de marzo de 1534, AGI, Guatemala 402.

[8] Véase la cédula que designa a Montejo como gobernador de Honduras-Higueras, 1 de marzo de 1534, AGI, Guatemala, 402.

[9] Para la carrea de Montejo fuera de Honduras-Higueras véase Chamberlain, 1948.

y la conquista por derecho propio, Montejo desarrolló sus tenencias financieramente en preparación para cualquier oportunidad que pudiera surgir.

Su primera oportunidad llegó en 1518. Como capitán, participó en la expedición de Grijalva de 1518, que navegó más allá de Yucatán hacia México. Al año siguiente Montejo se fue a México con Cortés como uno de sus capitanes. Fue designado alcalde de Villa Rica de la Veracruz cuando Cortés fundó ese primer municipio español en México. Poco después, Cortés lo nombró uno de los dos representantes para llevar a Castilla el oro, la plata y otros ricos tesoros ya acumulados en la costa para presentarlos al rey-emperador Carlos. Montejo también representaría a Cortés ante la Corona. Debía trabajar por el reconocimiento de Cortés como gobernador de México y defenderlo de los cargos que Velázquez, cuya autoridad había renunciado Cortés al emprender la conquista de México, presentó contra él ante la Corona.

Durante varios años Montejo sirvió hábilmente a Cortés en Castilla. Su trabajo condujo al reconocimiento oficial de Cortés como gobernador de las tierras mexicanas que había conquistado, ahora conocidas como Nueva España. De regreso a las Indias, Montejo se hizo ciudadano de la nueva Ciudad de México y recibió una rica recompensa de Cortés. En 1524 Montejo fue llamado nuevamente a regresar a Castilla para representar tanto a Cortés como a los municipios de Nueva España en la Corte.

Con cada paso adelante, la ambición personal de Montejo, estimulada por el éxito sin precedentes de Cortés, se elevó a nuevas alturas. Su conocimiento de Yucatán y su civilización maya lo había convencido de que la "isla" de Yucatán estaba estratégicamente situada frente a rutas comerciales en desarrollo y, por lo tanto, podía convertirse en una gran provincia comercial. Esta fue una expansión colonial en el sentido más verdadero. Impresionado por la alta cultura de los nativos y creyendo que su tierra contenía muchos tesoros y riquezas naturales, consideró a Yucatán como una gran promesa para la carrera independiente que había planeado durante mucho tiempo.

Para entonces, Montejo había alcanzado una considerable riqueza y favor e influencia en la corte. Aprovechando un momento propicio mientras estaba en la Corte de Granada a fines de 1526, solicitó con éxito a la Corona autorización para conquistar y colonizar las "Islas de Yucatán y Cozumel". Esta patente real dio a Montejo el alto título de adelantado, que era hereditario, y los cargos de gobernador y capitán general, que eran de por vida.

LA OCUPACIÓN DE YUCATÁN

Montejo organizó una expedición grande y bien equipada en Sevilla y navegó hacia el Nuevo Mundo a mediados de 1527. Después de detenerse en Santo Domingo para los preparativos finales, continuó hacia la costa este de Yucatán para comenzar la conquista. Este esfuerzo inicial resultó extremadamente costoso, y probablemente a fines de 1528 Montejo se vio en la necesidad de ir a la Nueva España para reunir refuerzos. Estando allí obtuvo autoridad sobre la colonia de Tabasco, que estaba al borde de la desintegración. En 1529, se trasladó a Tabasco con nuevas fuerzas reunidas en México y retiró sus tropas de Yucatán. Después de restaurar el control español en Tabasco y salvar esa colonia del abandono, renovó la conquista de Yucatán en 1530-31.

Utilizando Tabasco como base, Montejo ocupó la costa oeste de Yucatán y estableció un pueblo en Campeche. Luego, en 1531 y 1532, envió expediciones para conquistar y poblar la costa norte y el interior. Una de estas expediciones fue la comandada por Alonso Dávila, descrita en el Capítulo 1 en relación con la gobernación interina de Andrés de Cereceda. En otra expedición había fundado un municipio en medio de las ruinas de la antigua ciudad maya de Chichén Itzá.

Para el verano de 1533, a pesar del fracaso de Dávila en el aislado extremo sureste, Montejo y sus colonos creían sinceramente que la conquista de la mayor parte de Yucatán se había logrado y su colonización y progreso estaban asegurados. Tanto la Corona como la Audiencia de la Nueva España estaban convencidas por los informes de Yucatán de que Montejo había logrado un éxito brillante. Su prestigio era, en consecuencia, del más alto. Su posterior nombramiento como gobernador de

Honduras-Higueras y la unión administrativa de esa provincia y Yucatán derivó de su aparente éxito y aspiraciones personales. Una vez iniciada su carrera como alto funcionario real, desarrolló un plan personal tremendamente ambicioso para obtener autoridad sobre un territorio mucho más amplio que Yucatán.

Cuando Montejo recibió su concesión real en 1526, todavía creía que la provincia era una isla con límites definidos fijados por agua. Descubrió que esto no era así durante un viaje en 1528 a la Bahía de Chetumal. De allí navegó por la costa de la Bahía de Honduras hasta la zona del Río de Ulúa. Quedó profundamente impresionado por el litoral y se interesó especialmente por la rica y fértil región del Río de Ulúa. Este fue el comienzo de su concepto de un Yucatán más amplio. Al regresar a la Nueva España desde la costa este de Yucatán, se convenció de que la provincia de Tabasco, con sus ríos y puertos justo al suroeste, era esencial para la conquista y ocupación de Yucatán y debía ser asignada a su jurisdicción.

El concepto de Montejo, que ahora se desarrolla rápidamente en todas sus proporciones, se presentó por primera vez a la Corona en un mensaje de Veracruz en abril de 1529. Afirmó que Tabasco y todos los territorios hacia el sur y sureste hasta Higueras y un cinturón de tierra que se extiende a lo largo de Higueras al Mar del Sur en la Bahía de Fonseca, con la provincia de San Miguel, eran en realidad tierras de su jurisdicción como adelantado de Yucatán. La gran provincia de Chiapas, al sur de Tabasco, se consideraba también territorio de Yucatán. Chiapas estaba en este momento bajo la autoridad de su ex compañero capitán bajo Cortés, Pedro de Alvarado, como parte de sus tierras como gobernador de Guatemala.

Así, Montejo planeó obtener autoridad sobre amplios territorios contiguos y, con la eventual aprobación real, fusionarlos en un adelantamiento muy ampliado de Yucatán. Dotado por su soberano de privilegios investidos y plena autoridad civil y militar, esperaba gobernar este gran adelantamiento como una unidad cohesiva. Su desarrollo económico, tanto interno como a través del comercio con otras áreas coloniales y Castilla, fue un elemento importante del programa. Su plan, ahora el objeto de todo su pensamiento y energía, se convirtió en la fuerza motivadora de su vida.

Este plan fue importante para que la Corona nombrara a Montejo gobernador real de Honduras-Higueras y así influyó en la historia de esa provincia. Cuando a mediados de 1533 Montejo estuvo seguro de haber logrado la conquista y colonización permanente de la mayor parte de Yucatán, expuso con gran detalle sus pretensiones de un adelantamiento ampliado ante la Corona, con especial énfasis en la unidad territorial esencial de la provincia de Tabasco, las tierras que se extienden al occidente del río Ulúa y al norte y oriente de las fronteras de Guatemala, y la península de Yucatán.

El reciente regreso de Dávila de Trujillo le dio a Montejo un peso adicional para sus argumentos con respecto al área de Ulúa. Montejo no sólo reclamó esa región, sino que preparó una expedición, anticipándose a la aprobación real de sus peticiones, para establecer allí una colonia. Además, mientras Dávila estaba en Trujillo, los opositores de Cereceda le habían pedido que hiciera saber a Montejo y a la Corona que deseaban que Montejo, con el prestigio del que disfrutaba, fuera su gobernador por nombramiento real, creyendo que unido a Yucatán, Honduras podría volverse fuerte y estable. Así, aunque el propio Montejo no reclamó el área de Trujillo como parte de su adelantamiento, sino solo la zona costera al oeste del Río de Ulúa, los acontecimientos jugaron a su favor como candidato a la gubernatura de toda la provincia de Honduras-Higueras.

NOMBRAMIENTO DE MONTEJO
A HONDURAS-HIGUERAS

A fines de 1533, la Corona inició la serie de movimientos que introdujeron decisivamente a Montejo en el curso de los acontecimientos en Honduras-Higueras. En diciembre de ese año fue nombrado gobernador de las tierras comprendidas entre el Río de Copilco –es decir, los límites occidentales de la provincia de Tabasco– y el Río de Ulúa. Los tramos orientales de este territorio incluían la zona costera de Higueras. Al hacer esta concesión, la

Corona incorporó tentativamente estos vastos territorios al adelantamiento de Yucatán. Montejo anticipó plenamente que la Corona pronto confirmaría definitivamente tal incorporación y de ahora en adelante tomó la posición legal inquebrantable de que estas tierras eran, por acción real, parte de su adelantamiento y que él las gobernaría en consecuencia. Uno de los concomitantes de esta merced real fue la autorización expresa a Montejo para colonizar la región del Río de Ulúa.[10]

Luego, el 1 de marzo de 1535, ante la necesidad de Honduras-Higueras de un gobernador real, la Corona nombró a Montejo para ocupar el cargo a voluntad del soberano.[11] Unas semanas después se produjo la unión administrativa de Yucatán y Honduras-Higueras.[12] Al dar a las dos provincias un gobierno común, la Corona creyó que estaban en estrecha comunicación, que bajo la autoridad de Montejo Honduras-Higueras obtendría fuerza de lo que en Castilla pensaban que era la permanentemente ocupada Yucatán, y que durante algunos años ambas provincias se beneficiarían del apoyo mutuo y el desarrollo.

Estas medidas, en la superficie, llevaron el plan personal de Montejo hacia el cumplimiento, pero en realidad su posición gubernamental era extremadamente compleja. La Corona había tenido cuidado de mantener su nombramiento para el cargo de gobernador de Honduras-Higueras completamente separado de las disposiciones de la concesión real original de autoridad sobre Yucatán. Incluso la unión de Yucatán y Honduras-Higueras bajo su administración no connotaba que tenía el mismo estatus en Honduras-Higueras que el que tenía en Yucatán.

En Yucatán fue adelantado hereditario y gobernador vitalicio y capitán general por real patente especial. En Honduras-Higueras fue gobernador y también, con ese cargo, capitán general, por nombramiento real normal, quedando su cargo enteramente a voluntad del soberano. Honduras-Higueras no se había hecho parte de Yucatán ni del adelantamiento de Montejo; siguió siendo un

---

[10] Cédulas del 19 de diciembre de 1533, AGI, México 2999.
[11] Cédula del 1 de marzo de 1535, AGI, Guatemala 402.
[12] Cédulas del 13 y 22 de abril de 1535, y 13 de noviembre de 1537, AGI, Guatemala 402.

área jurisdiccional separada. Como magistrado principal de ambas provincias, el cargo de Montejo era doble. La Corona tenía la intención de que gobernara Yucatán bajo una excepción (los términos de su patente real de 1526), mientras que en Honduras-Higueras actuaría bajo una completamente diferente (su nombramiento como gobernador real en 1535). Por las medidas reales de 1535 no podía gobernar en Honduras-Higueras como adelantado, gobernador y capitán general de Yucatán, y tampoco podía administrar Yucatán como gobernador y capitán general de Honduras-Higueras. Este estado separado de las dos provincias fue enfatizado por el hecho de que en los asuntos judiciales superiores Yucatán estaba bajo el poder de la Audiencia de la Nueva España, con sede en la Ciudad de México, mientras que Honduras-Higueras estaba bajo la Audiencia de Santo Domingo. Montejo, por supuesto, esperaba que eventualmente la Corona hiciera de Honduras-Higueras una parte integral de su adelantamiento hereditario de Yucatán.

A pesar de la intención de la Corona de conservar Yucatán y Honduras-Higueras como provincias separadas, la concesión a Montejo de la gobernación del territorio comprendido entre el Río de Copilco y el Río de Ulúa en 1533 complicó la situación territorial. Esta concesión no fue derogada y, como resultado, Montejo personalmente consideró que su estatus en las regiones costeras de Higueras descansaba sobre una base diferente a la que tenía su posición en el interior de Higueras y en la sección oriental de la provincia de Honduras-Higueras. en su conjunto, es decir, en la propia Honduras. Como ya se explicó, consideró el litoral de Higueras –la costa del territorio de Honduras-Higueras al oeste del Río de Ulua– como ya incorporado a su adelantamiento de Yucatán por acción de la Corona.

Estas concesiones de autoridad traslapadas, combinadas con la confusión y el dualismo en los límites jurisdiccionales y el estatus gubernamental, que surgen en gran medida del plan personal de Montejo y su determinación de consumarlo, complicarían la historia de Honduras-Higueras durante casi una década entera después de 1535.

La creencia de que tenía asegurado de forma permanente el control español en Yucatán había motivado el nombramiento por parte de la Corona de Montejo como gobernador de Honduras-Higueras y la unión administrativa de las dos provincias. Mientras tanto, la situación había experimentado un cambio total: un desastre repentino y severo le había ocurrido a Montejo en Yucatán.

No mucho después de que Montejo, a mediados de 1533, con su suprema confianza en el futuro, enviara sus amplias demandas para un mayor adelantamiento ante la Corona, los mayas del interior de Yucatán se rebelaron en masas enérgicas. Los españoles en la costa de Campeche perdieron el control de la tierra detrás de ellos; los de la ciudad de Chichén Itzá fueron, después de un largo asedio, obligados a retirarse a la costa norte. Montejo y sus capitanes reconquistaron dolorosamente parte del territorio perdido y aún podrían haberlo logrado si los soldados-colonos no hubieran abandonado Yucatán en números cada vez mayores. No habían encontrado riquezas fáciles en la provincia y estaban descontentos, creyendo que las recompensas en forma de encomiendas no eran suficientes para justificar el peligro, el trabajo y las dificultades continuas. Por el contrario, la noticia de la riqueza del Perú estimuló el descontento, tal como lo había hecho en la colonia de Cereceda en Higueras, y la mayoría de los españoles en Yucatán decidieron buscar campos más rentables. A pesar de todos sus esfuerzos, Montejo no pudo retener a sus hombres en la península, y no pudo obtener refuerzos ni ayuda de ninguna parte, ni siquiera de la Audiencia de la Nueva España. Con amargo resentimiento se vio obligado a abandonar Yucatán con los hombres que le quedaban a fines de 1534 o principios de 1535 y regresar a la Nueva España.

Así, todo el conjunto de postulaciones sobre las que había actuado la Corona al nombrar a Montejo gobernador de Honduras-Higueras y al unir administrativamente esa provincia y Yucatán desapareció. Debido a la inevitable lentitud en las comunicaciones, la Corona, al adoptar estas medidas, desconocía por completo el cambio fundamental en la posición de Montejo. Sin embargo, las acciones de la Corona proporcionaron un punto de partida para que

Montejo renovara su carrera sobre sus bases originales cuando finalmente se recuperó de su desastre en Yucatán. Esta carrera se centraría durante los siguientes diez años en Honduras-Higueras, conduciría a la conquista final de esa provincia y desempeñaría su papel en la creación de los comienzos del desarrollo ordenado de la colonia.

4.
Intervención de Pedro de Alvarado

LAS NEGOCIACIONES ENTRE MONTEJO Y ALVARADO

Montejo regresó a la Ciudad de México en 1535 tan desanimado por su fracaso en Yucatán que, por el momento, no tenía planes futuros. Sin embargo, el tiempo reavivó sus ambiciones y empezó a buscar la manera de recuperar sus pérdidas en Yucatán. Pretendía regresar a la costa oeste de la península, o quizá empezar de nuevo en los tramos del sureste de las costas del Caribe. Honduras-Higueras, por el momento, parecía remota y no era un objetivo primario; Yucatán era más importante. Así que cuando llegó su nombramiento para la gubernatura de Honduras-Higueras, en lugar de ser una ventaja en su plan de erigir un mayor adelantamiento, como hubiera sido si hubiera tenido éxito en Yucatán, significó poco para él, pues implicaría un cambio. en sus planes renovados.[1] Sus esfuerzos en Yucatán habían sido costosos, tanto financiera como espiritualmente. Estaba muy endeudado, y cada expedición sucesiva en Yucatán lo había dejado más profundamente comprometido que nunca. Estaba utilizando todos los medios a su alcance –sus posesiones en la Nueva España y más préstamos– para organizar su nueva empresa en Yucatán.[2]

Montejo estaba familiarizado con las condiciones en Honduras-Higueras, tanto por informes directos como indirectos. Sabía que poner orden en la provincia requeriría grandes gastos, esfuerzos prolongados y una acción rápida para evitar la disolución inmediata.

Por el momento, no estaba preparado para emprender ninguna de estas cosas, especialmente en una zona tan lejana. Por lo tanto, poco después de recibir su cédula de nombramiento, solicitó a la Corona permiso para declinar el cargo de gobernador. Protestó por la falta de recursos para esta empresa tan difícil y sugirió que otros

---

[1] Véase Montejo v. Fiscal, referente a la destitución del cargo en Yucatán, 1552, AGI, Escribanía de Cámara 1006ª, y Chamberlain, 1948, *passim*.
[2] *Ibid.*

funcionarios de las Indias estaban en una posición mucho mejor que él para hacerse cargo del gobierno de una región tan precariamente sustentada.³

A fines de 1535, el primer virrey de la Nueva España, Antonio de Mendoza, consultó con Montejo sobre Honduras-Higueras, pues conocía bien el problema. En estas conversaciones, los dos hombres revisaron la posición de Montejo, particularmente sus finanzas, y exploraron las implicaciones políticas. El ritmo de las discusiones se aceleró al regreso de Alonso Maldonado de Guatemala con los mensajes de Cereceda, García de Celis y las demás autoridades de Honduras-Higueras, relatando su pedido de ayuda a Alvarado.⁴ Dado que Honduras-Higueras necesitaba ayuda lo antes posible y dado que los recursos y la proximidad de Alvarado lo convertían en el mejor hombre para brindarla, ahora se decidió que Montejo debería renunciar a la gubernatura en favor de Alvarado. A cambio, Montejo buscaría la autoridad sobre la provincia de Chiapas de Alvarado, adyacente a Tabasco, que había reclamado como parte de su adelantamiento ya en 1529. Mendoza, quien sin duda se ofreció a facilitar las negociaciones para tal intercambio, se había convencido de que Montejo, por el momento, no podía asumir las cargas financieras o militares de la gobernación de Honduras-Higueras, por lo que sugirió la siguiente solución al problema.⁵

Al informar a Alvarado de las propuestas, Mendoza enfatizó las ventajas que traería a Guatemala la ocupación permanente y las condiciones estables en Honduras-Higueras y el hecho de que Chiapas bien podría servir a Montejo en sus renovados planes de conquista y colonización de Yucatán. También prometió sus

---

³ *Ibid.*

⁴ *Ibid.* Cédulas del 8 de octubre de 1535 y 26 de mayo de 1536, AGI, Guatemala 402; Fiscal v. Diego García de Celis, 1537, AGI, Justicia 1035-3-1.

⁵ *Ibid.*; Fiscal v. Diego García de Celis, 1537, AGI, Justicia 1035-3-1; Fiscal v. Alvarado, 1537, AGI, Justicia 1035-2-2; Montejo a Alvarado (Ciudad de México, fines de 1535 o principios de 1536), DII, 14:300-01; Pedraza v. Montejo, 1539, AGI, Justicia 129-2; Montejo v. Alvarado, 1541, AGI, Justicia 134:3; Cédula del 26 de mayo de 1536, AGI, Guatemala 402; Diego García de Celis a la Corona, Isla Terceira, 5 de marzo y 30 de abril de 1537, AGI, Santo Domingo 168.

buenos oficios con la Corona para organizar tal transferencia.⁶ En cartas a Alvarado, Montejo también instó a la conveniencia de tal intercambio. Además garantizó a Alvarado que, si las circunstancias dictaban su propia aceptación final de la gubernatura de Honduras-Higueras, demoraría su partida hasta que Alvarado hubiera dado a conocer su decisión. Para que García de Celis se guiara conforme a esto, Montejo también se ofreció a informar directamente a ese funcionario de la decisión final y de su convicción de que solo Alvarado podía salvar Honduras-Higueras.⁷

Al mismo tiempo, Mendoza y Montejo también enviaron mensajes a la Corona en los que revisaron toda la situación, informaron de sus negociaciones con Alvarado y solicitaron que se le permitiera a Montejo renunciar al gobierno de Honduras-Higueras. El virrey, como prometió, pidió a la Corona misma que sancionara específicamente el intercambio propuesto de Honduras-Higueras por Chiapas, o solicitó autorización para aprobar cualquier transferencia mutuamente satisfactoria de otros territorios entre Montejo y Alvarado.⁸ Alvarado anunció a Mendoza y Montejo su voluntad de hacer el intercambio y acatar cualquier decisión que pudiera tomar Mendoza, en espera de la acción final de la Corona. Esto también lo informó Mendoza a la Corona.⁹

Alvarado ahora consideraba la intervención en Honduras-Higueras de manera diferente a como lo había hecho antes. Ahora podía considerar que tenía completa autoridad para ayudar a esa provincia sin anticipar más reclamos de Montejo. Además, Alvarado estaba cada vez más consciente de las muchas ventajas del intercambio para Guatemala. Honduras-Higueras podía contribuir mucho más al desarrollo económico de Guatemala que Chiapas, porque la antigua provincia tenía un puerto en el Mar del Norte y valiosos yacimientos minerales.

Aún más importante desde un punto de vista a largo plazo fue una creciente convicción tanto en Guatemala como en Honduras-

---

⁶ *Ibid.*
⁷ *Ibid.*
⁸ *Ibid.*
⁹ *Ibid.*

Higueras de que las dos provincias eran en realidad una y debían ser una unidad jurisdiccional bajo el gobernador de Guatemala. En Guatemala, por supuesto, este sentimiento estaba íntimamente relacionado con la reconocida necesidad de un puerto en el Mar del Norte; en Honduras-Higueras nació de un deseo de supervivencia, ya que Guatemala, gobernada por uno de los funcionarios más vigorosos de las Indias, era estable y podía dar fuerza a su débil vecino. Los defensores de esta unión consideraban que Honduras-Higueras era incapaz de una existencia separada, una opinión expresada oficialmente por primera vez por García de Celis a principios de 1536. Era, por supuesto, contraria a los planes a largo plazo de Montejo y a la unificación recientemente decretada de Yucatán y Honduras-Higueras. García de Celis, además, se convenció cada vez más de que solo Alvarado y las autoridades guatemaltecas podrían sostener permanentemente a Honduras-Higueras, y que Montejo nunca podría superar las muchas dificultades de la provincia, especialmente desde su retirada de Yucatán. Es casi seguro que García de Celis argumentó esto en sus esfuerzos por persuadir a Alvarado.

Todas estas consideraciones indujeron a Alvarado a principios de 1536 a apoyar a Higueras, y así lo informó a Montejo y al virrey, aunque aún no se había llegado a un acuerdo claro respecto a Chiapas. [10]

Mientras tanto, la solicitud de permiso de Montejo para renunciar a la gobernación de Honduras-Higueras había provocado impacientes cédulas reales, ordenándole asumir el cargo a pesar de sus objeciones o de las condiciones locales prevalecientes. Las cédulas instruyeron al virrey a "requerir" (exigir legalmente) que Montejo aceptara la gubernatura aunque siguiera negándose. Estos decretos reales llegaron a la Ciudad de México después del paso de

---

[10] Fiscal v. Alvarado, 1537, AGI, Justicia 1035-2-2; Fiscal v. Diego García de Celis, 1537, AGI, Justicia 1035-3-1; Pedraza v. Montejo, 1539, AGI, Justicia 129-2; Montejo v. Alvarado, 1541, AGI, Justicia 134-3; Diego García de Celis a la Corona, Isla Terceira, 5 de marzo y 30 de abril de 1537, AGI, Santo Domingo 168. Véase también Alvarado a la Corona, Santiago de Guatemala, 20 de noviembre de 1535, AGI, Guatemala 9.

la correspondencia entre el virrey, Montejo y Alvarado e inevitablemente confundieron las cosas.[11]

Ante estas órdenes, Montejo, según su propia declaración, se sintió obligado a asumir autoridad sobre Honduras-Higueras en contra de su deseo. Además, su tentativo entendimiento con Alvarado debió causarle preocupación. Es posible que haya protestado ante la Corona, y ciertamente volvió a consultar con Mendoza, todavía buscando la liberación; pero no se encontró ninguna alternativa. Siguiendo las instrucciones reales, el virrey aparentemente "requirió" que aceptara su cargo ahora no deseado.[12] Mendoza y Montejo notificaron a la Corona que Montejo cumpliría lo antes posible.

Estos acontecimientos llegaron demasiado tarde para notificar a Alvarado antes de que partiera para Higueras. Más tarde, el virrey y Montejo le enviaron cartas adicionales, advirtiendo que Montejo se preparaba para asumir el cargo en Honduras-Higueras, pero no recibieron respuesta de Alvarado, quien ya había tenía un tiempo considerable en Higueras.[13]

Incluso hubo más complicaciones. La Corona ahora modificó su decisión original de que Montejo asumiera el cargo en Honduras-Higueras, pero demasiado tarde para afectar los eventos inmediatos. Este cambio estuvo motivado por los mensajes de Mendoza y Montejo mientras aún estaban en curso sus negociaciones con Alvarado y se realizó antes de que llegara a Castilla la noticia de la intervención de Alvarado y la aquiescencia final de Montejo. Bajo nuevas instrucciones, la Corona le dijo a Mendoza que, en caso de que Montejo siguiera insistiendo en su relevo de la gubernatura después de ser "requerido" para aceptarla, el propio virrey debería nombrar un sustituto debido a la urgente necesidad de la provincia. Una cédula de nombramiento, con un

---

[11] Montejo a la Corona, Gracias a Dios, 1 de junio de 1539, DII, 24:250-97; Montejo a la Corona, Gracias a Dios, 26 de diciembre de 1545, AGI, Guatemala 9; Montejo v. Fiscal sobre destitución del cargo en Yucatán, Escribanía de Cámara 1006ª; Cédulas del 8 de octubre de 1535 y del 26 de mayo de 1536, AGI, Guatemala 402; Residencia de Montejo para Honduras-Higueras, 1544, AGI, Justicia 300.
[12] *Ibid.*
[13] *Ibid.*

espacio en blanco para el nombre del hombre a quien Mendoza designara, acompañaba estas órdenes. Tiempo después la Corona sancionó un intercambio de territorios entre Alvarado y Montejo,[14] en el cual el virrey debía actuar como mediador, con autorización para aprobar cualquier transferencia que considerara conveniente y en los mejores intereses de la Corona.[15] Estas cédulas serían de la mayor importancia tanto para Montejo como para Alvarado varios años después.

La cronología de la correspondencia entre Mendoza, Montejo, Alvarado y la Corona es difícil de establecer. Las comunicaciones se retrasaron forzosamente, de modo que la Corona siempre estuvo muy por detrás de los sucesos reales. Una vez que Alvarado partió hacia Higueras, era casi imposible alcanzarlo en un tiempo razonable.

Estos factores deben considerarse en relación con una disputa mortal que surgió entre Montejo y Alvarado en 1539. Alvarado fue

---

[14] Cédula del 26 de mayo de 1536, AGI, Guatemala 402.

[15] Cédula del 25 de mayo de 1538, AGI, Guatemala 393. Esta importante cédula dice así: "La Reyna: Don Antonio de Mendoza nro. visorrey y governador de la nueva España e presidente de la nra. abdiencia y chancilleria real q. en ella reside don po. de Alvarado nro. adelantado governador y captain general de la provincia de guatimala nos ha hecho relación ql. conquisto y poblo el puerto de caballos qs. en la provincia de higueras y cabo de honduras cuya governacion como sabeis tenemos encomendada al adelantado don franco. de montejo han platicado en trucar este puerto de caballos pr. la cibdad real de los llanos de Chiapa y q. tambien platicaron de trocar otras cosas de sus gobernaciones por q. ambos les estaba bien e me ha suplicado mandase tener por bueno el dho. trueco q. entre el y el dho. adelantado montejo hiziere del dho. puerto de caballos e la dha. cibdad real de los llanos de chiapa o otra cualquier cosa q. troquen d. las dhas. dos gobernaciones y lo mandase confirmar y aprobar o como la mi md. Fuere lo ql. visto por los del nro. consejo de las yndias y concertado con el empr. mi sor. fue acordado q. devia mandar dar esta mi cedula pa. vos e yo tuvelo por bien por ende yo vos mando q. si los dhos. Adelantado don po. de alvarado y don franco. de montejo se concertaren de trocar algun pueblo o pueblos o otra cualquier cosa de la una governacion e la otra pareciendos ql. tal concierto estará bien a entrambos gobernaciones y a la conformidad de los dhos. Gobernadores los deys licencia y facultad p. q. puedan hacer e hagan el dho. concierto y trueco y otorgar sobre ello qualesquier escrituras q. sobre ello fueren necesarias las quales confirmareis en nro. nonbre q. confirmandolas vos yo por la presente las confirmo y apruevo fha. en vallid. a XXV días del mes de mayo de 1538 años yo la Reyna Fda. De Juan vazquez y señalado de beltran y carvajal y bernal y velazquez".

a Higueras con la honesta creencia de que Montejo había renunciado a la gobernación; al descubrir que Montejo asumió el cargo más tarde, Alvarado creyó que lo habían engañado deliberadamente. Consideró a Montejo culpable de subterfugio, atacó su integridad y sostuvo que Montejo había ido a Honduras-Higueras con un cálculo frío para cosechar los frutos de sus esfuerzos. Hemos visto que Montejo había actuado de buena fe y con total sinceridad al aceptar el cargo, pues lo hizo bajo órdenes inflexibles de su soberano. Que estos malentendidos hayan dado lugar a un profundo antagonismo entre Montejo y Alvarado y hayan llevado a una crisis cuando finalmente se encontraron cara a cara en Honduras-Higueras fue tan inevitable como desafortunado. Esta disputa trajo malos resultados para la provincia misma.[16]

Una vez obligado a aceptar la gobernación de Honduras-Higueras, Montejo reajustó su pensamiento en consecuencia. El ejercicio de la autoridad sobre la región era una parte importante de sus planes a largo plazo, a cuyo cumplimiento ahora podía regresar. Al reunir sus recursos en la Nueva España, también debe haber llegado a la conclusión de que, después de todo, podía cumplir con las demandas financieras del cargo en Honduras-Higueras, e indudablemente buscó ingresos adicionales allí, porque los españoles literalmente "vivieron del campo", tanto durante como después de la conquista.[17]

Además, la Corona ya había ordenado la residencia de Alvarado para Guatemala. El mismo oidor Alonso Maldonado, quien anteriormente había realizado una investigación del gobierno de esa provincia, había sido designado para realizar esta revisión judicial de la administración de Alvarado y asumir la gubernatura interina. Hubo quejas contra Alvarado desde varios sectores, y Montejo pudo haber creído que la gobernación de Alvarado en Guatemala y Chiapas estaba llegando a su fin. Si tal fuera el caso,

---

[16] Véase Pedraza v. Montejo, 1539, AGI, Justicia 129-2.
[17] Véase Residencia de Montejo para Honduras-Higueras, 1544, AGI, Justicia 300.

bien podría ser una ventaja para Montejo en la expansión hacia el sur de su adelantamiento.[18]

LA SITUACIÓN EN HIGUERAS ANTES DE LA LLEGADA DE ALVARADO

Mientras tanto, las condiciones se habían deteriorado en Higueras. Tras la salida de García de Celis se aceleró la desintegración de la colonia. Cereceda aún no podía imponer el más mínimo vestigio de control. Ningún individuo o grupo de ciudadanos se presentó para apoyar sus esfuerzos por preservar la colonia hasta que llegara la ayuda.[19]

Al no recibir noticias de García de Celis dentro de los dos meses fijados para su regreso, la más profunda desesperación se apoderó de todos, pues aparentemente no pudo obtener ningún informe de su exitosa misión y de la llegada de Alvarado. No había llegado ayuda de ninguna otra parte, como parecía esperar Cereceda, y los colonos no veían perspectivas de apoyo.

Los indios de la región, contra los cuales los españoles habían mostrado siempre dureza y crueldad en cada oportunidad, se volvían cada día más una amenaza. Alentados por su éxito en acorralar a sus enemigos en un área cada vez menor alrededor de

---

[18] Cédula del 27 de octubre de 1535, AGI, Guatemala 393; Residencia de Alvarado, 1535-37, AGI, Justicia 295-96.

[19] Salvo que se indique lo contrario, el relato de la situación de Higueras antes de la llegada de Alvarado, su rescate de la colonia, campañas y planes de colonización se basa en las siguientes fuentes: Alvarado a la Corona, Santiago de Guatemala, 20 de noviembre de 1535, AGI, Guatemala 9; Fiscal v. Diego García de Celis, 1537, AGI, Justicia 1035-3-1; Fiscal v. Alvarado, 1537, AGI, Justicia 1035-2-2; Montejo v. Pedraza, 1539, AGI, Justicia 129-2; Montejo v. Alvarado, 1541, AGI, Justicia 134-3; Residencia de Montejo para Honduras-Higueras, 1544, AGI, Justicia 300; Cereceda a la Corona, Puerto de Caballos, 14 de agosto de 1536, AGI, Guatemala 39; Cabildo de Gracias a Dios a la Corona, 21 de diciembre de 1536, AGI, Guatemala 44; Diego García de Celis a la Corona, Isla Terceira, 5 de marzo y 30 de abril de 1537, AGI, Santo Domingo 168; Gerónimo de San Martín, San Pedro, 24 de abril de 1537, AGI, Guatemala 49; Pedraza a la Corona, Gracias a Dios, 18 de mayo de 1539, DII, 24:250-97; Alonso de Cáceres a la Corona, Gracias a Dios, 5 de septiembre de 1539, AGI, Guatemala 43; Probanzas de Gonzalo de Alvarado, 1548 y 1555, AGI, Patronato 58-4; Probanzas de Gaspar Xuárez de Ávila, 1552 y 1560, AGI, Patronato 53-11; Herrera, 1601-15, 6-1-8 y 6-3-19.

Buena Esperanza, varios caciques, guiados e inspirados por el temible Ciçumba, planearon invadir y destruir la colonia. Cereceda se enteró de esta peligrosa conspiración y, apurado por la emergencia de vida o muerte, él y los colonos reunieron la fuerza suficiente para prevenir el ataque capturando y ejecutando a algunos de los líderes, aunque Ciçumba escapó.

En este complot participó un renegado español, Gonzalo Guerrero, que había estado cautivo por los mayas de Yucatán y que no solo había elegido permanecer entre ellos sino que había ascendido a una alta posición debido a sus talentos militares. Cruzó la Bahía de Honduras con cincuenta canoas de guerreros escogidos para ayudar a los indios de Higueras contra sus antiguos compatriotas. Ya había causado un gran daño a Montejo y Alonso Dávila en Yucatán entre 1527 y 1535. Al parecer, Guerrero y sus guerreros llegaron demasiado tarde para unirse a la conspiración contra Buena Esperanza, pero regresaría en un momento crucial.

Buena Esperanza se salvó así de un ataque repentino, pero la situación no mejoró. El sentimiento por el abandono de Higueras se volvió abrumador, ahora que casi todos habían perdido la esperanza de una ayuda oportuna. Los ciudadanos se amotinaron abiertamente. Acusaron a Cereceda de "no tener caridad ni preocupación en traer hombres y esclavos para las minas" y declararon que "muchos nobles mueren de hambre y se endeudan, y otros raspan y siembran la tierra con sus propios manos, cosa que nunca antes se había visto en las Indias". Dijeron además: "El gobernador... ha causado todo esto, por lo cual debe, en seguida, y sin demora, cabalgar y partir a la ciudad de Trujillo, donde es gobernador, llevando consigo a los que quieran ir con él" para que los demás pudieran ir a otras provincias.[20] El 5 de mayo de 1536, el cabildo de Buena Esperanza votó a favor de abandonar Higueras. Cereceda, todavía oponiéndose al abandono, forzosamente dio su aprobación formal, como lo requería su posición como jefe nominal de la colonia. Acto seguido, se autorizó a los colonos a dispersarse como mejor les pareciera, con una disposición. Para evitar la masacre a manos de los indios, los colonos debían agruparse en grupos de no menos de veinte al salir.

---

[20] Lunardi, 1946b, p. 84.

Ciertamente, no se pudo encontrar mejor evidencia de su total inseguridad.

Cereceda tenía la intención de regresar a Trujillo, que, a pesar de su desafortunada situación, sobrevivió, nuevamente potencialmente como el único asentamiento español en toda la provincia. Es significativo que ni las autoridades ni los ciudadanos de Buena Esperanza consideraron el regreso a Trujillo, a pesar de que algunos de ellos lo habían exigido poco tiempo antes.

La evacuación de Buena Esperanza, ahora solo un nombre de amargas memorias, empezó entre tumulto y desorden. Más indefenso que nunca, porque ya estaba muy enfermo, Cereceda no sólo fue insultado vergonzosamente por los españoles que se marchaban, sino que temió que lo mataran. Huyó penosamente al pueblo de Naco, uno de los pocos lugares donde un español podía encontrar refugio entre nativos amigables. Tal era el estado de las cosas cuando, el 9 de mayo, García de Celis volvió a informar que Alvarado estaba cerca con ayuda.

CAMPAÑAS DE ALVARADO EN HIGUERAS

Una vez decidido a rescatar a Higueras, Alvarado, con su característico vigor, puso en marcha una expedición. Con grandes gastos personales, reunió a ochenta españoles bien armados, a caballo y a pie, y a más de 3000 indios auxiliares, y partió de Santiago de Guatemala a fines de febrero. El hermano de Alvarado, Gonzalo, Juan de Chávez y Gaspar Juárez de Ávila fueron los principales capitanes subalternos. El hábil tesorero de Guatemala, Francisco de Castellanos, también acompañó a la expedición, al igual que García de Celis. La gran cantidad de nativos auxiliares no sólo debían servir en la guerra, sino que debían establecerse entre los habitantes de Higueras como aliados de los españoles. Muchos eran de una estirpe feroz y guerrera conocida por los españoles como los Achíes o Aches, que sembraban el terror entre otros indios. Dado que la expedición estaba diseñada para avanzar la colonización, los españoles llevaron ganado con ellos. También llevaron *cuadrillas*, o grupos de indios y esclavos negros, cada uno dirigido por un minero experimentado, para buscar y explotar los depósitos de metales preciosos. Estas cuadrillas eran propiedad de funcionarios y ciudadanos de Guatemala y San Salvador, entre ellos Alvarado y el tesorero Castellanos.

Alvarado tomó una ruta hacia el interior y atravesó la región en la que se levantaba una fuerte y rocosa eminencia conocida por los españoles como el Peñón de Cerquín, que en los meses siguientes iba a jugar un papel decisivo en la conquista final de Higueras. Los belicosos indios de esta región se concentraron en este bastión para desafiar a los invasores. Aunque normalmente Alvarado hubiera aceptado este desafío con entusiasmo, sabía que el rescate de Buena Esperanza era imperativo y, al ver la fuerza de la fortificación nativa, pasó de largo y avanzó hacia el asentamiento en desintegración.

Alvarado apareció en escena en el momento más crítico. Al enterarse de que estaba cerca, Cereceda inmediatamente envió mensajes aclamándolo como el salvador de la provincia y suplicándole que se hiciera cargo de la administración. La llegada de Alvarado detuvo de inmediato el éxodo de los colonos, y muchos regresaron. Literalmente habían tenido "los pies en los estribos", y en unos pocos días más la llegada de Alvarado habría sido demasiado tarde. Las propias palabras de Cereceda describen mejor la situación:

"...la tierra fue despoblada hace cuatro días y todos estaban amotinados. Me echaron del pueblo, a pesar de que estaba postrado en cama por un tumor entre las piernas... Me sacaron de mi casa con la alegría más grande del mundo, a pesar de mis enfermedades... Me dijeron que me fuera al mar y que me darían hombres para acompañarme a Trujillo, a fin de que se llevaran consigo sin impedimento a todos los indios que les servían en esta región, para continuar así la esclavitud ilegal que habían comenzado antes de que me expulsaran del pueblo. Para impedir que me mataran, saqué fuerzas de mi debilidad y permanecí escondido y abandonado en mi casa, y luego fui a Naco, donde tuve noticia de vuestra llegada. Regreso con un esfuerzo intolerable lo más rápido que puedo, pero por andar a caballo dudo que recupere mis fuerzas dentro de tres meses".[21]

---

[21] Cereceda a Alvarado en Lunardi, 1946b, págs. 197-98.

Alvarado aceptó la autoridad sobre la provincia. Cereceda, García de Celis y el cabildo de Buena Esperanza, que fue nuevamente convocado, lo instalaron en el cargo de *justicia mayor* y capitán general de todo Honduras-Higueras, en espera de la confirmación por parte de la Corona o del nombramiento de otro gobernador. Cereceda continuó como contador.

Con su habitual decisión y firmeza, Alvarado comenzó a reconstituir la colonia y poner orden. Con el consejo de Cereceda y García de Celis trazó un amplio plan de pacificación y asentamiento, siguiendo los planes de largo alcance que ya había previsto Cereceda. El liderazgo vigoroso de Alvarado transformó el espíritu de los colonos de la noche a la mañana. Pasaron de la desesperación a la confianza. Dejando a un lado su división, se unieron detrás de él, ahora decididos a una ocupación permanente. Un cambio de actitud tan radical prueba que los males que azotaron a la provincia durante tanto tiempo se debieron principalmente a la ausencia de un gobernador capaz. El efecto del prestigio y poder de Alvarado sobre los indios no fue menos significativo. La crueldad de "Tonatiuh", el nombre indio de Alvarado, era bien conocida. Muchos de los nativos lo miraron con temor y reverencia, aunque tales sentimientos no impidieron que los más decididos, especialmente Ciçumba, decidieran enfrentarse a los españoles en batalla.

Después de asegurar el control sobre el área cerca de Buena Esperanza y en el Valle de Naco, Alvarado estableció una base temporal en el pueblo de Tencoa desde el cual extender su dominio. Buena Esperanza no se disolvió de inmediato, sino que continuó durante varios años como un lugar secundario antes de dar paso por completo a los nuevos pueblos fundados después de la llegada de Alvarado.

Para promover sus planes de colonización, Alvarado envió a su teniente capaz y de confianza, Juan de Chávez, hacia el sur, al interior, al frente de cuarenta o cincuenta españoles de entre los hombres que había traído de Guatemala y los que habían estado en Buena Esperanza, con 1500-2000 nativos. Le dio instrucciones a Chávez para que explorara y conquistara el accidentado interior montañoso, buscara un sitio ventajoso y allí encontró una ciudad.

La ciudad estaba destinada a ser la capital de la provincia, como deja en claro su estado de ciudad proyectada. Originalmente se propuso que este lugar se fundara sobre una buena vía de comunicación entre Higueras y Guatemala, cuyo establecimiento formaba parte de la misión de Chávez.

Después de que Chávez partió hacia el interior, el propio Alvarado fue a las llanuras del bajo Río de Ulúa, que estaban densamente pobladas con muchos pueblos importantes. Entonces se preparó para atacar directamente contra el manantial — Ciçumba— de la resistencia india en toda la región, sabiendo que si el cacique era vencido, el resto del territorio costero caería rápidamente en manos españolas. Ciçumba desafió con altivez al renombrado Tonatiuh tal como lo había hecho con Cereceda, apoyándose en la fuerza de una gran fortaleza que había preparado a orillas del río de Ulúa. Además, el apóstata español Gonzalo Guerrero, con guerreros mayas escogidos, había reforzado las fuerzas de Ciçumba. La confianza de Ciçumba en su propia fuerza duró poco. En una breve pero decisiva campaña Alvarado tomó su gran fortaleza lanzando un atrevido ataque desde canoas. Capturó a Ciçumba y a un gran número de sus señores y guerreros, y dispersó al otrora formidable ejército nativo. La extraña y aventurera vida de Guerrero fue truncada en esta batalla por una bola de arcabuz. Después de la pelea los españoles lo encontraron entre los muertos, vestido con escasa ropa india y cubierto con pintura de guerra al estilo maya.

Esta importante victoria sobre Ciçumba quebró la columna vertebral de la resistencia india en todo el valle del río de Ulúa, pues efectivamente había sido Ciçumba quien había "causado todo el daño a los españoles" en esa región.[22] Una serie de fortalezas nativas ahora caían rápidamente una tras otra, haciendo que Alvarado pronto fuera el dueño de todo el litoral.

Alvarado luego condujo sus fuerzas al distrito del pueblo de Choloma, a algunas leguas del Puerto de Caballos. Allí, el 26 de junio de 1536, fundó el pueblo de San Pedro. Treinta y cinco españoles fueron designados vecinos o ciudadanos del nuevo

---

[22] Cédula del 30 de julio de 1537, AGI, Guatemala 402.

municipio.[23] Alvarado asignó 200 de sus propios esclavos para trabajar en la construcción del nuevo pueblo y en los campos circundantes. Luego, el líder español impulsó expediciones a las áreas periféricas bajo el mando de su hermano Gonzalo y otros capitanes, para extender la conquista, asegurar militarmente a San Pedro y obtener suministros. Fijando los límites del distrito que se le asignaría al nuevo pueblo, asignó a los ciudadanos sus pueblos en repartimiento. Al llevar a cabo este repartimiento, declaró nulas y sin efecto todas las concesiones de encomienda hechas anteriormente en el área por Cereceda.

Mientras tanto, Juan de Chávez y sus hombres se habían encontrado con serias dificultades en las montañas del sur de Higueras. Después de una marcha agotadora desde el Valle de Naco, a través de territorio hostil todo el camino, habían llegado ante el alto, inaccesible, rocoso y como una colina Peñón de Cerquín. Este reducto natural había sido hábilmente fortificado por los indios, que se habían reunido en gran número desde el territorio circundante, totalmente opuestos a ceder ante Chávez. Los indios de esta zona quizás estaban dirigidos por un joven cacique notable, Lempira, más tarde el líder de la gran revuelta contra Montejo. Ya sea que Lempira liderara o no la resistencia en este momento, el Peñón-fortaleza de Cerquín dominaba todo el sur de Honduras y era un obstáculo formidable para Chávez.

El capitán español intentó tomar el lugar por asalto y ni siquiera pudo llegar a su base. Entonces comenzó un sitio, pero estaba muy escaso de suministros, ya que la reunión de nativos en el Peñón no dejó ninguno para proporcionar comida a los españoles, que habían sufrido todo el camino desde el Valle de Naco. Ahora su situación era aún peor. Al ver que el Peñón y su región podían ser conquistados solo después de un esfuerzo prolongado, la mayor parte de la fuerza deseaba regresar a Guatemala, donde tenían casas, encomiendas y otras posesiones. Primero se impacientaron, luego casi se amotinaron. Declararon que Chávez debía "dejar que el Peñón se fuera al diablo, ya que la

---

[23] Documentos sobre la fundación y repartimiento de San Pedro y Gracias a Dios, 1536, AGI, Patronato 20-4-6. Los documentos sobre a Gracias a Dios están fechados el 20 de julio.

tierra no era lugar para ellos, y no querían tener nada más que ver con ella, y que les permitiera ir con Dios a sus casas en Guatemala".[24]

Chávez, buen y leal capitán que deseaba cumplir con el encargo de Alvarado, en un principio hizo oídos sordos a estas protestas, pero al cabo de un tiempo se vio obligado a prestar atención y apartarse del Peñón. No tenía la intención de retirarse finalmente o regresar a Guatemala, sino más bien reunir suministros y alentar a sus soldados con victorias más fáciles en otros lugares antes de conducirlos nuevamente contra la fortaleza.

Chávez ahora marchó hacia el este, a través de las montañas, hacia el Valle de Maniani, justo al norte del Valle de Comayagua, explorando y buscando un sitio para fundar su ciudad, y mientras tanto permitía que los indios alrededor del Peñón plantaran sus cultivos, para que los españoles pudieran aprovechar la cosecha al reanudar la guerra contra ellos. En relación con el avance de Chávez hacia el Valle de Maniani, cabe recordar que Cereceda había propuesto la erección de un municipio en esa región, que se encontraba en la mejor ruta entre los Mares del Norte y del Sur, como parte de sus planes para la recuperación económica de Higueras. Es probable que el lugar tentativamente seleccionado para la ciudad estuviera en el mismo pueblo de Maniani o cerca de él. Chávez debe haber enviado informes completos de sus planes y el curso de su campaña a Alvarado, junto con información geográfica sobre el distrito que la ciudad pretendía controlar, pues el 20 de julio de 1536, Alvarado emitió desde San Pedro instrumentos formales dando existencia legal a la ciudad, ahora oficialmente designada Gracias a Dios. Designó un cabildo, nombrando a su hermano Gonzalo como uno de los dos alcaldes ordinarios, y nombró a Chávez su alcalde mayor y vicegobernador. Casi 100 funcionarios y soldados figuraban como ciudadanos. Al mismo tiempo redactó nuevas instrucciones para Chávez y preparó el repartimiento del distrito de Gracias a Dios, abrogando, como en

---

[24] Pedraza a la Corona, Gracias a Dios, 18 de mayo de 1539, AGI, Guatemala 9.

el caso de San Pedro, las encomiendas que en él hubiera hecho Cereceda.[25]

Alvarado propuso reforzar a Chávez y pretendía que entre los ciudadanos de la nueva ciudad se incluyeran varios hombres que aún estaban con él y sus capitanes en la costa. Eligió a su hermano para llevar estos refuerzos. Gonzalo de Alvarado se encontraba entonces en el "Valle de Oloma, Citaguana, Siguatepeque, Río Tinto", explorando, extendiendo la conquista y juntando víveres para San Pedro, que necesitaba con urgencia alimentos hasta que maduraran las siembras de temporada en sus inmediaciones. Con unos doce jinetes y catorce o quince de a pie, acompañado de indios, había pacificado una zona considerable y había enviado a San Pedro cantidades importantes de maíz, frijol y otros alimentos. Pedro de Alvarado envió ahora a Gaspar Juárez de Ávila con unos diez soldados para unirse a Gonzalo y llevarle los documentos que daban existencia legal a Gracias a Dios y establecían el repartimiento de su distrito. Juárez de Ávila fue designado teniente principal de Gonzalo para la expedición.

La notificación formal de la residencia que la Corona había ordenado tomar de Alvarado para su gobernación en Guatemala llegó ahora de Maldonado. Debía dirigir la residencia de Alvarado y actuar como gobernador interino de Guatemala. Para entonces, Alvarado también había recibido la información de que Montejo finalmente había aceptado la gobernación de Honduras-Higueras y se preparaba para partir de la Ciudad de México para asumir el control. Hacía tiempo que Alvarado deseaba acudir a la Corte castellana para defender sus intereses, especialmente en relación con los planes de exploración de los Mares del Sur, y también para defenderse de las acusaciones relativas a sus actos oficiales que, a lo largo de varios años, habían sido presentadas desde varias fuentes y amenazaban seriamente su posición. La investigación de su administración de Guatemala por parte de Maldonado y la gobernación interina de Maldonado allí parecía amenazar su futuro. La eventual aceptación del cargo de Montejo en Honduras-

---

[25] Documentos sobre la fundación y repartimiento de San Pedro y Gracias a Dios, 1536, AGI, Patronato 20-4-6. Véase Chamberlain, 1946a y las referencias allí, y Lunardi, 1946b, para los detalles sobre la fundación de Gracias a Dios.

Higueras, de la que Alvarado ahora se consideraba el salvador, también lo animó. En efecto, había salvado la colonia de Higueras y fortalecido la provincia. Su creencia de que una gran parte había sido completamente conquistada y que la colonización permanente estaba asegurada en San Pedro y Gracias a Dios lo convenció de que su tarea estaba en gran parte cumplida y había probado su derecho a la gobernación de toda la provincia. Por lo tanto, a mediados de agosto de 1536 se hizo a la mar para Castilla acompañado de García de Celis y de dos procuradores designados por las autoridades municipales y ciudadanos de San Pedro para representarlos en la Corte, Francisco Cava y Nicolás López de Yrarraga.

Cava y López de Yrarraga fueron instruidos por los colonos para que aclararan a la Corona la importancia de los servicios de Alvarado en Higueras y su deseo de que fuera gobernador. Los dos delegados debían solicitar al soberano que devolviera a Alvarado a Honduras-Higueras hasta que se estableciera una completa estabilidad. También debían solicitar a la Corona que sancionara una serie de medidas para el avance político y económico de la provincia. También García de Celis, tanto en su posición independiente de funcionario de la Tesorería Real como en nombre de los colonos, trabajaría por estos objetivos.

A pesar de la creencia sincera de lo contrario, Alvarado en realidad partió hacia Castilla con su trabajo hecho superficialmente, como quedó claro un año después. Había subyugado una zona considerable, sus capitanes habían penetrado profundamente en muchas direcciones, y los caciques de regiones lejanas habían acudido a él y a sus subordinados para rendirle homenaje cuando se les convocaba con el *requerimiento* o citación oficial a la obediencia, cuya emisión era requerida por la ley. Por lo tanto, de acuerdo con las definiciones legales, Alvarado podría afirmar que había conquistado un área amplia. Pero pocas de sus conquistas fueron duraderas, y solo sus campañas en partes del Valle de Naco y a lo largo del bajo Río de Ulúa produjeron resultados duraderos. La situación de Gracias a Dios resultó nebulosa, aunque Alvarado no estaba al tanto de ese hecho cuando se fue. Todavía pensaba que Chávez estaba cumpliendo su misión, aunque debió enterarse de que Chávez tenía que retirarse del Peñón de Cerquín. Además, aunque Alvarado había rescatado a Higueras, parece que no tomó medidas efectivas para fortalecer a Trujillo, que permanecía en un estado tan lamentable como antes.

Muchos caciques a quienes Alvarado les había arrancado la obediencia por la fuerza de las armas, así como aquellos que dieron su lealtad voluntariamente pero sin sinceridad, se animaron a rebelarse cuando el imponente Tonatiuh se hizo a la mar. Además, Alvarado había permitido el trato severo de los indios, incluida la esclavitud extensiva y la venta de los nativos que se resistían, y así creó un profundo resentimiento y sembró las semillas de una futura revuelta.

Otros problemas estaban relacionados con los repartimientos, o asignaciones de pueblos nativos en encomienda, hechos por Alvarado en los distritos de San Pedro y Gracias a Dios. Había preparado estas particiones apresuradamente y sin información adecuada sobre el número de habitantes o los recursos disponibles para el tributo. Los nombres de lugares eran confusos y erróneos. Alvarado, Chávez y otros capitanes habían recopilado mucha inteligencia de la observación directa y de los informes de los gobernantes nativos y otros indios, pero era insuficiente e inexacta. Los distritos en los que los españoles nunca habían entrado, o en el mejor de los casos habían pasado rápidamente, se incluyeron en las particiones de Alvarado. El resultado fue que se pensó que los nombres de los ríos y las montañas eran los de los pueblos, y que los mismos pueblos se asignaron dos o más veces con nombres diferentes. Parece que algunos encomenderos no recibieron las cédulas de encomienda que exigía la ley, y muchos otros no tomaron posesión formal de sus encomiendas en la ceremonia semifeudal exigida por la ley, ceremonia parecida a la investidura. Siguiendo la práctica habitual de los altos funcionarios, Alvarado se había apoderado de algunos de los pueblos más importantes. También asignó pueblos a funcionarios y colonos de Guatemala. Todos estos factores crearon muchas complicaciones y mucha insatisfacción, especialmente después de la llegada de Montejo, ya que las encomiendas adecuadas para mantener a los conquistadores-encomenderos eran importantes para la estabilidad de cualquier nueva provincia.[26]

---

[26] Es difícil explicar la importancia del sistema de repartimiento-encomienda en unas pocas palabras y casi imposible, incluso de manera aproximada, definir el repartimiento-encomienda como una institución en poco espacio. Las formas, usos y costumbres constitucionales en que se asentaba esta institución del Nuevo Mundo se remontan a la historia de Castilla donde, además de las instituciones del feudalismo de tipo atenuado que existió en Castilla, existieron otras formas y prácticas singulares surgidas de la reconquista española de las tierras musulmanas en la Península Ibérica.

Los términos repartimiento y encomienda están inseparablemente vinculados. Repartimiento en la connotación utilizada aquí tenía dos significados: (1) el acto de partición de los Indios y pueblos nativos de un área determinada entre los españoles en su primera conquista u ocupación, y (2) los Indios o pueblos asignados en encomienda durante la primera partición de una nueva región a conquistadores y pobladores, o primeros colonos que en realidad no habían participado en operaciones militares. El español que recibía una concesión de Indios o un pueblo o pueblos nativos bajo este sistema era un encomendero. A medida que la institución se formalizó bajo la legislación real, en el sentido técnico legal, los Indios o pueblos asignados en la primera partición de un área en repartimiento en el sentido del acto de división eran repartimientos. Se convertían en encomiendas al ser asignadas a un segundo encomendero después de la muerte del cesionario original, o pérdida por éste de su merced por causa estipulada por la ley. Sin embargo, en la práctica, el término repartimiento en el sentido de los Indios o pueblos asignados a los encomenderos y el término encomienda eran intercambiables en el período anterior.

El repartimiento y la encomienda normales consistían en el derecho a disfrutar de los tributos y, hasta mediados del siglo XVI, de los servicios de trabajo de un número designado de Indios o de los habitantes de un pueblo o pueblos específicamente nombrados, que estaban asignados a un encomendero como recompensa por sus servicios en la conquista y colonización de la región en la que estaba su repartimiento-encomienda. Hasta aproximadamente mediados del siglo XVI, los encomenderos podían, totalmente a su voluntad y siempre que lo deseaban, determinar los tributos y servicios que los Indios de sus encomiendas les debían dar. Esta libertad de acción condujo a tan grandes abusos y ocasionó tales penurias a los indios que la Corona buscó legislar la eventual abolición del sistema de encomiendas a través de las célebres Leyes Nuevas de 1542-1543, pero este esfuerzo levantó tal tempestad de protestas en todo el país que la Corona tuvo que renunciar a la idea de una eventual eliminación del sistema. Sin embargo, comenzó a imponer un control más estricto sobre la institución y la formalizó progresivamente a través de la legislación vigente.

Entre las medidas más importantes para llevar la encomienda al marco del gobierno real, algunas de las cuales fueron adoptadas incluso antes de la promulgación de las Nuevas Leyes, estaban las que disponían que los funcionarios de la Corona establecieran montos fijos y tipos de tributos para los Indios encomendados y pueblos de acuerdo con la población, actividades de los nativos y recursos de la zona que habitan, y las destinadas a eliminar el servicio laboral de los Indios de encomienda para sus encomenderos. Los tributos ahora se darían solo en períodos específicamente designados. En adelante, la recaudación de los tributos la realizaban los propios funcionarios civiles, que asignaban su devolución a los encomenderos, o bajo la estricta supervisión de dichos funcionarios, quienes exigían al encomendero que limitara la recaudación a las cantidades y tipos de tributo que habían sido fijados por los impuestos oficiales.

El derecho de realizar repartimientos en el sentido del acto de partición, y de asignar Indios en encomienda, era prerrogativa real exclusiva, ya que los nativos del Nuevo Mundo eran vasallos directos de la Corona de Castilla. El soberano delegaba esta prerrogativa en altos funcionarios designados específicamente o agencias superiores del gobierno colonial, en particular las audiencias, quienes a su vez podían delegar tal poder en funcionarios menores designados específicamente. Sólo con tal autorización podían concederse Indios o pueblos en repartimiento y encomienda. El órgano de gobierno o funcionario facultado para otorgar repartimientos y encomiendas estaba obligado a expedir títulos o cédulas de encomienda a cada encomendero. Estos títulos designaban claramente a los Indios o pueblos que estaban involucrados en la concesión. El encomendero estaba obligado a tomar posesión formal de su repartimiento o encomienda, en persona o por apoderado, en presencia de un funcionario debidamente autorizado. La ceremonia de posesión era de naturaleza semi feudal. Una vez formalizado el sistema, la asignación de encomiendas no era válida hasta que la propia Corona, a través del Consejo de Indias de Castilla, máximo órgano del gobierno real colonial, hubiera aprobado la concesión.

La encomienda normal, es decir, la encomienda en casi todas partes de las Indias, no implicaba la tenencia de la tierra por parte del encomendero. Las tierras de los Indios de encomienda y de los pueblos quedaron en posesión de los mismos Indios, ya sea como individuos o como personas jurídicas. Este derecho fue cuidadosamente salvaguardado por la Corona para evitar que los encomenderos invadieran las tierras de los Indios. Tampoco la concesión de un repartimiento o encomienda conllevaba legalmente autoridad política o jurisdicción sobre sus Indios o pueblos para los encomenderos. El señorío permaneció solo en la Corona.

El repartimiento-encomienda no era una concesión perpetua, aunque la Corona establecía una línea cuidadosamente regulada de sucesión hereditaria. Se asignó una subvención para una, dos, tres y, a veces, cuatro vidas después de que se formalizara la institución, siendo un requisito legal la renovación o confirmación del título por parte de cada sucesor. La Corona u otros funcionarios autorizados podían quitarle un repartimiento o encomienda al encomendero en cualquier momento, pero sólo por causas legalmente estipuladas, tales como maltrato a los nativos, no residencia en la provincia en la que estaba la concesión, falta de adoctrinamiento de los Indios en el cristianismo, o la falta de realizar el servicio militar. Los encomenderos a lo largo de las Indias, tanto como individuos como clase, buscaron persistentemente que sus repartimientos y encomiendas se convirtieran en concesiones semi feudales perpetuas, con posesión de la tierra de sus Indios y pueblos y jurisdicción política, pero la Corona se negó a permitir esta transformación.

A cambio de la concesión de un repartimiento o encomienda, el encomendero estaba legalmente obligado a proteger, y a su costa, cristianizar a los nativos que se le asignaban, y estaba obligado por ley a mantener armas y un caballo listo para ir al campo en cualquier momento, ya sea contra Indios, españoles que podrían rebelarse, o enemigos europeos que pudieran atacar las colonias. Las mujeres y los menores que sucedían en encomiendas estaban obligados a mantener un escudero u hombre entrenado en armas para el servicio militar, ya que ellos mismos no podían cumplir tal deber. De esta manera semi feudal, el sistema de repartimiento-encomienda proporcionó una milicia permanente en todas las Indias y fue durante mucho tiempo la base del sistema militar sobre el que descansaban las posesiones de ultramar de la Corona de Castilla. Cada ciudad y pueblo tenía así su guarnición, y se realizaban periódicamente alardes o reuniones o revisiones de la milicia de encomendero. En los períodos inmediatamente posteriores a la conquista, cuando había muchos veteranos duros a la mano, y en fronteras inquietas y en otras áreas donde los colonos tenían que estar constantemente alerta, la milicia de encomendero tenía un excelente valor de combate bajo cualquier estándar.

En efecto, el repartimiento-encomienda casi podría denominarse feudo monetario, si se desea un paralelo feudal. Tal como finalmente se formalizó por ley real, el repartimiento-encomienda era un derecho conferido por la Corona para disfrutar de los tributos de un número designado de Indios, o mucho más frecuentemente, los de un pueblo o pueblos específicamente designados, con obligaciones por parte del encomendero: a. cristianizar a los nativos que le fueron asignados, b. proteger a estos indios y llevarlos a un estado superior de civilización y bienestar, y c. para realizar el servicio militar.

Si se piensa en el repartimiento-encomienda como una especie de feudo monetario, o tal vez, de otro modo, como una pensión, se comprende fácilmente por qué la institución fue de tanta importancia para los conquistadores y colonos originales de cualquier provincia. El repartimiento proporcionó a los conquistadores y pobladores alimentos y muchos artículos que necesitaban para su vida diaria, así como excedentes que podían vender o intercambiar por bienes de España. Asimismo, hasta mediados del siglo XVI, el sistema de repartimiento-encomienda proveía legalmente a los conquistadores y colonos mano de obra a través de la cual podían crear y desarrollar sus haciendas, otras posesiones e industrias locales, y también indios para el servicio doméstico. Los encomenderos en gran medida se mantenían a sí mismos y a sus familias a través de sus Indios de encomienda. Por lo tanto, la obtención de un repartimiento o encomienda era un asunto de suma importancia para todos los conquistadores y pobladores, y a la inversa, la eliminación de un repartimiento o encomienda era un asunto de las más graves consecuencias financieras. Además, casi todos los conquistadores sirvieron en las conquistas a su propio costo,

FUNDACIÓN DE GRACIAS A DIOS

Mientras tanto, las fuerzas que Pedro de Alvarado había puesto en marcha para la conquista del interior antes de su partida para Castilla estaban en acción. Tan pronto como Gonzalo de Alvarado recibió los documentos que daban existencia legal a Gracias a Dios y las instrucciones de su hermano para reforzar a Chávez, avanzó por el sur hacia el interior. Con el grupo que traía Juárez de Ávila, Gonzalo de Alvarado tenía en total unos cuarenta soldados. Sus problemas eran muchos. Hombres y monturas ya estaban desgastados por el esfuerzo de los últimos meses, y las herraduras de los caballos casi habían desaparecido. La compañía padecía escasez de víveres, a pesar de todas las provisiones que había podido enviar a San Pedro. El camino hacia el interior, accidentado en los mejores tiempos, ahora se vio empeorado por el inicio de las lluvias torrenciales de verano. En ninguna parte eran amistosos los indios y los españoles tenían que tratar de conquistar a medida que avanzaban. Los suministros eran una preocupación cada vez mayor.

Después de tres o cuatro meses de interminables penurias, los españoles llegaron al pueblo de Lepaera, en la región general donde esperaban encontrar a Chávez. Allí acamparon. Gonzalo de Alvarado no había encontrado rastros de Chávez durante su marcha, ni los indios pudieron decirle nada. Envió pues a su teniente, Juárez de Ávila, adelante con un destacamento a buscar a Chávez, mientras él mismo se dirigía al pueblo de Opoa, unas cuatro leguas más allá. Después de un tiempo, Juárez de Ávila regresó con la desconcertante noticia de que Chávez había regresado a Guatemala con todos sus hombres.

La creciente presión de sus hombres descontentos finalmente hizo imposible que Chávez mantuviera su compañía en Higueras por más tiempo. Por lo tanto, muy en contra de su voluntad,

---

incurriendo en grandes gastos y endeudamiento, con la esperanza de obtener una compensación y más recompensas en las tierras subyugadas. El repartimiento-encomienda era un medio principal para obtener una recompensa duradera por los arduos servicios militares. También fue un medio de recompensar a los pobladores por su disposición a pasar por las pruebas de colonización en nuevas áreas.

evacuó el campamento y condujo a sus hombres y auxiliares indios de regreso a Santiago de Guatemala, sin haber establecido Gracias a Dios ni haber sitiado el Peñón. Probablemente partió justo cuando Pedro de Alvarado zarpó hacia Castilla. Chávez no había podido lograr nada duradero. Pero Alvarado, para efectos jurisdiccionales, podría reclamar por motivos puramente legales que se había logrado la pacificación nominal del área en la que Chávez había operado temporalmente.

Gonzalo de Alvarado quedó así como el funcionario español de más alto rango en el interior de Higueras, y sobre él recayó la responsabilidad que de otro modo hubiera asumido Chávez como alcalde mayor de Pedro de Alvarado para Gracias a Dios y su distrito. A pesar de los obstáculos inherentes a su situación, Gonzalo de Alvarado resolvió firmemente llevar adelante la obra de conquista y poblamiento. Sus capitanes y soldados lo respaldaban sólidamente porque la aparentemente densa población en el área implicaba una abundancia de tributos y servicios de los indios y los españoles sabían que había metales preciosos en la región.

Gonzalo de Alvarado resolvió establecer Gracias a Dios inmediatamente en Opoa y permanecer allí hasta que terminara el período de lluvias, aunque ya se había encontrado un sitio que se creía más ventajoso "dos leguas más abajo", aparentemente por Juárez de Ávila durante su búsqueda de Chávez. Esta segunda ubicación probablemente se consideró mejor porque se pensaba que estaba más cerca del centro de la población india que se esperaba que sirviera a la nueva ciudad. Gonzalo de Alvarado luego, en algún momento durante los últimos meses de 1536, llevó a cabo la fundación largamente demorada de Gracias a Dios. Nombró como miembros del cabildo municipal a los presentes que Pedro de Alvarado había designado en los documentos de fundación que había redactado antes de zarpar para Castilla y nombró a otros para reemplazar a los oficiales que había nombrado Pedro pero que habían partido con Chávez. Los españoles comenzaron entonces la construcción de edificios temporales, ayudados por nativos de la vecindad. Pedro de Alvarado tenía la intención de que Gracias a Dios tuviera alrededor de 100 ciudadanos, de acuerdo con su posición como ciudad y el futuro centro administrativo de toda la provincia. Tal como se fundó, Gracias a Dios tenía unos cuarenta ciudadanos. Como Chávez, a quien Pedro de Alvarado había designado como su principal teniente para Gracias a Dios, estaba ausente, el liderazgo de la nueva colonia recayó temporalmente en Gonzalo de Alvarado, aunque su rango oficial era solo el de alcalde ordinario. Juárez de Ávila siguió siendo su principal subordinado. Los españoles se quedaron en Opoa por poco tiempo, como lo habían planeado, y luego trasladaron Gracias a Dios a un sitio más adecuado.

Tras el traslado, Gonzalo se dio a la tarea de conquistar su distrito. Sus fuerzas hicieron una amplia campaña, aunque no eran más que cuarenta, y penetraron hasta el rico valle de Comayagua, muy al este. Luego puso en vigor, en cuanto fue posible, el repartimiento redactado por su hermano. Gonzalo reclamó la conquista de "la mayor parte" del distrito de Gracias a Dios, pero tenía muy pocos hombres para ejercer un control efectivo de una parte considerable de él.

A pesar de todos los esfuerzos, al poco tiempo de la partida de Pedro de Alvarado para Castilla, Honduras-Higueras comenzó a caer nuevamente en condiciones parecidas a las que existían cuando él llegó. Detenidos por su mano fuerte y su prestigio, pocos indios se atrevieron a seguir desafiando a los españoles mientras estuvo presente. Pero con la partida de Alvarado, muchos nativos se negaron pasivamente a servir a sus encomenderos y otros abiertamente tomaron las armas. Su odio hacia los españoles había sido estimulado por las continuas incursiones de esclavos, las pesadas cargas del sistema de encomiendas y los actos salvajes de los feroces Achíes, o Aches, a quienes Alvarado había traído de Guatemala como ayudantes. Estos indios atacaron, esclavizaron y perpetraron toda clase de barbaridades contra los nativos de Higueras, quienes los odiaban y temían. Los nativos abandonaron sus pueblos en gran número y se refugiaron en las montañas y en los densos bosques tropicales, con la esperanza de encontrar algún medio para liberar su tierra de los invasores. Gran parte del distrito de San Pedro y todo el distrito de Gracias a Dios, con excepción de algunos pueblos, pronto estuvieron "en guerra". La situación de los españoles en ambos lugares se volvió precaria debido a la creciente dificultad para obtener suministros. De nuevo surgió el descontento y el desánimo.

La situación de Gracias a Dios era más grave que la de San Pedro, aunque allí ya era bastante mala. El hambre amenazaba a los ciudadanos. Incluso los indios de los pueblos más cercanos finalmente rechazaron cualquier tipo de servicio. Además, la nueva ubicación de Gracias a Dios era mucho menos ventajosa de lo que parecía al principio. Estaba en un terreno comparativamente bajo e insalubre y no en medio de las grandes concentraciones de población nativa de las que los españoles tenían la intención de depender. Muchos ciudadanos, ya debilitados por la falta de alimentos, enfermaron. Pronto se manifestó un peligroso deseo de abandonar la región. Las autoridades de Gracias a Dios pidieron ayuda a San Pedro, pero ese pueblo estaba en tal escasez que no podía hacer nada. También pidieron ayuda a Maldonado en Guatemala, pero él simplemente respondió que Montejo pronto llegaría como gobernador y traería consigo la ayuda que Higueras nuevamente necesitaba con urgencia.

Aunque su situación inmediata era desesperada, la mayoría de los españoles de Gracias a Dios indudablemente vieron en su nuevo entorno cosas que les daban un buen augurio. No es exagerado suponer que ya hayan visto en la región muchos de los factores favorables que el diplomático norteamericano Squier observó en 1855 cuando escribió sobre ella como el Departamento de Gracias, República de Honduras. Después de describir las majestuosas montañas y numerosos arroyos, los fértiles valles y llanuras, el clima variado, dice:

Los productos vegetales, actuales y posibles, agotan la lista de producciones de las zonas templadas y los trópicos. El trigo, el centeno, la cebada, la papa, etc., crecen en las montañas, mientras que la caña de azúcar, el añil, el tabaco, el algodón, el café, el cacao, los plátanos, las naranjas, etc., florecen en los llanos y valles. De madera valiosa también hay gran abundancia. El pino cubre las colinas. También hay mucha caoba, cedro, granadillo, palo de Brasil, mora, etc., para fines de teñido, manufactura y construcción. El copal, el bálsamo y el ámbar líquido se encuentran entre las gomas más comunes...

Además de su riqueza agrícola, Gracias se distingue por sus minerales y metales preciosos. Las minas de oro y plata son numerosas y ricas, aunque poco explotadas por la falta de conocimiento científico, inteligencia, maquinaria y capital. Las minas de plata y cobre de Coloal, en las Sierras del Merendón, son muy valiosas. Las menas de cobre dan 58% de cobre, además de 98 onzas de plata por tonelada. Los minerales de plata de Sacramento rinden 8874 onzas de plata por tonelada...

En este departamento también se encuentran asbesto, cinabrio y platina. Los ópalos se obtienen en varias localidades y se han exportado en gran medida. Los más y mejores se han encontrado cerca del pueblo montañoso de Erandique.[27]

---

[27] Squier, 1855, págs. 135-36.

II.
Francisco de Montejo y la Conquista de Higueras 1537-39

5.
La Conquista Final de Higueras

MONTEJO ASUME LA GOBERNATURA DE HONDURAS-HIGUERAS

Mientras Pedro de Alvarado rescataba y fortalecía a Higueras, Francisco de Montejo, habiendo aceptado la gobernación de Honduras-Higueras, hacía extensos preparativos en la Ciudad de México para una difícil misión. Ya muy endeudado, pidió prestados 8000 castellanos más para financiar la expedición. Dio en garantía sus posesiones y otras fuentes de ingresos en la Nueva España, sus haciendas, minas de plata, edificios, esclavos, indios de servicio y las rentas de sus encomiendas, especialmente el gran pueblo de Azcapotzalco, cerca de la Ciudad de México. Valuó estos bienes en 25,000 castellanos. También vendió directamente parte de sus propiedades de hacienda y ganado. El licenciado Ceynos, oidor de la Audiencia de la Nueva España, parece haberlo ayudado a hacer estos arreglos financieros, y el tesorero de la Nueva España se convirtió en su principal acreedor. Parte del equipo que compró había sido propiedad de Pedro de Alvarado, quien tenía extensas propiedades en México.[1]

---

[1] Montejo v. Fiscal, sobre la destitución del cargo en Yucatán, 1552, AGI, Escribanía de Cámara 1006A; Montejo a la Corona, Gracias a Dios, 1 de junio de 1539, DII, 24:250 ff.; Montejo a la Corona, Gracias a Dios, 4 de noviembre de 1539, AGI, Guatemala 9; Residencia de Montejo para Honduras-Higueras, 1544, AGI, Justicia 300. En relación con las cuestiones financieras en general, debe señalarse que, según la legislación monetaria de 1475 y 1497, los valores de las monedas españolas eran los siguientes: Real de plata, 67 maravedíes (el maravedí era la unidad básica); Ducado de oro, 375 maravedíes y contiene 4155 gramos de oro; Castellano de oro, equivalente a peso de oro; Marco de plata; contiene media onza de plata; Marco de oro, 65,333 Ducados de oro y 59 pesos de oro o castellanos de oro y contiene 230.045 gramos de oro. En el siglo XVI el valor de las monedas españolas llegó a ser el siguiente (de Diffie, 1945, pág. 106, n. 7): Castellano, 480 a 490 maravedíes (4.4433 gramos de oro de 23 ¾ quilates); el Ducado sigue en 375 maravedíes (3.1485 gramos de oro de 23 ¾ quilates); Real de plata 34 maravedíes (67/72 quilates); el Marco de oro sigue conteniendo 230 gramos de oro; el Peso de Minas valuado en 450 maravedíes (4.18 gramos de oro de 22 quilates); Peso de oro de Tepuzque valía 272 maravedíes; el Peso de oro corriente valuado en 300 maravedíes; el Peso de oro

Montejo anunció la expedición en la Ciudad de México y en Santiago de Guatemala. Con los fondos recaudados consiguió reclutar y equipar a un número considerable de soldados, a algunos de los cuales otorgó subvenciones monetarias o ayudas de costa. También compró barcos de navegación marítima en Veracruz, probablemente a través de la agencia de Juan de Lerma, un amigo y colaborador financiero que había sido nombrado funcionario de la Tesorería Real de Yucatán. En todo, Montejo se preocupó por organizar una expedición que realmente cumpliera su misión, el establecimiento del orden permanente en Honduras-Higueras.[2]

Montejo quería partir cuanto antes a su nueva provincia, pues sin duda había oído de Maldonado en Guatemala que no todo andaba bien en Higueras después de la partida de Alvarado y con razón temía que la colonia se sumiera en la anarquía antes de su llegada. Como su propia partida dependía de la organización completa de la expedición, que necesariamente tomaba tiempo, Montejo nombró a Alonso de Cáceres, un oficial muy capaz que había servido a sus órdenes en Yucatán, su vicegobernador y capitán general para Honduras-Higueras. Cáceres fue enviado por delante con un pequeño grupo y recibió instrucciones de ir a Honduras-Higueras por tierra, vía Santiago de Guatemala, donde debía reclutar soldados adicionales. Montejo esperaba que Maldonado ayudara y probablemente ya había hecho esos arreglos.[3]

Al llegar a Santiago de Guatemala, con la ayuda de Maldonado y otros oficiales, Cáceres reunió una veintena de jinetes más y adquirió material de guerra adicional. Luego se dirigió a Higueras y llegó a Gracias a Dios a fines de noviembre o principios de diciembre de 1536, poco después de que Gonzalo de Alvarado

---

con 3 quilates añadido valía 360 maravedíes; el Peso de oro de ley Perfecta valía 450 maravedíes; el Peso de oro de Minas valía 450 maravedíes; el Real de plata valía 34 maravedíes (67/72 quilates); el Peso Fuerte de plata valía 272 maravedíes, u 8 reales, y contenía 25.563 gramos de plata; el Marco de plata valía 5 pesos de oro o 450 maravedíes.

[2] *Ibid.*

[3] Residencia de Montejo para Honduras-Higueras, 1544, AGI, Justicia 300; Montejo a la Corona, Gracias a Dios, 1 de junio de 1539, DII, 24:250 ff.; Alonso de Cáceres a la Corona, Gracias a Dios, 4 de septiembre de 1539, AGI, Guatemala 43.

hubiera establecido la ciudad.[4] El teniente de Montejo consideró que Gracias a Dios ya era "la cosa más deplorable del mundo". Sin embargo, los soldados, armas y provisiones que trajo, proporcionaron un alivio temporal, y la seguridad de que Montejo llegaría pronto con una gran expedición daba un futuro prometedor.[5]

Sin embargo, políticamente, la aparición de Cáceres provocó tensiones inmediatas. Los partidarios de Alvarado no querían recibirlo como magistrado mayor ni reconocer a Montejo como gobernador. Tanto las autoridades como los colonos fueron casi unánimes en su deseo de que Alvarado continuara con la gobernación y uniera su provincia y Guatemala. Temían que otro gobernador pusiera en peligro la existencia de la provincia y afectara negativamente sus propios intereses personales.[6] Por lo tanto, cuando Cáceres compareció ante el cabildo de Gracias a Dios para recibir el reconocimiento de sus cargos y los de Montejo debidamente designados, los funcionarios municipales, bajo el control de Gonzalo de Alvarado, se negaron a reconocer la autoridad de Cáceres. El cabildo, sin embargo, tuvo mucho cuidado de no tomar una posición que pudiera interpretarse como desobediencia a una cédula real o rechazo de Montejo como gobernador por designación real. Más bien, basó su acción en los argumentos altamente legalistas de que la cédula que designaba a Montejo como gobernador no contemplaba ninguna disposición específica para el reconocimiento de ningún teniente que Montejo pudiera nombrar en su ausencia, y no incluía ninguna alternativa definitivamente establecida para el reconocimiento de Montejo en persona. El cabildo municipal aprovechó estas omisiones e interpretó la cédula de nombramiento de Montejo en el sentido de

---

[4] *Ibid.*

[5] *Ibid.* Cabildo de Gracias a Dios a la Corona, 21 de diciembre de 1536, AGI, Guatemala 44.

[6] Residencia de Montejo para Honduras-Higueras, 1544, AGI, Guatemala 300; Cabildo de Gracias a Dios a la Corona, 21 de diciembre de 1536, AGI, Guatemala 43; Gerónimo de San Martín a la Corona, San Pedro, 24 de abril de 1537, AGI, Guatemala 49. Fiscal v. Diego García de Celis, 1537, AGI, Justicia 1035-3-1; Pedraza a la Corona, Gracias a Dios, 18 de mayo de 1539, AGI, Guatemala 9.

que tendría que presentarse personalmente para ser reconocido gobernador y que el cabildo no podría aceptar a ningún teniente designado por él antes de su llegada. Algunos miembros del cabildo sostuvieron además que, como se había fundado Gracias a Dios bajo la autoridad de Pedro de Alvarado, sería imposible recibir al representante de cualquier otro funcionario antes de que el mismo Montejo apareciera con su nombramiento real, a menos que en el ínterin la Corona ordenara específicamente lo contrario. Además, el cabildo sostuvo que la cédula de nombramiento de Montejo no había autorizado la presentación de una copia del documento original y que sólo el original era válido.[7]

Al mismo tiempo, el concejo municipal se declaró totalmente preparado para recibir a Montejo como gobernador cuando finalmente se presente personalmente. Además, sugirieron un compromiso por el cual ellos y sus compañeros de San Pedro podrían elegir a Cáceres capitán y justicia mayor de la provincia para llevar adelante la conquista hasta que llegara Montejo. Así, la autoridad de Cáceres derivaría de los cabildos locales más que de Montejo. Cáceres exigió directamente que fuera recibido únicamente sobre la base de la autoridad de Montejo sobre la provincia, pero el cabildo se mantuvo firme.[8] Con sólo una veintena de hombres a su mando, Cáceres se encontraba por el momento indefenso ante los numerosos seguidores de Alvarado. Sin embargo, no cedió ni un poco. Más bien, decidió esperar su momento y hacer planes para el futuro, mientras solicitaba y recibía permiso para permanecer en Gracias a Dios hasta que llegara Montejo.[9]

Comenzó entonces un período de intriga. El cabildo, sin autoridad y muy contrario a su posición legalista contra Cáceres, envió secretamente cartas a Maldonado, como gobernador interino de Guatemala. Le solicitaron, como medida provisional, que enviara un teniente a Gracias a Dios para gobernar la ciudad y su distrito como capitán general y justicia mayor. El regidor Juárez de Ávila fue el único miembro del cabildo que disintió. Este

---

[7] Residencia de Montejo para Honduras-Higueras, 1544, AGI, Justicia 300.
[8] *Ibid.*
[9] *Ibid.*

movimiento, por supuesto, fue diseñado para mantener a Honduras-Higueras unido administrativamente con Guatemala, con Pedro de Alvarado como gobernador. Pero fue mucho más allá, pues el cabildo sostuvo que el área de Gracias a Dios era geográficamente parte de Guatemala y sugirió que se separara de Honduras-Higueras y se convirtiera en territorio guatemalteco. Al mismo tiempo, para salvaguardar su posición legal, el cabildo solicitó a Maldonado que inculcara a Montejo la necesidad de asumir personalmente la gobernación de Honduras-Higueras lo antes posible y también envió un mensaje para el propio Montejo, instándolo a darse prisa. Maldonado se negó a actuar en ninguno de los puntos porque tales asuntos no pertenecían a su jurisdicción, lo cual en efecto era cierto. Además, informó al cabildo que Montejo ya había partido para Honduras-Higueras.[10] Además de los mensajes a Maldonado y Montejo, el cabildo envió cartas a la Corona, recomendando que se autorice a Pedro de Alvarado a permanecer como gobernador de Honduras-Higueras y abogando por la unión de esa provincia y Guatemala.[11]

El 30 de diciembre de 1536, el cabildo, nuevamente sobre premisas legales dudosas, eligió a Juan López de Gamboa, uno de los regidores, como justicia mayor del distrito de Gracias a Dios. Gonzalo de Alvarado y varios colonos desaprobaron esta nueva medida por razones que no están del todo claras. Luego de la votación del 1 de enero de 1537, López de Gamboa renunció a su cargo, declarando que lo había tomado únicamente para supervisar la elección anual e instalación de los funcionarios municipales. No cabe duda de que esta medida fue diseñada para asegurar el control del cabildo por fuertes partidarios de Pedro de Alvarado y por acérrimos defensores de la unión de Honduras-Higueras y Guatemala, y para establecer un contrapeso a Cáceres y Montejo y sus posibles partidarios.[12]

---

[10] *Ibid.*; Gerónimo de San Martin a la Corona, San Pedro, 24 de abril de 1537, AGI, Guatemala 49.
[11] Cabildo de Gracias a Dios a la Corona, 21 de diciembre de 1536, AGI, Guatemala 44.
[12] Residencia de Montejo para Honduras-Higueras, 1544, AGI, Justicia 300.

Aunque Gonzalo de Alvarado fue fundador de Gracias a Dios, hermano del gran conquistador y virtual cabeza de la colonia, no fue elegido para el cargo superior el 1 de enero de 1537. Sin embargo, fue elegido para ser regidor. La falta de ascenso de Gonzalo parece haberse basado en una causa más profunda que el principio de rotación en el cargo, observado habitualmente. Además de su desaprobación de la artimaña política que involucraba a López de Gamboa, parece haber caído en desacuerdo con algunos de sus compañeros funcionarios y, por lo tanto, haber estado completamente preparado para renunciar como líder titular de la colonia.[13]

Por su parte, Cáceres, que se consideraba legítimo jefe administrativo y militar de Honduras-Higueras hasta la llegada de Montejo, no era en modo alguno un observador pasivo. Principalmente un hombre de acción, estaba preparando cuidadosa y silenciosamente un golpe. Retiró sus fuerzas a un pueblo nativo a poca distancia de Gracias a Dios, desde donde mantuvo contacto con amigos y posibles partidarios en la ciudad misma y se mantuvo al tanto de los acontecimientos. Realizó una campaña constante para ganar adeptos y lo logró con el influyente Juárez de Ávila, quien había llegado a ver con desagrado las maniobras del cabildo contra Cáceres y Montejo y se había retirado del cabildo. Juárez de Ávila ahora colaboraba con Cáceres y buscaba activamente ganar partidarios para él, o al menos asegurar la pasividad entre suficientes ciudadanos para facilitar los planes de Cáceres. Trabajando juntos, progresaron poco a poco. Ambos contaban con que la desorientación de los ciudadanos ante la próxima llegada de Montejo y la inseguridad general de la provincia jugara a su favor, y no se equivocaron.[14] Cáceres consideró el momento propicio para la acción a principios de 1537. Moviéndose de noche con sus veinte hombres bien armados, descendió repentinamente sobre Gracias a Dios al amanecer, apresó a los miembros del cabildo, incluido Gonzalo de Alvarado, y los arrojó a la cárcel de la ciudad.

---

[13] *Ibid.*
[14] *Ibid.*

No encontró oposición real por parte de los ciudadanos, y pronto estuvo en una posesión indiscutible.[15]

Cáceres declaró entonces inoperante la autoridad del cabildo, se designó vicegobernador y capitán general de Honduras-Higueras en nombre de Montejo, y proclamó la real cédula nombrando a Montejo gobernador de la provincia. Para reemplazar al cabildo hostil ahora derrocado, nombró funcionarios que seguramente reconocerían su autoridad y la de Montejo, entre ellos Juárez de Ávila. La audacia de Cáceres intimidó profundamente a los partidarios de Pedro de Alvarado, y le dio un dominio indiscutible en Gracias a Dios. Y así fue por la violencia que la autoridad de Montejo se hizo efectiva por primera vez en Honduras-Higueras, muy en consonancia con la historia pasada de la provincia.[16]

No está claro si las autoridades de San Pedro reconocieron de inmediato a Cáceres y, a través de él, a Montejo, pero parece probable que lo hicieran, aunque en un sentimiento fuertemente opuesto a Montejo como gobernador. Álvaro de Sandoval, un alcalde de esa ciudad, envió un informe de los acontecimientos a Pedro de Alvarado, protestando por el procedimiento arbitrario de Cáceres y solicitó a Alvarado que solicitara a la Corona que un juez tomara medidas correctivas.[17]

Establecido finalmente como vicegobernador, Cáceres encontró muchos problemas graves. Los españoles de San Pedro y Gracias a Dios todavía controlaban efectivamente solo pequeñas áreas alrededor de sus pueblos, continuaba la escasez básica de suministros y prevalecía el desánimo. La disensión en Gracias a Dios, que culminó con la toma por la fuerza del gobierno por parte de Cáceres, no pasó desapercibida para los indios y alentó aún más su desafío.[18]

---

[15] *Ibid.* Fiscal v. Alvarado, 1537, AGI, Justicia 1035-2-2; Alonso de Cáceres a la Corona, Gracias a Dios, 5 de septiembre de 1539, AGI, Guatemala 43; Pedraza a la Corona, Gracias a Dios, 18 de mayo de 1539, AGI, Guatemala 9; Gerónimo de San Martín a la Corona, San Pedro, 24 de abril de 1537, AGI, Guatemala 49.
[16] *Ibid.*
[17] Fiscal v. Alvarado, 1537, AGI, Justicia 1035-2-2.
[18] Residencia de Montejo para Honduras-Higueras, 1544, AGI, Justicia 300; Cabildo de Gracias a Dios a la Corona, 21 de diciembre de 1536, AGI,

La creciente hostilidad entre los nativos requería una vigorosa acción militar. Sin desanimarse por el reducido número de soldados disponibles, Cáceres decidió emprender una serie de campañas. Nombrando a Juárez de Ávila su teniente en Gracias a Dios, dirigió una compañía a la conquista de un cercano distrito montañoso conocido por los españoles como la provincia del Cares, en la zona del Peñón de Cerquín. A pesar de la fuerte resistencia y del terreno accidentado, tuvo cierto éxito. Avanzó hacia el este hasta el Valle de Comayagua y pronto puso bajo control, por lo menos nominal, una extensa sección de ese rico distrito.[19]

Mientras tanto, en la Ciudad de México, Montejo había concluido sus preparativos. Se fue por tierra, como había hecho Cáceres, llevándose consigo la mayor parte de sus soldados, suministros y ganado. Un número menor de sus hombres zarpó de Veracruz, acompañados por la esposa de Montejo, doña Beatriz de Herrera, su pequeña hija Catalina y su familia, con quienes envió equipo y suministros adicionales. Condujo a sus soldados y nativos desde su gran encomienda de Azcapotzalco a Santiago de Guatemala, llegando a principios de 1537. Es posible que haya reclutado más hombres en los centros españoles a lo largo de su ruta.[20]

En Guatemala, Montejo recibió plena cooperación de Maldonado, de quien obtuvo otro préstamo de 1500 castellanos, y de otras fuentes obtuvo fondos que elevaron el total a 2000 pesos

---

Guatemala 44; Fiscal v. Alvarado, 1537, AGI, Justicia 1035-2-2; Gerónimo de San Martín a la Corona, San Pedro, 24 de abril de 1537, AGI, Guatemala 49; Pedraza a la Corona, 18 de mayo de 1539, AGI, Guatemala 9; Montejo a la Corona, Gracias a Dios, 1 de junio de 1539, DII, 24:250-97; Alonso de Cáceres a la Corona, Gracias a Dios, 5 de septiembre de 1539, AGI, Guatemala 43; Pedraza v. Montejo, 1539, AGI, Justicia 129-2; Probanzas de Gonzalo de Alvarado, 1548 y 1555, AGI, Patronato 58-4; Probanzas de Gaspar Juárez de Ávila, 1552 y 1560, AGI, Patronato 63-11.

[19] *Ibid.*

[20] Montejo a la Corona, Gracias a Dios, 1 de junio de 1539, DII, 24:250 ff.; Montejo a la Corona, Gracias a Dios, 4 de noviembre y 15 de diciembre, AGI, Guatemala 9; Residencia de Montejo para Honduras-Higueras, 1544, AGI, Justicia 300; Montejo v. Fiscal sobre la destitución del cargo en Yucatán, 1552, AGI, Escribanía de Cámara 1006A.

de oro. Con esta suma y la colaboración de Maldonado obtuvo soldados adicionales y más suministros y material de guerra. Entre las municiones había ballestas, arcabuces y pólvora que compró a un mayordomo de Pedro de Alvarado. También procuró bueyes, ovejas y cerdos extras, tanto para alimento como para cría en Honduras-Higueras. La compañía de Montejo ahora contaba con 80-100 españoles, incluidos los veteranos de sus campañas en Yucatán.[21]

Después de este período satisfactorio de reclutamiento, Montejo llegó a Gracias a Dios a fines de marzo, trayendo la ayuda que tanto necesitaba toda la provincia.[22] Mientras tanto, la esposa de Montejo y la compañía más pequeña de soldados había avanzado por mar. Cuando estaban en Veracruz, el colaborador financiero de Montejo, Juan de Lerma, llegó a ese puerto, ayudó a conseguir más soldados y suministros, y pudo haber asumido la dirección general de la fase marítima de la expedición de Montejo. Doña Beatriz y Lerma luego aparentemente cambiaron el plan original de un viaje directo a Honduras-Higueras y navegaron a La Habana donde se transbordaron suministros, quizás a un barco propiedad de Lerma. Aparentemente se quedó atrás allí, pero pronto se dirigió a Honduras-Higueras, porque la Corona lo había nombrado factor o gerente comercial de la unida Yucatán y Honduras-Higueras.[23] Aunque no está claro exactamente cuándo, parece que poco después de que se reanudara el viaje, en algún lugar del oeste de Cuba, doña Beatriz y su compañía se encontraron con corsarios, probablemente franceses. Todos a bordo

---

[21] Montejo a la Corona, 1 de junio de 1539, DII, 24:250-97; Montejo a la Corona, Naco, 28 de julio de 1537, AGI, Guatemala 9; DII, 24:250 ff.; Probanza de Juan Martínez de Larraude, 1571, AGI, Guatemala 173; Probanza de Juan Martínez de Larraude, 1572, AGI, Patronato 72-2; Pedraza a la Corona, Gracias a Dios, 18 de mayo de 1539, AGI, Guatemala 9; Residencia de Montejo para Honduras-Higueras, 1544, AGI, Justicia 300.

[22] Montejo a la Corona, Gracias a Dios, 1 de junio de 1539, DII, 24:250-97; Montejo a la Corona, Naco, 28 de julio de 1537, AGI, Guatemala 9; Residencia de Montejo para Honduras-Higueras, 1544, AGI, Justicia 300.

[23] Montejo a la Corona, Gracias a Dios, 1 de junio de 1539, DII, 24:250-97; Juan de Lerma a la Corona, Puerto de Caballos, 1 de junio de 1537, AGI, Guatemala 52; Montejo v. Fiscal sobre la destitución del cargo en Yucatán, 1552, AGI, Escribanía de Cámara 1006A.

se vieron obligados a refugiarse tierra adentro. Una parte considerable de los suministros y la mayor parte de la propiedad de la familia Montejo se perdieron, pero hubo poca o ninguna pérdida de vidas y el barco en sí se salvó de alguna manera. Pero no obstante fue una experiencia costosa y desconcertante. Pasado el peligro, doña Beatriz reanudó la travesía con el salvamento y en la primavera de 1537 llegó al Puerto de Caballos, donde Montejo, ya recuperado de una reciente enfermedad, se reunió con ella y los refuerzos.[24]

Cáceres todavía estaba ocupado en la pacificación del Valle de Comayagua cuando Montejo llegó a Gracias a Dios, y Juárez de Ávila gobernaba la ciudad con el apoyo del cabildo que Cáceres había designado tras su golpe de Estado. La considerable fuerza que trajo consigo Montejo, unida a la que Cáceres había conducido a la provincia y los refuerzos que acompañaban a doña Beatriz, colocaron a Montejo en una posición fuerte, como jefe militar y como gobernador.[25]

El 24 de marzo de 1537, Montejo compareció ante el cabildo de Gracias a Dios y los funcionarios de la Tesorería Real de esa ciudad, presentó su nombramiento real como gobernador y fue instalado en el cargo sin desafío. Al no ver nada que temer de los ex miembros del cabildo que Cáceres había encarcelado y con la esperanza de reconciliarlos, Montejo ahora no solo liberó a los prisioneros sino que buscó activamente su colaboración. Gonzalo de Alvarado estuvo entre los que aceptaron la amistad ofrecida por Montejo.[26] Montejo luego se comprometió a completar la conquista y desarrollar la provincia. Había mucho por hacer, incluso en las inmediaciones de Gracias a Dios, a pesar de las campañas de Cáceres. Muchos nativos de toda la provincia permanecieron peligrosamente inquietos, otros aún estaban dispersos y los salvajes Achíes continuaron aterrorizando a grupos más pacíficos de indios en todas partes, especialmente a los

---

[24] Montejo a la Corona, Gracias a Dios, 1 de junio de 1539, DII, 24:250-97.

[25] Residencia de Montejo para Honduras-Higueras, 1544, AGI, Justicia 300; Fiscal v. Diego García de Celis, 1537, AGI, Justicia 1035-3-1; Probanza de Gonzalo de Alvarado, 1546, AGI, Guatemala 110.

[26] Residencia de Montejo para Honduras-Higueras, 1544, AGI, Justicia 300.

chontales de la zona costera de Sula. Persistió la escasez de suministros y el sistema de encomiendas permaneció interrumpido.[27]

Por un lado, Montejo se preparó para la guerra contra los indios donde fuera necesario y, por otro, planeó aplicar políticas de moderación y trato justo para conquistarlos pacíficamente siempre que fuera posible. También instó a sus subordinados a conciliar a los nativos y evitar malos tratos, abusos y violaciones de la ley, especialmente en relación con las encomiendas, la minería y el servicio laboral. Un número considerable de los despiadados auxiliares Achíes pronto fueron enviados de regreso a Guatemala para aliviar a los nativos de Higueras de la crueldad y las depredaciones.[28] Montejo logró un alentador éxito inicial en la fase pacífica de sus esfuerzos en torno a Gracias a Dios. Los nativos en cantidades considerables regresaron a sus pueblos, reanudaron sus actividades normales y aceptaron el control español. El sistema de encomienda ahora funcionaba con mucha más eficacia que nunca y el hasta entonces grave problema de los suministros se resolvió en gran medida.[29]

Después de establecer suficiente estabilidad en el área de Gracias a Dios, Montejo envió refuerzos a Cáceres en el Valle de Comayagua. Con su ayuda, a fines de la primavera o principios del verano de 1537, Cáceres completó lo que entonces se consideró la conquista definitiva de esa región rica y fértil. Luego, en un lugar que prometía un gran desarrollo comercial a mitad de camino entre los mares del Norte y del Sur, fundó un pueblo, al que llamó Santa María de Comayagua. Luego comenzó la asignación de los pueblos del distrito a los ciudadanos en encomienda.[30]

---

[27] *Ibid.*; Pedraza v. Montejo, 1539, AGI, Justicia 129-2; Montejo a la Corona, Naco, 28 de julio de 1537, AGI, Guatemala 9; Montejo a la Corona, Gracias a Dios, 1 de junio de 1539, DII, 24:250-97; Pedraza a la Corona, 18 de mayo de 1539, AGI, Guatemala 9.
[28] *Ibid.*
[29] *Ibid.*
[30] *Ibid.*; Alonso de Cáceres a la Corona, Gracias a Dios, 5 de septiembre de 1539, AGI, Guatemala 43; Probanza de Alonso de Cáceres (redactado por la viuda de Cáceres) 1560, AGI, Patronato 63-22.

No mucho después de su llegada, Montejo también salió al campo para pacificar distritos inquietos cerca de la costa norte, dejando a Juárez de Ávila como su teniente en Gracias a Dios. Primero se trasladó a San Pedro, donde, el 16 de abril, obtuvo oficialmente el reconocimiento de su autoridad por parte del cabildo y los funcionarios de la Tesorería Real que residían en ese pueblo. Montejo consideró el área costera de Higueras como incorporada a su Adelantamiento de Yucatán bajo su concesión Río de Copilco-Río de Ulua. Presentó pues la cédula real del 19 de diciembre de 1533, que le confería aquella concesión, en la convocatoria del cabildo y tesorería real de San Pedro al comparecer ante ellos para ser reconocido como corregidor mayor de la región.[31] Obtuvo reconocimiento en base a esta cédula y no por su nombramiento como gobernador de Honduras-Higueras para que su autoridad en la zona de San Pedro, Puerto de Caballos y el Valle de Naco —la región del Río de Ulúa — del primero descansa en su nombramiento como gobernador del territorio comprendido entre el Copilco y el Ulúa. Su posición en el interior de Higueras, incluyendo Gracias a Dios, por el contrario, descansaba en su nombramiento por la Corona como gobernador de Honduras-Higueras.[32]

Las autoridades municipales y los funcionarios de la Tesorería Real entendieron bien los motivos de Montejo y sabían que si la cédula del 19 de diciembre de 1533 se hacía plenamente efectiva, desvincularía a San Pedro y su distrito de Higueras. Consideraron este distrito con las minas del Valle de Naco y el fértil valle de Ulúa como la parte más importante de la provincia y por eso no aceptaron a Montejo sobre esta base sin deliberar. Sin embargo, decidieron que la cédula de 1533 no admitía motivos válidos para la denegación y, en consecuencia, Montejo ganó su punto. No obstante, pasó un tiempo considerable antes de que los

---

[31] Residencia de Montejo para Honduras-Higueras, 1544, AGI, Justicia 300.

[32] *Ibid.*; Montejo a la Corona, Naco, 28 de julio de 1537, AGI, Guatemala 9; Montejo a la Corona, Gracias a Dios, 1 de junio de 1539, DII, 24:250-97; Montejo a la Corona, Gracias a Dios, 26 de diciembre de 1545, AGI, Patronato 184-25; Gerónimo de San Martín a la Corona, San Pedro, 24 de abril de 1537, AGI, Guatemala 49; Cuentas de tesorería de Diego García de Celis, 1540, AGI, Indiferente General 1206.

funcionarios reales de la Tesorería de San Pedro accedieran a pagarle a Montejo una ayuda de costa anual de 150.000 maravedíes que llevaba consigo la gobernación del territorio entre Copilco y Ulúa.[33]

El 17 de abril, al día siguiente del reconocimiento de su autoridad en San Pedro, Montejo declaró nulos los repartimientos que Pedro de Alvarado había establecido para los distritos de Gracias a Dios y San Pedro. Acto seguido, con el consejo de sus subordinados y la asesoría legal, comenzó a dividir la provincia nuevamente, dando preferencia a sus propios soldados y seguidores.

A continuación, el adelantado se dedicó a los asuntos militares. Dividiendo sus fuerzas, envió a un capitán de confianza, Alonso de Reinoso, y a unos 100 soldados a los distritos montañosos de San Pedro mientras él mismo se trasladaba al Valle de Naco, donde Andrés de Cereceda y Pedro de Alvarado habían dejado dispersos gran número de indios y hostiles y muchos pueblos anteriormente grandes muy reducidos en población.[34]

Montejo rápidamente controló el Valle de Naco y Reinoso encontró igual éxito. Obligados por la fuerza de las armas, o por una cuestión de conveniencia momentánea, muchos caciques acudieron a Montejo y sus capitanes para rendirles homenaje, tal como habían venido a Alvarado poco antes. Incluso ciertos gobernantes mayas del sur de Yucatán se dirigieron a Higueras en este momento para buscar a Montejo, ofrecerle lealtad y suplicarle que salvaguardara el lucrativo comercio que había existido durante tanto tiempo entre Yucatán y la región de Ulúa. Montejo aceptó gustoso a estos nuevos aliados y prometió acceder a sus peticiones en materia comercial. Con estos acontecimientos, consideró que

---

[33] *Ibid.*

[34] Montejo a la Corona, Naco, 28 de junio de 1537, AGI, Guatemala 9; Montejo a la Corona, Gracias a Dios, 1 de junio de 1539, DII, 24:250-97; Juan de Lerma a la Corona, Puerto de Caballos, 1 de junio de 1537, AGI, Guatemala 52; Probanza de Alonso de Reinoso, 1542, AGI, Patronato 56-3-3; Probanza de Gaspar Juárez de Ávila, 1552 y 1560, AGI, Patronato 63-11; Probanza de Rodrigo Álvarez, 1575, AGI, México 900; Pedraza v. Montejo, 1539, AGI, Justicia 129-2; Residencia de Montejo para Honduras-Higueras, 1544, AGI, Justicia 300.

una amplia región a lo largo de la costa había sido finalmente pacificada de manera efectiva.[35]

Montejo aplicó hacia los indios de la zona costera las mismas políticas conciliadoras que habían dado buenos resultados en la región de Gracias a Dios. Nuevamente tuvo un éxito considerable. Muchos indios dispersos regresaron y retomaron su vida en el marco del sistema de encomienda.[36]

Mientras Montejo estuvo en el Valle de Naco los españoles realizaron una intensa búsqueda de oro y descubrieron yacimientos adicionales a los ya conocidos.[37]

Montejo ahora regresó a Gracias a Dios y se preparó para extender las operaciones militares a áreas periféricas aún conflictivas. Poco tiempo después Cáceres regresó del Valle de Comayagua para consultar en asuntos administrativos y militares, conseguir refuerzos para proseguir la conquista en el lejano oriente de la provincia y asegurar la permanencia del pueblo de Santa María de Comayagua. Montejo apoyó plenamente a Cáceres y lo instó a utilizar la misma política hacia los indios que se había aplicado con éxito en los distritos de Gracias a Dios y San Pedro.[38] Cáceres volvió a Santa María de Comayagua, que con los refuerzos de Montejo ya contaba con una treintena de ciudadanos. Luego empujó hacia el este y comenzó la conquista de los territorios que se extienden hacia el Valle de Olancho.[39]

A mediados del verano o principios del otoño de 1537, Montejo había logrado lo que él consideraba una subyugación duradera de la provincia con un mínimo de fuerza y con pocas pérdidas de vidas para españoles o indios. Tan ligeras habían sido sus campañas y tan moderadas sus políticas, que pudo decir que no habían muerto cincuenta indios ni cien esclavizados. También se había hecho mucho para que los nativos hostiles y dispersos regresaran a sus vidas normales. Gracias a Dios y San Pedro se

---

[35] *Ibid.*
[36] *Ibid.*
[37] *Ibid.*
[38] Montejo a la Corona, Naco, 28 de julio, AGI, Guatemala 9; Montejo a la Corona, Gracias a Dios, 1 de junio de 1539, DII, 24-250-97; Pedraza a la Corona, Gracias a Dios, 18 de mayo de 1539, AGI, Guatemala 9.
[39] *Ibid.*

habían fortalecido y, en opinión de Montejo, Higueras se había estabilizado por completo. Pensó que la eliminación de los restantes centros de resistencia y la conquista de las fronteras lejanas no sería difícil, y que la parte bélica de su tarea como gobernador estaba prácticamente cumplida. Confiado y complacido con su trabajo, trazó ahora planes a futuro para el desarrollo económico y político de Honduras-Higueras.[40]

LA GRAN REVUELTA INDIA, 1537-39
Lempira y el Peñón de Cerquín

Al estar convencido de la pacificación de Higueras, Montejo cayó en el mismo error que cometió Alvarado cuando se embarcó para Castilla a mediados de 1536. En realidad, sólo en áreas limitadas alrededor de San Pedro y Gracias a Dios los esfuerzos militares de Montejo y Cáceres habían sido del todo completos. Amantes de la libertad y animosos, la mayoría de los indios de Higueras estaban decididos a no aceptar la dominación española sin resistir al máximo a los forasteros. Muchos nativos eran extraordinariamente belicosos, los de las sierras al sur de Gracias a Dios lo eran supremamente. Incluso desde el principio los españoles pudieron encontrar en Higueras nuevos aliados nativos de los que pudieran estar seguros, en contraste con el caso de muchas otras provincias. La guerra y todo lo que ella connotaba había despertado amargos odios entre los indios; el sistema de encomienda era intolerable a pesar de las políticas de moderación y conciliación de Montejo. Alvarado y sus capitanes también habían dejado su marca de odio entre los indios. En tales circunstancias era inevitable una feroz reanudación de la guerra, especialmente porque los indios de ninguna manera se sentían conquistados.[41]

---

[40] Montejo a la Corona, Naco, 28 de julio de 1537, AGI, Guatemala 9; Montejo al Cabildo de Santiago de Guatemala, Gracias a Dios, 11 de diciembre de 1537, AGG, Documentos del Archivo Municipal, Cartas de Personas Ilustres; Residencia de Montejo para Honduras-Higueras 1544, AGI, Justicia 300.

[41] Montejo a la Corona, Gracias a Dios, 1 de junio de 1539, DII, 24:250-97; Pedraza a la Corona, Gracias a Dios, 18 de mayo de 1539, AGI, Guatemala 9; Fiscal v. Alvarado, 1537, AGI, Justicia 1035-3-1; Pedraza v. Montejo, 1539,

Pronto llegó una fuerte advertencia de lo que podía esperarse. Tres españoles que habían estado con Cáceres fueron atacados y asesinados mientras pasaban por una región hasta entonces tranquila al sur de Gracias a Dios, no lejos del Peñón de Cerquín. Este evento sacudió a Montejo al recordar sucesos similares en Yucatán y temió que este acto sangriento pudiera anunciar un levantamiento general. Decidió no solo castigar a los nativos involucrados, sino tomar medidas generalizadas para prevenir una posible revuelta.[42] Con una fuerte compañía se apresuró a la escena y convocó a los caciques de la región delante de él. Todos menos uno de los atemorizados gobernantes nativos asistieron y, después de una investigación, Montejo impuso un castigo ejemplar a los culpables. Siguió esta acción sumaria de una política conciliadora con los demás señores indios y su gente, buscando ganárselos. Los caciques prometieron lealtad y Montejo les permitió regresar a sus pueblos. Luego se trasladó al Valle de Comayagua para aumentar su seguridad y continuar la asignación de encomiendas iniciada por Cáceres. Luego regresó a Gracias a Dios.[43]

Aunque ahora en alerta, Montejo aún no sabía hasta qué punto estaban plenamente justificados sus temores de rebelión. Una poderosa coalición india se había formado silenciosamente en las escarpadas sierras del sur del distrito de Gracias a Dios, para exterminar o expulsar a los españoles. Esta alianza tuvo su centro político en el pueblo de Entepica, y su bastión militar más formidable en el Peñón de Cerquín.[44] El líder del movimiento de resistencia era el cacique joven, capaz y valiente a quien los españoles conocían como Lempira, o "Señor de la Montaña". Ya había dado muestras de gran habilidad política y militar en las

---

AGI, Justicia 129-2; Residencia de Montejo para Honduras-Higueras, 1544, AGI, Justicia 300.

[42] Montejo a la Corona, Gracias a Dios, 1 de junio de 1539; DII, 24-252-53; Pedraza a la Corona, Gracias a Dios, 18 de mayo de 1539, AGI, Guatemala 9; Agente de Montejo al Cabildo de Santiago de Guatemala, Asiento de Sula, 27 de septiembre de 1537, AGG, Documentos del Archivo Municipal, Cartas antiguas de Particulares; Probanzas de Gaspar Juárez de Ávila, 1552 y 1560, AGI, Patronato 63-11.

[43] *Ibid.*

[44] Véase Herrera, 1601-15, 6-3-19.

rivalidades entre tribus, y fue elegido líder por muchos grupos indios, entre ellos los Cares, cuyas tierras estaban próximas al Peñón de Cerquín. Aunque esta tribu originalmente había sido enemiga de Lempira, después de que él los hubo vencido, lo aceptaron lealmente como señor supremo. La habilidad política y la guerra habían puesto bajo su control a otras provincias nativas. Sus territorios se extendieron por gran parte del sur de Higueras y la región de San Miguel. Los españoles creían que se había convertido en el señor supremo de unos 200 pueblos y que podía reunir una hueste de 30.000 guerreros. Sus vasallos lo consideraban invencible.[45]

Los españoles se habían movido con frecuencia por secciones de los dominios de Lempira y habían subyugado, según creían erróneamente, partes de ellos, especialmente la provincia del Cares. Cuando llegaron al centro de Higueras decididos a quedarse, Lempira trazó profundos planes para expulsarlos. Exhortó a su pueblo y a los indios de todas partes a defender sus tierras, declarando que era "una vergüenza que tantos hombres valientes fueran sometidos a la servidumbre por tan pocos". Pretendiendo invencibilidad, organizó su territorio en una unidad bien organizada, extendió sus alianzas con otros grupos y se preparó para la gran prueba de fuerza.

Lempira y sus aliados planearon con asombrosa minuciosidad, previsión y secreto. Su primer paso fue un levantamiento restringido a los dominios de Lempira cerca del reducto del Peñón de Cerquín. Si esto tenía éxito, los indios de Higueras y las áreas adyacentes se reunirían para destruir o expulsar a sus enemigos. Lempira y sus caudillos guardaron sus planes con tanto cuidado que los españoles, aunque bastante vigilantes desde la muerte de sus tres compatriotas cerca de Gracias a Dios, no se dieron cuenta de la oposición bien organizada.[46]

Así, confiando en su fuerza, Lempira ignoró con desdén los requerimientos legales de Montejo exigiendo el reconocimiento del dominio castellano y la aceptación de la Fe de Roma. Reforzó continuamente el Peñón de Cerquín, naturalmente escarpado y casi

---

[45] *Ibid.*
[46] *Ibid.*

inaccesible, con fortificaciones bien diseñadas para que fuera una base inexpugnable para la ofensiva y la defensa. Aquí concentró un gran número de guerreros, grandes reservas de alimentos y un gran arsenal.[47] Evidentemente, se disponía de un suministro adecuado de agua. Uno de los curtidos veteranos de Montejo que había servido en las guerras italianas dijo que "nunca había visto algo tan fuerte en Italia". El licenciado Cristóbal de Pedraza, Protector de los Indios y jefe eclesiástico interino de la provincia, rindió un homenaje aún más impresionante, aunque exagerado:
"... el Peñón de la Provincia de Cerquín, donde fue Juan de Chávez, y que no pudo ganar, es lo más fuerte que se ha visto entre cristianos o en el Algarve, o entre moros y turcos, según me han dicho personas que allí estuvieron, y que estuvieron en muchas tierras cristianas y árabes".[48]

El Peñón de Cerquín fue la clave militar del reino de Lempira y de todo el sur de Higueras, así como la clave psicológica de toda la provincia.

Hacia fines de 1537, Lempira sonó la campana del levantamiento en sus dominios aledaños al Peñón. Hombres, mujeres y niños abandonaron sus pueblos y rápidamente se reunieron en la fortaleza rocosa, donde los guerreros se prepararon para la guerra total. Además de exhortar a sus propios guerreros a defender su suelo hasta el final, Lempira ahora apelaba a los auxiliares guatemaltecos y mexicanos de Montejo, como hermanos raciales, a abandonar a los españoles y unirse a él en una guerra común contra los invasores europeos. Estos guerreros, sin embargo, permanecieron leales a sus señores españoles.[49]

---

[47] *Ibid.*; Montejo a la Corona, Gracias a Dios, 1 de junio de 1539, DII, 24:250-97; Pedraza a la Corona, Gracias a Dios, 18 de mayo de 1539, AGI, Guatemala 9; Probanzas de Gaspar Juárez de Ávila, 1552 y 1560, AGI, Patronato 63-11; Probanza de Alonso de Cáceres, 1560, AGI, Patronato 63-22; Probanza de Juan Ruíz de la Vega, 1548, AGG, Documentos del Archivo Colonial; Residencia de Montejo para Honduras-Higueras, 1544, AGI, Justicia 300.

[48] Pedraza a la Corona, Gracias a Dios, 18 de mayo de 1539, AGI, Guatemala 9.

[49] El relato del sitio y toma final del Peñón de Cerquín, la muerte de Lempira y el estallido y aplastamiento de la gran revuelta general que estalló poco después del inicio del sitio del Peñón de Cerquín se basa en las siguientes

fuentes: Montejo a la Corona, Gracias a Dios, 1 de junio de 1539, DII, 24:250-97; Montejo al Cabildo de Santiago, Gracias a Dios, 11 de diciembre de 1537, AGG, Documentos del Archivo Municipal, Cartas de Personas Ilustres; Montejo al Cabildo de Santiago de Guatemala, 24 de diciembre de 1537, AGG, Documentos del Archivo Municipal, Cartas de Personas Ilustres; Pedraza a la Corona, Gracias a Dios, 18 de mayo de 1539, AGI, Guatemala 9; Probanza de Juan Ruíz de la Vega, 1548, AGG, Documentos del Archivo Colonial; Probanzas de Gaspar Juárez de Ávila, 1552 y 1560, AGI, Patronato 63-11; Probanza de Alonso de Cáceres, 1560, AGI, Patronato 53-22; Probanza de Luis del Puerto, 1570, AGI, Guatemala 112; Probanza de Juan Martínez de Larraude, 1571, AGI, Guatemala 173; Probanza de Juan Martínez de Larraude, 1572, AGI, Patronato 72-2; Probanza de Rodrigo Álvarez, 1575, AGI, México 900; Agente de Montejo al Cabildo de Guatemala, Asiento de Sula, 27 de diciembre de 1570, AGG, Documentos del Archivo Colonial, Cartas antiguas de Particulares; Probanza de Andrés Francisco, 1559, AGG, AL. 29:1548:01723 y Documentos del Archivo de Protocolos Coloniales; Detalles de tesorería de Diego García de Celis, 1540, AGI, Indiferente General 1206; Residencia de Montejo para Honduras-Higueras, 1544, AGI, Justicia 300; Herrera, 1601-15, 6-3-19.

De las fuentes documentales, la carta detallada de Montejo a la Corona del 1 de junio de 1539, de Gracias a Dios (DII, 24:250-97) y la extensa carta de relación de Pedraza desde Gracias a Dios a la Corona del 18 de mayo de 1539 (AGI, Guatemala 9) proporcionan información básica y narrativas continuas. Las probanzas de Juan Ruíz de la Vega, Gaspar Juárez de Ávila, Alonso de Funes, Luis del Puerto, y Andrés Francisco dan detalles importantes y ayudan a establecer la cronología. Herrera (6-3-19) es la fuente para Lempira, su carrera y su muerte. La carta del Agente de Montejo al Cabildo de Santiago de Guatemala del 27 de diciembre de 1537 (AGG, Documentos del Archivo Municipal, Cartas antiguas de Particulares) ayuda a establecer el principio de las operaciones en contra del Peñón de Cerquín. Escribió: "...en esta goveron. de higueras d. dos meses a esta parte se an alçado y rrebelado contra el servio. de su Magt. los ss. y Indios de una provia. q. se dize cerquin porq. Sin lo merescer ni darles nadie ocasion a ello mataron tres españoles q. desta trra. yban a esa cibdad (de Santiago de Guatemala) o a la villa de sant. salvor. dsde. la provincia d. comyagua do andava el capitan caceres pacificando la trra. solo por roballes lo q. llevavan y por q. en satisfacción de esta se les hizo cierto castigo despues dello y rrequidos. con la paz se an retrayado y encastillado en un Peñón muy fuerte q. el capitan caceres por mandado dl. señor adelantado y govor. don franco. de montejo los tiene cercados".

La época del estallido de la gran revuelta general está bien establecida por dos cartas de Montejo al Cabildo de Santiago de Guatemala. La primera de estas cartas, de Gracias a Dios el 11 de diciembre de 1537 (AGG, Documentos del Archivo Municipal, Cartas de Personas Ilustres) refleja la confianza de que pronto sería tomado el Peñón de Cerquín y que con ese evento quedaría toda la provincia bajo control. La segunda de las cartas de Montejo, desde Gracias a Dios el 24 de diciembre de 1537 (AGG, Documentos del Archivo Municipal, Cartas de Personas Ilustres) muestra consternación por la magnitud del gran

A pesar de los esfuerzos por obtener información sobre cualquier plan nativo para la revuelta, no fue hasta que Lempira dio la señal de guerra que Montejo y sus oficiales se enteraron de la amenaza que representaba la coalición india. La rebelión de Lempira, a pesar de lo grave que fue, hasta ahora involucró solo a la gente alrededor del Peñón de Cerquín. Pero, como los españoles se dieron cuenta de inmediato, el desafío exitoso de él allí implicaba la amenaza segura de un levantamiento masivo temido de todos los indios de la provincia, y de los territorios aún más allá, como era el objetivo final de Lempira. Para los indios Lempira y su plaza fuerte eran baluarte y símbolo de independencia; para los españoles tanto cacique como fortaleza eran un desafío a su prestigio militar y una amenaza a la seguridad y colonización permanente de toda la provincia.

Emocionados por completo, los conquistadores, soldados capaces y experimentados, decidieron atacar a su enemigo directamente en su gran plaza fuerte. En consecuencia, Montejo envió rápidamente al capaz y confiable Cáceres, que había regresado a Gracias a Dios desde Santa María de Comayagua, con Juan Ruíz de la Vega como su maestro de campo, o contramaestre, contra el Peñón a la cabeza de ochenta bien equipados españoles y un gran número de auxiliares mexicanos y guatemaltecos. Siempre deseoso de establecer el dominio español pacíficamente cuando pudiera, en cumplimiento de la ley real, incluso en esta ocasión Montejo instruyó a Cáceres para que llegara a un acuerdo pacífico con Lempira si fuera posible y mostrara moderación hacia los indios. En la preparación de esta importantísima campaña, Montejo no sólo reunió toda la fuerza de la provincia, sino que también solicitó urgentemente el apoyo de las autoridades de Santiago de Guatemala y San Salvador. Cáceres llegó ante el Peñón cerca del 1 de noviembre. Siguiendo las instrucciones de Montejo, primero envió emisarios a Lempira para afirmar el señorío castellano y ofrecer un trato considerado a cambio de la sumisión. La respuesta de Lempira fue hacer ejecutar a los enviados de Cáceres y

---

levantamiento que acababa de estallar. Esta carta fue enviada a Santiago de Guatemala con toda la rapidez posible y fue recibida por el cabildo el 12 de enero de 1538. Para la rebelión en San Miguel, véase Chamberlain, 1947a.

proclamar con orgullo que "no conocía otro señor ni conocía otra ley ni costumbre que las que ya conocía". Esta era una guerra a muerte. Cáceres atacó entonces el Peñón, pero pronto lo encontró inmune al asalto directo. Ningún camino conducía a su cumbre, y sus empinadas paredes impedían cualquier intento de escalar. Las obras bien construidas que protegen sus accesos y el gran número de guerreros defensores descartan cualquier ataque repentino y directo. Los caballos, que habían dado a los españoles la victoria sobre enemigos abrumadores en tantos campos reñidos en las Indias, eran inútiles aquí.

Como Chávez había descubierto algunos meses antes, no había alternativa a un sitio largo, mediante el cual los españoles podrían privar de suministros al Peñón y así esperar finalmente someter a la guarnición por hambre. Mientras tanto, podían trabajar sus líneas hacia adelante, esperando cualquier oportunidad para asaltar el Peñón. Sus accesos, tan restringidos para la fácil defensa de los indios, eran igualmente tan estrechos que los españoles, por pocos que fueran, pudieron establecer un cerco cerrado. Cáceres, por lo tanto, comenzó su asedio de la fortaleza india. En constante ataque y contraataque, los españoles trataron de hacer avanzar sus líneas, los indios trataban de expulsarlos por completo. Cáceres, que debía custodiar ocho lugares de acceso al Peñón, tuvo que hacer la más cuidadosa colocación de sus hombres, apostándolos en destacamentos más o menos iguales ante cada punto. Se apostaron grupos de auxiliares con cada pelotón español. Cinco de la compañía de Cáceres pronto perdieron la vida y un gran número resultó herido, entre ellos Cáceres. El capitán español mantuvo firmemente sus líneas de asedio durante este flujo y reflujo del combate, pero no pudo avanzar. Cada día se hacía más clara a los españoles la magnitud de su tarea.

Mientras tanto, luego de iniciar su campaña contra el corazón de los dominios de Lempira, Montejo adelantaba operativos de seguridad en otras zonas. Envió una columna al mando de Juárez de Ávila al territorio cercano a Gracias a Dios y ordenó a otra, compuesta por unos veinte hombres y varios ayudantes nativos, muy al sur, en el Valle del Socorro. El mismo Motejo condujo una tercera compañía de veintitrés soldados hacia el este, hacia el Valle de Comayagua. Al mismo tiempo ordenó a las autoridades de Santa María de Comayagua que enviaran refuerzos a Cáceres ante el Peñón de Cerquín, y catorce hombres partieron para incorporarse al asedio.

La columna enviada al Valle del Socorro pronto vio frustradas sus operaciones, no por los indios hostiles sino por los españoles de San Miguel, quienes afirmaron que los soldados de Montejo se estaban moviendo hacia territorio fuera de su jurisdicción. Un pequeño grupo de reconocimiento enviado por el teniente de Montejo se encontró con estos españoles y fue hecho prisionero. Para evitar roces con San Miguel, el teniente de Montejo dio media vuelta, desistiendo de sus esfuerzos por pacificar la región y con la intención de regresar a Santa María de Comayagua.

EL ESTALLIDO DE LA REVUELTA GENERAL EN HONDURAS

La inexpugnabilidad del Peñón de Cerquín inspiraba confianza a los indios de todas las Higueras así como a los nativos de San Miguel y San Salvador. Lempira y sus aliados, por lo tanto, habían logrado crear los medios y la oportunidad para iniciar su objetivo principal, una rebelión de masas en todo este territorio e incluso en la región de Trujillo. Apenas dos meses después de que Cáceres hubiera iniciado el sitio del Peñón, estalló con toda su furia el levantamiento general tan temido por los españoles. La revuelta estuvo bien coordinada en una amplia zona y en el momento oportuno, pues los españoles estaban ahora dispersos en grupos comparativamente pequeños por todas partes excepto ante el propio Peñón. Gracias a Dios y Santa María de Comayagua habían sido virtualmente despojadas de combatientes. Los indios, que se dieron cuenta de que podían contener ante el Peñón la mayor concentración de enemigos, ahora aprovecharon hábilmente esta dispersión de los españoles restantes. Lo que había sido una guerra de vital importancia, pero aún limitada, en el distrito del Peñón ahora se convirtió en una guerra ilimitada de vida o muerte para ambas partes.

El levantamiento fue generalizado. Todos los dominios de Lempira al sur del Peñón se sublevaron como uno solo, junto con los indios del Valle de Comayagua y las montañas del distrito de San Pedro. Los nativos tanto de San Miguel como de San Salvador atacaron allí a los españoles trayendo las más graves pruebas y peligros. Muchos españoles fueron asesinados en las afueras de San Miguel; la ciudad misma se salvó de un furioso asalto y asedio sólo por la lucha desesperada de su guarnición y la oportuna llegada de un grupo de viajeros armados de Guatemala. También se hicieron necesarias operaciones militares en San Salvador. Muy al este, Trujillo también se vio afectado, aunque la revuelta se limitó al interior.

Yamala, un pueblo del distrito de Gracias a Dios, ahora se convirtió en el centro de una conspiración para destruir la empresa de Montejo en la región del Valle de Comayagua. Afortunadamente para los españoles, este complot fracasó. La columna que había operado originalmente en el Valle del Socorro, y que se había vuelto hacia Santa María de Comayagua después de penetrar en territorio reclamado por las autoridades de San Miguel, fue repentinamente atacada cuando pasaba por el pueblo de Guaxeregui. Los dieciséis españoles fueron asesinados. Un negro que estaba con los españoles, fuera esclavo o jefe de una cuadrilla minera, fue el único sobreviviente y resultó gravemente herido. Los catorce españoles que marchaban desde Santa María de Comayagua para unirse a Cáceres ante el Peñón de Cerquín fueron atacados en la provincia del Cares. Este destacamento se abrió paso intrépidamente y, aunque sufrió mucho, llegó al Peñón.

Al darse cuenta de que había estallado una levantamiento de masas y doblemente alarmados por la masacre de Guaxeregui, el pequeño grupo de ciudadanos que quedaban en Santa María de Comayagua envió un llamado desesperado a Montejo. Envió seis de caballo y seis de a pie, cuanto pudo, al pueblo amenazado, y consiguieron llegar a Santa María de Comayagua, aunque todos sus accesos eran peligrosos. Tras el envío de este destacamento, Montejo se quedó con sólo once hombres bajo su mando directo. Gracias a Dios se encontró con muy pocos ciudadanos aptos para el servicio militar y en peligro de destrucción. La presencia de mujeres y niños añadía ansiedad. Sucesos similares pronto ocurrieron en el distrito de San Pedro. Los indios mataron a los españoles aislados dondequiera que los encontraron, y las autoridades apelaron urgentemente a Montejo en busca de apoyo. Sin embargo, el pueblo en sí no estaba en un peligro de destrucción tan grande como el de Gracias a Dios y Santa María de Comayagua. Mientras tanto, temeroso por la seguridad de Gracias a Dios, Montejo marchó rápidamente hacia esa ciudad con sus once hombres. En su marcha, él y su pequeño grupo fueron amenazados continuamente por todos lados.

A pesar de todos los peligros que lo rodeaban, Montejo todavía no estaba del todo indefenso, como lo demostraron los hechos. Siguiendo los métodos empleados con tanto éxito por Lempira en el Peñón de Cerquín, los nativos estaban fortificando un Peñón fuerte no lejos de Gracias a Dios mismo. Se estaban concentrando en gran número y reuniendo en almacenes con techo de paja grandes cantidades de alimentos para resistir un asedio prolongado si fuera necesario. Montejo resolvió a toda costa impedir la creación de tan peligrosa base enemiga tan cerca de Gracias a Dios. Al no poder arriesgar un asalto directo, recurrió a una estratagema. Envió a un fiel sirviente personal negro a prender fuego a los grandes almacenes. Este contratiempo totalmente inesperado consternó tanto a los nativos de todo el distrito que de inmediato abandonaron toda idea de mayor resistencia y fueron a Montejo pidiendo paz. Montejo concedió gran importancia a la rendición de este Peñón-fortaleza, que bien pudo convertirse en una amenaza muy peligrosa.

Después de este triunfo casi providencial, Montejo y sus hombres regresaron a Gracias a Dios a salvo. Sin embargo, su situación seguía siendo desesperada. Los pocos españoles en la ciudad estaban todavía en constante peligro de ser masacrados, o al menos obligados a abandonar la ciudad. Se mantuvo una vigilia incesante.

Los caciques del territorio cercano, encabezados por un gobernante llamado Mota, ahora conspiraron para aprovechar su oportunidad. De esto se enteró Montejo, sin embargo, y en una atrevida incursión hizo prisionero a Mota. El poderoso cacique fue retenido en Gracias a Dios, pero pronto logró escapar y, estableciendo un cuartel general secreto, reanudó los preparativos para atacar la ciudad. Por medio de un indio, Montejo descubrió por fin dónde estaba Mota, y en otra rápida y desesperada incursión lo volvió a capturar. El cacique estaba ahora bajo la más estricta vigilancia en la vivienda de Montejo, quien hizo saber a la gente de Mota que su gobernante estaba siendo detenido para garantizar sus acciones, medida que les detuvo las manos. Así se superó el peligro más inmediato para Gracias a Dios.

Los doce hombres que Montejo había enviado en ayuda de Santa María de Comayagua al estallar la revuelta general fueron ayuda insuficiente para la mermada guarnición frente a las abrumadoras fuerzas nativas. La masacre del destacamento que regresaba allí desde el Valle del Socorro había sido un duro golpe para los defensores. Por el momento, con sus compatriotas en apuros por todas partes, los españoles de esta ciudad estaban privados de ayuda de cualquier parte.

Plenamente conscientes de la debilidad de sus oponentes, los indios no tardaron en descender sobre Santa María de Comayagua en masa. La pequeña guarnición se vio obligada a evacuar la ciudad y luchar dolorosamente para salir, ayudada por la protección de la noche. Los españoles iniciaron entonces una peligrosa marcha hacia Gracias a Dios, con la esperanza desesperada de erradicar esa ciudad o encontrarse con alguna otra compañía de sus compatriotas. Mientras tanto, los indios enfurecidos quemaron el pueblo abandonado y hasta mataron a todo el ganado que los españoles habían traído allí para las haciendas que ya comenzaban a desarrollar. Los españoles acosados finalmente llegaron a uno de los pocos pueblos tranquilos dentro del distrito. Allí descansaron y luego fueron a reunirse con Montejo en Gracias a Dios.

La revuelta general estaba ahora en pleno apogeo por todas partes en Higueras, y la vida misma de la colonia pendía de un hilo. Más que nunca, Lempira y el Peñón de Cerquín fueron el lema para los indios en todas partes; lo serían mientras subsistiera el Peñón, como bien sabían los españoles. Estos últimos eran muy pocos para hacer frente a un levantamiento en masa y, salvo la fuerza que estaba contenida en el Peñón, sólo podían actuar en pequeños destacamentos, debiendo correr todos los peligros que acarreaba la dispersión de fuerzas. Carecían de suficientes suministros, armas y hombres para asegurar la defensa o asumir una ofensiva sostenida. Por el momento, estuvieron a la ofensiva solo ante el Peñón de Cerquín; en todas partes estaban luchando defensivamente por sus vidas. Casi de la noche a la mañana habían perdido todas las Higueras excepto pequeñas áreas alrededor de Gracias a Dios y San Pedro.

Después de eliminar la amenaza de la conspiración de Mota y ahora junto a la antigua guarnición de Santa María de Comayagua, Montejo permaneció en Gracias a Dios para asumir la dirección general de los asuntos militares. Realizó su tarea con vigor e inteligencia. Él, sus capitanes y todos los colonos resolvieron apoderarse de la provincia a toda costa.

El Peñón de Cerquín era, por supuesto, el punto vital. Allí estaba Lempira con sus fuerzas escogidas y su principal baluarte, y allí el grupo más grande de españoles armados estaba retenido por el prolongado asedio. Montejo tuvo que decidir si separar o no a los hombres de sus fuerzas sitiadoras en el Peñón y enviarlos a otros lugares en pequeños grupos para reforzar otras compañías para la subyugación poco a poco de otros distritos. Tomó la sabia decisión de mantener a Cáceres con la mayor fuerza posible contra el importante Peñón, seguro de que si Lempira y sus principales fuerzas eran derrotadas, la conquista de una amplia zona seguiría rápidamente. Levantar el sitio para fortalecer o reconquistar otros distritos hubiera sido reconocer una derrota temporal en el Peñón, liberando a gran número de confiados guerreros para la ofensiva y dando confianza inconmensurable a los indios en todas partes. Montejo y sus capitanes renovaron su determinación de continuar el asedio.

Montejo repitió ahora sus llamados a las provincias adyacentes en busca de hombres, material de guerra, provisiones de todo tipo y ayudantes nativos, especialmente los salvajes Achíes de Guatemala, a quienes despreciaba en tiempos de relativa paz pero ahora quería por el terror que infundían en muchos de los indios de Higueras. Estos reiterados llamamientos se dirigieron al cabildo de

Santiago de Guatemala, a Maldonado, quien se encontraba entonces en San Salvador en funciones de gobierno, a las autoridades de San Miguel, y a Francisco de Marroquín, obispo de Guatemala. Montejo pensó también en suplicar a la Corona en la lejana Castilla, aunque tal súplica no podría dar resultado pronto.

Envió a Gonzalo de Alvarado, fundador de Gracias a Dios, y a Juan López de Gamboa, ahora alguacil mayor de Honduras-Higueras, a San Salvador para organizar el apoyo y la compra de material de guerra. Maldonado y las autoridades de San Salvador cooperaron incondicionalmente, poniendo a disposición de los emisarios de Montejo municiones de toda clase, pólvora, arcabuces y balas para ellos, ballestas y pernos, espadas, lanzas, escudos, corazas y metales para dar forma a las puntas de los pernos de ballesta. También proporcionaron ganado. Además se puso a su disposición un capitán y 100 ayudantes nativos, junto con 1000 cargadores. Los cargadores no sólo debían llevar las municiones de San Salvador a Higueras, sino que debían permanecer allí para servir a los españoles. Cáceres también envió un representante a San Miguel en busca de ayuda. Aunque ese pueblo había estado en peligro por los nativos rebeldes poco antes y gran parte de su distrito todavía estaba e guerra, las autoridades generosamente enviaron suministros y ayudantes.

Sin embargo, Guatemala, aunque más poblada, brindó poca ayuda. Las autoridades municipales de Santiago de Guatemala primero se negaron a enviar a los ayudantes que Montejo solicitaba con tanta urgencia, alegando falsamente que había maltratado gravemente a los Achíes y otros aliados que Alvarado había llevado a Higueras desde Guatemala en 1536. Las verdaderas razones de su negativa radicaban en las políticas de Montejo para proteger a los nativos de Higueras, sus restricciones a las actividades mineras de los colonos guatemaltecos en Higueras, y su eliminación de las encomiendas que Alvarado había asignado en Higueras a los ciudadanos de Santiago de Guatemala. Sin embargo, los funcionarios guatemaltecos finalmente dieron un apoyo menor.

Los recursos financieros se reunieron de todas las fuentes disponibles: los funcionarios del tesoro de Honduras-Higueras, a pedido de Montejo, liberaron fondos de la caja real, las arcas reales de la provincia; se emplearon los diezmos de la Iglesia; Montejo y otros usaron sus fondos personales.

LA MUERTE DE LEMPIRA Y EL GIRO DE LOS ACONTECIMIENTOS

Mientras tanto, el sitio de la fortaleza de Lempira se prolongaba mes tras mes, con constantes combates. A veces la ventaja estuvo con los españoles, quienes, con los refuerzos que les había enviado Montejo, sumaban tal vez poco menos de 100; otras veces fue con los indios. Los nativos, con su gran número, podían reemplazar a sus muertos y heridos con nuevos guerreros, pero los españoles no.

Los españoles sufrieron durante mucho tiempo aguda escasez de alimentos, a pesar de lo que se les enviaba y de lo que ellos mismos podían recoger. No había provisiones al alcance, porque los nativos de la región habían saqueado sus tierras para abastecer la fortaleza. Los españoles estaban tan escasos de personal que durante mucho tiempo carecieron de cargadores para traer provisiones distantes y no pudieron prescindir de guerreros ni ayudantes del asedio para formar partidas de forrajeo.

Así, durante un tiempo los sitiadores se vieron reducidos a comer el maíz que encontraban entre los cultivos abandonados cercanos al Peñón, complementado con hierbas y plantas. Irónicamente, a los sitiados todavía no les faltaba comida pues habían almacenado grandes cantidades en preparación. La llegada de la temporada de fuertes lluvias en la primavera de 1538 acrecentó aún más los problemas de los españoles. Fatigados por la lucha incesante y las vigilias ininterrumpidas de día y de noche, y debilitados por la falta de comida, algunos de los soldados comenzaron a desfallecer; algunos incluso deseaban abandonar el asedio.

El teniente acérrimo de Montejo, Cáceres, era plenamente consciente de las implicaciones militares y políticas del sitio y tenía un fino sentido de la lealtad y la responsabilidad. Con un celo que no disminuyó, animó a sus hombres y los obligó a realizar su tedioso y peligroso trabajo. Cuando llegaron los materiales que el adelantado había dispuesto en Salvador, y cuando llegó la ayuda que él mismo había mandado a buscar en San Miguel, la situación mejoró. Los ánimos decaídos de los soldados se levantaron.

A pesar de todo esto, Cáceres había acercado lentamente sus líneas, pero los españoles todavía parecían tan lejos como siempre del triunfo final. La toma del Peñón y la derrota decisiva de Lempira ya se habían demorado demasiado. Mientras no se lograran estos dos objetivos, la situación de los españoles en toda la provincia sería cada vez más crítica. Montejo y sus capitanes eran tristemente conscientes de este hecho tan importante y sabían que la eliminación de Lempira era cada vez más imperativa. Después de seis meses o más de bloqueo infructuoso, en la primavera de 1538 Cáceres finalmente decidió eliminar a Lempira, el corazón y el alma de la resistencia, por las buenas o malas.

Cáceres sabía que no sólo Lempira sino también sus seguidores lo consideraban fanáticamente invencible, convicción que ofreció al capitán español un camino para lograr su objetivo. Por lo tanto, planeó invitar a Lempira a un parlamento y allí asesinarlo. Al mismo tiempo, preparó a sus hombres para un asalto rápido al Peñón si Lempira caía en esta trampa. Con perfecta fe en su destino, Lempira aceptó la invitación de Cáceres. Se acercó a las líneas españolas a la hora señalada, resplandeciente con un casco emplumado, fina armadura de algodón e insignias acordes con su rango. Lo acompañaba un brillante séquito de oficiales y vasallos. Si Lempira sospechaba traición, no dio señales de ello. Cáceres luego envió un jinete para advertir al gobernante nativo que renunciara a la resistencia y aceptara el dominio castellano. Lempira, después de seis meses de exitosa defensa de su bastión, despreció la paz aún más que nunca y respondió: "Los soldados no se cansan de la guerra, ni temen y el más capaz alcanzará la victoria".[50] Mientras tanto, Cáceres había colocado cuidadosamente un arcabucero a cubierto pero a cierta distancia, y había preparado a todos sus soldados para un ataque repentino al Peñón. Mientras avanzaba el parlamento y Lempira lanzaba un altivo desafío, el arcabucero apuntó con cuidado, disparó y mató al gran señor indio con una bala en la frente.

---

[50] Herrera, 1601-15, 6-3-19.

La muerte súbita e indigna de su inspirado líder, a quien habían creído invencible e inmune a las armas enemigas, provocó un pánico instantáneo y absoluto entre los defensores del Peñón, que debían estar mirando desde las alturas la negociación. Los españoles aprovecharon instantáneamente esta completa desmoralización y, liderados por un grupo de asalto elegido, avanzaron. En esta veloz carrera tomaron posesión del Peñón sin que muriera un solo español, aunque algunos resultaron heridos.[51] Parte de la guarnición nativa atónita escapó a las montañas cercanas, pero muchos guerreros se entregaron sin un intento serio de resistencia. Un gran número de hombres, mujeres y niños mayores también cayeron en manos españolas.

Así fue tomada la gran fortaleza que tantos meses había desafiado a los españoles y que tanto esfuerzo, trabajo y peligros les había costado. Diez españoles de un total de unos 100 habían muerto durante el asedio y la mayoría de los demás, incluido Cáceres, habían resultado heridos en un momento u otro, algunos más de una vez. Ni Cáceres ni ningún otro español habría podido enorgullecerse de la traición con que habían destruido a su gran adversario, pero fue el único medio que pudieron idear para la necesaria acción decisiva.

De acuerdo con las instrucciones básicas de Montejo, Cáceres siguió la toma del Peñón de Cerquín con una política conciliadora con los indios vencidos. En señal de su deseo de paz envió tejidos y aves a los caciques de toda la región, según la costumbre india. Pero para indicar la alternativa implacable de la guerra hasta el final si los indios todavía estaban decididos a pelear, envió también lanzas a los señores nativos, también según la costumbre de los indios. Los caciques consultaron entre sí y optaron por la paz y el señorío español, celebrando su decisión en medio de bárbaras

---

[51] El conquistador Luis del Puerto se atribuyó un gran mérito personal por la toma del Peñón de Cerquín. En una probanza de 1570 (AGI, Guatemala 112) dijo: "...yo el dho. luis del puerto me halle con el governador don francisco de montejo en el penon de zerquin en el qual se detuvo todo el exercito mas de cinco meses e no se ganara sino fuera por mi buena industria e diligencia e valor por que yo con quatro compañeros entre estando los Indios descuidados e gane toda la fuerza de que dios e su magd. an sido servidos..."

ceremonias y festejos. Así, el corazón militar del antiguo dominio de Lempira pasó inmediatamente a manos españolas.

A continuación, Cáceres liberó a los cautivos que había tomado en el Peñón —guerreros, ancianos, mujeres y niños por igual — y los envió a casa para que retomaran su vida habitual. La magnanimidad de Cáceres que siguió al asesinato de Lempira y su abrumador triunfo crearon una impresión favorable entre los indios de toda la región, pues esperaban que los españoles se vengaran despiadadamente.

Tal como había anticipado Montejo y Cáceres, la muerte de Lempira y la caída del Peñón de Cerquín cambiaron el rumbo y llevaron a la rápida pacificación de una región montañosa amplia y difícil más allá del área inmediata. Estos hechos decisivos habían llegado en un momento oportuno, porque la revuelta general estaba todavía en pleno ímpetu y los españoles estaban a la defensiva en una situación sumamente precaria.

Se habían mantenido firmes en Higueras durante mucho tiempo, pero es dudoso que hubieran podido continuar mucho más. Montejo había estado en peligro de perder Higueras del mismo modo en el que perdió Yucatán en 1534-35. Ahora los españoles podrían ver el futuro con renovada confianza, pues los soldados que estaban concentrados en el peño podrían ser usados en otra parte. Muchos de los indios estaban desanimados; Lempira estaba muerto y sus guerreros mas hábiles habían sido asesinados, dispersados o capturados. El éxito español en el Peñón de Cerquín fue de igual importancia moral, militar y política. Los españoles tenían muchas campañas duras y muchas pruebas todavía por delante, pero, superado el gran obstáculo, pudieron al fin pasar a la ofensiva.

LAS CAMPAÑAS EN HIGUERAS DESPUÉS DE LA CAÍDA DEL PEÑÓN DE CERQUÍN

Montejo y sus capitanes explotaron inmediatamente su ventaja. El líder español envió a Juárez de Ávila y Alonso de Reinoso, cada uno con una compañía, al Valle de Comayagua y ordenó a otros capitanes a las regiones rebeldes de San Pedro. Él mismo y otros subordinados se movieron contra los centros de resistencia periféricos en el distrito de Gracias a Dios.

Juárez de Ávila y Reinoso empezaron una serie de campañas muy difíciles. [52] Los indios en el área de Comayagua aún estaban determinados a resistir hasta el final. El terreno era accidentado y muy adecuado para la defensa. Había muchos peñones escarpados, algunos de los cuales habían sido reforzados artificialmente a la manera del Peñón de Cerquín. La comida escaseaba y los nativos hicieron todo lo posible para reducir incluso eso. Como resultado, los españoles estuvieron al borde de la hambruna, a pesar de los suministros y el ganado enviados por Montejo.

La lucha también fue dura. No siempre contentos con esperar el ataque, los indios lanzaron rápidas estocadas desde sus fortalezas. Cuando estaban a la defensiva en sus peñones fortificados, resistieron ferozmente y aumentaron la eficacia de sus flechas, hondas, lanzas, cuchillos de piedra y espadas de madera tachonadas con afiladas lascas de piedra, haciendo rodar peñascos y grandes rocas sobre los atacantes mientras estos trataban de tomar las riendas. Para los españoles era una guerra de infantería, con su armamento europeo, y la artillería ligera que traían consigo. Sus caballos eran de poca utilidad aquí excepto para el transporte. Pronto quedó claro que el sometimiento del Valle de Comayagua no sería fácil de lograr.

Squier, después de darnos una visión general de las ruinas de algunos de los antiguos sitios nativos en el Valle de Comayagua, en su descripción de las grandes ruinas de Tenampúa transmite la forma en que los indios de Higueras en su conjunto podrían fortificar sus peñones, incluido el de Cerquín:

"Las ruinas de Tenampúa... están situadas en la cima nivelada de un alto cerro... elevado unos mil seiscientos pies sobre la llanura de Comayagua, de la cual, en todas partes, se domina una magnífica vista. La colina está compuesta de la arenisca estratificada, blanca y blanda que prevalece en esta región, y sus

---

[52] Véase Probanzas de Gaspar Juárez de Ávila, 1552, AGI, Patronato 63-11; Probanza de Alonso de Reinoso, 1542, AGI, Patronato 56-3-3; Probanza de Alonso de Funes, 1549, AGG, Al. 29:1548:1731 y Documentos del Archivo de Protocolos Coloniales.

laderas, excepto en tres puntos, son absolutamente escarpadas o tan empinadas que son casi, si no del todo, inaccesibles. En el punto accesible, donde las crestas estrechas conectan la colina con las otras colinas del grupo, hay pesados muros artificiales de piedras toscas, que varían en altura de seis a quince pies. Estos muros están escalonados en el lado interior, por conveniencia de defensa. En varios puntos hay torres o edificios diseñados quizás para el uso de guardias o centinelas. Las dimensiones de la pared corresponden a la mayor o menor brusquedad de la pendiente por donde se lleva, y son mayores donde la subida o aproximación es más fácil. Donde existían barrancos estrechos o pasos naturales, los huecos se han rellenado con piedras, de manera que presentaban una cara exterior vertical, correspondiente al escarpe rocoso del cerro. Naturalmente, creo que este lugar es la posición más fuerte que he visto en mi vida. Que fue seleccionado, en parte al menos, para la defensa es obvio... El diseño defensivo se hace aún más evidente por la existencia, en el centro del área de la cumbre, en un lugar naturalmente bajo y pantanoso, de dos grandes excavaciones cuadradas, ahora parcialmente rellenadas, que estaban claramente diseñadas para embalses.

... La cima nivelada de la colina tiene aproximadamente una milla y media de largo por media milla de ancho. La mitad oriental de esta gran área está repleta de ruinas. Consisten principalmente en montículos de piedra en terrazas, o de tierra recubierta de piedra, de formas rectangulares, cuyos lados se ajustan a los puntos cardinales. Aunque las piedras no están cortadas, están colocadas con gran precisión....

No debe suponerse, sin embargo, que se tratara de una ciudad fortificada o de un lugar ocupado permanentemente por una población considerable. La cumbre es rocosa y el suelo es delgado y pobre, proporcionando pocos de los accesorios usuales de una gran población india, a saber, abundante agua y ricas tierras. Los constructores sin duda tenían sus residencias permanentes en la llanura de abajo, y solo venían aquí para realizar ritos religiosos o para encontrar seguridad en tiempos de peligro".[53]

---

[53] Squier, 1855, págs. 122-29.

Cuando Juárez de Ávila vio que poco estaba logrando se unió a Reinoso, para que unidos hicieran una campaña más eficaz. Juntos lograron conquistar una serie de distritos, pero incluso sus dos empresas combinadas eran demasiado pequeñas para lograr resultados concluyentes. Después de que Cáceres regresara victorioso del Peñón de Cerquín, Montejo lo envió con una fuerza considerable y grandes cantidades de suministros para unirse a Juárez de Ávila y Reinoso y asumir la supervisión militar y administrativa superior en la región general del Valle de Comayagua.[54] Los esfuerzos de Cáceres se prolongaron hasta los últimos meses de 1538 sin resultado definitivo. A pesar de su fracaso en reconquistar el Valle de Comayagua en su conjunto, pudo restablecer el pueblo de Santa María de Comayagua.

Mientras tanto, Montejo y sus capitanes no habían encontrado ninguna oposición realmente seria para reducir la mayor parte de las secciones más alejadas del área de Gracias a Dios que habían continuado la guerra después de la muerte de Lempira. Montejo ejerció su normal moderación en estas operaciones militares y restauró el control español con un mínimo de fuerza. Afirmó, de hecho, que ningún indio fue esclavizado en ninguna parte durante esta fase en particular. Al mismo tiempo, los capitanes que Montejo había enviado a la costa norte lograron pacificar las regiones rebeldes de San Pedro, el Valle de Naco y el Río de Ulúa. En el lado sur de la provincia, una columna había regresado al Valle del Socorro.

Una medida alentadora de orden y estabilidad se había impuesto ya en gran parte de Higueras. Por dondequiera que iban Montejo y sus capitanes restablecieron el funcionamiento del sistema de encomiendas, y todo lo que significaba para el sustento de los colonos.

La conquista final del Valle de Comayagua seguía siendo ahora la única gran tarea militar. Cuando Cáceres y sus subordinados se dieron cuenta de que solo estaban avanzando lentamente allí, pidieron refuerzos a Montejo, quien reunió a todos los soldados disponibles y, a fines de 1538, él mismo se dirigió a la conquista. Designó a su hermano Juan y al licenciado Cristóbal de Pedraza,

---

[54] Montejo a la Corona, Gracias a Dios, 1 de junio de 1539, DII, 24:250-97.

protector de los indios y jefe espiritual interino de la provincia, como coadministradores en Gracias a Dios durante su ausencia. En esta marcha Montejo reunió unos 1500 ayudantes de gran calidad combativa de entre los pueblos recientemente hostiles, pero ahora aliados, de la región del Peñón de Cerquín.

Al moverse hacia el este, pacificando las regiones a su paso, Montejo llegó ante el pueblo de Guaxeregui, donde los españoles que regresaban del Valle de Socorro a Santa María de Comayagua habían sido masacrados al comienzo de la revuelta general y que aún seguía siendo un centro de resistencia desesperada. La gente de este lugar, temiendo la venganza española, se había fortificado en un formidable peñón cerca de su pueblo. Allí habían levantado una segunda ciudad, con fuertes obras defensivas, viviendas, templos, santuarios y almacenes, unos 200 edificios en total. Dentro de esta fortaleza había un suministro adecuado de agua y abundantes campos para el cultivo de alimentos. Además, habían llenado sus almacenes con provisiones. Los guerreros parecían completamente preparados para la batalla campal o el asedio. Esta fortaleza era potencialmente una de las más fuertes de toda la provincia, quizás sólo superada por el Peñón de Cerquín.

Montejo se llenó de ansiedad al encontrarse con un lugar tan fuerte y anticipó todo tipo de dificultad. Sin embargo, primero se decidió por una demostración de fuerza, y también debe haber hecho leer el requerimiento a los indios, aunque no esperaba ninguna sumisión. Para su sorpresa y alegría, la demostración de fuerza fue suficiente, pues tan bajo se había hundido el rugido de los nativos que inmediatamente huyeron de su fortaleza sin pelear. Montejo había considerado el peñón virtualmente impenetrable, y estaba "agradecido a Dios" por este sorprendente desenlace. La fácil entrega del peñón debe haber tenido una influencia considerable en los indios vecinos hacia la sumisión. Cualquier incidente de este tipo era una prueba bienvenida para los españoles de que su prestigio estaba siendo restaurado.

Montejo había dado aviso de su venida a Cáceres, a quien ahora esperaba o en Guaxeregui o en algún punto más allá, para que juntos llevaran adelante la conquista. Cáceres había continuado sus campañas con mayor vigor cuando supo que el propio Montejo marchaba para unirse a él. Penetró audazmente en una región noroeste del valle de Comayagua, fuertemente dominada, donde primero sitió y luego tomó por asalto una poderosa fortaleza que los indios habían levantado en otro de los peñones que salpicaban la región, el Peñón de Ojuera.[55] Esta fue probablemente la victoria más destacada de toda la campaña de Comayagua de Cáceres, y con ella los caciques de todos lados pidieron la paz. Cáceres luego se incorporó a Montejo.

Después de la subida de Cáceres, Montejo tenía a sus órdenes unos 100 hombres. Ahora estaba listo para hacer un esfuerzo final en la conquista del Valle de Comayagua y llevar la guerra a las áreas adyacentes. Sus campañas avanzaron con rápido éxito. Los indios no eran en ninguna parte lo suficientemente fuertes como para contener por mucho tiempo a tantos españoles experimentados y bien equipados, y el valle pronto estuvo firmemente bajo el control español.

Luego, Montejo envió refuerzos, incluidos ayudantes nativos ahora disponibles de muchas partes de las Higueras conquistadas, a la columna que operaba en el Valle del Socorro, y luego entró él mismo en esa región. La zona fue rápidamente pacificada.

Durante estas operaciones la compañía de Montejo se adentró en la provincia de San Miguel, y a la vista de la gran Bahía de Fonseca, sobre la cual los españoles miraban desde las montañas del norte. Muchas partes periféricas de la provincia de San Miguel todavía estaban en guerra. También parece que la guerra entre tribus estaba en pleno apogeo. Los indios de San Miguel en su conjunto estaban en un estado lamentable: estaban muy dispersos, muchos de sus pueblos yacían abandonados o quemados, y distritos enteros habían sido desolados.[56] En todas partes los nativos se quejaban a Montejo del maltrato, esclavitud y ruina de sus tierras, tanto por parte de los españoles como de otros indios, y suplicaban su protección. Montejo restableció la paz en algunos

---

[55] Véase especialmente la Probanza de Alonso de Funes, 1549, AGG, Al. 29:1548:01731 y Documentos del Archivo de Protocolos Coloniales, y Probanzas de Junio Martínez Larraude, 1572, AGI, Patronato 72-2.

[56] Montejo a la Corona, Gracias a Dios, 1 de junio de 1539, DII, 24:250-97. Véase Chamberlain, 1947ª.

sectores, persuadiendo a la gente para que regresara a sus pueblos, y envió a los caciques a las autoridades de San Miguel para que rindieran homenaje. También llegó a un acuerdo con las autoridades de San Miguel en virtud del cual se daría allí un trato más considerado a los indios.[57]

Estas exitosas campañas en el Valle de Comayagua y más allá, que concluyeron en los primeros meses de 1539, pusieron fin a la sangrienta guerra. En el distrito de Trujillo, los levantamientos del interior, que en última instancia resultaron menores, ya habían sido sofocados sin la ayuda de Higueras.[58] Durante la guerra, los españoles habían estado muchas veces a punto de perder la colonia, y también sus vidas, pero finalmente, con valor y determinación imperecedera, habían salido victoriosos de la prueba crucial.

Montejo ahora trasladó a Santa María de Comayagua a un sitio que consideró más ventajoso que su ubicación original. Nombró un nuevo cabildo y designó a treinta y cinco soldados-colonos como ciudadanos, repartiendo en encomienda el distrito del pueblo, ahora generalmente llamado Comayagua.[59] Poco después de este movimiento, se descubrieron ricos y extensos yacimientos de plata en las inmediaciones, prácticamente "debajo de las casas", como decían los españoles.[60] Al informar esto a la Corona, Montejo declaró con entusiasmo que estos yacimientos en el territorio recién conquistado serían los más ricos de todas las Indias.

Desde el pueblo de Comayagua, Montejo dirigió su atención a las regiones fronterizas hacia el este que no habían estado directamente involucradas en la gran revuelta. Se trasladó a dos días de marcha del Valle de Olancho, que nunca había sido

---

[57] *Ibid.*

[58] Cabildo de Trujillo a la Corona, 12 de marzo de 1540, AGI, Guatemala 44.

[59] Montejo a la Corona, Gracias a Dios, 1 de junio de 1539, DII, 24:261-62. Después de su restablecimiento tras la represión de la revuelta en su región, parece que Santa María de Comayagua se conoce generalmente como la "Villa de Comayagua". En consecuencia, el nombre del municipio en adelante aparecerá en el texto como "Pueblo de Comayagua" o simplemente como "Comayagua".

[60] Cabildo de Comayagua a la Corona, 5 de septiembre de 1539, AGI, Guatemala 43.

conquistado de forma permanente a pesar de muchos intentos anteriores de los capitanes que operaban desde Trujillo. Las noticias más recientes del valle habían sido buenas, y su ocupación encajaba bien con los planes de Montejo. Se decía que estaba densamente poblada, a pesar de los estragos de campañas anteriores, rica en oro y fértil; se informó que sus indios ahora estaban dispuestos a recibir a los españoles en paz.[61]

Montejo consideraba importante el Valle de Olancho no solo por la expansión de la colonización sino por su valor estratégico para Honduras-Higueras en su conjunto. Situada en el interior detrás de Trujillo y al este del Valle de Comayagua, la región de Olancho, una vez ocupada, no solo brindaría mayor estabilidad a la débil ciudad de Trujillo al darle acceso a tierras ricas y vírgenes, sino que también contribuiría a la seguridad y desarrollo del Pueblo de Comayagua. Otro factor de importancia inmediata fue la necesidad de recompensar a los conquistadores-colonos. Después de que terminó la guerra en Higueras, los indios eran muy pocos allí para proporcionar encomiendas a todos los conquistadores, en gran parte debido a la gran dispersión y la gran pérdida de vida nativa. La población del distrito del Pueblo de Comayagua, por ejemplo, no pudo proveer encomiendas para sustentar a más de los treinta y cinco o más españoles que se convirtieron en sus ciudadanos. El número de españoles a los que se podía dar el cargo de vecinos, o ciudadanos-dueños de casa, en los municipios fundados inmediatamente después de la conquista estaba limitado por la población india de sus respectivos distritos y se calculaba cuidadosamente en cada caso. Era necesario, por lo tanto, mirar más allá de las áreas ya conquistadas para encontrar pueblos de encomienda para quienes no los tenían en los distritos de San Pedro, Gracias a Dios y el Pueblo de Comayagua. El Valle de Olancho parecía tener la población necesaria.[62]

Aunque Montejo disponía de suficiente número de hombres para ocupar el Valle de Olancho, consideraba imposible la empresa

---

[61] Montejo a la Corona, 1 de junio de 1539, DII, 24:250-97; Montejo a la Corona, Gracias a Dios, 4 de noviembre de 1539, AGI, Guatemala 9; Montejo a la Corona, Gracias a Dios, 1 de mayo de 1542, AGI, Patronato 184-25.
[62] *Ibid.*

a menos que supliera sus carencias materiales. En consecuencia, se comunicó con el tesorero García de Celis, que había regresado de Castilla, y el contador Cereceda, solicitando que los fondos de las arcas reales de la provincia, agotadas por la guerra, se emplearan para comprar los suministros necesarios. Esperando que los funcionarios aceptaran, procedió con la organización preliminar de su proyectada campaña en el Valle de Olancho.[63] Pero García de Celis y Cereceda plantearon fuertes objeciones. Declararon que no había fondos disponibles. Además, sostuvieron que tales planes eran contrarios a la política actual de la Corona, que prohibía a los funcionarios emprender la reducción de nuevas tierras sin la autorización expresa de las agencias superiores de gobierno en el Nuevo Mundo y Castilla. Sin embargo, remitieron las solicitudes de ayuda de Montejo a las autoridades de Guatemala para saber si estarían dispuestas a prestar ayuda, paso que dichos funcionarios no estaban dispuestos a dar.[64]

Sorprendido por la negativa de García de Celis y Cereceda, Montejo envió un representante personal para persuadirlos o, si la persuasión fallaba, para "requerir" formalmente que enviaran la ayuda necesaria. También les pidió que usaran su propio salario para ayudar a cubrir los gastos de su expedición. Pero García de Celis y Cereceda se negaron a actuar. Sintiendo que no podría ocupar con éxito el Valle de Olancho sin apoyo, Montejo pospuso la expedición de mala gana.[65] Ahora habían comenzado fuertes lluvias, por lo que Montejo condujo a sus hombres de regreso al Pueblo de Comayagua. Sin embargo, aún esperaba, a pesar de las objeciones de García de Celis y Cereceda, encontrar alguna forma de internarse en el Valle de Olancho en poco tiempo.

Resultó que la Corona ya había respondido a las objeciones planteadas por los dos funcionarios de hacienda, pero su cédula del 29 de enero de 1538, que habría autorizado un movimiento como el planeado por Montejo, obviamente aún no había llegado a Honduras-Higueras cuando contemplaba la colonización del Valle de Olancho. Por este decreto se autorizó a los gobernadores de

---

[63] *Ibid.*
[64] *Ibid.*
[65] *Ibid.*

Honduras-Higueras y de Nicaragua a establecer un pueblo en la zona no colonizada entre las dos provincias si lo consideraran conveniente.[66] El objeto era promover el desarrollo y la seguridad de la región en su conjunto mediante la ocupación de este cinturón deshabitado, del cual la Corona había recibido informes favorables.

Es posible que Montejo ya estuviera mirando más allá del Valle de Olancho hacia la eventual conquista y asentamiento de Taguzgalpa, la región poco conocida y en gran parte baja que se extiende hacia el Caribe.[67]

Montejo fue convocado apresuradamente a Gracias a Dios en abril de 1539, por el regreso de Pedro de Alvarado de Castilla. Aunque Montejo regresó a su capital con la intención de concentrarse en el desarrollo pacífico de la provincia, inmediatamente se vio envuelto con Alvarado en una controversia por la gubernatura de Honduras-Higueras. Esta disputa afectaría vitalmente el curso de la historia provincial durante los próximos cinco años y obligaría a Montejo a renunciar a la gobernación por el momento.

EL LIDERAZGO DE MONTEJO

Las campañas de Montejo en Higueras desde los últimos meses de 1537, cuando se inició el sitio del Peñón de Cerquín, hasta la primavera de 1539, cuando se extinguieron los últimos rescoldos de la gran revuelta, plantaron firmemente en Higueras el estandarte real de Castilla para la primera vez. En total, Montejo no tuvo más de 250 ó 300 soldados a su mando durante la guerra, y con ellos conquistó la provincia. El tiempo demostró que los indios no volverían a desafiar seriamente la supremacía española. El cambio de importancia de la parte oriental de Honduras-Higueras a la occidental, iniciado por Cereceda en 1534, ahora se confirmaba. Aunque había áreas hacia el este, detrás de Trujillo, como el Valle de Olancho, y otras partes del interior tanto del este como del oeste aún por conquistar o colonizar, el trabajo principal estaba hecho y

---

[66] Cédula del 29 de enero de 1538, AGI, Guatemala 402.

[67] Montejo a la Corona, Gracias a Dios, 1 de mayo de 1542, AGI, Patronato 184-25.

los españoles estaban ahora en Honduras-Higueras para quedarse. Con los indios conquistados, San Pedro, Gracias a Dios y el pueblo de Comayagua por fin sobre cimientos firmes, y con Trujillo aún existiendo en el este, la provincia en su conjunto estaba por primera vez en condiciones de comenzar su política y el progreso económico, aunque el camino iba a ser largo y áspero.

La conquista final de Higueras se había logrado sólo con el mayor esfuerzo y con un alto costo en hombres y recursos. De los más de 100 hombres que el propio Montejo había traído a la provincia, unos treinta perdieron la vida en la guerra o murieron a consecuencia de enfermedades y penurias. Los gastos para apoyar las muchas campañas tomaron mucho de las arcas reales de la provincia, y los propios colonos habían agotado sus fondos e ingresos personales. Muchos colonos, y también funcionarios, quedaron muy endeudados.[68] Como líder de la colonia, Montejo había dado el ejemplo con gastos personales para el servicio público que ascendieron a unos 2000 castellanos durante la guerra. El desembolso total de sus propios ingresos tras aceptar la gubernatura de Honduras-Higueras fue de unos 12,000 castellanos. Montejo también suministró drogas y medicinas para los heridos y enfermos y distribuyó vino y otros artículos de sus propias reservas. Incluso puso a disposición de los notarios de la provincia su propio papel legal gravado y timbrado para que prepararan debidamente los documentos públicos.[69]

Además, Montejo sufrió una fuerte pérdida patrimonial. Mientras aún se desarrollaba el sitio del Peñón de Cerquín y toda la provincia estaba sublevada, la vivienda de Montejo en Gracias a Dios se incendió durante la noche. Su esposa y su hija pequeña quedaron atrapadas por las llamas, y Montejo casi pierde la vida al rescatarlas. Todos los bienes de la casa y los caballos de Montejo fueron destruidos. Reportó pérdidas de 10.000 castellanos como resultado de este incendio, una gran adición a sus ya grandes

---

[68] Montejo a la Corona, 1 de junio de 1539, AGI, DII, 24:250 ff.; Pedraza a la Corona, Gracias a Dios, 18 de mayo de 1539, AGI, Guatemala 9; Detalles de la Tesorería de Diego García de Celis, 1540, AGI, Indiferente General 1206; Residencia de Montejo para Honduras-Higueras, 1544, AGI, Justicia 300; Montejo v. Pedraza, 1539, AGI, Justicia 129-2.

[69] Residencia de Montejo para Honduras-Higueras, 1544, AGI, Justicia 300.

cargas financieras.[70] Como recompensa parcial, tomó para sí una serie de importantes pueblos de encomienda, algunos de los cuales Pedro de Alvarado había apartado como propios. Montejo también asignó otros pueblos a miembros de su familia y criados, para que pudiera disfrutar de los ingresos de esos pueblos y de los servicios de sus indios. Además, se apropió de esclavos y cuadrillas mineras que Alvarado había dejado en Higueras, y tomó las haciendas de Alvarado y cierta cantidad de maíz que tenía almacenado.[71]

Los españoles han dejado pocos registros detallados de las grandes penalidades físicas que sufrieron durante la conquista. Sin embargo, las palabras de Antonio de Vergara dan una idea de lo que sufrieron:

"Al venir a esta tierra sacrifiqué mis propios intereses personales, porque mi oficio es el de cirujano. No hay otro, ni ha habido otro, en esta tierra para curar a los heridos en la guerra (de 1537-39). Si el "Maestro Antonio" no hubiera estado aquí, muchas personas a las que he curado de graves heridas y enfermedades habrían muerto. Estas personas a quienes he curado están vivas y sanas... y he realizado estos servicios sin pago ni salario de nadie...".[72]

Montejo, sus hábiles capitanes, los funcionarios locales y los colonos en conjunto, haciendo gala del mayor coraje, tenacidad y fortaleza, habían aplastado el gran levantamiento con un mínimo de ayuda exterior. Los materiales de guerra, víveres, ganado, cargadores y ayudantes obtenidos en San Salvador y San Miguel, y una ligera ayuda enviada eventualmente pero a regañadientes desde Guatemala, fueron la suma de la ayuda de otras provincias. Si bien este apoyo llegó en un momento crítico, definitivamente fue limitado y no decisivo. Ningún hombre armado español llegó a la provincia de otra parte durante la gran lucha.

Mientras transcurría la guerra de vida o muerte, los españoles de Higueras trabajaron juntos al unísono y en armonía, dejando de lado la controversia política, las querellas personales y el

---

[70] Montejo a la Corona, Gracias a Dios, 1 de junio de 1539, DII, 24:286.
[71] Pedraza v. Montejo, 1539, AGI, Patronato 129-2.
[72] Probanza de Antonio de Vergara, 1543, AGG, Documentos del Archivo Colonial.

partidismo. Siguieron a Montejo de todo corazón mientras el asunto fue incierto, brindándole su apoyo incondicional. Montejo justificó su confianza con su buen liderazgo, del que eran muy conscientes.

Los esfuerzos de Andrés de Cereceda por conquistar y poblar Higueras después de 1534 habrían sido tan inútiles como los de los españoles que le precedieron si Pedro de Alvarado no hubiera venido al rescate en 1536. Alvarado había salvado a la colonia del abandono, y a través de sus campañas y la fundación de San Pedro y Gracias a Dios había contribuido a la futura estabilización de la provincia, pero sus esfuerzos fueron esencialmente superficiales. Lo que había hecho fácilmente podría haber sido deshecho. A Montejo se le debe atribuir el crédito de la conquista de Higueras y su colonización permanente. Montejo fue el verdadero conquistador y fundador de la colonia. En palabras del licenciado Cristóbal de Pedraza, prelado mayor de la provincia y luego obispo de Honduras: "[Alvarado] puso los cimientos; [Montejo] construyó el edificio".[73]

---

[73] Pedraza a la Corona, Gracias a Dios, 18 de mayo de 1539, AGI, Guatemala 9.

6.
Administración de Montejo en Honduras-Higueras

ASPIRACIONES DE MONTEJO COMO GOBERNADOR

Para 1539, Montejo había llevado sus planes para un adelantamiento ampliado a un punto alto de desarrollo y debe haber sentido una confianza considerable de que pronto podría realizar su ambición personal. La existencia de metales preciosos, la ventajosa situación para el desarrollo del comercio y la rica fertilidad de la región lo llevaron a considerar a Honduras-Higueras como la provincia más importante y, por lo tanto, el eventual centro de los territorios que esperaba construir en su mayor adelantamiento.

Montejo comprendió perfectamente la sabiduría prevista de los amplios planes de colonización y desarrollo económico que había trazado Andrés de Cereceda después de instalarse en Higueras en 1534 y que el adelantado debió discutir extensamente con Cereceda, García de Celis y otros. Amplió mucho estos planes y los convirtió en la base de sus propias políticas en Honduras-Higueras. También propuso desarrollar la región a través del comercio; explotación racional y calculada de los recursos naturales; y la conservación de la población nativa como fuente de trabajo. Algunas de sus ideas y políticas esenciales hacia los nativos bajo su autoridad las dirigió a la Corona:

... no hay otro medio ni ventaja (en esta tierra) que el trabajo de las manos (de los indios), porque aquí faltan (las cosas) que hay en cantidad y sobran en (otras provincias). Aquí sólo hay oro y plata debajo de la tierra, y como los ciudadanos no tienen esclavos, y ninguno ha sido tomado aquí (durante mi gobierno), les duele verse necesitados en una tierra tan rica y sin medios para aprovechar sus oportunidades... (Los) nativos son muy pocos y delicados e imponerles dureza sería destruir la tierra. Más bien, necesitan atención, favor y apoyo.[1]

El mantenimiento inmediato de los colonos dependía del sistema de encomienda.[2] Su importancia como institución sobre la que descansaba la vida de los españoles conquistadores en las Indias también lo indica una frase que se usa a menudo en relación con ella, "dar de comer" o "dar sustento". Dado que el número de ciudadanos españoles que podían establecerse en cualquier municipio dado en este primer período estaba en proporción directa con la densidad de la población nativa disponible para ser asignada en encomienda, la operación satisfactoria del sistema era imperativa para la permanencia de una colonia. Así, en los planes de Montejo, los indios eran un elemento económico esencial, que debía ser protegido y conservado por razones tanto utilitarias como humanitarias. Como pupilos de la Corona gozaban de la teórica protección real.

CONDICIONES DE HONDURAS-HIGUERAS EN 1537

Cuando Montejo asumió la gobernación de Honduras-Higueras a principios de 1537, la situación política y económica de la provincia era grave. Tanto los nativos como los españoles se vieron afectados negativamente. La sociedad nativa fue completamente afectada por las campañas militares españolas, las operaciones esclavistas, los estragos causados por los ayudantes Achíes, especialmente en la zona costera de Higueras, y los malos tratos en general.[3] Los pueblos quedaron desiertos y desolados, sus habitantes se dispersaron y los campos quedaron sin cultivar. Los indios sufrían escasez de todo tipo. Muchos nativos estaban en abierta rebelión y un número de distritos, técnicamente en paz, se negaron a dar servicio o proporcionar provisiones a los españoles. Sucesivas plagas de langostas durante un período de tres años habían destruido toda la vegetación en un área considerable. En tales circunstancias sufrieron también los españoles. Las

---

[1] Montejo a la Corona, Gracias a Dios, 1 de junio de 1539, DII, 24:264-65.
[2] Véase el capítulo 4 nota 26.
[3] Montejo a la Corona,

incursiones de forrajeo, nunca realmente satisfactorias en ninguna parte, eran inútiles. Se dice que los españoles de Gracias a Dios prácticamente se vieron obligados a comer raíces, hierbas y plantas normalmente no comestibles durante un período de cinco o seis meses; los de San Pedro apenas estaban en mejor estado. Las importaciones de Castilla eran casi inexistentes. Incluso faltaba la sal.[4] En Trujillo la situación seguía siendo tan insatisfactoria como siempre.[5]

Montejo tuvo que establecer algún grado de estabilidad entre los colonos y restaurar su moral. Esperaba, mediante la explotación de las minas, el ajuste del sistema de encomiendas y el desarrollo del comercio, dar a los colonos una recompensa adecuada en Higueras y así asegurar su permanencia en la provincia. Para resolver estos serios problemas pudo aprovechar su amplia experiencia en Yucatán entre 1527 y 1535.

El éxito en cualquier esfuerzo por devolver a los indios a su forma de vida ordinaria significaba: (1) la aplicación de una política moderada y comprensiva que asegurara el servicio voluntario bajo el sistema de encomienda, sin una sensación de aplastante opresión; (2) eliminación de los abusos en la estructura de encomienda; (3) la restricción de la esclavitud sin licencia y la trata de esclavos, y la disminución de las dificultades en el trabajo forzado y el transporte de cargas; y (4) remoción de los auxiliares Achíes.[6]

Los indios de Higueras ya necesitaban la más cuidadosa crianza. Según el licenciado Cristóbal de Pedraza, quien como protector de los indios estaba especialmente encargado por la Corona de su bienestar, en 1539 no había más de 15,000 indios disponibles en la provincia para reconstituir los empobrecidos pueblos.[7] Aunque esta cifra se dio después de la represión de la gran revuelta de 1537-1539, el declive se había producido

---

[4] *Ibid.*

[5] *Ibid.*; Cabildo de Trujillo a la Corona, 12 de marzo de 1540, AGI, Guatemala 44.

[6] Pedraza a la Corona, Gracias a Dios, 18 de mayo de 1539, AGI, Guatemala 9; Montejo a la Corona, 1 de junio de 1539, DII, 24:250-97

[7] Pedraza a la Corona, Gracias a Dios, 18 de mayo de 1539, AGI, Guatemala 9.

seriamente incluso antes de la llegada de Montejo.[8] Como había tratado de hacer en Yucatán, Montejo hizo todo lo posible para que los nativos obedecieran por medios pacíficos, pero estaba completamente preparado para emplear las armas si era necesario. Quiso evitar las dificultades creadas por sus predecesores y siguió una política moderada hasta que comenzó el sitio del Peñón de Cerquín.

Al llevar a cabo la conquista final de Higueras, Montejo aplicó, siempre que fue posible, medidas moderadas que protegieran a todos los indios que aceptaran el dominio español, de acuerdo con la voluntad del monarca castellano expresada en la ley. Trató de establecer relaciones equitativas entre los indios conquistados y los españoles e inducir a los indios dispersos a regresar voluntariamente a sus pueblos y reanudar tranquilamente su vida ordinaria. Excepto en casos extraordinarios, se abstuvo de infligir severos castigos a los nativos que se habían sublevado. Cierto número de indios rebeldes fueron esclavizados por órdenes de Montejo en condiciones que antes habían sido legales, pero esos esclavos no eran muchos. Las cuentas del tesoro disponibles indican que sólo 340 pesos se depositaron en las arcas reales como quinto o quinto real del valor de los esclavos marcados oficialmente en Higueras durante el período de la revuelta.[9]

PROBLEMAS DE LOS LÍMITES JURISDICCIONALES DE HONDURAS-HIGUERAS

Desde Honduras-Higueras, Montejo volvió a presentar reclamos de límites geográficos máximos para Yucatán y su adelantamiento ante la Corona y las agencias superiores del gobierno en las Indias, y buscó extender la colonización dentro de sus territorios. Ahora más que nunca comprendiendo las ventajas de un corredor a través de Higueras hacia el Mar del Sur en la

---

[8] *Ibid.* y Montejo a la Corona, 1 de junio de 1539, DII, 24:250-97.
[9] Montejo a la Corona, Naco, 8 de julio de 1537, AGI, Guatemala 9; Montejo a la Corona, Gracias a Dios, 1 de junio de 1539, DII, 24:250-97; Residencias de Montejo para Honduras-Higueras, Chiapas, Tabasco y Yucatán, 1544, 1550, Justicia 244 y 300.

Bahía de Fonseca, con todas sus instalaciones portuarias, reclamó esta franja y la provincia adyacente de San Miguel como parte de Higueras y se esforzó por tener este territorio, así como los terrenos comprendidos entre el Río de Copilco y el Río de Ulúa, incorporados en su adelantamiento. La ocupación del Valle de Olancho y la extensión de la conquista a Taguzgalpa fueron otras fases de sus grandes planes. Además, aunque no está claro en qué momento exacto, buscó el control de un distrito al oeste del Río de Copilco y dentro de la jurisdicción del pueblo Tehuantepec de Espíritu Santo. Muchas de estas afirmaciones fueron importantes para el desarrollo mismo de Honduras-Higueras, totalmente al margen de sus aspiraciones personales.

Las esperanzas de Montejo de un eventual reconocimiento de su cargo completo se vieron reforzadas por la residencia de Alvarado para Guatemala y la gobernación interina de Maldonado allí. En ese momento parecía posible que Alvarado pudiera ser destituido definitivamente de su cargo en Guatemala, que su influencia en toda la región pudiera terminar definitivamente y que su prestigio ante la Corona pudiera perderse irrevocablemente o al menos debilitarse mucho, todo para la ventaja de Montejo.[10]

La solicitud de Montejo de ampliar la autoridad sobre San Miguel fue bloqueada por la vieja controversia de si era territorio de Guatemala o de Honduras-Higueras. Montejo sostuvo que las áreas de San Miguel y el río Lempa, que fluía desde el sur de Higueras hacia el noroeste del Pacífico de la Bahía de Fonseca, eran legítimamente parte de la jurisdicción de Honduras-Higueras y que la autoridad sobre esas regiones había sido asumida ilegalmente por el gobernador de Guatemala. Basó esta posición en una cédula real específica, que, sin embargo, es difícil de identificar.[11]

Estando en la región de San Miguel durante las últimas campañas de la conquista de Higueras, Montejo aprovechó para profundizar en la cuestión del estatuto jurisdiccional de ese pueblo,

---

[10] Residencia de Pedro de Alvarado, 1535-37, AGI, Justicia 295-96.

[11] *Ibid.*; Montejo a la Corona, Naco, 28 de julio de 1537, AGI, Guatemala 9; Montejo a la Corona, Gracias a Dios, 1 de junio de 1539, DII, 24:250-97; Pedraza a la Corona, Gracias a Dios, 18 de mayo de 1539, AGI, Guatemala 9.

solicitando una conferencia con los funcionarios locales.[12] El capitán que gobernaba allí en nombre de las autoridades superiores de Guatemala, Gaspar Avilés de Sotomayor, un alcalde, y dos regidores del pueblo respondieron y llegaron a un entendimiento tentativo con Montejo en cuanto a autoridad y estatus territorial.[13] Desafortunadamente, los términos de sus acuerdos no son claros, pero parecen haber sido algo perjudiciales para los reclamos de Montejo sobre la jurisdicción permanente sobre el distrito. Sin embargo, parece que a Montejo se le dio poder para dirigirse a la Corona en nombre de San Miguel, y así aparentemente obtuvo allí un reconocimiento temporal y limitado. La Corona, sin embargo, no fue más allá de declarar que se tomarían las medidas correspondientes después de la debida investigación y exhortó a los gobernadores de Honduras-Higueras y Guatemala a abstenerse de controversias sobre límites territoriales.[14]

Se recordará que los planes de Montejo para la conquista y poblamiento del Valle de Olancho inmediatamente después del sofocamiento de la revuelta general fueron anulados por la negativa del tesorero García de Celis y del contador Cereceda a apoyarlo.[15]

Otra cuestión jurisdiccional involucraba los límites occidentales entre Honduras-Higueras y Guatemala. Mientras Montejo se dedicaba a pacificar el área de San Pedro en 1537, surgió una controversia sobre estos límites entre él y Alonso Maldonado, juez de residencia y gobernador interino de Guatemala. Maldonado, acompañado por un grupo armado, estaba realizando una visita general o gira de inspección por Guatemala y se había trasladado a una distancia relativamente corta de Gracias a Dios, territorio que Montejo consideraba parte de Honduras-Higueras. Montejo consideró que el distrito en el que Maldonado había penetrado era muy adecuado para la colonización y es

---

[12] Montejo a la Corona, Gracias a Dios, 1 de junio de 1539, DII, 24:250-97. Pedraza a la Corona, Gracias a Dios, 18 de mayo de 1539, AGI, Guatemala 9.

[13] Montejo a la Corona, Gracias a Dios, 1 de junio de 1539, DII, 24:250-97. Véase también Chamberlain, 1974ª.

[14] *Ibid.*

[15] Montejo a la Corona, Gracias a Dios, 1 de mayo de 1542, AGI, Patronato 184-25.

posible que él mismo haya estado planeando ingresar en él.[16] Estando en el pueblo de Naco, él y Maldonado establecieron contacto entre sí, pero al no poder llegar a un acuerdo, decidieron llevar el asunto a la Corona. Más tarde, Montejo siguió estos intentos enviando a su hermano Juan a consultar con Maldonado, quien se había mudado a San Salvador. Este esfuerzo adicional no logró resolver una típica controversia fronteriza provincial y la Corona no tomó ninguna acción definitiva.[17]

A este respecto debe notarse que poco tiempo después de que Montejo llegara a Honduras-Higueras, el cabildo de Santiago de Guatemala lo acusó de haberse entrometido en ciertos pueblos fronterizos, que sin duda estaban en la región en disputa. El cabildo protestó enérgicamente por sus supuestas incursiones ante el virrey de la Nueva España, quien a su vez se comunicó con Montejo. El adelantado respondió al cabildo que los pueblos en cuestión estaban en guerra cuando él llegó a Higueras, y que el mismo Alvarado los había puesto dentro de los límites de Higueras, asignándolos en encomienda a ciudadanos de Gracias a Dios. Montejo mantuvo persistentemente la jurisdicción de Honduras-Higueras sobre estos y otros pueblos a lo largo de las fronteras occidental y meridional de la provincia.[18]

Cuando recibió la cédula real de 1534 transfiriendo Honduras-Higueras de la jurisdicción de la Audiencia de la Nueva España a la de Santo Domingo, Montejo protestó. Sostuvo que sería más ventajoso para la provincia permanecer bajo la Nueva España porque era posible llegar a la ciudad de México en dos meses, mientras que los barcos hacia y desde Santo Domingo eran pocos y el viaje era lento y peligroso. Incluso llegó a afirmar que sería más factible apelar directamente al Consejo de Indias de Castilla que a

---

[16] Montejo a la Corona, Naco, 28 de julio de 1537, AGI, Guatemala 9; Cédula del 26 de junio de 1539, AGI, Guatemala 393.

[17] *Ibid.*

[18] *Ibid.*; Montejo al Cabildo de Santiago de Guatemala, Gracias a Dios, 11 de diciembre de 1537, AGG, Documentos del Archivo Municipal, Cartas de Personas Ilustres; Documento redactado por el Cabildo de Guatemala (n.d.), AGG, Documentos del Archivo Municipal, Reales Cédulas, Libro 5.

la Audiencia de Santo Domingo, ya que los barcos podían llegar ordinariamente a Europa en cincuenta o sesenta días.[19]

---

[19] Montejo a la Corona, Gracias a Dios, 1 de junio de 1539, DII 24:250-97; Residencia de Montejo para Honduras-Higueras, 1544, AGI, Justicia 300.

Fig. 2 - MAPA INGLÉS DEL SIGLO XVIII DE LAS INDIAS OCCIDENTALES

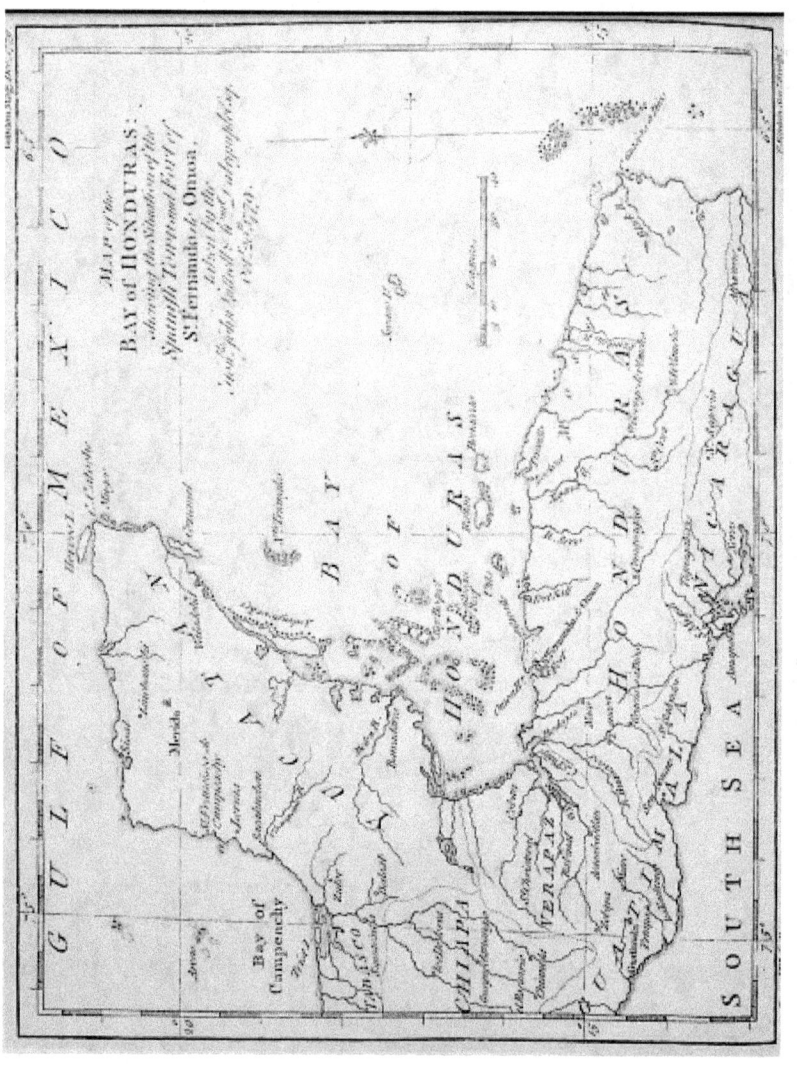

Fig. 3 - MAPA INGLÉS DE HONDURAS Y YUCATÁN 1779

Fig. 4 – CARTA HOLANDESA DEL SIGLO XVII DE LAS INDIAS OCCIDENTALES

Fig. 5 - PANORAMA DE TRUJILLO A PARTIR DE UNA ESTAMPA DEL SIGLO XVII

La ambición personal de Montejo por su adelantamiento es evidente aquí. Primero, si Honduras-Higueras permanecía bajo la Audiencia de Santo Domingo, la jurisdicción superior dentro de sus territorios se dividiría entre dos tribunales muy separados, ya que el resto de sus provincias estaban bajo la Audiencia de la Nueva España. Inevitablemente se producirían complicaciones. Además, Montejo conocía personalmente a los altos funcionarios de la Nueva España, con cuyo apoyo y favor contaba, a diferencia de los de Santo Domingo. En segundo lugar, una línea directa de apelación al Consejo de Indias, si pudiera establecerla, ayudaría a su plan de erigir un adelantamiento que dependiera directamente de la Corona y en gran medida independiente de las agencias superiores de gobierno en las Indias. Sin embargo, sus recomendaciones y protestas a la Corona sobre estos puntos no tuvieron efecto inmediato.

PLANES PARA EL DESARROLLO POLÍTICO Y COMERCIAL, 1537-39

El desarrollo económico y político de Honduras-Higueras predominó en el plan de Montejo para un adelantamiento más amplio. Los elementos de esta idea fueron enunciados por primera vez por Cereceda y compartidos por García de Celis, pero Montejo mostró comprensión y previsión al llevarlos a su conclusión lógica.

Se iba a establecer una ruta comercial entre los Mares del Norte y del Sur, desde el excelente puerto de Puerto de Caballos, donde se iba a fundar un poblado permanente, por el Valle de Comayagua hasta la Bahía de Fonseca, a una distancia relativamente corta. Debía reemplazar el camino a través de Panamá para llevar el comercio entre Castilla y las Indias Occidentales y entre Perú y las otras provincias del Mar del Sur.[20]

El plan preveía la evolución económica de Higueras y las provincias circundantes hacia una importante zona comercial. Se

---

[20] Montejo a la Corona, Naco, 28 de julio de 1537, AGI, Guatemala 9; Montejo a la Corona, Gracias a Dios, 1 de junio de 1539, DII, 24:250-97. Montejo a la Corona, Gracias a Dios, 1 de mayo de 1542, AGI, Patronato 184-25; Pedraza a la Corona, Gracias a Dios, 18 de mayo de 1539, AGI, Guatemala 9; Chamberlain, 1945[c].

iba a fundar un pueblo en la ruta propuesta, a mitad del camino entre los dos océanos, como principal centro comercial y administrativo para toda la región de Honduras-Higueras, Guatemala, San Salvador y Nicaragua. San Pedro iba a ser un punto de distribución y transbordo en el norte; una nueva ciudad portuaria o la ya existente San Miguel serviría de igual manera en el sur. Se establecería una red de caminos para acomodar animales de carga y vehículos entre Puerto de Caballos, Trujillo, San Pedro, Gracias a Dios, el Pueblo de Comayagua, San Miguel, el Valle de Olancho y la Bahía de Fonseca para unir la región, fomentar su seguridad y facilitar el comercio. Estos caminos debían extenderse a Guatemala y Nicaragua para unir a los muy separados municipios españoles de Centroamérica. La arteria de comercio entre Puerto de Caballos y la Bahía de Fonseca sería el eje de este sistema.[21]

Montejo propuso a Comayagua como la metrópoli de las provincias centroamericanas.[22] (Cereceda había pensado en establecer una ciudad en el Valle de Comayagua pueblo de Maniani;[23] Alvarado, en Gracias a Dios[24]). Su céntrica ubicación y excelente entorno geográfico promovían su idoneidad, y Montejo había perseguido la conquista del Valle de Comayagua con este propósito.

El valle, que corría aproximadamente de norte a sur, pronto resultó ser una de las secciones más ricas de todas las Higueras y, de hecho, ofrecía la ruta más practica entre los mares del Norte y del Sur. Era fértil, boscoso y bien regado; abundaba el maíz y otros productos; su clima, determinado por una elevación moderadamente alta, era templado y saludable. Era muy adecuado para la agricultura y la cría de animales domésticos. Existían ricos yacimientos de plata y la población nativa era al principio

---

[21] *Ibid.*

[22] Montejo a la Corona, Naco, 28 de julio de 1537, AGI, Guatemala 9; Montejo a la Corona, Gracias a Dios, 1 de junio de 1539, DII: 250-97; Pedraza a la Corona, Gracias a Dios, 18 de mayo de 1539, AGI, Guatemala 9.

[23] Cereceda a la Corona, Buena Esperanza, 31 de agosto de 1535, AGI, Guatemala 39.

[24] Documentos sobre la fundación y el repartimiento de Gracias a Dios, San Pedro, 20 de julio de 1536, AGI, Patronato 20-4-6.

comparativamente densa, aunque pronto declinó.[25] Desde Puerto de Caballos, los arroyos navegables en canoa conducían tierra adentro hasta unas pocas leguas del pueblo de Comayagua, donde se encontraba un pueblo nativo en el que se podía erigir una fábrica comercial. Una buena ruta terrestre iba de este pueblo a Comayagua, y de allí al Mar del Sur.[26]

Las autoridades y ciudadanos de Comayagua apoyaron con entusiasmo el plan de Montejo y recomendaron que, por su situación, el pueblo reemplace inmediatamente a Gracias a Dios como capital de la provincia. Incluso recomendaron el abandono de Gracias a Dios y el traslado de sus ciudadanos a Comayagua. El factor Juan de Lerma también sugirió una acción similar a la Corona. Sin embargo, los acontecimientos políticos en la provincia impidieron tal movimiento.[27]

Montejo buscó la sanción real para su plan. El contador Cereceda, que había sido el primero en exponer el plan, y el tesorero García de Celis, como funcionarios reales de la Tesorería de larga experiencia en la provincia, así como Pedraza lo defendieron. El cabildo de Comayagua también destacó en los términos más extravagantes las ventajas del valle como ubicación de una ciudad importante.[28]

Estando en la Corte, con Alvarado, García de Celis ya había expuesto a la Corona el plan de una ruta entre el Puerto de Caballos y la Bahía de Fonseca. Presentó el plan en la forma que había tomado bajo Cereceda y Alvarado, y enfatizó la importancia de fundar un pueblo en el interior. Alvarado probablemente hizo lo mismo.

García de Celis (y también sin duda Alvarado) discutió el plan con Pedraza en Castilla. En ruta hacia el Nuevo Mundo juntos,

---

[25] Cabildo de Comayagua a la Corona, 5 de septiembre de 1539, AGI, Guatemala 43; Juan de Lerma a la Corona, San Pedro, 31 de octubre de 1539, AGI, Guatemala 49.

[26] Cabildo de Comayagua a la Corona, 5 de septiembre de 1539, AGI, Guatemala 43.

[27] *Ibid.*; Juan de Lerma a la Corona, San Pedro, 31 de octubre de 1539, AGI, Guatemala 49.

[28] *Ibid.*; Pedraza a la Corona, Gracias a Dios, 18 de mayo de 1539, AGI, Guatemala 9.

Pedraza y García de Celis consultaron con el presidente de la Audiencia de Santo Domingo y obispo de la isla, presentando el plan como de gran ventaja para las provincias centroamericanas en su conjunto. Después de llegar y familiarizarse a fondo con Honduras-Higueras, Pedraza fue uno de los más vigorosos defensores del amplio plan de desarrollo económico de Montejo.[29] De hecho, después de que Alvarado obligara en 1539 a Montejo a cambiar la gobernación de Honduras-Higueras por la de Chiapas, el factor Lerma sugirió a la Corona que la ejecución del plan quedara en manos de Pedraza.[30]

Además, el obispo de Guatemala, Francisco de Marroquín, recomendó a la Corona que el Puerto de Caballos, en lugar de los puertos de la Nueva España de Veracruz y Espíritu Santo, fuera el punto de entrada a Guatemala, y sirviera también como base norte de una ruta para reemplazar el camino a través de Panamá.[31] Lerma también favoreció esta recomendación.[32]

La Corona aprobó en principio estos planes y respaldó firmemente el establecimiento de una ciudad a medio camino entre los mares del Norte y del Sur y la construcción de carreteras.[33] Sin embargo, no se tomó ninguna medida para suplantar la ruta a través de Panamá.

Los planes de Montejo para expandir la colonización y desarrollar otros aspectos de la economía provincial también fueron bien considerados. Informó a la Corona de sus pasos para explotar las ricas minas de plata del Valle de Comayagua y de su

---

[29] Pedraza a la Corona, Gracias a Dios, 18 de mayo de 1539, AGI, Guatemala 9.

[30] Juan de Lerma a la Corona, San Pedro, 1 de octubre de 1539, AGI, Guatemala 49.

[31] Véase Obispo Francisco de Marroquín a la Corona, San Pedro, 15 de enero de 1543, AGI, Guatemala 156; Marroquín a la Corona, 10 de mayo de 1537, Cartas de Indias, 1877, págs. 421-22.

[32] Juan de Lerma a la Corona, San Pedro, 31 de octubre de 1539, AGI, Guatemala 49.

[33] Cédula a Montejo del 7 de junio de 1539, AGI, Guatemala 402; Cédulas del 26 de marzo de 1546, y 23 de noviembre de 1547, AGI, Guatemala 393; 29 de octubre de 1540 y 27 de diciembre de 1532, AGI, Guatemala 402, sobre los caminos; Cédula del 29 de enero de 1538, AGI, Guatemala 402, autorizando la fundación de una municipalidad entre Honduras-Higueras y Nicaragua.

intención de conquistar el Valle de Olancho. Propuso explotar el oro que ahora se sabe que existe en el Valle de Olancho inmediatamente después de su ocupación y, como parte de una red de comunicaciones, construir caminos entre Olancho y Trujillo, separados por unas cuarenta leguas. Esto le daría a Trujillo tanto acceso a una nueva región como conexiones terrestres listas con el resto de la provincia, poniendo así fin al aislamiento impuesto por las comunicaciones marítimas.[34]

La propuesta de Montejo para conquistar Taguzgalpa era un plan del mismo tipo, destinado a unir Honduras-Higueras más estrechamente con las secciones orientales de Nicaragua, así como a aumentar el área de ocupación española, esta última complementando la autorización real para fundar un pueblo más al oeste, entre Higueras y la Ciudad de León.

Todos estos planes formaban parte del amplio programa de Montejo y estaban destinados a unir sus varios distritos en una unidad más compacta. Si bien Cereceda y García de Celis, al negarse a brindar ayuda, habían impedido que Montejo colonizara el área al este del Valle de Comayagua, hizo los preparativos posibles para llevar a cabo eventualmente esta expansión hacia el este.

Montejo consideró el lugar que Gonzalo de Alvarado había elegido para Gracias a Dios demasiado bajo e insalubre, demasiado débil militarmente y, contrariamente a la primera opinión, demasiado lejos de los centros de población india para el servicio que requería la ciudad después de establecida la paz. Doña Beatriz de Herrera, esposa de Montejo, y el bachiller Juan Álvarez, su capellán personal y asesor legal, también abogaron por su traslado.[35] Finalmente, Montejo encontró un sitio aparentemente adecuado a dos leguas de distancia, que después de inspeccionar

---

[34] Montejo a la Corona, Gracias a Dios, 1 de junio de 1539, DII, 24:250-97; Montejo a la Corona, Gracias a Dios, 1 de junio de 1539, DII, 24:298-310; Montejo a la Corona, Gracias a Dios, 4 de noviembre de 1539, AGI, Guatemala 9; Montejo a la Corona, Gracias a Dios, 1 de mayo de 1539, AGI, Patronato 184-25.

[35] Pedraza a la Corona, Gracias a Dios, 18 de mayo de 1539, AGI, Guatemala 9; Montejo a la Corona, Gracias a Dios, 1 de junio de 1539, DII, 24:250-97.

Pedraza, los miembros del cabildo y los principales ciudadanos aprobaron formalmente.[36] Cuando, a fines de 1538, Montejo acudió en ayuda de Cáceres para completar la conquista del Valle de Comayagua, instruyó a su hermano Juan y Pedraza, como coadministradores en Gracias a Dios durante su ausencia, para efectuar la transferencia. Esto se hizo a principios de 1539. Ya se había trazado el plano de la ciudad. Como cabeza espiritual de la colonia, Pedraza erigió una cruz en el sitio de la plaza principal y, después de impresionantes ceremonias, Gracias a Dios comenzó su vida oficial en el nuevo escenario.[37] Así describe Pedraza el restablecimiento de la ciudad a la Corona:

"Es en los mejores intereses de Vuestra Majestad... que los pueblos de indios estén cerca de la ciudad, para que los nativos puedan venir a ella fácilmente... Di mi opinión (favorable) y voto con respecto al traslado e inspección del nuevo sitio, junto con los corregidores, regidores y procurador de la ciudad, y junto con muchos otros señores que fueron consultados por el gobernador. Bajo la autoridad que el gobernador nos dio a su hermano y a mí (transferimos la ciudad) ... El primer paso que se dio fue construir el santuario de la Vera y Santa Cruz en el lugar donde se iba a construir la iglesia, con el acompañamiento del canto de un himno... Yo y todos los que estábamos allí llevamos una oración basada en el Evangelio de San Juan. Del mismo modo construimos un altar al pie de la cruz y colgamos las campanas. Estas campanas son las mejores que hay en toda la tierra. Entonces me puse mis vestiduras y dije la Misa del Dulcísimo Nombre de Jesús de los misales de Sevilla y oré, porque si la ciudad tiene sus cimientos sobre santas palabras no puede dejar de gozar de la clemencia divina y existir en beneficio de la real Corona de Su Majestad... Entonces todos los ciudadanos comenzaron a construir sus casas y yo comencé a construir la mía. Estuve en la ciudad hasta que volvió el gobernador y me agradeció profundamente lo que había hecho y alabó a Dios cuando vio que la ciudad se había movido y supo que se había establecido con tan buenos auspicios..."

---

[36] Pedraza a la Corona, Gracias a Dios, 18 de mayo de 1539, AGI, Guatemala 9.
[37] *Ibid.*

(El nuevo lugar de Gracias a Dios) está cerca de todos los pueblos indios del distrito. Este no era el caso de la ubicación anterior, ni el otro lugar era saludable. El otro sitio no tenía entradas ni salidas propias, y estaba situado en una zona baja donde estaba en mucho peligro de los indios... El sitio actual es de muy buena ubicación y es más saludable. Tiene buenas vías de acceso y salida y está mucho mejor situado con respecto a los pueblos indios..."[38]

El lugar de San Pedro, en un principio considerado favorable, también resultó insalubre y en general insatisfactorio. Entonces Montejo pretendía restablecer el pueblo en el punto donde se bifurcaban las rutas de la costa norte a Comayagua y al Valle de Naco.[39] Afirma haber "reformado" San Pedro y es posible que haya trasladado el pueblo, pero no está claro si el traslado, si realmente se realizó, se llevó a cabo de conformidad con sus planes originales.[40]

Montejo también se esforzó por mejorar la situación enferma de Trujillo. Tenía confianza en el progreso futuro de esta ciudad más antigua, especialmente desde el descubrimiento de minas adicionales en su distrito, y consideraba que su desarrollo estaba íntimamente relacionado con sus planes para la eventual colonización de Olancho.[41]

Como parte de su programa económico más amplio, Montejo buscó establecer un pueblo permanente en Puerto de Caballos, utilizando su excelente desembarcadero para proporcionar un puerto muy necesario. Era el único puerto del oriente de Higueras y podía usarse para servir a esa provincia, Guatemala y San Salvador. Mediante el establecimiento de un pueblo permanente en Puerto de Caballos, Montejo esperaba crear una base en el extremo

---

[38] *Ibid.*

[39] Montejo a la Corona, Gracias a Dios, 1 de junio de 1539, DII, 24:250-97; Montejo v. Pedraza 1539, AGI, Justicia 129-2; Montejo a la Corona, Gracias a Dios, 25 de agosto de 1539, AGI, Guatemala 39.

[40] En su carta del 25 de agosto de 1539, AGI, Guatemala 39, Montejo habla sobre la "reforma" de San Pedro, pero no da detalles precisos.

[41] Montejo a la Corona, Gracias a Dios, 1 de junio de 1539, DII, 24:250-97; Montejo a la Corona, Gracias a Dios, 1 de junio de 1539, DII, 24:298-310; Cabildo de Trujillo a la Corona, 12 de marzo de 1540, AGI, Guatemala 44.

norte de la ruta comercial propuesta y estimular el comercio en general. Aunque el plan para un pueblo aquí no era nuevo, Montejo lo pensó más seriamente que sus predecesores inmediatos.

El desarrollo de Puerto de Caballos se había visto obstaculizado por numerosos factores, entre ellos su insalubridad. Otro fue la falta inicial de un camino adecuado a San Pedro, algunas leguas tierra adentro. Los ciudadanos de San Pedro iban a Puerto de Caballos sólo cuando llegaban los barcos de Castilla, las Indias Occidentales y la Nueva España, y permanecían sólo el tiempo suficiente para hacer negocios en una feria miniatura al estilo de las grandes que se desarrollaron en Porto Bello y Veracruz. Los únicos edificios eran temporales. Sin ningún pueblo español en las inmediaciones, los capitanes de los barcos mercantes y los comerciantes se mostraron tan reacios a establecerse en Puerto de Caballos que el desarrollo del comercio se vio gravemente obstaculizado. Pocas embarcaciones visitaron el puerto y ninguna llegó durante la gran revuelta, cuando más se necesitaban equipos y mercancías de todo tipo.[42]

Montejo parece haber dado los primeros pasos para fundar un pueblo en Puerto de Caballos poco después de asumir la gobernación. Reunió a los nativos de los pueblos cercanos y los instaló en el puerto para servir al futuro pueblo. Luego se establecieron allí colonos y el lugar pasó a ser conocido como San Juan Puerto de Caballos. El alcance de su organización formal no está claro, ya que parece haber estado bajo la jurisdicción directa de San Pedro. Montejo también pretendía construir un camino muy necesario, transitable en todas las estaciones, entre San Juan y San Pedro.[43]

Aunque la existencia permanente de San Juan tenía una importancia mensurable en sus planes, el esfuerzo de Montejo parece no haber tenido más éxito que los anteriores. El clima insalubre y la gran revuelta que exigió la concentración de esfuerzos en otra parte, hizo imposible el éxito. Para la primavera de 1539, San Juan aparentemente fue abandonado. Cuando Alvarado regresó de Castilla con su armada en abril, tuvo que

---

[42] Montejo a la Corona, Gracias a Dios, 1 de junio de 1539, DII, 24:250-97.
[43] *Ibid.*

hacer un gran esfuerzo y un tiempo considerable para abrir un camino hasta San Pedro.[44]

Bajo la administración de Montejo hubo una mejora innegable en la comunicación con Honduras-Higueras y entre esa provincia y otras, especialmente Guatemala, aunque algunos de los "caminos" pudieron haber sido poco más que senderos. Hizo construir un camino entre el área de Sula en el norte y Gracias a Dios, mejoró los caminos que salen desde Gracias a Dios, y parece haber hecho una ruta de poca duración desde San Pedro hasta Puerto de Caballos. Pedraza elogió a Montejo ante la Corona por estos logros, a pesar de que la guerra y la inestabilidad le impidieron desarrollar realmente sus proyectos viales.[45]

MINERÍA EN HONDURAS-HIGUERAS HASTA 1539

Honduras-Higueras, con sus potencialidades agrícolas, comerciales y mineras, fue capaz de mantenerse en relativa independencia de otras provincias. Su incapacidad para hacerlo hasta ahora se debió a los desacuerdos internos, el fracaso para conquistar a los indios, la mala administración y la ausencia de un verdadero incentivo colonial entre muchos de los colonos españoles, quienes carecieron de visión para seguir una política de desarrollo económico deliberado y sólido.

Los depósitos de oro y plata resultaron extensos en Honduras-Higueras. Durante mucho tiempo se habían explotado minas en la zona de Trujillo, y la explotación de metales preciosos en Higueras había comenzado poco después de la llegada de Cereceda en 1534, ya que se encontró oro en los valles justo detrás de la costa norte. Coincidiendo con la pacificación final del Valle de Comayagua, se descubrieron ricas vetas de plata cerca de Comayagua, justo después de que Montejo hubiera trasladado ese pueblo a su nuevo lugar.[46]

---

[44] *Ibid.*; Alvarado a la Corona, Gracias a Dios, 4 de agosto de 1539, DII, 24:311-19.

[45] Pedraza a la Corona, Gracias a Dios, 18 de mayo de 1539, AGI, Guatemala 9.

[46] Montejo a la Corona, 1 de junio de 1539, DII, 24:250-97; Montejo a la Corona, Gracias a Dios, 20 de agosto de 1539, AGI, Guatemala 39; Montejo a la

Este oro y plata prometían un gran futuro, y Montejo y los colonos, naturalmente, deseaban explotar estos metales como fuente inmediata de grandes ingresos. Montejo se proponía desarrollarlos moderadamente y a largo plazo, mientras que la mayoría de los colonos no pensaban más que en obtener cuanto pudieran en el menor tiempo posible. Montejo deseaba traer esclavos negros, pero se opuso al deseo de los colonos de utilizar un gran número de indios en trabajos forzados.[47]

La minería en Higueras había comenzado en gran escala con Alvarado y la mayor seguridad, aunque temporal, que trajeron consigo sus campañas. Alvarado, funcionarios menores de Guatemala y colonos ricos tanto de Guatemala como de San Salvador, algunos de los cuales habían acompañado a Alvarado a Higueras, emplearon cuadrillas especialmente entrenadas para buscar y extraer oro y plata dondequiera que penetraran Alvarado y sus capitanes. Los funcionarios de Honduras-Higueras también emplearon dichos equipos.[48]

Hubo veinte o más de estas cuadrillas operando en Higueras durante el breve paso de Alvarado por la provincia y después de su marcha a Castilla. El más grande incluía cuatro, cinco o incluso más mineros españoles, y contaba con hasta 100 esclavos. El número medio de esclavos por cada cuadrilla oscilaba probablemente entre quince y veinticinco. Alvarado operaba varias cuadrillas grandes y Francisco de Castellanos, el tesorero de Guatemala, era dueño de una. El padre Avela, más tarde cura de Gracias a Dios, y Cereceda, ambos operaban cuadrillas de unos

---

Corona, Gracias a Dios, 1 de mayo de 1542, AGI, Patronato 184-25; Pedraza a la Corona, Gracias a Dios, 18 de mayo de 1539, Guatemala 9.

[47] Montejo a la Corona, Naco, 28 de julio de 1537, AGI, Guatemala 9; Montejo a la Corona, Gracias a Dios, 1 de junio de 1539, DII, 24:250-97, 298-310; Pedraza a la Corona, 18 de mayo de 1539, AGI, Guatemala 9; Montejo al Cabildo de Santiago de Guatemala, Gracias a Dios, 11 de diciembre de 1537, AGG, Documentos del Archivo Municipal, Cartas de Personas Ilustres; Cabildo de San Pedro a la Corona, 1 de noviembre de 1539, AGI, Guatemala 44.

[48] *Ibid.*; Montejo v. Pedraza, 1539, AGI, Justicia 129-2; Cabildo de Santiago de Guatemala para Montejo (n.d.), AGG, Documentos del Archivo Municipal, Instrucciones y Cartas; Documento redactado por el Cabildo de Santiago de Guatemala sobre las restricciones mineras de Montejo en Higueras (n.d.), AGG, Documentos del Archivo Municipal, Cédulas Reales, Libro 5.

quince esclavos.⁴⁹ Estos grupos mineros recorrieron una amplia zona de Higueras, explorando todas las posibilidades, y extraían metales preciosos en cantidades considerables. Una gran parte de la extracción de oro era del tipo placer, a lo largo de los lechos de los arroyos, que se seguían diligentemente. Montejo participó en esta búsqueda, apropiándose de las cuadrillas del ausente Alvarado, pues sus propios recursos económicos eran escasos en este momento.

Los colonos de Higueras en su conjunto poseían pocos esclavos y carecían de equipo minero adecuado del tipo que poseían los colonos más ricos de Guatemala y San Salvador. En consecuencia, los primeros no pudieron explotar las riquezas minerales de su provincia en la medida que deseaban. Se dice que las cuadrillas operadas por funcionarios y ciudadanos de Guatemala y San Salvador en el año y medio siguiente a la intervención de Alvarado extrajeron mineral por valor de unos 70,000 castellanos, y se dice que una sola cuadrilla muy exitosa encontró mineral por la cantidad de 7000 castellanos durante una demora, o período entre fundiciones. Los metales preciosos extraídos por las cuadrillas de funcionarios y colonos de Guatemala y San Salvador eran llevados a esas provincias para su refinación.⁵⁰

Los colonos de Honduras-Higueras, en particular los funcionarios de la Tesorería Real, pronto se resintieron profundamente por la situación. Se opusieron al enriquecimiento personal de los extranjeros a través de la riqueza de Honduras-Higueras. También se opusieron al traslado de su oro y plata a Guatemala y San Salvador para su refinación, especialmente por los obstáculos a sus propias operaciones mineras. Además, la Tesorería Real de Honduras-Higueras sufrió mucho con esta práctica, pues la quinta parte de los metales preciosos que por ley pertenecía a la Corona del oro y plata sacados de Higueras iba a parar a las arcas reales de Guatemala y San Salvador en vez de a los de Higueras. De esta manera la Tesorería Real de Honduras-Higueras no tuvo uso ni recibió crédito por una gran proporción de

---

⁴⁹ *Ibid.*
⁵⁰ *Ibid.*

los metales preciosos encontrados en la provincia. La producción de riqueza e ingresos por parte de las provincias de Indias fue examinada de cerca por la alta administración colonial de Castilla debido a la incesante necesidad del rey-emperador Carlos de fondos para apoyar sus amplias políticas imperiales. La importancia de cualquier provincia dada se estimaba inevitablemente en términos de los ingresos inmediatos que producía. Además, en Honduras-Higueras se necesitaban ingresos suficientes para hacer frente a los gastos de la administración provincial, como requería la política fiscal colonial real, que se basaba en la autosuficiencia financiera local. En consecuencia, la fuga de oro y plata de Honduras-Higueras fue grave y molesta para sus colonos desde varios puntos de vista.[51]

Cuando Montejo asumió su cargo en Honduras-Higueras, se le informó de la situación minera a instancias de los ciudadanos de San Pedro. Reconociendo su difícil situación, designó un área a la que estaban restringidos los mineros de Guatemala y San Salvador. También decretó que la fundición de los metales preciosos extraídos en Higueras por cuadrillas dirigidas por colonos de otras provincias, se hiciera en esa provincia y no en Guatemala, donde el cabildo de Santiago de Guatemala quería que se hiciese. Así Montejo protegió los intereses de los colonos de Honduras-Higueras y guardó el quinto real sobre los metales preciosos de la provincia para sus propias arcas reales. Montejo dio a conocer su punto de vista sobre la minería a las autoridades de Santiago y protestó enérgicamente contra las actividades mineras de los guatemaltecos en Higueras.[52] Los colonos de Higueras como grupo también protestaron directamente a la Corona.[53]

Otro factor también contribuyó a que Montejo restringiera las actividades de las cuadrillas mineras. El trabajo excesivo y el clima

---

[51] *Ibid.*

[52] Montejo a la Corona, 28 de julio de 1537, AGI, Guatemala 9; Documento redactado por el Cabildo de Santiago de Guatemala sobre las restricciones mineras de Montejo en Higueras (n.d.), AGG, Documentos del Archivo Municipal, Cédulas Reales, Libro 5.

[53] Véase Instrucciones para los procuradores de Honduras-Higueras, Playa de Puerto de Caballos, 12 de agosto de 1536, DII, 14, varias cédulas emitidas en beneficio de Honduras-Higueras 1537-38, AGI, 402.

al que no estaban acostumbrados, a medida que los nativos se movían alternativamente a través de las tierras bajas tropicales y las tierras altas más frías, provocaron un gran número de muertos. Montejo señaló a Maldonado y a las autoridades de Guatemala la alta tasa de mortalidad y sufrimiento de los indios en el transcurso de sus protestas por las actividades mineras de guatemaltecos y salvadoreños en Higueras.[54]

Las drásticas restricciones que impuso Montejo hicieron que las operaciones mineras continuas de los colonos de otras provincias no fueran rentables, y algunas cuadrillas pronto se retiraron. Además, aparentemente influenciado por las protestas de Montejo, Maldonado, como gobernador interino de Guatemala, luego ordenó que el resto de las cuadrillas fueran devueltas a Guatemala, además ordenó que el resto de las cuadrillas fueran devueltas a Guatemala y San Salvador. Parecería que el decreto de Maldonado se aplicó cuidadosamente y que, en consecuencia, todas las cuadrillas de afuera abandonaron temporalmente Higueras. Como resultado, varios colonos que habían ido a Higueras con Alvarado ahora regresaron a Guatemala porque su mayor fuente de ganancias había sido eliminada.[55]

El cabildo de Santiago de Guatemala y el tesorero de esa provincia, Francisco de Castellanos, protestaron enfáticamente ante Montejo y las autoridades de la Nueva España contra la retirada forzosa de las cuadrillas y manifestaron su intención de llevar el asunto a la Corona. También debieron dar a conocer sus opiniones a Maldonado de manera vigorosa. El virrey de la Nueva España, Antonio de Mendoza, quedó tan impresionado por estas objeciones que recomendó a Montejo un ajuste.[56]

---

[54] Montejo a la Corona, Naco, 28 de julio de 1537, AGI, Guatemala 9; Montejo a la Corona, Gracias a Dios, 1 de junio de 1539, DII, 24:250-97, 298-310.

[55] *Ibid.*; Cabildo de Santiago a Montejo (n.d.), AGG, Documentos del Archivo Municipal, Instrucciones y Cartas; Documento redactado por el cabildo de Santiago de Guatemala sobre las restricciones mineras de Montejo en Higueras (n.d.), AGG, Documentos del Archivo Municipal, Cédulas Reales, Libro 5.

[56] *Ibid.*

En sus protestas, el cabildo de Santiago y Castellanos sostuvieron que la ausencia de grandes cuadrillas en Higueras provocaría graves disminuciones en los ingresos reales, reclamaron grandes pérdidas personales para los colonos de Guatemala y sostuvieron que Montejo no tenía autoridad alguna para restringir las actividades de la cuadrillas. Le exigieron que revocara su acción, amenazando con presentar un cobro contra sus ingresos y propiedades, en nombre de la caja real de Guatemala, de 1,000 pesos de oro anuales por cada cuadrilla retirada de Higueras y un cobro global de 10,000 pesos de oro en caso de continuar con las restricciones vigentes. Estas sumas estaban muy por encima de los ingresos de Montejo.[57]

Las medidas que decretó Montejo sin duda provocaron una reducción de la minería en Higueras y la consiguiente disminución de las rentas reales de la provincia durante 1537. A partir de ese año, la guerra y la inestabilidad política dificultaron durante algún tiempo la explotación de los metales preciosos. Montejo estaba entre dos fuegos, los intereses opuestos de Guatemala y Honduras-Higueras. Naturalmente, deseaba beneficiar a su propia provincia. Además, buscó desarrollar una minería sólida por el bien de Honduras-Higueras en su conjunto, en lugar de permitir una explotación sin restricciones para despojar a la región de sus riquezas más fácilmente accesibles de la noche a la mañana.

En parte para prestar atención a las protestas de las autoridades de Guatemala y las recomendaciones del virrey de la Nueva España y en parte nuevamente para estimular la minería en Higueras y aumentar sus ingresos decrecientes, Montejo finalmente modificó las restricciones hasta el punto de permitir que los colonos de Guatemala y San Salvador practicaran la minería en cualquier parte de la provincia, pero exigía firmemente que la refinación se hiciera sólo en Higueras.[58] Sin embargo, había logrado su objetivo principal: se había impedido la explotación de las riquezas locales por parte de extranjeros y se había protegido el

---

[57] *Ibid.*

[58] Montejo al Cabildo de Santiago de Guatemala, 11 de diciembre de 1537, AGG, Documentos del Archivo Municipal, Cartas de Personas Ilustres; Montejo a la Corona, Gracias a Dios, 1 de junio de 1539, DII, 24:250-97, 298-310.

quinto para las arcas reales de Honduras-Higueras. El estallido de la gran revuelta a fines de 1537, además, impidió el regreso de un número de cuadrillas que habían salido de Higueras después de que Montejo decretara por primera vez sus restricciones y así aminoró las protestas de las provincias vecinas.

Las condiciones políticas inestables y la guerra fueron los principales obstáculos para la producción de oro y plata en Higueras durante un tiempo después de 1537. Sin embargo, la refinación anual de oro en Higueras en 1538 parece haber ascendido a 58,770 pesos. En 1539 se refinaron unos 7,800 pesos en Gracias a Dios, donde el cabildo, después de que Alvarado regresara de Castilla, declaró que si las cuadrillas no hubieran sido enviadas a casa, se podrían haber producido en la provincia 150,000 pesos de oro. Asimismo, las autoridades de Santiago de Guatemala sostuvieron que cada una de las veinte o más cuadrillas propiedad de ciudadanos de Guatemala y San Salvador habrían producido entre 5,000 y 6,000 pesos al año si se les hubiera permitido operar sin trabas.[59]

La Corona dispuso que la refinación de metales preciosos para Higueras se hiciera en San Pedro. Esta medida generó críticas de Montejo, quien sostuvo que la refinación debía hacerse en el centro administrativo, Gracias a Dios, donde residían los principales funcionarios de la Tesorería Real y que estaba más céntrico. Sostuvo que la fundición del mineral en Gracias a Dios era importante para el bienestar de la ciudad, y que la refinación en San Pedro causaría gastos y esfuerzos innecesarios a los ciudadanos de Gracias a Dios. Además, la ausencia de un número considerable de ciudadanos dejaría a Gracias a Dios con una guarnición inadecuada durante el período de refinación. En consecuencia, Montejo solicitó a la Corona que ordenara que el refinamiento del mineral para todas las Higueras se llevara a cabo en Gracias a Dios. Más tarde se erigió allí una casa de fundición donde se ensayaban, refinaban y estampaban oficialmente los

---

[59] Detalles de la tesorería de Diego García de Celis, 1540, AGI, Indiferente General 1206; detalles de la refinería de metales preciosos en Gracias a Dios y Puerto de Caballos, 1539-41, AGI, Patronato 180-74.

metales preciosos.⁶⁰ Montejo también recomendó a la Corona que se pusiera a disposición de la provincia equipo de minería adecuado, ya que la mayoría de los colonos no tenían los fondos para importar tales herramientas.⁶¹

En general, Montejo hizo todo lo que consideró razonable para promover la minería en Higueras. Fue la primera región bajo su dominio en la que existió el oro y la plata y quiso aprovecharla al máximo de acuerdo con lo que consideraba los mejores intereses de la provincia. Durante su querella con las autoridades de Guatemala respecto a la minería, y después de haber relajado sus restricciones originales, Montejo, el 11 de diciembre de 1537, expresó su punto de vista en una carta al cabildo de Santiago:

"Muchos días antes de recibir su carta, dispuse que en cualquier lugar se pudiera sacar oro, aunque esto sea en perjuicio de los ciudadanos y pobladores de esta provincia, que ya está la tierra en guerra y todos los ciudadanos están empeñados en las campañas de pacificación.

Los ciudadanos de esta provincia sufrieron como consecuencia de las prácticas nocivas empleadas por las cuadrillas y mineros de Guatemala en la extracción de oro. Estas cuadrillas y mineros no querían buscar el oro ellos mismos, sino que iban a cada río, barranco y yacimiento siguiendo a los que realmente lo buscaban, acompañados de cuatro o cinco mineros y quince o veinte indios. No hacían más que recorrer los cauces de los arroyos sin salir de ellos y los explotaban al máximo. Dejaron los ríos completamente saqueados y la tierra deformada, cuando había mucho oro por encontrar en otros lugares. Tomaron todo lo que pudieron obtener sin tener que hacer ningún esfuerzo real y evitaron cualquier trabajo que podría resultar difícil. Estos no son colonos de la provincia, y los verdaderos colonos sufren por sus actividades.

Los mineros de Guatemala cosechan las recompensas injustamente.

---

⁶⁰ Cédula del 30 de junio de 1537, AGI, Guatemala 402; Montejo a la Corona, Naco, 28 de julio de 1537, AGI, Guatemala 9; Montejo a la Corona, Gracias a Dios, 1 de junio de 1539, DII, 24:250-97; Residencia de Montejo para Honduras-Higueras, 1544, AGI, Justicia 300.

⁶¹ *Ibid.*

Hasta el momento de mi decreto restrictivo, los del exterior no habían descubierto nuevos yacimientos y solo conocían los que se conocían originalmente... Incluso después de que eliminé las restricciones, estos mineros no hicieron ningún esfuerzo por descubrir más yacimientos de oro, y no tenían ganas de hacerlo...

En cuanto a la fundición, que fue tocada por el cabildo, he mandado que los que se dedican a la minería traigan su mineral para refinar el 10 de enero de 1538, y mandaron una petición pidiendo que se prorrogue el plazo, que se haga la refinación a fines de marzo, y que se hiciera la fundición en las minas. He respondido diciendo que me contentaría con que los mineros pusieran el oro en las casas de los funcionarios de la Tesorería Real. He hecho todo lo que he podido para ayudar a quienes extraen oro y para facilitar su trabajo, y continuaré haciéndolo. Deseo buenos sentimientos y cooperación con las autoridades y ciudadanos de Guatemala".[62]

MEDIDAS ADMINISTRATIVAS GENERALES, 1537-39

Al tratar de salvar a los indios, Montejo recurrió a la esclavitud de los negros. Pidió a la Corona que enviara de 100 a 200 esclavos negros a la provincia para la minería, la construcción de carreteras y otros trabajos. El costo de estos esclavos adicionales (ya había un grupo en Honduras-Higueras) debía ser sufragado en la colonia misma, principalmente por colonos individuales. Se creía que los negros tenían una resistencia mucho mayor para aguantar las dificultades y el clima, y que podían hacer más trabajo que un grupo mayor de nativos.[63] La Corona no respondió a esta solicitud de inmediato, pero luego envió una gran cantidad a la provincia.[64]

---

[62] Montejo al Cabildo de Santiago de Guatemala, Gracias a Dios, 11 de diciembre de 1537, AGG, Documentos del Archivo Municipal, Cartas de Personas Ilustres.

[63] Montejo a la Corona, Gracias a Dios, 1 de junio 1539, DII, 24:250-97.

[64] Véase *Asiento* para 300 esclavos contratador por Pedraza, Lisbon, 9 de julio de 1541, AGI, Contratación 3281A. De estos, 200 eran hombres y 100 mujeres. El precio de cada uno era de cincuenta y cinco "pesos de buen oro de ley perfecta de quilates de 450 maravedís cada peso".

Montejo deseaba colonos adicionales para fortalecer la provincia. Informó a la Corona de la necesidad de más españoles, expresando la esperanza de una acción favorable.

Montejo también buscó la promulgación por parte de la Corona de una serie de medidas para el beneficio económico general de la provincia. Se referían a la reducción del quinto real sobre los metales preciosos a un *diezmo*, o décimo, por un período estipulado, la exención del *almojarifazgo*, o derechos de importación y exportación, y otras medidas similares que normalmente se adoptaban para ayudar al desarrollo de las colonias durante sus primeros años. Dentro de la provincia, Montejo buscó alentar a los colonos, que quedaron empobrecidos y faltos de todos los requisitos de la vida colonial normal después de la conquista definitiva de la provincia.[65]

En respuesta a los mensajes de Montejo, la Corona expresó gran interés en la construcción de un adecuado sistema de caminos y en el fomento de la minería. Ya se habían ordenado medidas reales respecto de otras peticiones de Montejo, en respuesta a las solicitudes similares presentadas por García de Celis y los procuradores de Castilla.[66] Además, en 1539, la Corona ordenó a Maldonado, como gobernador interino de Guatemala, que brindara toda la ayuda a Montejo y Honduras-Higueras porque la provincia obviamente necesitaba apoyo y porque se entendía que Montejo carecía de recursos y estaba muy endeudado.[67]

A la muerte del veedor de la provincia, Francisco de Barrientos, Montejo pidió a la Corona que nombrara para ese cargo a su hermano Juan, pero Diego de Valdés ya había sido designado para el cargo por nombramiento real. Montejo, mientras tanto, puso a su hermano como veedor interino hasta que llegara el designado real.[68]

Hay indicios de que Montejo pudo haber introducido, o al menos fomentado, el cultivo de trigo en Higueras, especialmente

---

[65] Montejo a la Corona, Naco, 28 de julio de 1537, AGI, Guatemala 9; Montejo a la Corona, Gracias a Dios, 1 de junio de 1539, DII, 24:250-97.

[66] Véase las cédulas en beneficio de Honduras-Higueras, 1537-45, AGI, Guatemala 393 y 402.

[67] Cédula del 26 de junio de 1539, AGI, Guatemala 393.

[68] Montejo a la Corona, Naco, 28 de julio de 1537, AGI, Guatemala 9.

en el Valle de Comayagua.[69] A mediados de siglo se producía una cantidad considerable de trigo en esa región.[70]

La Corona también tomó medidas para satisfacer las necesidades manifiestas de Honduras-Higueras y estabilizar las condiciones allí. En 1538 ordenó que todos los colonos deberían emplear cada año una décima parte de todos los ingresos obtenidos dentro de la provincia para promover su desarrollo económico. La Corona deseaba que este diezmo se invirtiera en la construcción de edificios; adquisición de terrenos para el desarrollo de haciendas o para formas especializadas de agricultura; compra de ganado, plantas y árboles; y fomento de las actividades mineras e industriales y comerciales locales. Las autoridades provinciales debían hacer cumplir estrictamente esta medida real y debían registrar cada año los ingresos de todos los españoles dentro de la provincia y determinar si realmente habían cumplido el decreto real. Los hallazgos debían ser informados al Consejo de Indias. La Corona creía que las inversiones requeridas tendrían numerosos resultados beneficiosos. Los colonos que ya estaban allí permanecerían en la provincia, se atraerían nuevos y los residentes temporales se interesarían más en la provincia si se los obligaba a aumentar sus propiedades. La Corona estaba convencida de que tales medidas no fallarían en fortalecer la colonia, darle estabilidad y ponerla en el camino del progreso.[71]

---

[69] Véase Residencia de Alonso de Maldonado y los oidores de la Audiencia de los Confines, 1548, AGI, Justicia 299.

[70] Imposición de tributos y servicios de los pueblos del distrito de Audiencia de los Confines, 1549-51, AGI, Guatemala 128.

[71] Cédula del 29 de enero de 1538, AGI, Patronato 20-4-7. El texto de esta interesante e inusual cédula, que fue a la raíz de los problemas que fueron encontrados en varias provincias, dice así: Don Carlos e dona Juana... a vos el nro. governador ques. o fuere de la provincia de ygueras y cabo de onduras salud y gra. sepades que por quanto pr. esperincia a parecido que una de las cosas que an estorvado el aumentamiento de la poblacion de los cristianos nuestros súbditos e vasallos en las nuestras yndias yslas y tierra firme dl. mar oceano a sido y es que muchos de los conquistadores e pobladores y otra personas que alla se an ydo y van no an tenido ni tienen intencion de permanecer ni poblar en ellas sino de haver alguna cantidad de oro o plata y otras cosas y volverse con ello a estos reynos y aun fuera dellos e que no solo se a sequido estorvo de su poblacion pero tambien dello a resultado el mal tratamiento de los dhos. yndios y grand desacato en la conversión dellos a nuestra santa fee catolica y uno de los

remedios que a parecido que seria provechoso para acrescentar la dha. poblacion y perpetuar los vezinos y moradores en ellas y despues todos ellos an recibido y reciben de nos merced ansi de tierra como de vacios y solares e facultad de sacar oro y plata y otros metales y pescar perlas y tienen otros aprovechamientos en la dha. tierra y otros oficios publicos todo en honra y utilidad de sus personas y bienes que todos ellos asi los que al presente moran en la dha. tierra como adelante fuesen a morar en ella estuviesen de vivienda asi por via de vezindad como por trato de mercaderia o de otro qualquier manera que esten de asiento sean tenudos en cada un año de comprar o gastar en ededificios y labores o en plantas de viñas e arboles que lleven fruto y en ganados y otras cosas que permanezcan en esa tierra la dezena pte. de lo que ovieren e adquerieren en la dha. tierra ansi por via de rescate y mercaderias y tributos que dan los yndias y oro y plata y otros metales que se sacan en ella o de otra qualquier manera que ovieren de provecho en la dha. tierra para que en los que ansi comprasen y gastaren sea suyo propio y puedan en qualquier tiempo disponer dello en vida o en muerte como de cosa libre sin ympedimiento ni embargo alguno y teniendolo se aproevche dl. fruto de la que asi comprare labrare plantare y edificare por que aunque la tal persona salga de las dhas. yndias y traiga consigo todo lo que ouiere avido y ganado en ellas quedaría los dhos. compras plantas y edificios en ornato de la republica y aprovechamiento de otros vecinos dlla (y) sea de usa dellos yran con mejor voluntad a morar en ellas y seria causa dl. aumentamiento de la dha. poblacion y se sequirian otros muchos de que dios nro. señor seria servido lo qual todo visto y platicado en nuestro consejo de las yndias fue acordado que deviamos mandar dar esta nuestra carta para vos en la dha. razón por la qual mandamos que de aquí adelante todos los conquistadores y pobladores y mercaderes y tratantes y sus factores y las otras personas que estuvieren en la dha. tierra de qualquier estado y condicion que sean asi los que al presente están y viven y moran en ella como los que de aqui adelante fuesen a morar y labrar estuvieren por vecindad o en otra manera de asiento sean obligados en cada un año (para cumplir con lo anterior) sin embargo ni impedimento alguno o para los susos dhos. se quarde y cumpla enteramente mandamos a vos el dho. nuestro presidente oidores y a los otros jueces y justicias de la dha. trra. e cada uno de vos en vrs. lugares y jurisdiccion que como cosa muy importante al servicio de dios nuestro señor e nuestro e a la conservacion e aumendo dla. republica desa trra. lo agais así guardar y cumplir mandando que en cada ciudad villa o lugar della en cada un año o en principio del vos los dhos. justicias con los regidores agais asentar en un libro por antl. escrivano dl. consejo de... tal ciudad villa o lugar los vezinos y moradores y las otras personas de suso nombrada que a la dha. saçon morasen o vivieren en ellos para que en fin dl. dho. año con juramento declaren lo que ansi an ganado y adquirido en el dho. año para que de aquello se quente la dezima conforme a esta nuestra carta y no lo haviendo comprado vos los dhos. justicias los compelais por todo rigor de dro. por manera que aya afecto y se cumpla lo por nos de suso hordenado y embiareis en fin de cada uno de los dhos. años ante los dl. dho. nuestro consejo el sumario dl. conplimiento dello apreciendo que si en ello fueredes negligente cometeremos el complimiento dello a persona q. a

LOS ESPAÑOLES Y LOS INDIOS, 1537-39

Como normalmente se requiere de los funcionarios de gobierno, Montejo visitó varios distritos de Higueras durante los períodos de paz e inmediatamente después de la pacificación de cada región sucesiva. Su propósito era supervisar y mejorar la administración, velar por el bienestar de los indios y establecer condiciones normales de vida entre ellos, y familiarizarse personalmente con las condiciones en todas partes. Además, las extensas campañas que había llevado a cabo le dieron un conocimiento profundo de un área amplia y una percepción de las necesidades gubernamentales.[72]

Al realizar sus visitas, Montejo exigió a los encomenderos que favorecieran a los indios de sus pueblos y les proporcionaran maíz para la alimentación y la siembra. El propio Montejo proporcionó comida a los indios necesitados y trató de procurar sus provisiones en todas partes. Como dijo Montejo:

"... me informaron de malos tratos a los indios, y yo (entonces) traté muy bien a los nativos e hice que sus encomenderos los ayudaran con provisiones de maíz para que pudieran cosechar y sembrar, porque habían quedado necesitados por la guerra que habían hecho contra los españoles. Después, siempre que los indios han tenido necesidad, he pedido a sus encomenderos que les provean, y yo mismo les doy muchas provisiones...".[73]

Uno de los problemas administrativos más importantes y difíciles que enfrentó Montejo fue persuadir, o si era necesario obligar, a los indios a regresar a sus pueblos y reanudar sus vidas normales después de la amplia dispersión durante la guerra. Esta fue una tarea delicada y complicada en cualquier momento y especialmente compleja y ardua en las muchas regiones involucradas en la gran revuelta ya que fueron subyugadas una a una. Montejo había encontrado tales medidas necesarias cuando

---

vra. Costa lo aga y por que venga a noticia de todo y ninguno dello pretende ignorancia mandamos questa dha. carta sea apregonada en los lugares desa dha. provincia que estoviesen poblados... Villa de Valladolid, 29 de enero del año... de 1539 Yo la Reina...

[72] Residencia de Montejo para Honduras-Higueras, 1544, AGI, Justicia 300.
[73] *Ibid.*

llegó por primera vez como resultado de las campañas de Cereceda y Alvarado y había tenido un éxito inicial considerable, notablemente en algunas partes de los distritos de Gracias a Dios y San Pedro. Pero después de la represión de la revuelta, esta política recibió una prueba mucho mayor. Los mejores intereses de españoles e indios requerían el restablecimiento de estos últimos en sus pueblos para que pudieran cultivar la tierra y servir bajo el sistema de encomienda. Montejo, ayudado por los funcionarios provinciales, especialmente Pedraza, las autoridades municipales y los mismos encomenderos, supervisó personalmente la tarea de repoblar los pueblos de indios. Además de esforzarse por atraer a los nativos a sus pueblos, trasladó algunos pueblos a nuevos sitios que consideró más ventajosos tanto para los indios como para los españoles.[74]

Después de la guerra, a Montejo le resultó prácticamente imposible reconstruir muchos pueblos con más de una fracción de su población original. Como ejemplos extremos, el pueblo de Talva, que contaba con unas 400 casas cuando llegó Alvarado, se restableció con 35; Careano, originalmente de 500, con 20; Yopoa, de 270, con 30; Araxuagua, de 200, con 40; y Lepaera, de 400, con 78. Para el verano de 1539, este trabajo se había completado en la medida en que las circunstancias lo permitían.[75] El efecto sobre el sistema de encomiendas, y por lo tanto sobre la colonia, de esta disminución de la población en muchos pueblos fue naturalmente importante. Sin embargo, el sofocamiento de la gran revuelta significó seguridad para los españoles y la situación se estabilizó. Los españoles tenían algo con lo que podían contar con cierto grado de certeza. Con el establecimiento final de la supremacía castellana indiscutible, por lo tanto, aunque con menos indios disponibles, el sistema de encomiendas al menos se podía esperar

---

[74] Montejo a la Corona, Naco, 28 de julio de 1539, AGI, Guatemala 9; Montejo a la Corona, Gracias a Dios, 1 de junio de 1539, DII, 24:250-97; Pedraza a la Corona, Gracias a Dios, 18 de mayo de 1539, AGI, Guatemala 9; Montejo a la Corona, Gracias a Dios, 4 de noviembre de 1539, AGI, Guatemala 9.
[75] Montejo a la Corona, Gracias a Dios, 1 de junio de 1539, DII, 24:250 ff.; Pedraza a la Corona, Gracias a Dios, 18 de mayo de 1539, AGI, Guatemala 9.

que funcionara de una manera más ordenada que antes, con la consiguiente solución del principal problema de suministro.[76]

La práctica de esclavizar sin restricciones a un gran número de indios había sido practicada o permitida en Honduras-Higueras por los gobernadores que precedieron a Montejo. No solo los nativos capturados en la guerra habían sido esclavizados bajo la ley, sino que también se realizaron incursiones ilegales de esclavos contra pueblos pacíficos. Muchos indios, primero de Trujillo y después de 1534 de Higueras, fueron llevados a las Indias Occidentales para ser vendidos. Algunos fueron marcados de acuerdo con las ordenanzas reales que rigen la esclavitud, pero la mayoría parece haber sido tomados con pocas pretensiones de legalidad. Antes de la llegada de Montejo, una gran proporción de los colonos parecen haber estado involucrados en operaciones de esclavización de una forma u otra.[77] Habían tenido comparativamente pocos esclavos indios, a pesar de los capturados bajo gobernadores anteriores, incluidos Cereceda y Alvarado, ya que parece haber sido mucho más lucrativo venderlos fuera de la provincia. A medida que su situación se hizo más permanente, y a medida que se desarrollaba la minería y aumentaba la necesidad de mano de obra en general, los españoles se convencieron de que se necesitaba un gran número de esclavos indios para el desarrollo económico de la provincia.[78]

Los efectos de las políticas esclavistas antes de la llegada de Montejo contribuyeron a la disminución de la población nativa y desorganizaron mucho a la sociedad nativa. Para establecer tranquilidad y confianza entre los indios, Montejo resolvió poner fin a prácticas que tan flagrantemente violaban la política real y que, además, eran contrarias a sus propias creencias y al verdadero bienestar de la colonia. Informó a la Corona de las malas consecuencias de las actividades esclavistas de sus predecesores e,

---

[76] *Ibid.*; Montejo a la Corona, 4 de noviembre de 1539, AGI, Guatemala 9.

[77] *Ibid.*; Montejo a la Corona, Naco, 28 de julio de 1537, AGI, Guatemala 9; Cédulas del 29 de enero y 30 de junio, 1538, AGI, Guatemala 402; Memorial de Pedraza al Consejo de Indias (n.d.), AGI, Indiferente General 1380; Pedraza a la Corona, Gracias a Dios, 18 de mayo de 1539, AGI, Guatemala 9.

[78] *Ibid.*

ignorando el sentimiento de los colonos, introdujo fuertes medidas para frenar la esclavitud indiscriminada.[79]

A pesar de sus principios fundamentales, Montejo creía que se necesitaban algunos esclavos indios para el trabajo y, por lo tanto, permitía la captura de nativos en la guerra de acuerdo con la ley real. Pidió también autorización expresa a la Corona para esclavizar indios en las condiciones estipuladas por las ordenanzas reales y permiso para ejercer un comercio controlado de *esclavos de rescate*, o indios esclavizados por otros nativos bajo sus propias costumbres. Así, pidió licencia para llevar a cabo una esclavización cuidadosamente controlada y un tráfico de esclavos regulado, aunque sólo unos pocos nativos fueron esclavizados y marcados durante las campañas de pacificación realizadas por él antes del estallido de la gran revuelta. La mayoría de estos pocos esclavos pronto fueron puestos en libertad por orden de Montejo.[80]

La política de Montejo disgustó a los colonos, acostumbrados a la laxitud en la aplicación de las disposiciones reales destinadas a proteger a los nativos y a seguir sus propias inclinaciones en cuanto a la toma de esclavos. Por el tiempo en que estalló la gran revuelta general, los colonos exigieron a Montejo que por un período de seis meses permitiera esclavizar a los indios mayores de quince años en las condiciones hasta entonces permitidas por la ley. Dijeron a Montejo que esta medida era necesaria para evitar el abandono de la provincia, ya que no podían mantenerse sin un número suficiente de esclavos.[81] Bajo esta presión, Montejo cedió algo y, contra su voluntad, accedió a su petición, prescribiendo, sin embargo, que las leyes reales se observaran con el mayor cuidado. Era consciente de que sería difícil hacer cumplir las leyes pertinentes, pero, dadas las circunstancias, consideró necesario atender temporalmente las demandas de los colonos. Escribió a la Corona solicitando la aprobación de la medida, y mientras tanto la

---

[79] Montejo a la Corona, Naco, 28 de julio de 1537, AGI, Guatemala 9; Montejo a la Corona, Gracias a Dios, 1 de junio de 1539, DII, 24:250-97, 298-310.

[80] *Ibid.*; Montejo a la Corona, Gracias a Dios, 4 de noviembre de 1539, AGI, Guatemala 9; Residencia de Montejo para Honduras-Higueras, 1544, AGI, Justicia 300, Pedraza a la Corona, 18 de mayo de 1539, AGI, Guatemala 9.

[81] *Ibid.*

puso en vigor. Sin embargo, no parece que se hayan tomado muchos esclavos durante el período de seis meses involucrado.[82]

La política de la corona con respecto a la esclavitud de los indios estaba en transición en ese momento, y las ordenanzas anteriores que permitían la esclavitud estaban en duda. Hubo tendencias crecientes que culminarían en las célebres Leyes Nuevas de 1542-43, tendencias que, bajo la influencia de Francisco de Victoria, Bartolomé de las Casas y otros de su noble escuela, estaban diseñadas para prohibir la esclavitud por completo. Por lo tanto, la Corona emitió una cédula directamente a Montejo prohibiendo la exportación de esclavos de Honduras-Higueras. Esta cédula, que llegó después de haber sido reprimido el levantamiento general, fortaleció la mano de Montejo para romper la esclavitud indiscriminada e impedir el comercio extensivo de esclavos.[83]

Incluso antes de estos acontecimientos, la Corona había tomado medidas específicas contra la esclavitud ilícita de los indios en Honduras-Higueras y su venta en las Indias Occidentales bajo la sanción de los gobernadores anteriores. En 1537 se ordenó a la Audiencia de Santo Domingo que investigara los informes de violación de las ordenanzas reales sobre la esclavitud por parte de las autoridades de la provincia, hiciera cumplir todas las leyes pertinentes, liberara a los nativos esclavizados ilegalmente y castigara a todos los infractores. La Audiencia encomendó la ejecución de estas instrucciones a un tal Dr. Blázquez, a quien ese tribunal enviaba a Nicaragua para tomar la residencia del gobernador. Blázquez iba a ir a Honduras-Higueras después de terminar su misión en Nicaragua. No se sabe, sin embargo, de ninguna investigación que Blázquez pudiera haber realizado en Honduras-Higueras. Es de suponer que no fue allí, quizás porque el estallido de la revuelta general hizo imposible una investigación o porque la prohibición de operaciones esclavistas sin restricciones

---

[82] *Ibid.*
[83] Cédula de Montejo del 7 de junio de 1539, AGI, Guatemala 402; Cédula del 29 de enero de 1539, AGI, Guatemala 402.

por parte de Montejo llevó a la Audiencia a suspender su investigación.[84]

Los colonos de Honduras-Higueras sostenían que los indios de fuera que servían como auxiliares en la guerra podían luego ser colonizados entre los nativos como aliados de los españoles. Alvarado, García de Celis y Montejo todos apoyaron la opinión de que tal colonización era deseable. De hecho, esta teoría era común en todas las Indias. El propio Montejo había traído auxiliares extranjeros, algunos de los cuales eran nahuas de su encomienda del Valle de Anáhuac de Azcapotzalco.[85] Sin embargo, los que lo acompañaban no podían haber sido lo suficientemente numerosos como para ejercer una influencia permanente, y se les mantuvo estrechamente controlados.

Por otro lado, los 1000-2000 achíes que Alvarado trajo de Guatemala eran un grupo suficientemente grande como para afectar gravemente a los nativos de Honduras. Poco se sabe de estos indios feroces, belicosos y despiadados, de quienes se dice que practicaron el canibalismo y el sacrificio humano. Pudieron haber sido una isla nahua mexicana entre los mayas y otros pueblos de Guatemala. Llevando la muerte, la destrucción y el terror a dondequiera que fueran, los achíes también llevaron a cabo despiadadas redadas de esclavos. Fueron especialmente un flagelo para la gente de la costa norte de Higueras. Según el licenciado Cristóbal de Pedraza, se llevaron a 6000 hombres, mujeres y niños, de los cuales, según sus propias costumbres, esclavizaron a 3000. Muchos de los indios que huyeron despavoridos cuando se acercaron los achíes se negaron a regresar a sus hogares mientras estos feroces extranjeros permanecieran cerca. Tales circunstancias se sumaron a la desesperación de los nativos de Higueras, y Montejo y otros afirmaron que el salvajismo de los achíes fue uno de los factores que los llevó a la rebelión. Para repetir las palabras de Montejo, los achíes eran verdaderamente "fuego para la

---

[84] Audiencia de Santo Domingo a la Corona, 30 de mayo de 1537, y 31 de diciembre de 1538, AGI, Santo Domingo 49.

[85] Véase la Cédula del 28 de enero de 1550, sobre la toma de Indios por Montejo de su encomienda de Azcapotzalco, AGI, México 1089.

tierra".⁸⁶ Un gran número de achíes formó parte de la expedición de Juan de Chávez al interior del país, y este grupo afortunadamente regresó a Guatemala con él. Montejo, que reconoció las malas consecuencias de su presencia, envió de regreso a su patria a gran parte del resto de estos achíes.⁸⁷

Sin embargo, durante la gran revuelta, cuando necesitó de todos los auxiliares que pudo encontrar, Montejo había pedido a las autoridades de Guatemala que le enviaran más achíes por el terror que producían.⁸⁸ El cabildo de Santiago se negó alegando que los indios que habían acompañado a Alvarado habían estado demasiado tiempo retenidos en Higueras y que muchos habían muerto en la guerra y como consecuencia de un clima extraño. Denunciaron además que los auxiliares habían sido tan maltratados y desatendidos en Higueras que proveer más a Montejo "sería mandarlos al matadero según la experiencia que se ha tenido del asunto...".⁸⁹ Tras la supresión de la revuelta, poco se sabe de los achíes.

El trabajo forzado de los indios libres fue otra causa de disensión entre Montejo y los colonos. De acuerdo con las ordenanzas reales, Montejo se opuso al trabajo forzado en la minería, el trabajo de carga y otros trabajos excesivamente duros, que en muchos casos llevaron rápidamente a graves malos tratos, enfermedades y muerte. Insistió en el empleo de sólo los indios legalmente esclavizados que estuvieran disponibles y los nativos que pudieran, con la promesa de una recompensa, consentir voluntariamente en participar en las actividades más arduas fomentadas por los españoles. Además, como ya se indicó, deseaba emplear esclavos negros en la medida permitida. Los colonos

---

⁸⁶ Montejo a la Corona, Naco, 28 de julio de 1537, AGI, Guatemala 9; Pedraza a la Corona, 18 de mayo de 1539, AGI, Guatemala 9; Montejo a la Corona, Gracias a Dios, 1 de junio de 1539, DII, 24:250-97. La cita es de Montejo a la Corona, Naco, 28 de julio de 1537.

⁸⁷ *Ibid.*

⁸⁸ Montejo al Cabildo de Santiago de Guatemala, 24 de diciembre de 1537, AGG, Documentos del Archivo Municipal, Carta de Personas Ilustres.

⁸⁹ Documentos sin fechar redactados por el Cabildo de Santiago de Guatemala, AGG, Documentos del Archivo Municipal, Instrucciones y Cartas y Consultas.

deseaban especialmente emplear a sus indios de encomienda no remunerados como trabajadores. Mientras era gobernador interino, Maldonado había prohibido ese trabajo forzado en Guatemala y Montejo adoptó medidas paralelas en Honduras-Higueras. Pedraza, como protector de los indios de Honduras-Higueras, tomó una posición similar después de su llegada en 1538.[90]

La falta de comunicaciones adecuadas hizo necesario emplear nativos para llevar provisiones, mercaderías, tributos de encomienda y muchas otras cosas a todas partes de la provincia. Para este servicio de transporte se necesitaban muchos nativos y los pesos que transportaban eran frecuentemente muy pesados. Los cargadores eran especialmente necesarios durante las lluvias anuales, cuando los caminos y senderos eran prácticamente intransitables para los animales, y mucho menos para los vehículos. El llevar carga hizo especial daño a los indios, ya que los del altiplano tenían que ir a la costa tropical caliente, y los de la costa al interior más alto, más fresco y montañoso, tal como ocurría con la minería. Muchas muertes y muchas enfermedades resultaron del duro trabajo y las condiciones climáticas.[91] Este servicio de transporte era ineludiblemente un tipo de trabajo forzado, a pesar de que la ley exigía que todos los nativos libres así empleados fueran pagados justamente, a pesar de las intenciones benéficas de funcionarios como Montejo y Pedraza. En la práctica, a menudo se ignoraba la obligación de pagar.

También hubo otros abusos. Los encomenderos alquilaban sus indios a comerciantes y otros a cambio de sumas acordadas. Los indios así contratados eran frecuentemente puestos bajo capataces que no tenían ninguna consideración por su bienestar y que los descuidaban y maltrataban en todos los sentidos.[92]

La construcción de caminos por los que pudieran moverse libremente los animales de carga y las carretas era la única

---

[90] Montejo a la Corona, Naco, 28 de julio de 1537, AGI, Guatemala 9; Pedraza a la Corona, Gracias a Dios, 18 de mayo de 1539, AGI, Guatemala 9; Montejo a la Corona, Gracias a Dios, 1 de junio de 1539, DII, 24:250-97, 298-310; Residencia de Montejo para Honduras-Higueras, 1544, AGI, Justicia 300.

[91] *Ibid.*; Residencia de Alonso Maldonado y los oidores de la Audiencia de los Confines, 1548, AGI, Justicia 299.

[92] *Ibid.*

alternativa al servicio de transporte de los indios. Los males del sistema de carga fueron admitidos por todos los que estaban familiarizados con él, y la necesidad de aliviar las cargas de los indios jugó su parte en los planes de Montejo para la construcción de caminos adecuados. Sin embargo, hasta que se construyeron tales caminos, Montejo no tuvo más remedio que permitir el transporte de cargas para cumplir con los requisitos de la colonia. No fue sino hasta algún tiempo después del primer período de Montejo como gobernador de Honduras-Higueras, que finalizó a mediados de 1539, que se formalizó el transporte de cargas y se integró más bajo la regulación oficial como el sistema de *tamemes*.

Al conducir el repartimiento de Higueras, Montejo procuró diligentemente dar a los conquistadores y pobladores una recompensa por sus servicios tan adecuada como lo permitieran los números y los recursos de la población nativa. Sin embargo, había algunas áreas, en particular el Valle de Comayagua, que tenía muy pocos indios para permitir la asignación de encomiendas a todos los conquistadores. De hecho, Alvarado había encontrado esto cierto en el distrito de San Pedro después de haber fundado ese pueblo. Después de la represión de la gran revuelta, la situación se volvió más crítica en todas partes. Ahora había pocas encomiendas grandes para cualquiera. Los planes de Montejo para extender la conquista a nuevas áreas tenían como uno de sus objetivos el otorgar una recompensa en forma de encomiendas a los conquistadores para quienes no había pueblos en territorio ya subyugado.

Los repartimientos siempre exigieron sumo cuidado en todas partes de las Indias. La distribución de encomiendas a satisfacción de los conquistadores-colonos era un asunto importante, aunque muy difícil, ya que el descontento con los pueblos asignados a ellos por parte de cualquier proporción considerable de colonos fácilmente podía causar dificultades a los funcionarios gobernantes, y en casos extremos podrían incluso poner en peligro la ocupación permanente. El menor de los resultados adversos a los que tal descontento podía conducir era a disputas celosas y litigios interminables.[93]

---

[93] Montejo a la Corona, 1 de junio de 1539, DII, 24:250 ff.; Montejo a la Corona, 20 de agosto de 1539, AGI, Guatemala 39; Montejo a la Corona,

La escasez de indios y de pueblos causó muy comprensiblemente el descontento entre los conquistadores de Higueras para quienes no había encomiendas y entre muchos otros que consideraban que los pueblos que recibían no les daban la recompensa adecuada por sus servicios. Montejo no pudo hacer más que lamentar que no hubiera suficientes pueblos para todos y apelar a los que no tenían encomiendas a que esperaran la ocupación del supuestamente bien poblado Valle de Olancho, donde prometió que habría pueblos disponibles. Estas garantías, por supuesto, no lograron calmar el descontento y se dice que catorce o quince colonos, impacientes por más demoras, pronto abandonaron Higueras. El problema era serio y no había otra solución para Montejo que continuar con sus esfuerzos por traer de vuelta a los indios dispersos y planificar la conquista de nuevos territorios.[94]

Existía en Honduras-Higueras, contra toda ley real, la práctica viciosa de vender encomiendas como si fueran propiedades personales. Las encomiendas podrían llamarse concesiones reales semifeudales en usufructo, con título en la Corona. No eran propiedad del encomendero. Los encomenderos de todas las Indias durante el primer período de la colonización, y antes de que la legislación real fijara finalmente la forma jurídica de la encomienda, deseaban convertir sus pueblos en posesiones permanentes, con título propio y de sus descendientes. También se intercambiaban encomiendas entre colonos sin el debido proceso. Los naborías, o sirvientes domésticos indios, también eran intercambiados, y a veces vendidos, en total contravención de la ley. Montejo pasó por alto algunas de estas prácticas ilegales y, de hecho, es posible que él mismo haya vendido encomiendas mediante subterfugios, como hicieron muchos gobernadores.[95] En una cédula al gobernador de Honduras-Higueras, emitida a pedido

---

Gracias a Dios, 4 de noviembre de 1539, AGI, Guatemala 9; Montejo a la Corona, 15 de diciembre de 1539, AGI, Guatemala 9; Montejo v. Pedraza 1539, AGI, Justicia 129-2.
[94] *Ibid.*
[95] Residencia de Montejo para Honduras-Higueras, 1544, AGI, Justicia 300.

de Pedraza, la Corona en 1539 prohibió cualquier venta adicional de encomiendas y naborías.[96]

Los conquistadores-colonos habían hecho grandes esfuerzos y habían corrido muchos peligros al ocupar la provincia y, en general, estaban muy descontentos con la política moderada de Montejo hacia los indios, que frenaba la explotación inmediata más completa de la región y sus habitantes nativos. Los españoles consideraban lo que ellos mismos creían una compensación adecuada por sus servicios como justo lo que les correspondía, y sentían que tal compensación sólo podía obtenerse mediante los metales preciosos y la explotación sin trabas de los indios.

Montejo se dio cuenta de que sus esfuerzos por defender a los indios despertarían con el tiempo una seria oposición. Sin embargo, fijó sus planes a largo plazo para un sano desarrollo, en contra de los deseos de los colonos de una explotación rápida y ruinosa de los recursos naturales y humanos, y perseveró en sus esfuerzos. Defendiendo estas políticas ante la Corona contra las protestas tanto de los funcionarios menores como de los colonos, e inferencialmente apelando al apoyo real, declaró:

"Vuestra Majestad bien puede creer que si yo no hubiera actuado (en defensa de los indios), esta provincia (de Higueras) estaría en la misma situación de Honduras y el Valle de Guanaco, donde ya no hay gente ni pueblos. Si otro que no hubiera tenido el cuidado que yo he tenido en proteger a los indios, se hubiera enviado aquí, (esta provincia) no hubiera sido poblada, ni hubiera llegado a su (buen) estado actual. Y si alguien hiciera menos, los resultados serán tales como los que he descrito...". [97]

PEDRAZA, ECLESIÁSTICO, PROTECTOR DE LOS INDIOS Y JUEZ REAL

Los monarcas de Castilla colaboraron estrechamente con la Iglesia de Roma, ya que mantuvieron firmemente –y aplicaron– el concepto medieval de cooperación entre lo secular y espiritual como representantes de los dos aspectos del poder de Dios en la

---

[96] Cédula del 29 de enero de 1538, AGI, Guatemala 402.
[97] Montejo a la Corona, 1 de junio de 1539, DII, 24:250 ff.

tierra. Fueron aún más lejos y, con la autoridad del Papa, hicieron de la Iglesia de sus posesiones de ultramar, de hecho, parte del Estado. En consecuencia, la Iglesia en el Nuevo Mundo siempre recibió cuidadosa atención, para que estuviera fuertemente organizada y poderosa y para que pudiera ministrar plenamente a los españoles y al mismo tiempo traer a los nativos bajo su manto protector. La conversión de los indios a la fe de Roma fue una de las principales obligaciones de los monarcas castellanos bajo su dispensa papal para conquistar y dominar el Nuevo Mundo.

La Corona deseaba llevar la Iglesia a su plena organización en sus provincias de Indias lo antes posible después de lograda la colonización. No pasó mucho tiempo, por lo tanto, antes de que se propusiera una sede independiente de Honduras.[98] Mientras tanto, a partir de 1538, el obispo de Guatemala, Francisco de Marroquín, ejerce la superintendencia de los asuntos eclesiásticos de la provincia.[99]

A mediados de la década de 1530 la Corona había nombrado obispo para Honduras-Higueras al fray Alonso de Guzmán, jeronimita, y ante la urgente necesidad de un gobernador provincial real en ese momento pretendía que fuera también magistrado mayor. Sin embargo, Guzmán no aceptó su doble nombramiento y la Corona nombró entonces gobernador a Montejo, pero por el momento no designó nuevo obispo. Tampoco había protector de los indios en Honduras-Higueras, y en vista de los informes de malos tratos a los nativos locales, la Corona deseaba colocar allí a tal oficial real. El cargo de protector de los indios era civil, pero sus deberes eran tales que estaba estrechamente relacionado con los asuntos religiosos, y por lo tanto los miembros del clero eran los más apropiados como designados.[100]

En 1537-38, el eclesiástico Cristóbal de Pedraza fue elegido oficial real para proteger a los indios y guiar los asuntos

---

[98] Véase la Cédula que nombra a Montejo como gobernador de Honduras-Higueras, 1 de marzo de 1535, AGI, Guatemala 402.

[99] Cédula del obispo Francisco de Marroquín, 12 de febrero de 1538, AGI, Guatemala 393.

[100] Cédula que nombra a Montejo como gobernador de Honduras-Higueras, 1 de marzo de 1535, AGI, Guatemala 402; Cédula al obispo Francisco de Marroquín, 12 de febrero de 1538, AGI, Guatemala 393.

espirituales de Honduras-Higueras hasta que finalmente se estableciera un obispado independiente. Pedraza iba a jugar un papel importantísimo, tanto civil como espiritual. Más tarde se convirtió en obispo de Honduras, pero al principio su papel en los asuntos civiles, para lo cual lo había preparado su formación legal, superó su lugar en la vida espiritual de la colonia.

Pedraza estaba en la corte cuando llegó su nombramiento en Honduras-Higueras, pero ya conocía las Indias por haber servido en la Nueva España. Fue allí en 1533, sirviendo primero como cantor de la Catedral de la Ciudad de México, y luego como protector de los indios en la provincia occidental de Nueva Galicia.[101] Si su propio relato es correcto, Pedraza estuvo muy activo en la Nueva Galicia. Entre otras cosas, estableció una escuela para niños indios, especialmente hijos de caciques, donde se les enseñaban los principios básicos de la educación civil y la religión. Pedraza afirmó haber fundado esta escuela por iniciativa propia y a pesar de la oposición de los laicos españoles. Había sido un gran éxito y habían asistido muchos niños indios. También declaró que había mediado en una violenta querella entre Cortés y Nuño de Guzmán, primer presidente de la Audiencia de la Nueva España y conquistador de Nueva Galicia. Si bien no está claro cuándo regresó a Castilla, esto ocurrió a mediados de la década de 1530.[102]

En Nueva España, particularmente en la frontera Nueva Galicia, Pedraza luchó contra los malos tratos a los indios. Protestó estos abusos a la Corona y, con sincero celo, resolvió hacer todo lo posible para mejorar la suerte de los nativos protegiéndolos, obteniendo justicia para ellos y ganándolos para la Fe. Fue fuertemente influenciado por la escuela de pensamiento de las Casas y sostuvo teorías avanzadas con respecto a la conversión y "reducción pacífica" de los indios en todas partes. Pedraza esperaba ganar a los indios para la Corona y la Iglesia mediante la predicación, el trato considerado, las palabras acertadas y el buen ejemplo, y expuso sus ideas a la Corona, que las escuchó con

---

[101] Memorial de Pedraza al Consejo de Indias (n.d.), AGI, Indiferente General 1380; Chamberlain, 1945ª.

[102] *Ibid.*

simpatía.[103] Pedraza era aparentemente joven, entusiasta, idealista y sincero. También era firme, incluso obstinado, cuando sentía que era necesario tomar una posición y tenía un alto sentido del deber. En todos los aspectos, fue un excelente instrumento a través del cual avanzar en las fases religiosas de la política real.

Sobre la base de lo que debió ser un servicio altamente meritorio en la Nueva España y la evidente sinceridad de sus ideales, la Corona, en noviembre de 1537, nombró a Pedraza protector y defensor de los indios de Honduras-Higueras. Como tal, estaba autorizado, bajo su propia responsabilidad, a tomar las medidas que considerara necesarias para promover el bienestar de los nativos. Podía realizar investigaciones sobre las condiciones entre los indios y, sobre la base de sus hallazgos, proceder contra cualquier culpable de ofensas contra ellos, ya fuera gobernador o ciudadano particular. También podría tomar la iniciativa de enviar funcionarios a cualquier parte de la provincia para investigar e informar sobre los asuntos indios. Aunque tales funcionarios de investigación en realidad fueron designados por el gobernador, su designación se basó en la recomendación del protector. Como protector de los indios, Pedraza también debía investigar el empleo y los actos de los calpixques o mayordomos, a quienes los encomenderos colocaban en sus pueblos de encomienda como administradores. Estos calpixques solían ser españoles, pero a veces negros, o incluso las personas consideradas *moriscos*, se convertían en moriscos, moros convertidos. El uso de calpixques en las Indias había dado lugar a muchos abusos, y la práctica de nombrarlos fue objeto de críticas de muchos sectores. Pedraza iba a informar sobre este problema en lo que se refería a Honduras-Higueras y se encargaría de que en lo sucesivo sólo los cristianos españoles de buen carácter fueran empleados como calpixques por los encomenderos.[104]

---

[103] *Ibid.*

[104] Las cédulas que nombran a Pedraza protector de los Indios y prelado interino de Honduras-Higueras, y las de medidas que debía realizar en relación con esos oficios, fueron expedidas el 29 de enero de 1538, con excepción de la de calpixques, que fue expedida el 8 de abril de 1538. Estas cédulas se encuentran en AGI, Guatemala 402.

Pedraza también investigaría todo el problema de la esclavitud en vista de las acusaciones que habían llegado a la Corona durante el período anterior a la toma de posesión de Montejo. Los cargos, como ya se ha mencionado, sostenían que los gobernadores de Honduras llevaron a cabo, o al menos permitieron, la esclavización ilegal de indios, la toma de muchos esclavos sin marcar oficialmente y el transporte de gran número de nativos a otras provincias para la venta. Pedraza debía asegurar el regreso a Honduras-Higueras de todos los indios que habían sido llevados a otros lugares en contra de la ley y debía liberar a todos los nativos ilegalmente esclavizados. Al parecer, también fue a pedido de Pedraza que la Corona emitió las cédulas ya mencionadas que prohibían la venta de encomiendas y naborías en Honduras-Higueras.

Pedraza daría a conocer los resultados de sus investigaciones a la Audiencia de Santo Domingo o directamente al Consejo de Indias, acompañado de un dictamen del gobernador, para la determinación final y la aplicación de la sanción a los culpables de infringir las leyes y maltratar a los ciudadanos indios. Cualquier cargo contra los tenientes designados por el gobernador debía presentarse ante este último; cualquiera contra el gobernador, Pedraza podía manejarlo en virtud de su propia autoridad. En tal caso, el gobernador tenía el derecho de apelar a la Audiencia de Santo Domingo o al Consejo de Indias. Sin embargo, al asignar tales poderes al protector, la Corona dejó en claro que no se pretendía que gozara de una autoridad superior a la del gobernador para ejercer jurisdicción en los asuntos civiles, excepto en lo que concernía al bienestar de los nativos. Al protector no se le asignó jurisdicción en casos criminales entre indios, ya que todos esos asuntos estaban bajo la autoridad del gobernador y funcionarios menores. En casos puramente civiles relacionados con indios, el protector tenía jurisdicción limitada y podía imponer multas de hasta 50 pesos, independientemente de la apelación.

La Corona deseaba correlacionar los esfuerzos del clero ya en Honduras-Higueras, en espera del establecimiento de una diócesis separada, para así hacer más efectiva su doble tarea de ministrar a los españoles y convertir a los indios. Por tanto, a principios de

1538, Pedraza quedó encargado interinamente de todos los asuntos espirituales y eclesiásticos de la provincia. Sus deberes dentro de Honduras-Higueras serían los que normalmente realizaba un obispo, pero fue colocado bajo la autoridad más amplia del obispo Marroquín, con quien debía buscar orientación. Así, el obispo de Guatemala actuaría en efecto en calidad de arzobispo con relación a Pedraza y Honduras-Higueras hasta que se completara la organización eclesiástica completa de la provincia.

Pedraza recibió instrucciones específicas, como cabeza espiritual interina de la colonia, para ministrar y adoctrinar a los indios y administrar el pago de los diezmos de la Iglesia. La recolección de los diezmos, que casi siempre se daban en especie, hasta ahora se había visto obstaculizada en Honduras-Higueras por las condiciones inestables y la falta de transporte adecuado. Además, a petición de Pedraza, la Corona dispuso que se destinara un pueblo de indios a los ingresos, por medio de tributos, para el establecimiento y sostenimiento de una escuela como la que él había fundado en Nueva Galicia.

Como la Corona había sido informada de que no había un impuesto oficial de los tributos y servicios que los nativos de Honduras-Higueras debían dar a sus encomenderos y que algunos encomenderos imponían requisitos excesivos a sus pueblos, se ordenó a Montejo y Pedraza que remediaran la situación. Debían hacer un examen cuidadoso para determinar los tipos y cantidades de tributos y servicios que los indios habían dado a sus señores nativos antes de que vinieran los españoles, y encontrar exactamente lo que pasó a sus encomenderos después de la conquista. Con base en sus conclusiones Montejo y Pedraza debían establecer conjuntamente un régimen de tributos justo y equitativo y servicios para cada pueblo de encomienda, de acuerdo con la población, recursos y actividades agrícolas y artesanales de cada uno.

La Corona quiso que Montejo como gobernador, y Pedraza, como cabeza eclesiástica interina de la provincia y Protector de los indios, trabajaran armoniosamente en todo. Así, los líderes temporales y espirituales de la provincia debían cooperar de acuerdo con la teoría sobre la que descansaba la monarquía castellana.

Pedraza estuvo en la Corte al mismo tiempo que Alvarado, el tesorero García de Celis y los dos procuradores de Honduras-Higueras, Nicolás López de Yrarraga y Francisco Cava. Consultó extensamente con ellos y, por lo tanto, se volvió muy versado en los asuntos de la provincia. De hecho, es muy posible que la presencia de estos funcionarios haya vuelto su interés hacia Honduras-Higueras, y que ellos, especialmente Alvarado, hayan influenciado en su nombramiento.

Pedraza también fue designado juez real para mediar entre Montejo y Alvarado en la controversia ahora pendiente entre ellos sobre la gobernación de Honduras-Higueras. Fue esta posición la que le daría a Pedraza un papel tan importante en Honduras-Higueras en su primera llegada.

En su regreso al Nuevo Mundo en la primavera de 1538, Pedraza estuvo acompañado por el tesorero García de Celis. Hicieron alto en Santo Domingo, donde Pedraza consultó largamente con el obispo y el presidente de la Audiencia sobre sus propios deberes y los asuntos de Honduras-Higueras, que caían dentro de la jurisdicción de la Audiencia. Pedraza y García de Celis llegaron el 6 de octubre a Puerto de Caballos, desde donde Pedraza se dirigió a San Pedro durante dos semanas antes de continuar a Gracias a Dios para encontrarse con Montejo, quien dirigía la guerra contra los indios rebeldes. Montejo, otros funcionarios y ciudadanos destacados de Gracias a Dios le dieron una calurosa bienvenida a Pedraza, como correspondía al jefe espiritual de la colonia.[105] Montejo consideró especialmente a Pedraza como un valioso y honrado colaborador, y "se alegró" de su llegada, saludándolo como "a un hermano". Hizo erigir una vivienda para Pedraza, y le asignó en encomienda un pueblo codiciado cerca de Gracias a Dios.[106]

Montejo inmediatamente buscó establecer una verdadera colaboración entre él y Pedraza en los asuntos gubernamentales,

---

[105] Pedraza a la Corona, Gracias a Dios, 18 de mayo de 1539, AGI, Guatemala 9.

[106] Montejo a la Corona, Gracias a Dios, 1 de junio de 1539, DII, 24:250 ff.

eclesiásticos e indios, y lo nombró consejero principal en todos los asuntos administrativos. Cuando fue a completar la pacificación del Valle de Comayagua hacia el final de la guerra con los indios, Montejo nombró a su hermano Juan y Pedraza coadministradores en Gracias a Dios, para gobernar hasta su regreso. Montejo compartió la opinión de Pedraza sobre los indios y sostuvo que la ayuda de Pedraza era "muy necesaria para fomentar el buen trato de los indios". Por tanto, aceptó de todo corazón a Pedraza, tanto como máximo representante de la Iglesia en la provincia como Protector de los indios. Con la guerra contra los indios aún en curso y la gran tarea de rehabilitación inminente, la necesidad de una cooperación total era más que manifiesta. Montejo sabía muy poco del nombramiento de Pedraza como mediador entre él y Alvarado y, algo preocupado por los poderes de Pedraza en ese sentido, estaba muy deseoso de tener su amistad.[107]

Habiendo escuchado el punto de vista de Alvarado en la Corte, Pedraza se mostró algo distante de Montejo al principio; pero a medida que se familiarizó con los problemas de Honduras-Higueras de primera mano, observó la política de Montejo en operación, aprendió sus objetivos y lo observó dirigir la guerra contra los indios, concibió una gran consideración por el anciano, tanto como individuo y como un alto funcionario, y voluntariamente trabajó con él.[108] Entre los asuntos específicos que pronto abordaron Montejo y Pedraza estaban un calendario oficial de tributos y servicios para los indios ordenado por la Corona, un sistema generalizado de recaudación de los diezmos de la Iglesia y el establecimiento de una escuela para niños indios. El asentamiento de los dos primeros se suspendió necesariamente hasta que la revuelta hubiera sido aplastada en todas partes.[109] Al parecer, Pedraza accedió a continuar utilizando los diezmos que pudieran recaudarse para apoyar la guerra. Los diezmos de la

---

[107] *Ibid.*

[108] *Ibid.*; Pedraza a la Corona, Gracias a Dios, 18 de mayo de 1539, AGI, Guatemala 9; Montejo v. Pedraza, 1539, AGI, Justicia 129-2.

[109] Cédula del 9 de enero de 1538, AGI, Guatemala 402; Pedraza a la Corona, Gracias a Dios, 18 de mayo de 1539, AGI, Guatemala 9; Montejo a la Corona, Gracias a Dios, 1 de junio de 1539, DII, 24:250-97; Montejo v. Pedraza, 1539, AGI, Justicia 129-2.

Iglesia habían producido el equivalente a 180 pesos en Buena Esperanza en tiempos de Cereceda, poco menos de 860 pesos de oro en San Pedro durante 1537 y 1538 y apenas 163 pesos en Gracias a Dios en 1538. A causa de la guerra y las condiciones inestables no se recolectó ninguno en Gracias a Dios durante 1539. La mayoría de los diezmos de 1537 y 1538 fueron empleados por Montejo y sus subordinados para ayudar a financiar la guerra.[110]

Sin embargo, la escuela propuesta pronto se instaló en Gracias a Dios, con el pleno apoyo de Montejo, y los ingresos del pueblo de Talva se destinaron para mantenerla. Hijos de caciques y otros niños nativos de la zona de Gracias a Dios recibieron formación religiosa y rudimentaria educación laica bajo la dirección de Pedraza, como estaba previsto. Esta institución, la primera de su tipo en la provincia, tuvo un éxito inmediato.[111]

Ansioso por promover la plena armonía, Pedraza compuso la vieja querella entre el tesorero García de Celis y el contador Andrés de Cereceda que se había desarrollado en Buena Esperanza antes del rescate de la colonia por parte de Pedro de Alvarado.

Pedraza deseaba someter sus teorías de la reducción pacífica a la prueba en la guerra que aún continuaba. Era consciente, por supuesto, de que las cosas habían ido demasiado lejos para permitir cualquier intento de aplicación extensiva de tales planes idealistas, porque la amargura y el odio extremos presagiaban éxito a gran escala. Sin embargo, propuso entrar en los distritos aún no conquistados con una guardia protectora de solo seis jinetes para tratar de recuperar la lealtad de los nativos a través de la persuasión moral, la predicación y las buenas obras. Solicitó a la Corona la aprobación real directa, aparentemente deseando protección contra una posible interferencia de las autoridades militares o civiles. A pesar de que sin duda Montejo habría permitido que Pedraza siguiera adelante, aunque la mayoría de los demás debieron haber

---

[110] Detalles de tesorería de Diego García de Celis, 1540, AGI, Indiferente General 1206.

[111] Montejo a la Corona, Gracias a Dios, 1 de junio de 1539, DII, 24:250 ff.; Pedraza a la Corona, Gracias a Dios, 18 de mayo de 1539, AGI, Guatemala 9; Montejo v. Pedraza, 1539, AGI, Justicia 129-2

visto su plan con escepticismo y desaprobación, el protector, hasta donde se sabe, nunca trató de llevarlo a cabo.[112]

Pedraza se esforzó concienzudamente por convertir a los indios allí donde se le presentó la oportunidad e hizo todo lo posible por ayudarlos, contando con todo el apoyo de Montejo. Al igual que este último, Pedraza promulgó decretos que prohibían el empleo indiscriminado de indios para el trabajo en las minas, especialmente de los nativos libres,[113] lo que inevitablemente suscitó oposición. Las autoridades de San Pedro llegaron finalmente a protestar ante la Corona.[114] Pedraza pronto descubrió, como lo había hecho Montejo, que cualquier medida para ayudar a los indios que fuera contraria a los deseos inmediatos de los colonos suscitaría las más duras condenas y críticas.

Cuando llegó Pedraza aún no se habían completado iglesias permanentes. Otros edificios públicos o privados, o estructuras temporales, se utilizaron para servicios divinos. En Gracias a Dios se decía la misa en la propia vivienda de Montejo. Pedraza comenzó a prestar servicios en la recién construida casa de fundición.[115]

Había cinco miembros del clero secular en Honduras-Higueras antes de que llegara Pedraza, incluido el capellán de Montejo, el bachiller Juan Álvarez. Estos clérigos sirvieron como *curas*, o coadjutores, de varios municipios, ninguno de los cuales carecía de al menos un miembro del clero. Juan Ávila, que llevaba algún tiempo en la provincia, y Juan Álvarez sirvieron en Gracias a Dios,

---

[112] Pedraza a la Corona, Gracias a Dios, 18 de mayo de 1539, AGI, Guatemala 9; Chamberlain, 1947c.

[113] Probanza de Pedraza, 1539, AGI, Indiferente General 1206. El importante capitán y oficial Alonso de Cáceres, declaro que Pedraza mostro gran celo en convertir a los nativos e intentar beneficiarlos (Cáceres a la Corona, Gracias a Dios, 5 de septiembre de 1539, AGI, Guatemala 43).

[114] Cabildo de San Pedro a la Corona, 1 de noviembre de 1539, AGI, Guatemala 44.

[115] Pedraza a la Corona, Gracias a Dios, 18 de mayo de 1539, AGI, Guatemala 9.

Luis Díaz en San Pedro, Francisco Guerra en Comayagua y Francisco Pineda en Trujillo.[116]

Para promover la obra de la Iglesia y acelerar la conversión de los indios, la Corona propuso hacia 1537 enviar tres frailes dominicos y tres franciscanos de Santo Domingo, aparentemente a pedido de los procuradores de Honduras-Higueras en Castilla. Sin embargo, por alguna razón, pasó un tiempo considerable antes de que aparecieran los miembros de las órdenes regulares.[117]

RESUMEN DE LAS POLITICAS Y PROYECTOS DE MONTEJO

Los previsores planes de Montejo para el desarrollo comercial y económico de Honduras-Higueras se vieron afectados lamentablemente por el estallido de la gran revuelta india de 1537 poco después de iniciados. Apenas había restablecido la paz y vuelto a dedicarse a su programa cuando Alvarado regresó de Castilla en la primavera de 1539, y la consiguiente controversia sobre la gobernación, desatando la oposición reprimida a Montejo entre los partidarios de Alvarado, no sólo frustró sus esfuerzos por el momento, sino que se vio obligado finalmente a abandonar temporalmente la provincia.[118]

El clima insalubre y la revuelta frustraron el intento de Montejo de establecer un pueblo permanente en Puerto de Caballos. Para la primavera de 1539 había sido abandonado y el camino que Montejo había abierto allí desde San Pedro había desaparecido.[119]

Las medidas que tomó el adelantado en beneficio de Trujillo no lograron resultados permanentes en esa parte de la provincia, excepto posiblemente en lo que respecta a la minería. Las autoridades y ciudadanos de Trujillo seguían temiendo que tuvieran que abandonar el lugar. Las revueltas de los indios en las áreas periféricas de su distrito, aunque fácilmente reprimidas,

---

[116] Véase Montejo v. Pedraza, 1539, AGI, Justicia 129-2; Montejo a la Corona, 1 de junio de 1539, DII, 24:250-97; Pedraza a la Corona, Gracias a Dios, 18 de mayo de 1539, AGI, Guatemala 9.

[117] Cédulas del 5 de octubre de 1537, AGI, Guatemala 402.

[118] Véase Montejo v. Pedraza, 1539, AGI, Justicia 129-2.

[119] Véase Alvarado a la Corona, San Pedro, 4 de agosto de 1539, ADII, 24.

ciertamente no aumentaron su sensación de seguridad. En un mensaje a la Corona de 1540 se quejaron de que los gobernadores de Honduras-Higueras adoptaron medidas que impedían la explotación real de los metales preciosos en su región, o llevaron a cabo un comercio de esclavos que acabó con la población nativa. Así, afirmaron, el desarrollo del distrito se hizo imposible y los colonos sufrieron por ello. Declararon que había viejos o enfermos. Todos estaban sumidos en la pobreza. Se decía que sólo quedaban 150 indios para servir a los ciudadanos en encomienda, número que posiblemente no podría satisfacer sus necesidades.[120] El factor Juan de Lerma informó, también, que las condiciones en Trujillo seguían siendo abyectas y que su situación era muy precaria.[121]

En 1539 había de treinta a treinta y cinco ciudadanos en Gracias a Dios y aproximadamente el mismo número en Comayagua y en San Pedro. Había como treinta y cinco encomiendas en la zona de Gracias a Dios, treinta y cinco o cuarenta en la de Comayagua, y dieciséis o diecisiete en el distrito de Trujillo. Incluso la más grande de estas encomiendas tenía muy pocos indios para los estándares de la Nueva España o Perú. Trujillo y Gracias a Dios tenían estatus de ciudad; Comayagua y San Pedro tenían rango de villa o pueblo. San Pedro en la primera parte de 1539, no tenía más que doce viviendas particulares permanentes.[122]

El cabildo y los ciudadanos de Comayagua, convencidos de las ventajas de su ubicación y creyendo que su pueblo debía convertirse en el centro administrativo y comercial de la provincia como lo planeó Montejo, recomendaron a la Corona que se trasladaran allí los españoles de Gracias a Dios. Dijeron que "un pueblo grande vale más que varios pueblos pequeños que no tienen importancia", y que los gobernadores de la provincia "estaban

---

[120] Cabildo de Trujillo a la Corona, 12 de marzo de 1540, AGI, Guatemala 44.

[121] Juan de Lerma a la Corona, San Pedro, 31 de octubre de 1539, AGI, Guatemala 49.

[122] *Ibid.*; Montejo a la Corona, Gracias a Dios, 4 de noviembre de 1539, AGI, Guatemala 9; Cabildo de Trujillo a la Corona, 12 de marzo de 1540, AGI, Guatemala 44; Cabildo de Comayagua a la Corona, 5 de septiembre de 1539, AGI, Guatemala 43.

acostumbrados a fundar 'tantos' pueblos y lugares, pueblos que en realidad se convirtieron en sólo sepulcros para los muertos...".[123] Lerma también sugirió a la Corona que los ciudadanos de Gracias a Dios fueran trasladados hacia el este para formar una sola comunidad importante e incuestionablemente estable en esa rica sección de la provincia.[124]

Además, está dentro de los límites de la posibilidad que Montejo, en cuyos planes políticos y económicos Comayagua tenía un lugar tan importante, haya contemplado un eventual traslado de los ciudadanos de Gracias a Dios al pueblo más oriental. Lerma, e incluso Pedraza, ahora criticaron adversamente la ubicación final que Montejo había seleccionado para Gracias a Dios, y a la cual Pedraza y Juan de Montejo habían trasladado la ciudad en la primera parte de 1539. Pedraza, e indudablemente también Lerma, originalmente habían aprobado el sitio, pero revirtieron sus opiniones después de haber estado ocupado por algún tiempo.[125] Lerma sostuvo además que la ubicación de San Pedro era insalubre y aconsejó que el pueblo fuera trasladado a Puerto de Caballos, donde, en la costa, serviría como puerto de entrada tanto para Higueras como para Guatemala. Tal medida, por supuesto, habría trasladado a San Pedro a un lugar que la experiencia hasta ahora había demostrado que estaba más propenso a la enfermedad de lo que ya estaba. Lerma también recomendó que se restableciera un pueblo en Buena Esperanza, que ciertamente era un buen sitio. Lerma consideró esta ubicación del antiguo pueblo de Cereceda como una de las mejores de toda la provincia.[126] Sin embargo, no se tomó ninguna acción inmediata sobre estas propuestas.

Las carreteras en Honduras-Higueras seguían siendo inadecuadas a pesar de los esfuerzos y planes de Montejo, aunque por un tiempo, antes de que la revuelta interrumpiera el desarrollo

---

[123] Cabildo de Comayagua a la Corona, 5 de septiembre de 1539, AGI, Guatemala 43.

[124] Juan de Lerma a la Corona, San Pedro, 31 de octubre de 1539, AGI, Guatemala 49.

[125] *Ibid.*; Montejo v. Pedraza, 1539, AGI, Justicia 129-2; Pedraza a la Corona, Sevilla, 28 de junio de 1544, AGI, Guatemala 164.

[126] Juan de Lerma a la Corona, San Pedro, 31 de octubre de 1539, AGI, Guatemala 49.

de sus amplios planes, las condiciones habían mejorado temporalmente. Los caminos que existían se volvieron casi totalmente intransitables durante la temporada de lluvias, que duraba desde mayo hasta diciembre. Los puentes eran poco frecuentes y muchos arroyos no podían cruzarse cuando estaban crecidos por las lluvias. Por lo tanto, el bien trazado plan de Montejo de establecer un sistema de caminos para facilitar el suministro y el transporte, desarrollar el comercio, unir a la provincia política, comercial y militarmente, y conectarla con otras regiones, estaba lejos de realizarse.

El plan para desarrollar una ruta comercial desde el Mar del Norte hasta el Mar del Sur para reemplazar la avenida a través de Panamá quedó en nada, aunque fue revivido más tarde en el siglo. Tampoco mejoró mucho el comercio con el exterior durante mucho tiempo. Pocos barcos llegaron desde Castilla o las Antillas durante la administración de Montejo; ninguno llegó durante el año y medio de la gran revuelta. Los bienes y animales de España eran extremadamente escasos y todo era caro. Un puerco llegó a valer seis pesos, una gallina uno, y una *arroba* de vinagre once castellanos. Poco se habla de la ropa, pero debe haber habido una gran escasez, con los consiguientes costos exorbitantes. No se sabe cuánto costaban los caballos, tan necesarios para las operaciones militares, en esta época en particular, pero a juzgar por los precios en circunstancias algo similares en otros lugares, una buena montura debe haber sido valorada en 200-300 pesos de oro. Las armas también eran caras.[127]

La minería continuó con ganancias generales bajo la gobernación de Montejo, a pesar de su interrupción por la gran revuelta y las políticas restrictivas de Montejo. Sin embargo, debido a la guerra y a las medidas de Montejo destinadas a proteger a los indios y evitar la explotación indebida, los ingresos generales no fueron tan grandes como antes de su llegada. Incluso

---

[127] Montejo a la Corona, Gracias a Dios, 1 de junio de 1539, DII, 24:250-97; Residencia de Montejo para Honduras-Higueras, 1544, AGI, Justicia 300.

entonces, aunque la producción de oro y plata disminuyó, se descubrieron nuevos depósitos.[128]

Informes contemporáneos y recomendaciones a la Corona sobre Honduras-Higueras tal como estaba en la primera parte de 1539, después de haber sido aplastada la gran revuelta, son de interesante lectura y permiten evaluaciones de la obra y los planes de Montejo. Pedraza hizo un elogio de la provincia y sus posibilidades y dedicó grandes elogios a Montejo:

"(La situación geográfica de la provincia de Higueras) ... es lo más importante para el servicio de Vuestra Majestad en todas estas partes, para la Nueva España como para todas las demás regiones... Yo digo que (esta provincia) es lo más importante porque está entre un mar y el otro... De un mar a otro y de varias ciudades y lugares a los otros todo es (ahora) seguro y ninguna persona que va entre estos lugares corre riesgo, que es un asunto de gran importancia para Vuestra Majestad en estas partes, y lo cual es de la mayor ventaja para el aumento de Vuestro Real Patrimonio. Por esa razón, tales condiciones deben tenerse en cuenta y ser consideradas como mucho. Infinitas gracias se den a Dios que en los días de Vuestra (Majestad) se hayan pacificado todas estas tierras, que se hayan descubierto estos caminos, y que se anden de una parte a otra, todo lo cual es para la gloria de Dios...

Vuestra Majestad se enterará por otra carta que espero escribir más extensamente en la cual diré como en esta, cómo verdaderamente el gobernador (Montejo) ha prestado muy grandes servicios a Vuestra Majestad, porque una de las cosas que tenía en mente hacer recomendarle que hiciera en nombre de Vuestra Majestad (cuando yo vine) fue que fundase un pueblo en medio de esta ruta de mar a mar, (como lo ha hecho). Y así un día discutimos tal plan, el Reverendísimo Obispo de Santo Domingo y yo, hablando de las cosas de esta tierra. (El obispo) es una persona muy experta y resolutiva en todos estos asuntos.

Si mal no recuerdo el tesorero de esta provincia, Diego García de Celis, presentó un memorial sobre este plan al Real Consejo de Vuestra Majestad. Estando aún en España me dijo que la fundación

---

[128] Véase las cuentas de Hacienda de Diego García de Celis, 1540, AGI, Indiferente General 1206.

de un pueblo entre los dos mares era cosa muy importante y que debía trabajar para su cumplimiento tan pronto como llegara a estos lugares. Declaró también que se debían hacer campañas militares en relación con la realización de la obra, ya que su terminación sería cosa muy grande para el aumento de Vuestra Majestad porque los dos mares están aquí cerca uno del otro... Con la fundación de un pueblo entre los dos mares se construiría un camino entre ellos y se transitaría, y todo lo que viniera del Perú podría pasar por él en el menor tiempo posible y sin peligro. Como resultado esta tierra prosperaría.

Antes de que yo llegara aquí, Nuestro Señor se complació en iluminar al gobernador (Montejo) a tal punto que ya había fundado tal pueblo, (el Pueblo de Comayagua). Está poblado y establecido en la parte más apropiada de toda la tierra, y en el mejor lugar de toda la provincia... Tiene por todas partes las mejores y más ricas minas de oro y plata que hay en toda esta tierra. Estas minas están casi dentro de las casas. Y esta plata especialmente es en gran cantidad. La villa está situada en el valle más hermoso y fecundo de toda esta tierra, una región donde se cría todo lo que aquí se da y donde se hará crecer todo lo de Castilla, incluyendo el trigo y la vid en abundancia, y donde el ganado, especialmente las ovejas, se puede criar en gran número. El valle está regado por tres ríos, lo cual es algo glorioso de ver. (El gobernador) se dio cuenta de que en verdad la ciudad principal debe fundarse (en este valle) y que todo lo que es más importante para toda esta tierra debe desarrollarse allí, aunque hay (ahora) pocos indios en la región. Todo el beneficio que vendrá a la provincia (vendrá) por el comercio entre los dos mares. He dado mis opiniones sobre este tema al gobernador y él entiende su importancia. También se da cuenta de que Vuestra Majestad debe favorecernos dándonos autoridad sobre el pueblo de San Miguel, que ha sido puesto en la provincia de Guatemala por usurpación de jurisdicción. San Miguel es sin duda parte de esta provincia (de Higueras) ... Si San Miguel se une a esta provincia, Vuestra Majestad tendrá (en Higueras) un territorio que posee costa en ambos mares.

(En relación con el regreso de Alvarado y su antagonismo hacia Montejo) es de gran importancia que Vuestra Majestad tenga un alcaide, (o comandante), para mandar una sola fortaleza en lugar de dos pajes, para la fortaleza sea mejor guardad y defendida, porque una casa gobernada por dos señores no puede estar bien gobernada, especialmente si son señores poderosos, como lo son los gobernadores de estos lugares... Vuestra Majestad muy bien entenderá y hará lo que más convenga a Vuestro Real Servicio en este sentido, ya que el gobernador don Francisco de Montejo es digno de ser honrado por Vuestra Majestad. Ciertamente recibirá estos honores (de manos de Vuestra Majestad), porque confío en Nuestro Señor que Vuestra Majestad será Señor del Mundo, que en verdad Vuestra Majestad ya lo es, y en consecuencia todo está entregado en manos de Vuestra Majestad (para actuar como es justo).

Los caminos aquí son buenos para que la gente pueda ir y venir por todos lados en estos lugares. Y para que Vuestra Majestad alabe aún más a Dios y le dé gracias, sepa Vuestra Majestad que he visto (gente) venir de la Ciudad de León y de Guatemala a embarcarse en este Puerto de Caballos, todos por tierra, y de Tabasco, que está cerca de Yucatán, y casi en la frontera de Veracruz... Vienen todos los días por tierra, por partes donde en otro tiempo, cuando gobernaba un tal Cereceda, nadie se atrevía a andar dos leguas fuera de un pueblo, (Buena Esperanza, que fundó Cereceda) y donde permaneció durante casi todo el tiempo que gobernó...

Como he dicho, todo ha cambiado (respecto a tiempos anteriores) ... Al momento que escribo esta carta hay gente en el pueblo de San Pedro que ha venido de Perú, de León, de la provincia de Nicaragua, y de Guatemala, a esperar pasaje para España, todo lo cual es para la gloria de Dios...

... Todos los demás (gobernadores) que han venido después de (Cortés), hasta (el tiempo de la llegada de) Montejo, han sido padrastros (de la provincia), según parece tan manifiesto en la ruina de los tiempos pasados, porque desde entonces hasta ahora, como resultado de la destrucción (de la provincia) y del (mal curso) que tomaron los acontecimientos, nunca (antes) la tierra ni sus indios han sido tan pacíficos, tan tranquilos, tan seguros y tan inclinados a permanecer en sus casas y trabajar sus campos como lo son hoy. Todos los españoles declaran que desde que están en la tierra ningún gobernador, ni sus capitanes, han alcanzado jamás la paz que hoy existe, ni han visto cosa semejante...". [129]

El tesorero Diego García de Celis, que deseaba que Alvarado reemplazara a Montejo como gobernador de Honduras-Higueras y que, por lo tanto, difícilmente podía esperarse que elogiara a Montejo sin causa real, declaró después de su regreso de Castilla en 1538 que nunca había esperado encontrar la tierra en tan (buenas) condiciones, ni en todos los días de su vida pensó que los nativos (de esta provincia) pudieran ser tan tranquilos, ni tan pacíficos, ni que sirvieran a sus amos como lo hacen hoy, ni que sembraran sus cosechas, ni que tuvieran suficiente para comer... [130]

El cabildo de Comayagua también escribió entusiasmadamente a la Corona sobre los planes para el desarrollo económico de Higueras, para el establecimiento de una ruta de comercio a través de la provincia, y sobre el futuro del mismo pueblo:

"Para que Vuestra Majestad esté informada de todo (respecto a esta provincia) y en consecuencia provea lo que más convenga, sepa Vuestra Majestad que este pueblo (de Comayagua) está situado a mitad del camino entre el Mar del Norte y el Mar del Sur, a veintiséis leguas del Mar del Sur y su puerto, (la Bahía de Fonseca), y a casi la misma cantidad de leguas del Mar del Norte... Y hay un río que viene del Puerto de Caballos a doce leguas del pueblo, por donde pueden venir las canoas... Hay un pueblo de indios (en un lugar conveniente de este río) donde se puede establecer una fábrica comercial a nombre de Vuestra Majestad. Toda la mercadería que venga de (Puerto de Caballos) se puede llevar a esta fábrica comercial en canoa con mucha seguridad...

Por todos los factores que se han dicho, el Pueblo (de Comayagua) es lo más importante que Vuestra Majestad tiene en todas estas partes de las Indias. Todo lo del Perú puede pasar por esta ciudad, como también todo lo de Castilla puede pasar por ella camino a Perú. Este comercio se desplazaría por este valle de un

---

[129] Pedraza a la Corona, Gracias a Dios, 18 de mayo de 1539, AGI, Guatemala 9.

[130] Citado por Pedraza en su carta a la Corona del 18 de mayo de 1539, AGI, Guatemala 9.

mar a otro por un camino muy llano y llegaría a los puertos de esta provincia tras una navegación más corta (desde Castilla). El comercio fluiría por la provincia con mayor seguridad que por Panamá y la gente correría menos peligro de enfermarse, siendo esta tierra muy saludable y muy bien provista de toda clase de provisiones.

Nos ha parecido bien, mientras está pendiente el juicio final de Vuestra Majestad y los funcionarios de Vuestro muy alto Consejo, recomendar a Vuestra Majestad que este pueblo (de Comayagua) y no Gracias a Dios se haga la ciudad principal de esta provincia. Gracias a Dios está situado en un lugar menos importante que este pueblo y no hay razón por la cual, ya que tiene sólo unos treinta habitantes, deba llamarse a sí mismo una ciudad. (Comayagua) fácilmente podría tener un grupo de ciudadanos de unos sesenta. Este pueblo tiene grandes potencialidades por el comercio que se espera desarrollar dada su proximidad a ambos mares. (Comayagua) aspira a ser una ciudad mayor que Guatemala, o cualquier otra excepto la Ciudad de México. Una ciudad establecida aquí, ya que estaría ubicada en el centro de toda la tierra... contribuiría mucho a la seguridad de todo el país. Vuestra Majestad, por lo tanto, debe ordenar que en todas estas regiones no haya más que un pueblo fuerte en la mejor parte de todas, para que la tierra pueda ser protegida y conservada, en lugar de que haya tantos lugares de poca importancia de la clase que los gobernadores están acostumbrados a establecer...[131]

No es de extrañar que el propio Montejo, que confiaba en cosechar todos los frutos de muchos años de trabajo incesante en las Indias, diera una imagen demasiado optimista de Honduras-Higueras tras la pacificación definitiva de la provincia. Montejo le dijo a su soberano que la tierra (ahora) descansa en tal tranquilidad que doy gracias a Dios por ello. Todos (entre los españoles) han comenzado a trabajar y a preocuparse por sus posesiones. Se han descubierto muchas minas de oro y plata en varias partes. La Ciudad de Trujillo, que fue lo más arruinado del mundo, donde aún en tiempos de su prosperidad nunca se extrajo oro, se ha

---

[131] Cabildo de Comayagua a la Corona, 5 de septiembre de 1539, AGI, Guatemala 43.

convertido en lo mejor de la tierra desde mi llegada, y todos extraen oro... La tierra es tan tranquila y tan en reposo, y tan quietos están los indios, que quienquiera que la ve se maravilla, porque parecía imposible que la provincia llegase jamás a estar en el (buen) estado en el que está...". [132]

El factor Juan de Lerma dibujó un cuadro contrastantemente deprimente del estado de la provincia. En el otoño de 1539, después de que Alvarado obligara a Montejo a cederle la gobernación de Honduras-Higueras, Lerma informó a la Corona que Honduras-Higueras volvía a necesitar urgentemente apoyo para animar a los colonos a quedarse permanentemente. Declaró que los indios eran pocos y pobres y que daban poco tributo y servicio. Como resultado de anteriores operaciones esclavistas, guerras y enfermedades, dijo, toda la provincia tenía menos indios que una sola encomienda de tamaño moderado en la Nueva España. Señaló que los propios indios no entregaban oro ni plata en tributo y que los tributos que entregaban de los productos de su agricultura e industria básica —maíz, frijol, chile, algodón, guajolotes, huevos, telas, petates (esteras de junco), ollas, tinajas y cosas semejantes— eran escasas en comparación con las que había en muchas otras partes de las Indias. Sostuvo que los españoles tendrían que suministrar a los nativos las semillas necesarias para sembrar suficientes campos para sostenerse a ellos y a los colonos. A los españoles les resultó muy difícil mantenerse en las condiciones existentes, concluyó.[133]

Lerma era amigo y colaborador de Montejo desde hacía mucho tiempo, y sin duda su informe iba dirigido contra Alvarado, como acérrimo enemigo de Montejo. Estaba diseñado, al menos en parte, para cuestionar el derecho de Alvarado a la gobernación y, por lo tanto, para ayudar a Montejo a recuperar el favor real. En consecuencia, aunque muchas de las declaraciones de Lerma fueron básicamente correctas, su informe no puede tomarse en su totalidad como verdadero.

---

[132] Montejo a la Corona, Gracias a Dios, 25 de agosto de 1539, AGI, Guatemala 39.
[133] Juan de Lerma a la Corona, San Pedro, 31 de octubre de 1539, AGI, Guatemala 49.

Para la primavera de 1539, Montejo estaba firme y justamente convencido de que la perpetuación de Honduras-Higueras era el resultado de sus esfuerzos y que los logros de Alvarado en la provincia en 1536, aunque valiosos, eran en última instancia sólo superficiales y efímeros. Aunque Higueras había sido desgarrada por la guerra, la provincia estaba ahora conquistada sin lugar a dudas y finalmente se había logrado una estabilidad considerable. Se habían echado los cimientos sobre los que podía descansar un progreso lento y ordenado.

Hay que descartar el exceso de optimismo, el afán de reconocimiento y la exageración en los relatos muy favorables de Montejo, Pedraza y García de Celis, así como valorar el antagonismo contra Alvarado en el informe de Lerma. Sin embargo, tomando todo en consideración, no podemos tener ninguna duda de que, a pesar de la terrible guerra, Higueras, a fines de la primavera de 1539, estaba en una mejor posición para progresar que nunca antes. La relativa tranquilidad que existió tras la represión de la gran revuelta fue obra de Montejo tanto en el campo civil como militar.

La experiencia de Montejo en Honduras-Higueras y su comprensión de las potencialidades políticas y económicas de la provincia habían despertado su permanente interés. Más allá de eso, podía sentir con razón que él era el conquistador de Higueras, mientras que, en contraste, sus esfuerzos por conquistar y colonizar Yucatán hasta ahora habían fracasado. Ahora había decidido hacer de Honduras-Higueras, en lugar de Yucatán, el centro del adelantamiento más amplio que tanto deseaba crear. Honduras-Higueras tenía mayores posibilidades agrícolas y comerciales que Yucatán. La provincia también tenía oro y plata, de los que carecían por completo sus territorios del norte. El plan de Montejo para el desarrollo de Honduras-Higueras muestra claramente el lugar primordial que la provincia había asumido en su pensamiento. Si bien deseaba, por supuesto, incorporar a Honduras-Higueras en su adelantamiento, si ese plan fallaba, Montejo deseaba conservar la provincia por su propio bien, incluso a expensas de Yucatán. En Honduras-Higueras Montejo había disfrutado de su primera oportunidad real de demostrar plenamente sus cualidades como líder militar y se le había otorgado una mejor oportunidad que en cualquier otro momento de su carrera para poner en juego sus grandes talentos como administrador. Había estado a la altura de altos estándares como líder militar y civil en Honduras-Higueras, y su conocimiento de ese hecho hizo que la provincia se ganara el cariño de él. En Honduras-Higueras Montejo había desplegado todas las características de un verdadero constructor de colonias. En efecto, habría estado en condiciones de avanzar en el desarrollo ininterrumpido de Honduras-Higueras si Pedro de Alvarado no hubiera regresado de Castilla decidido a tomar para sí la gobernación de la provincia. El regreso de Alvarado sumió inmediatamente a Honduras-Higueras una vez más en la agitación y el caos administrativo, lo que impidió aún más su progreso y desarrollo, ya que Montejo estaba tan decidido a retener la gubernatura de la región como Alvarado a arrebatársela.

III.
Honduras e Higueras Desde la Conquista de Higueras hasta la Instalación de la Audiencia de Los Confines 1539-44

7.
La disputa entre Alvarado y Montejo sobre la gobernatura

LAS CUASAS DE LA CONTROVERSIA

La conquista final de Higueras por Montejo fue seguida por cinco años de controversias jurisdiccionales y administrativas que, sin embargo, no desembocaron en derramamiento de sangre entre los españoles, aunque el conflicto armado se evitó por poco en varias ocasiones. Durante este período el desarrollo de la provincia, tan minuciosamente planificado por Montejo, se vio seriamente obstaculizado y poco quedó en pie de sus grandes planes económicos. Sin embargo, la conquista y el asentamiento avanzaron en las regiones periféricas, se descubrieron y explotaron nuevas y ricas minas, y finalmente se logró la estabilidad gubernamental cuando se instaló la Audiencia de los Confines en Gracias a Dios en la primera mitad de 1544.

Los cinco años de lucha gubernativa comenzaron con el regreso de Pedro de Alvarado desde Castilla en la primavera de 1539. Llegó a Honduras-Higueras justo cuando Montejo había completado el sometimiento del Valle de Comayagua, cerrando triunfalmente la conquista de Higueras. Confirmado en la gubernatura de Guatemala por la Corona, Alvarado regresó al Nuevo Mundo decidido a tomar para sí Honduras-Higueras y unirla con Guatemala, para lo cual aún deseaba Puerto de Caballos como puerto en el Mar del Norte. Debido a su rescate de los españoles de Higueras en 1536, su selección como magistrado principal por Cereceda y los ciudadanos de Buena Esperanza, sus campañas de conquista y su fundación de San Pedro, Alvarado estaba convencido de su legítimo derecho a la autoridad sobre Honduras-Higueras. También quería controlar sus ricas minas de oro y plata. Además, todavía estaba enojado con Montejo por lo que consideraba una perfidia de este último al aceptar finalmente la gobernación después de expresar su disposición a renunciar a la autoridad a cambio del territorio de Alvarado en Chiapas. El hecho de que Montejo hubiera ido finalmente a Honduras-Higueras por órdenes perentorias de la Corona y el virrey de la Nueva España no alteró en lo más mínimo la actitud de Alvarado.[1]

Por su parte, Montejo estaba igualmente decidido a mantener la autoridad sobre Honduras-Higueras. Con sus potencialidades comerciales y minas, esa provincia había conservado un lugar central en sus planes de construir un gran adelantamiento, y no tenía intención de ceder a nadie excepto bajo instrucciones directas de la Corona. El hecho de que su provincia original, Yucatán, aún no estuviera ocupada por los españoles después de sus desgarradores fracasos entre 1527 y 1535 intensificó la resolución de Montejo de mantener el control sobre Honduras-Higueras. Además, sostuvo con más firmeza que nunca que la Corona ya había declarado territorio de Higueras hasta el río Ulúa por el este como parte de su adelantamiento. En vista de la sangrienta guerra de 1537-39, negó que Alvarado hubiera logrado algo de valor con respecto a la conquista de Higueras y sostuvo que si no hubiera sido por su propio éxito al subyugar a los indios, la provincia se habría perdido.

La suerte estaba totalmente a favor de Alvarado en su disputa con Montejo. Durante su larga estancia en la corte castellana, Alvarado no sólo había superado todas las críticas adversas, sino que se había ganado los más altos favores de la Corona, en parte por su gran talento y sus logros en las Indias y en parte por la influencia del Duque de Albuquerque, pariente de su difunta primera esposa, Francisca de la Cueva, y por tanto de su reciente esposa, Beatriz, hermana de esta. La Corona escuchó con entera aprobación las pretensiones de Alvarado, que fueron apoyadas enérgicamente por el tesorero Diego García de Celis y los

---

[1] Para los objetivos, actitud y planes de Alvarado y sus seguidores véase: Diego García de Celis a la Corona, Isla Terceira, 3 de febrero de 1537, AGI, Contratación 5103; Diego García de Celis a la Corona, Isla Terceira, 5 de marzo y 30 de abril, 1537, AGI, Santo Domingo 168; Fiscal v. Diego García de Celis, 1537, AGI, Justicia 1035-3-1; Fiscal v. Alvarado 1537, AGI, Justicia 1035-2-2; Gerónimo de San Martín a la Corona, San Pedro, 24 de abril de 1538, AGI, Guatemala 49; Alvarado a la Corona, Gracias a Dios, 4 de agosto de 1539, DII, 24:311-19; Montejo v. Pedraza, 1539, AGI, Justicia 129-2; Montejo v. Alvarado, 1541, AGI, Justicia 134-3; Residencia de Montejo para Honduras-Higueras, 1544, AGI, Justicia 300.

procuradores Francisco Cava y Nicolás López de Yrarraga en la Corte con Alvarado, y también por funcionarios y colonos de ambas Honduras-Higueras y Guatemala, que escribieron desde el Nuevo Mundo. Incluso el contador y ex gobernador interino Andrés de Cereceda, amigo de Montejo, había dudado en un principio de la capacidad de este último para mantener el orden en Honduras-Higueras y así lo había informado a la Corona. Existía la convicción generalizada de que el vigoroso Alvarado era mejor gobernador para Honduras-Higueras y que convenía a esa provincia unirla con Guatemala.

Más allá de estas opiniones, varias políticas de Montejo, como su preocupación por los indios, volvieron en su contra a la mayoría de los colonos de Honduras-Higueras. Más importante aún, la anulación por parte de Montejo de los repartimientos de Higueras que Alvarado había hecho antes de partir hacia Castilla en 1536 y la reasignación de encomiendas por parte de Montejo a los soldados que lo acompañaron a la provincia despertaron un amargo antagonismo entre los encomenderos originales. Aunque tal reasignación de encomiendas a sus propios seguidores por parte de nuevos gobernadores era común en las Indias, siempre despertaba hostilidad entre los desposeídos. A través de los tributos y servicios que sus indios daban a sus encomenderos, los pueblos de encomienda eran la recompensa más constante y permanente por sus servicios a la que podían aspirar los conquistadores-colonos.[2]

Al anular las asignaciones de encomiendas de Alvarado, Montejo afirmó con razón que los repartimientos de Alvarado se basaban en información totalmente inadecuada sobre la geografía y sobre el número y estatus de la población nativa de Higueras. Montejo también sostuvo, nuevamente con justicia, que Alvarado había asignado encomiendas en regiones aún no conquistadas. Por lo tanto, él sostuvo que era imposible hacer efectivos los repartimientos de Alvarado. Incluso fue más allá, declarando que Alvarado no tenía derecho legal para asignar encomiendas en Honduras-Higueras porque la Corona no le había dado autoridad específica para hacerlo. Los enfurecidos encomenderos a quienes Montejo había desposeído naturalmente enviaron las más enérgicas

---

[2] Véase el cap. 4, nota 26.

protestas tanto a Alvarado en la Corte como a la Corona, solicitando que se obligara a Montejo a restituir sus posesiones.

Montejo, imprudentemente y con pocas pretensiones de legalidad, también se apropió de las encomiendas que Alvarado se había reservado en Honduras-Higueras y confiscó las haciendas, casas, cuadrillas mineras y otras propiedades de Alvarado en la provincia. Alvarado, indignado aún más, solicitó la restitución total.

Reclamos adicionales contra Montejo y sus políticas mineras llegaron a la Corte desde Guatemala, declarando que las medidas de Montejo para salvaguardar el oro y la plata de Higueras para sus propios colonos y las arcas provinciales constituían una discriminación injusta. Tal acción, afirmaron, fue extremadamente perjudicial para los ingresos de Guatemala.

De esta manera, Montejo y Alvarado cayeron en una controversia irreconciliable tanto en cuestiones amplias como estrechas. Sus argumentos se exponen mejor en declaraciones contemporáneas. Alvarado y sus partidarios declararon:

Porque la provincia de Higueras se estaba yendo a la ruina y los españoles que en ella estaban a punto de perderse... el contador Andrés de Cereceda envió al tesorero Diego García de Celis a llamar a Pedro de Alvarado al rescate de la provincia. A instancia y petición del contador Andrés de Cereceda, gobernador interino, y de los colonos de la tierra, por las súplicas que le hizo el tesorero Diego García de Celis en nombre de Vuestra Majestad, por tratarse el asunto del servicio real de Vuestra Majestad, y para que la tierra no se perdiera del todo, se fue (Alvarado) a la provincia de Higueras con muchos auxiliares españoles e indios, trayendo consigo gran cantidad de provisiones, otros materiales y dinero. A costa de más de 20.000 ducados en total (salió así Alvarado al socorro de Higueras), movido por el celo del servicio real y con el consentimiento previo del adelantado Montejo y del virrey de la Nueva España, y aun a petición de ellos, pues era claro que ni ellos ni nadie (excepto Alvarado) podía remediar la situación de la tierra de Honduras, ya que (Alvarado) estaba entonces más cerca (y solo él estaba en condiciones de actuar). Además, Montejo no deseaba ir a Honduras y había renunciado al cargo (como gobernador de esa provincia). Aunque (Alvarado) estaba en ese momento ocupado en sus propios asuntos y no solo había comenzado, sino que casi había terminado, la organización de una armada (para el Mar del Sur) acudió en ayuda de Higueras.

(Después de su llegada a Higueras, Alvarado) pacificó la tierra y venció las fortificaciones donde los indios tenían su mayor fuerza, que hasta entonces habían causado mucho daño a los españoles. También fundó dos pueblos y puso en ellos ciudadanos y moradores y asignó a los ciudadanos en encomienda los indios de la provincia. Los colonos se contentaron entonces con la provincia, permanecieron satisfechos y abandonaron toda idea de abandonar la región. (Antes de que viniera Alvarado) los colonos ya habían comenzado a salir de la provincia. Los colonos también comenzaron a establecer haciendas después de la llegada de don Pedro de Alvarado. (Alvarado) fue entonces elegido capitán general (de Honduras-Higueras).

Cuando el adelantado Montejo supo cómo se había salvado la tierra (de Higueras) y que los indios habían sido pacificados, y cuando supo de los soldados y auxiliares indios que (Alvarado) había llevado a Higueras, decidió ir a la provincia sin soldados ni recursos, para que sacara provecho de todo lo que (Alvarado) había hecho, aunque Montejo ya no tenía autoridad para ir a Higueras porque (Alvarado) ya había conquistado la provincia con autoridad y poderes de Vuestra Majestad y la había gobernado de conformidad con esos poderes y también con el consentimiento de los colonos. Sin el menor pensamiento de servir a Vuestra Majestad, y menos aún de traer beneficios permanentes a la tierra (de Higueras), Montejo, con uno de sus capitanes, entró luego en la provincia e hizo tanto daño a los nativos que fueron empujados a la guerra otra vez... (Alvarado) había dejado en paz a los indios.

(Montejo) también reasignó (las encomiendas de Higueras), quitándoles a los colonos originales, que habían ayudado a conquistar la tierra, todos los repartimientos que (Alvarado) les había otorgado, reasignándolos a quien él quiso, incluso a los que vinieron a la provincia con él, aunque no habían servido (en la conquista) y no merecían las encomiendas. No contento con esta acción, y queriendo enriquecerse con los trabajos y recursos económicos de (Alvarado), el adelantado Montejo tomó y se apropió de los pueblos e indios que (Alvarado) poseía en la provincia, y que (Alvarado) había justamente merecido y ganado por su conquista (de Higueras). Peor aún, (Montejo) se apoderó de las haciendas (de Alvarado) y otras propiedades...[3]

Montejo refutó que:

si esta provincia (de Honduras-Higueras) se une a Guatemala, dentro de dos años no quedará ni un indio, porque hasta ahora los colonos de Guatemala han tenido un control tan laxo con respecto a los indios que no se ha dado sentencia contra nadie (que los maltrataba). Esto (el maltrato de los indios) se ha convertido en costumbre (entre los colonos de Guatemala) y se ha permitido porque esa tierra es tan productiva y sus indios son numerosos. En cambio, esta tierra no es tan productiva y los indios son pocos y delicados, y si se les trata como se han hecho a los de Guatemala, como ya he dicho, no quedará ninguno dentro de dos años. Incluso los colonos de esta provincia en tiempos pasados no han sido de prácticas diferentes (a las de Guatemala) ... (Por mis políticas dirigidas a la protección de los indios) los colonos se oponen a mí. Certifico a Vuestra Majestad que si otro que no tuvo el cuidado que yo he puesto en proteger a los indios estuviese aquí (la provincia) no estaría ahora colonizada, ni hubiera subido al (buen) estado en que ahora está, y si no hay quien haga como yo he hecho, el resultado será el que he dicho...

Con respecto a lo que (Alvarado) dice a Vuestra Majestad acerca de la ciudad de Gracias a Dios, que se dice que está unida a Guatemala, no conquistó ni pacificó parte de su distrito, ni ninguno de sus capitanes lo hizo. En esta provincia no hay otra cosa de valor sino el distrito de aquella ciudad, porque todo lo que antes tenía Cereceda bajo su autoridad (y el valle de Comayagua) se le había dado a su jurisdicción. Yo, mis capitanes y los soldados que traje conmigo, que son más de cien, somos los que realmente conquistamos y pacificamos toda esta zona. Muchos de mis soldados murieron en la guerra (con los indios), y todos los demás

---

[3] Montejo v. Pedraza, 1539, AGI, Justicia 129-2.

están endeudados y desgastados por sus esfuerzos. Bien comprenda Vuestra Majestad cómo han trabajado y sufrido estos hombres, y yo con ellos, y por tanto bien juzgue Vuestra Majestad si es o no justo que los que (vinieron con Alvarado) y luego se fueron a sus casas a gozar de Guatemala y San Salvador, donde tienen muchos buenos repartimientos, y los que se fueron a Castilla y dejaron toda la tierra en guerra, aprovechen de los frutos de lo que (yo y mis capitanes y gente) hemos hecho aquí en estos últimos tres años por nuestras conquistas y trabajos, a costa de tantos muertos y heridos y después de tantas pruebas y decepciones. Esta ciudad (de Gracias a Dios y su área) son toda la provincia, y sin ellos no hay nada..."[4]

Declaro que cuando vine a esta provincia y tierra la hallé casi toda en guerra y sin gobernador ni vicegobernador. Un vicegobernador (Juan de Chávez), de quien se dice había sido dejado en la provincia por el adelantado don Pedro de Alvarado, se había ido a Guatemala, abandonando la tierra por las muchas demandas para salir de la provincia que se dice eran presentadas a él por ciudadanos de Guatemala y San Salvador (quienes estaban con él). Estos ciudadanos... dijeron al vicegobernador que se fuera (de Higueras) porque (Higueras) era una provincia aparte y era una muy difícil y peligrosa de conquistar, y que además era una región en la que poco se ganaba. En consecuencia, este teniente se fue y abandonó la tierra sin dejar en ella vicegobernador ni capitán para conquistarla. Yo y mis capitanes y la gente que traía conmigo conquistamos toda la tierra con ayuda de los que ya estaban aquí, y la pacificamos y la poblamos, como es bien sabido. "Reformé" la Ciudad de Gracias a Dios y el pueblo de San Pedro, conquistando la mayoría de los pueblos dentro de sus respectivos límites y distritos. También dispuse poblar un pueblo en el valle de Comayagua, y vencí y pacifiqué todos los pueblos de la región del pueblo de (Comayagua), en donde murieron algunos cristianos y caballos, y donde (los españoles) padecieron muchos trabajos y dificultades Pacifiqué todos estos distritos con el menor daño posible a los nativos. Siendo pocos los nativos de esta provincia y

---

[4] Montejo a la Corona, Gracias a Dios, 1 de junio de 1539, DII, 24:274-75, 279-80.

siendo la tierra muy importante, se espera que su pacificación sirva bien a Dios Nuestro Señor y que Su Majestad sea beneficiada, siendo toda la región muy rica en minas de oro y plata y muy fértil. La provincia tiene muchos lugares buenos y seguros, y se puede establecer un camino a través de ella (desde el Mar del Norte) hasta el Mar del Sur. Después de haber conquistado, pacificado y poblado la tierra la dividí (en repartimiento) entre los que participaron en la conquista y los que ya estaban en la tierra, conforme a lo que Dios y mi conciencia me dieron a ver, y conforme a lo que Su Majestad ha ordenado. También realicé el repartimiento de acuerdo con las posibilidades de la tierra (con respecto a los recursos y la población).

Cuando vino (por primera vez) el adelantado don Pedro de Alvarado, se dice que repartió toda la tierra en repartimiento sin haberla conquistado y colonizado verdaderamente, y aun sin haberla visto. Debido al breve tiempo que estuvo en la provincia (Alvarado) no pudo haber obtenido información (adecuada) sobre sus pueblos. Por lo tanto, emitió muchas cédulas de repartimientos y encomiendas que eran contrarias entre sí. Concedió pueblos con tres o cuatro nombres diferentes y dio los nombres de los ríos, peñoles y montes como de pueblos, asignándolos en encomienda. De esta manera asignó cien o más repartimientos en el distrito de esta ciudad de Gracias a Dios (solo), mientras que ahora no hay más de treinta y cinco repartimientos. Muchas encomiendas son tan pequeñas que apenas pueden dar el sustento (a sus encomenderos). De la misma manera (Alvarado) asignó provincias (completas) a algunos individuos, declarando que ciertos pueblos y todos sus pueblos sujetos fueron dados a estos individuos, y luego dio la vuelta y asignó todos los diversos pueblos de estas provincias a otros encomenderos. También otorgó pueblos dentro del distrito de un pueblo (español) a ciudadanos de otro. Entonces (Alvarado) partió (a Castilla) sin poner legalmente a los ciudadanos en posesión de sus encomiendas y sin dejar siquiera en su lugar un teniente que pudiese poner a los encomenderos en posesión de sus pueblos, porque al tiempo que se embarcaba don Pedro de Alvarado para Castilla su teniente Juan de Chávez ya había abandonado la tierra...

Vi que el repartimiento hecho por (Alvarado) no podía ser puesto en vigencia ni cumplido, ni siquiera ajustado satisfactoriamente..., y me di cuenta de que resultarían muchas disputas por posesión de encomiendas si se intentara poner en vigor el repartimiento (de Alvarado), con la consiguiente inquietud e insatisfacción entre los colonos. Tal inquietud e insatisfacción bien podría conducir a la despoblación y pérdida de la provincia.

Además, el adelantado don Pedro de Alvarado no tenía ni tuvo nunca autoridad de Su Majestad para dividir la provincia en repartimiento... Aun así (Alvarado) revocó y dejó sin efecto el repartimiento (de Higueras) que Andrés de Cereceda, gobernador por Su Majestad, ya había hecho (antes de que llegara Alvarado).

Partí la provincia, y al hacerlo tomé algunos pueblos para mi propio mantenimiento y quité pueblos a algunas personas que ya estaban aquí y que no tenían títulos, aunque hice esta acción con el menor perjuicio posible para los conquistadores y colonos originales. Si alguna de las personas a quienes les quité encomiendas tenía títulos de tales encomiendas nunca los he visto, ni tales títulos me los ha dado el adelantado don Pedro de Alvarado ni ninguna otra persona...

Si don Pedro de Alvarado declara que yo le he quitado sus pueblos, respondo que tales pueblos no los poseo, y además declaro que no considero que tales pueblos hayan sido nunca legalmente poseídos por don Pedro de Alvarado. Nunca he visto títulos de ningún pueblo que (Alvarado) pudiera poseer...[5]

---

[5] Montejo v. Pedraza, 1539, AGI, Justicia 129-2. Era costumbre de los españoles considerar que una "provincia" o distrito nativo había aceptado el dominio castellano si el gobernante o sus representantes designados le rendían homenaje, ya sea al ser conquistados, en respuesta al requerimiento, o voluntariamente. Cuando los caciques, o sus representantes, de territorio en el que nunca entraron los españoles se presentaban ante los capitanes españoles para someterse, tal lugar podía considerarse técnicamente "pacificado" y bajo dominio castellano. Como Alvarado y sus seguidores establecieron este principio: "...viniendo uno o dos Indios en nombre de su pueblo se entiende de aver venido y recibido el tal pueblo o cabecera de paz e sus subjetos" (Montejo v. Pedraza, 1539, AGI, Justicia 129-2). Diego García de Celis declaró que estos principios generales de "pacificación" y el establecimiento del dominio castellano fueron reconocidos como válidos en el Nuevo Mundo por el Consejo de Indias "porque así se hizo en el Reyno de Granada y que ansi se havia determinado" (Montejo a la Corona, Gracias a Dios, 1 de junio de 1539: DII,

DECISIÓN DE LA CORONA EN APOYO A ALVARADO

La Corona revisó cuidadosamente toda la situación y llegó a la conclusión de que Alvarado, con su gran prestigio y mano fuerte, estaba ciertamente en una posición mucho mejor que Montejo para traer a Honduras-Higueras la seguridad y el orden permanentes que tanto tiempo había necesitado. El prestigio de Montejo en la Corte había sufrido mucho por su fracaso en Yucatán. Además, el estallido de la gran revuelta de los indios que amenazaba la existencia de Honduras-Higueras a los pocos meses de haber asumido el cargo no mejoró en nada su situación, ya que en Castilla no se supo durante mucho tiempo que a través de las campañas de pacificación que él inició, estaba en proceso de lograr un triunfo militar de alto nivel.

Por lo tanto, la Corona volvió a las bases originales sobre las que Montejo, Alvarado y el virrey de la Nueva España, Antonio de Mendoza, habían negociado anteriormente un intercambio de las gobernaciones de Honduras-Higueras y Chiapas. La Corona confirmó su autorización para tal cambio, declarando que Montejo

---

24:266-68). De esta forma García de Celis sostenía que tal principio fue establecido durante la reconquista de Granada por los soberanos de Castilla.

Montejo señaló que muchos gobernantes nativos llegaron con falta de sinceridad, ya sea por voluntad externa o por coerción, y que en la mayoría de los casos estaban listos para tomar las armas contra los españoles a la primera oportunidad. En su carta a la Corona del 18 de mayo de 1539, Pedraza expuso las siguientes opiniones a la Corona (AGI, Guatemala 9): "No se puede decir que la tierra está en paz, o quede en paz, si un señor o dos de los nativos, o un indio o dos, o tres, viniera a ver al gobernador o a su capitán, o capitanes cuando primero vienen a conquistar a los nativos, declarando que quieren venir a la paz, porque así hacen todos los Indios cuando ven un ejército o grupo de cristianos, venir a sus pueblos o a sus cercanías cuando están en guerra, como ha sucedido y se ha observado... Vienen disfrazados de paz sólo para ver quiénes son los hombres armados, cuántos hay, y cuántos son de a caballo y cuántos de infantería..., para poder hacer la guerra más eficazmente. Aunque se les hable de Vuestra Majestad, todavía tratan de saber quiénes son estos españoles y lo que quieren, y les dicen que ellos y los demás nativos de sus pueblos (quieren hacer lo que los españoles quieren) solo para satisfacer a los españoles y tranquilizarlos. Luego se van y nunca más regresan, excepto con sus arcos en sus manos. Suben a los montes, y de allí devuelven a los españoles cualquier mensaje que se les ocurre, y luego se ríen de los españoles. Tal manera de proceder no trae la tierra a la paz...".

ya había manifestado su voluntad de aceptarlo. La Corona deseaba que cualquier acuerdo entre los dos gobernadores fuera voluntario, al menos nominalmente, pero, sin embargo, está claro que la Corona ahora tenía la intención de que Alvarado se apoderara de Honduras-Higueras y uniera la provincia con Guatemala. La antigua unión de Yucatán y Honduras-Higueras se iba tácitamente por la borda.

A cambio, Montejo recibiría autoridad sobre Chiapas, que había reclamado como parte de Yucatán durante algunos años, junto con cualquier otra compensación que él y Alvarado pudieran acordar. Mendoza fue confirmado como árbitro y mediador y se le facultó para aprobar sus arreglos siempre que su pacto sirviera a los mejores intereses de la Corona.[6]

La Corona también tomó pleno conocimiento de las protestas contra la revocación de Montejo de las asignaciones de encomienda de Alvarado en Higueras y de las quejas de Alvarado contra la apropiación por parte de Montejo de sus posesiones y

---

[6] Cédula del 25 de mayo de 1538, AGI, Guatemala 393: "Don Antonio de Mendoza, nuestro virrey y gobernador de la Nueva España y presidente de nuestra Real Audiencia y Cancillería que reside en la Nueva España. Don Pedro de Alvarado, nuestro adelantado, gobernador y capitán general de la Provincia de Guatemala me ha hecho saber que ha conquistado y pobló Puerto de Caballos, que está en la Provincia de Higueras y Cabo de Honduras, cuyo gobierno, como sabéis, hemos encomendado al adelantado don Francisco de Montejo, y me ha hecho saber que ellos (Alvarado y Montejo) han discutido el intercambio de Puerto de Caballos por la Ciudad Real de los Llanos de Chiapa, y que también discutieron el intercambio de otras cosas de sus respectivas jurisdicciones, según determinen. El adelantado don Pedro de Alvarado ha solicitado que cualquier intercambio sea confirmado y aprobado, o que deba disponer lo que estime conveniente.

Esta propuesta fue discutida por los miembros de nuestro Consejo de Indias, y después de la aprobación del emperador, Mi Señor, se acordó que esta mi cédula se le expidiera a usted (Mendoza), y yo asentí. En consecuencia mando que en caso de que los adelantados don Pedro de Alvarado y don Francisco de Montejo convengan entre sí en intercambiar algún pueblo o pueblos, o cualquier otra cosa dentro de sus respectivas jurisdicciones, les dé (Mendoza) licencia y facultad para llegar a un acuerdo y hacer el intercambio, si os pareciere que tal acuerdo es en bien de ambas provincias (de Honduras-Higueras y de Chiapas), y si ambos gobernadores (Alvarado y Montejo) están conformes entre sí. En tales circunstancias, tú (Mendoza) expedirás cuantos documentos legales fueran necesarios para confirmar (el acuerdo) ... Valladolid, 25 de mayo de 1538. Yo la Reina."

propiedades personales. En una cédula perentoriamente redactada, la Corona ordenó a Montejo que devolviera los pueblos a todos los encomenderos a quienes Alvarado los había asignado en todo el territorio que Alvarado había subyugado real o nominalmente. La pena drástica de destitución en Honduras-Higueras y decomiso de bienes a favor de la Real Hacienda se impondría a Montejo si incumplía íntegramente este decreto real. [7] A petición expresa de

---

[7] Cédula del 30 de abril de 1538, AGI, Guatemala 402: "Al adelantado don Francisco de Montejo, nuestro gobernador de las provincias de Higueras y Cabo de Honduras y de Yucatán y Cozumel. De parte de ciertos conquistadores de aquella provincia de Honduras se me ha dicho que aquellos conquistadores fueron a aquella provincia con el adelantado don Pedro de Alvarado, nuestro gobernador y capitán general de la Provincia de Guatemala y ayudaron en la conquista de la provincia (de Honduras-Higueras), por cuyo servicio (Alvarado) les asignó ciertos pueblos de Indios en encomienda. (Ahora también estoy informado) que usted ha... quitado estas encomiendas a estos conquistadores, como resultado de lo cual han sostenido agravios. Estos conquistadores me han pedido, pues, que le ordene volver y devolverles sus encomiendas, o hacer provisiones como estime más conveniente.

Los miembros de nuestro consejo discutieron este asunto y redactaron un memorándum, el cual contiene dos artículos, que dice así:

Que se expida al adelantado Montejo un decreto, previendo penas graves y declarando que las personas a quienes el adelantado (Alvarado) concediera encomiendas de Indios, las poseerán, y que si a tales personas les hubieran quitado ciertas encomiendas en su perjuicio, les serán devueltas... junto con los ingresos que hayan producido. Si el adelantado don Pedro de Alvarado ha concedido ciertas encomiendas a personas que tienen Indios en encomienda en otra provincia (fuera de Honduras-Higueras), se ordenará a tales personas que elijan el (único) repartimiento que deseen y que renuncien al otro dentro de veinte días, para que pueda reasignarse en encomienda. Esta última disposición no se aplica a... Alvarado (él mismo).

Si don Pedro de Alvarado ha dado en encomienda ciertos Indios sin haberlos conquistado realmente, y si después el adelantado Montejo pacificó efectivamente a tales Indios, el repartimiento que hizo el adelantado Montejo de tales Indios se tendrá por válido.

Si (Alvarado) asignó ciertos Indios en encomienda a personas que no están en la (Provincia de Honduras-Higueras) y que no participaron en la conquista (de esa provincia) y que no han ido allá a tomar posesión (de sus encomiendas) o para habitar en la provincia, y si el adelantado Montejo ha reasignado tales encomiendas, ... tales personas (como ahora las tienen) deben permitirse retenerlas.

Si a algún ciudadano de Trujillo le han quitado los Indios de su encomienda por alguno de los gobernadores (de Honduras-Higueras), tales Indios le serán devueltos.

Estas medidas han de ser aplicadas y cumplidas hasta que se decidan otras disposiciones, por lo que ordeno a usted (Montejo) que tome conocimiento de las disposiciones arriba incorporadas (del Consejo de Indias) y las aplique y cumpla, y haga que se apliquen y se cumplan al pie de la letra... debe regresar y restaurar a don Pedro de Alvarado y a las personas que llevó consigo a la conquista de aquella Provincia de Honduras-Higueras todas las encomiendas que (Alvarado) otorgó a tales personas si los Indios de encomienda en cuestión han servido efectivamente al adelantado (Alvarado) y a las personas a quienes él asignó en encomienda. En caso de que los Indios de ciertos pueblos que están sujetos a los principales pueblos de nativos no hayan servido efectivamente al adelantado don Pedro de Alvarado o a las personas (a quienes él los asignó), basta que tales nativos hayan servido a los principales pueblos de nativos interesados para establecer la validez de las concesiones de encomienda, a menos que los principales pueblos nativos involucrados luego se sublevaran y se levantaran en armas y usted (Montejo) entonces finalmente los conquistara.

Si usted (Montejo) hubiera quitado y revocado la cesión de ciertas encomiendas de la categoría que acabamos de decir en perjuicio de quienes las tuvieron primero, las restituirás con todas las ganancias que hubieran producido desde el tiempo de su traslado hasta el momento de su restitución a sus concesionarios originales, excepto los fondos que las personas a quienes usted reasigno las encomiendas hayan gastado y distribuido de las rentas de los pueblos para el bien de los pueblos mismos, y tales cantidades que usted verificó han sido gastados por las personas que los tuvieron en encomienda por su encargo para el adoctrinamiento de los Indios de los pueblos en nuestra santa fe católica.

Ordeno a usted (Montejo) que ejecute y cumpla esta cédula bajo pena de pérdida de oficios y decomiso de bienes a nuestra Real Hacienda. Además, se le advierte que si no actúa de acuerdo con esta cédula y no cumple con sus disposiciones, enviaremos un funcionario de nuestro Tribunal a su costa para llevar a cabo y hacer cumplir las disposiciones de esta cédula. También dispondrá usted (Montejo) que los pueblos que devuelva a los encomenderos originales con las disposiciones de esta cédula, tengan en ellos una persona que los administre bien y adoctrine a los Indios en las cosas de nuestra santa fe católica. Verá también que se mantengan en orden los Indios de estos pueblos, cosa de que será principalmente responsable...

Si el adelantado don Pedro de Alvarado ha asignado ciertas encomiendas a una persona que tiene Indios encomendados en otra provincia, usted (Montejo) debe ordenar a tal persona que elija el repartimiento que desea conservar y que deje el otro para que el renunciado sea reasignado en encomienda. Esta disposición no se aplica al (mismo) adelantado don pedro de Alvarado.

Si (Alvarado) ha dado ciertos Indios en encomienda a personas que no están en aquella provincia de Honduras-Higueras y que no tomaron parte en la conquista de la provincia, y que no vinieron allí ni han residido en la provincia, y si usted (Montejo) has reasignado tales Indios, disponga que estos Indios sigan sirviendo a los que ahora los tienen en encomienda y no los quite.

Alvarado, la Corona nombró al licenciado Cristóbal de Pedraza, ya designado protector de los indios y cabeza espiritual en funciones de Honduras-Higueras, como juez real para su ejecución.[8] Esta cédula se convirtió en el punto de inflexión cuando los asuntos entre Alvarado y Montejo finalmente se unieron en Honduras-Higueras. Fue el vehículo legal a través del cual Montejo finalmente se vio obligado a ceder el cargo de gobernador a Alvarado.[9]

Si usted (Montejo) o el adelantado don Pedro de Alvarado hubieran quitado Indios de encomienda a ciertos ciudadanos de Trujillo, tales Indios deben ser devueltos.

Mando que se ejecuten y cumplan estas disposiciones hasta que se dispongan otras medidas, y doto al licenciado Cristóbal de Pedraza, chantre de la iglesia catedral de México y protector de los Indios de aquella provincia (de Honduras-Higueras) con facultades para investigar este asunto de encomiendas y hacernos un informe sobre cómo se ejecutan y cumplen las disposiciones anteriores de esta cédula. Ordeno que esta cédula sea cumplida en la forma que mejor concuerde con nuestro servicio y bien de la provincia de (Honduras-Higueras). Valladolid, 30 de abril de 1538. Yo la Reina".

[8] Cédula del 14 de mayo de 1538, AGI, Guatemala 402: "Licenciado Cristóbal de Pedraza, chantre de México y protector de los Indios de la Provincia de Higueras y Cabo de Honduras. Sepa que yo ordené que se emitiera una cédula al adelantado don Francisco de Montejo, nuestro gobernador de la provincia (de Honduras-Higueras), para el efecto... (que él debe reajustar las asignaciones de encomiendas en esa provincia).

Ahora bien, el adelantado don Pedro de Alvarado me ha solicitado que le ordene a usted (Pedraza) obligar... al cumplimiento de esa cédula... si el adelantado don Francisco de Montejo apela a sus disposiciones, o si no quiere cumplirlas, en tal caso (Alvarado) recibiría agravio.

Después de discutido el asunto por los miembros de Nuestro Consejo de Indias, acordaron recomendar que mandáramos a usted (Pedraza) la presente cédula, y aprobé la recomendación. En consecuencia le mando (Pedraza) que tome conocimiento de la cédula (sobre el reajuste de encomiendas en Honduras-Higueras) y si el adelantado don Francisco de Montejo no observa y cumple con esa cédula le obligue a observar sus disposiciones y cumplir con ellas. No permitirá que obstáculo o impedimento alguno se interpongan en el cumplimiento de la cédula, y deberá remitir un informe de la forma en que se cumple lo dispuesto en ella... Valladolid, 13 de mayo de 1538. Yo la Reina".

[9] Una cédula anterior que prohibía a Montejo retirar las encomiendas de aquellos a quienes Alvarado las había asignado, emitida el 30 de junio de 1537 (AGI, Guatemala 402) dice:

El adelantado don Francisco de Montejo, nuestro gobernador de Higueras y Cabo de Honduras. Francisco Cava, en nombre de aquella provincia me ha dicho que ya sabíamos de las grandes pruebas y grandes trabajos que los

La Corona también ordenó a Montejo que devolviera a Alvarado todas las encomiendas y propiedades que Alvarado había

conquistadores (de aquella provincia) han sufrido, y que cuando estaban a punto de perderse, y la provincia estaba siendo abandonada... los colonos, todos de acuerdo, mandaron mensaje a Guatemala para 'requerir' al adelantado don Pedro de Alvarado en nuestro nombre que viniera en su apoyo para que no se perdiera la provincia (de Honduras-Higueras), y que el adelantado (Alvarado), dándose cuenta del problema en que se encontraban los colonos cuando fue 'requerido' en nuestro nombre, acudió en su auxilio personalmente, con todos los españoles, de caballo y de a pie, que pudo reunir... Mostrando gran diligencia, (Alvarado) llegó a las montañas de Gracias a Dios y comenzó a conquistar y colonizar (la provincia). También fue al valle de Naco y conquistó toda la tierra y puso en paz la mayor parte de ella. Cuando la tierra fue conquistada y colonizada, Andrés de Cereceda, nuestro contador de esa provincia (de Honduras-Higueras), quien en ese momento se desempeñaba como gobernador, requirió (Alvarado) para asumir la administración de justicia y (también) asumir el gobierno en todas las cosas tanto en la paz como en la guerra, ya que tal acción sería conveniente para nuestro servicio, porque no había otro que pudiera realizar tal servicio. (Cereceda) entonces cedió el cargo de gobernador a (Alvarado), quien para servirnos aceptó el cargo y luego pasó adelante contra un gran señor indio... en aquella tierra llamada Ciçumba, el gobernante indio que había hecho todo el daño a los cristianos que habían venido a la tierra. (Alvarado) sitió a este señor y lo tomó preso con todos los principales de aquella tierra. Estos señores nativos se hicieron cristianos por su propia voluntad y acordaron servir a los españoles en paz. Como resultado de estos hechos todo el resto de aquella provincia dio obediencia. Cuando los Indios fueron traídos a la paz (Alvarado) entonces dividió la tierra en repartimientos, conforme a los méritos de los conquistadores y pobladores, para que todos quedaran tranquilos y satisfechos.

... Usted (Montejo) ha ido a la provincia (de Honduras-Higueras) con nuestras provisiones de oficio y ha asumido el gobierno. Acontecerá que querrá quitar los repartimientos de Indios que los gobernadores Andrés de Cereceda y don Pedro de Alvarado han asignado... y por tanto (Francisco Cava) me ha pedido y rogado como favor real concedido, para ordenarle (Montejo) que no quite tales repartimientos...

Este asunto fue discutido por los miembros de nuestro Consejo de Indias y recomendaron que se le expidiera a usted (Montejo) mi cédula. En consecuencia le mando que, hasta que los repartimientos de los Indios de aquella provincia (de Honduras-Higueras) hechos por don Pedro de Alvarado y Andrés de Cereceda hayan sido revisados por nosotros y hayamos provisto lo que fuera conveniente para nuestra servicio real, usted (Montejo) no quitará a los conquistadores y pobladores los Indios que don Pedro de Alvarado y Andrés de Cereceda les asignaron en encomienda. Si ya ha despojado a algunos conquistadores y pobladores de encomiendas asignadas por don Pedro de Alvarado y Andrés de Cereceda, debe restituirles y devolverles las encomiendas..., para que las tengan conforme a las concesiones que les hicieron ellos, y no hará nada contrario a las disposiciones de esta cédula... Valladolid, 30 de junio 1537. Yo el Rey".

poseído en Honduras-Higueras y que Montejo se había apropiado. Además, Montejo debía dar a Alvarado una compensación total por cualquier pérdida monetaria que pudiera haber sufrido por no haber disfrutado de los ingresos actuales de dichas posesiones y propiedades, en particular los ingresos que sus cuadrillas mineras habrían producido para Alvarado si hubieran permanecido a su servicio.[10] Estas pérdidas de ingresos corrientes fueron fijadas por Alvarado entre 16,000 y 20,000 pesos de oro, una gran suma.[11] Pedraza fue designado juez real entre los dos gobernadores en esta

---

[10] Cédula del 30 de enero de 1538, AGI, Guatemala 402: "El adelantado don Pedro de Alvarado, nuestro gobernador y capitán general para la Provincia de Guatemala, nos informó que, para servirnos, él conquistó, pacificó y pobló la Provincia de Honduras y como, para ayudar al desarrollo de la provincia, construyó una casa en el pueblo de San Pedro y ayudó a construir las casas de los ciudadanos (empleando a sus propios esclavos), para que los Indios de (Higueras) no tuvieran que ser empleados para otros trabajos mas que para el desarrollo agrícola.

Ahora ha llegado a conocimiento de (Alvarado) que usted (Montejo) ha entrado en la provincia (de Honduras-Higueras) y se ha apropiado de los edificios y de la tenencia agrícola que tenía en la región del Río de Balaliama y en el pueblo de Naco y en la región de Cansema. (Alvarado) afirma que asignó al pueblo (de San Pedro) estas posesiones y tierras, así como asignó caballerías a los ciudadanos. Declara también que se le dieron tierras para pasto de ganado entre el pueblo de San Pedro y Teapa y que estas tierras también le fueron quitadas, y que también se tomaron mucha cantidad de maíz y otras cosas. El maíz confiscado era para uso de los esclavos que buscaban oro. (Alvarado) manifiesta que ha sufrido graves agravios por estos hechos y que ha recibido una indemnización de más de 15,000 ducados, y me ha pedido que ordene que se le devuelvan todas las posesiones y bienes confiscados, junto con la compensación por todas las pérdidas y daños... o para prever las medidas que considere necesarias.

Después de discutido el asunto por los miembros de nuestro Consejo de Indias me han recomendado que emita mi cédula a usted (Montejo), y he aceptado su recomendación. Por lo tanto le ordeno a usted (Montejo) que regrese y restaure al adelantado don pedro de Alvarado, o a cualquiera que tenga su poder notarial, sus edificios, tierras, esclavos, maíz y tenencias agrícolas tan pronto como esta cédula sea entregada oficialmente a usted.

Usted (Montejo) debe cumplir con esta cédula en su totalidad, y si no lo hace, encomendamos su ejecución al licenciado Cristóbal de Pedraza, nuestro protector de los Indios de esa provincia (de Honduras-Higueras), a quien mandamos actuar como mediador y a quien mandamos hacer cumplir esta cédula, a cuyo efecto dotamos (a Pedraza) de plena autoridad... Valladolid, 30 de enero de 1538. Yo la Reina".

[11] Véase Montejo v. Pedraza, 1539, AGI, Justicia 129-2.

materia también.¹² Este decreto sobre los bienes y propiedades personales de Alvarado estaba redactado totalmente a su favor. Como juez en esta fase de la querella, se facultó a Pedraza para proceder contra Montejo en lugar de actuar como mediador de demandas y contrademandas. Pedraza se convirtió así en un funcionario real de alto rango y gran influencia.

De esta manera se preparó pronto el escenario para una intensa lucha por el poder entre Montejo y Alvarado, tanto en Castilla como en las Indias, y cuando Alvarado regresó a Honduras-Higueras en la primavera de 1539 estaba listo para actuar. No sólo tenía a sus espaldas la voluntad de la Corona e instrumentos de ley, sino que trajo a las Indias una armada de tres navíos, que transportaba unos 250 hombres armados bien equipados, entre arcabuceros y piqueros, y grandes almacenes de municiones y suministros destinados a su largamente retrasada expedición al Mar del Sur. De ser necesario, estos hombres podrían sumarse a los partidarios de Alvarado dentro de Honduras-Higueras, quienes ya superaban en número a los seguidores de Montejo. Montejo pronto

---

¹² Cédula del 30 de enero de 1538, AGI Guatemala 402: "Licenciado Cristóbal de Pedraza, Chantre de la Iglesia Catedral de la Ciudad de México, protector de los Indios de la Provincia de Higueras y el Cabo de Honduras. Don Pedro de Alvarado, nuestro gobernador de la Provincia de Guatemala, me ha hecho saber que por otra cédula, como bien sabemos, hemos mandado al adelantado don Francisco de Montejo, nuestro gobernador de la provincia (de Honduras-Higueras) que regrese y restaure todos los edificios y esclavos y maíz y tierras y todas las demás cosas que tomó de (Alvarado) después que (este) partió de la provincia... porque por tales confiscaciones (Alvarado) ha sufrido grandes daños.

(Alvarado) me ha pedido que le ordene a usted (Pedraza) que le indemnice por todo... lo que ha sufrido a consecuencia (de la confiscación de sus bienes y posesiones por parte de Montejo). También me ha pedido que ordene que se le devuelvan todas las ganancias y beneficios que hayan producido todas las posesiones que le haya quitado Francisco de Montejo, desde el día en que fueron confiscadas...

Después de discutido el asunto por los miembros de nuestro Consejo de Indias me han recomendado que emita esta cédula a usted (Pedraza), y he aceptado su recomendación. En consecuencia, le ordeno que investigue las circunstancias antes expuestas. Después de haber oído los casos de las partes interesadas, tomará acciones y adoptará las medidas que considere apropiadas respecto del asunto, ejerciendo completa y pronta justicia... Valladolid, 30 de enero de 1538. Yo la Reina".

declaró, "me parece que la armada (de Alvarado) estaba pensada para la acción en esta provincia más que para su uso en otra parte..., (pues) según indicaciones tiene su expedición (aquí) sin otro propósito más que para dirigirlo contra mí...".[13]

REGRESO DE ALVARADO DESDE ESPAÑA

A su llegada a Puerto de Caballos, Alvarado pasó algunos días descargando suministros y municiones y abriéndose camino hasta San Pedro. Se necesitaron 200 hombres para despejar este camino, ya que cualquier camino que Montejo había construido anteriormente entre esos puntos ya estaba cubierto de maleza. Se consumía más tiempo en llevar la carga a San Pedro, en parte por canoas enviadas río arriba y en parte por tierra. En este período Montejo no envió palabra a Alvarado y mucho menos le ofreció ayuda para el difícil tránsito. Solo después de que ya era demasiado tarde para ayudar, Montejo envió instrucciones a su teniente en San Pedro para brindar ayuda y consuelo a Alvarado. Alvarado tomó este lapso de cortesía formal castellana como un insulto, especialmente porque su nueva esposa, la joven y aristocrática doña Beatriz de la Cueva, había regresado con él. Incluso acusó a Montejo de negarse a ayudar con la esperanza de que él y sus hombres cayeran víctimas de la fiebre en la costa caliente y pestilente. Aunque esta acusación carecía de fundamento, Montejo en realidad tenía la esperanza de que Alvarado y sus hombres pasaran a Guatemala sin detenerse en Higueras por mucho tiempo, y ciertamente no deseaba facilitar la entrada de Alvarado a la provincia.[14]

Toda la región costera de Honduras-Higueras pasó a manos de Alvarado desde el mismo momento en que él y sus hombres se establecieron en San Pedro. Los ciudadanos y autoridades de ese pueblo eran seguidores suyos casi al unísono y lo recibieron con alegría. Montejo y sus oficiales ya no pudieron ejercer la menor

---

[13] Montejo a la Corona, Gracias a Dios, 25 de agosto de 1539, AGI, Guatemala 39.

[14] Alvarado a la Corona, Gracias a Dios, 4 de agosto de 1539, DII, 24:311-19.

influencia en los distritos del norte de la provincia. Los partidarios de Alvarado en Gracias a Dios y en otros lugares también ignoraron a Montejo y sus funcionarios. Aunque los colonos se habían unido lealmente bajo Montejo para reprimir la gran revuelta entre 1537 y 1539, ahora que el peligro de los indios había pasado y Alvarado había regresado, todos aquellos que eran partidarios de Alvarado o que por cualquier razón se oponían a la política de Montejo se volvieron en su contra. El prestigio de Montejo se desvaneció así rápidamente en todas partes excepto en el Pueblo de Comayagua, cuya ciudadanía estaba compuesta casi en su totalidad por sus propios hombres. Aunque Montejo se aferró débilmente al control del cabildo de Gracias a Dios durante algunas semanas, eso por sí solo no mejoró su posición en su propia ciudad capital.[15]

La sola presencia de Alvarado fue suficiente para reducir a Montejo a la impotencia, pero Alvarado fue más allá. Mostró abiertamente el mayor desprecio por Montejo, actuando como si su rival ni siquiera estuviera presente, y mucho menos el gobernador real. En realidad Alvarado inmediatamente "comenzó a administrar como gobernador". Dio a entender crípticamente que ya era el magistrado principal de la provincia y que, con la aprobación real, fácilmente podría "enviar a Montejo a Castilla encadenado". Dijo que "Montejo le había hecho mal en su ausencia y que ahora, estando presente, haría peor a Montejo". Algunos de los seguidores más violentos de Alvarado, uno de ellos un capitán, declararon que Montejo y toda su casa "debían ser asesinados", sin más. Sin informar a Montejo ni consultar a Pedraza, Alvarado se hizo cargo de inmediato de todas las encomiendas, posesiones y propiedades en la zona costera de las que, según él, Montejo lo había despojado.

En una ocasión Alvarado se negó a reconocer la autoridad de un alguacil que Montejo había enviado al Valle de Naco para aprehender a un español que se había fugado de la prisión de Gracias a Dios, donde estaba a punto de ser juzgado por matar a

---

[15] Véase Montejo a la Corona, Gracias a Dios, 1 de junio de 1539, DII, 24:250-97; Montejo a la Corona, Gracias a Dios, 1 de junio de 1539, DII, 24:298-310; Montejo a la Corona, 25 de agosto de 1539, AGI, Guatemala 39; Montejo v. Pedraza, 1539, AGI, Justicia 129-2.

palos a cinco indios principales y robando una gran cantidad de maíz que les había pertenecido. Alvarado había ido al pueblo de Naco por un tiempo para recuperar sus posesiones en su distrito, y mientras el alguacil conducía a su prisionero por el pueblo de regreso a Gracias a Dios, el malhechor pidió ayuda a los seguidores de Alvarado. Arremetieron contra el alguacil y liberaron al prisionero, a quien Alvarado protegió entonces activamente a pesar de las protestas de Montejo.[16]

Con su autoridad sobre la costa perdida y su jurisdicción en Gracias a Dios desatendida por los partidarios de Alvarado, la posición de Montejo empeoró cada día. Más allá de simplemente despreciarlo, los seguidores de Alvarado en Gracias a Dios se volvieron tan amenazantes que Montejo temió por la seguridad de su esposa y su familia. Desorden y crímenes ocurrían con impunidad. Montejo, al principio atónito por el curso que estaban tomando las cosas, trató de reunir a sus seguidores para oponerse a Alvarado por la fuerza si era necesario y restablecer al menos una apariencia de control sobre Gracias a Dios. Sus esfuerzos quedaron muy cortos.

Juro ante Vuestra Majestad (escribió desesperado a la Corona) que hay conflagración en esta ciudad y provincia, y tal malestar entre (tanto) españoles como entre indios que si Dios no nos trae remedio no sé dónde acabará.[17]

Durante mucho tiempo Montejo permaneció completamente ignorante de los verdaderos poderes de Alvarado y de la voluntad real en cuanto a sus posiciones y las de Alvarado, ya que se le ocultaron las cédulas que la Corona había emitido en relación con sus reclamaciones rivales. Sin embargo, se dio cuenta de que debía haber perdido casi por completo el favor real, ya que de lo contrario Alvarado no habría actuado como lo hizo. Sintiendo que la Corona deseaba que Alvarado lo reemplazara en la gobernación de Honduras-Higueras, se desesperó mucho, especialmente porque la Corona lo había tenido antes en tan alta estima.

Entre todas las cosas que me pesan (escribió a su rey), lo que más me apena es saber que he perdido tanto crédito con Vuestra

---

[16] *Ibid.*

[17] Montejo a la Corona, Gracias a Dios, 1 de junio de 1539, DII: 24:303.

Majestad, y con los miembros del muy alto Real Consejo de Vuestra Majestad, que yo ya no soy creído, aunque nada se halló en mí sino la verdad todo el tiempo que estuve en la Corte de Vuestra Majestad (en años pasados) y desde que salí de allí. Quizá mis comunicados no hayan sido vistos (en la corte), ya que todo lo que ha sido ordenado (por Vuestra Majestad) es contrario a la información que he dado y ha sido tanto en perjuicio de esta tierra que ahora parece estar bajo el influencia de algún cuerpo maligno que no le permite la tranquilidad.[18]

PEDRAZA COMO MEDIADOR

Pedraza había llegado a Honduras-Higueras en el otoño de 1538 profundamente imbuido del punto de vista de Alvarado y sus partidarios, pero pronto llegó a reconocer las grandes hazañas militares de Montejo, el mérito de su política previsora y su valía como administrador. Como juez real, comenzó a tomar parte activa en la disputa que estaba llevando a la provincia a tal desorden administrativo. Tenía gran simpatía por Montejo, "este pobre viejo de gobernador", pero también sabía que era voluntad real que Alvarado asumiera la gobernación de Honduras-Higueras.[19]

Consciente, juicioso, celoso, hombre íntegro y resuelto a usar sabiamente sus poderes y en bien de la provincia y del servicio real, Pedraza consideró su papel como el de un verdadero mediador entre Alvarado y Montejo, así como el de un oficial designado para hacer cumplir los decretos reales. Estaba gravemente preocupado por los efectos nocivos que la disputa entre los dos gobernadores podría traer sobre la recién conquistada Higueras y también por el caos administrativo que existía en todas partes excepto en el litoral, donde Alvarado ya estaba al mando. Estaba lejos de ser imposible, pensó Pedraza, que los seguidores de Alvarado de hecho recurrieran a una acción abierta contra Montejo, porque "otros gobernadores habían sido asesinados por una causa menor" que la que Montejo le había dado a su oponente

---

[18] Montejo a la Corona, Gracias a Dios, 1 de junio de 1539, DII, 24:275.
[19] Pedraza a la Corona, Gracias a Dios, 18 de mayo de 1539, AGI, Guatemala 9; Montejo v. Pedraza, 1539, AGI, Justicia 129-2.

más poderoso. También temía que Montejo, movido por la desesperación, pudiera recurrir a una acción militar temeraria pero sin esperanza. Además, Pedraza y otros funcionarios y colonos menores pensantes creían que los indios, que observaban disensión entre los españoles, podrían aprovechar la disputa una vez más para rebelarse. En efecto, cuando los indios vieron que (Alvarado) había desembarcado con tanta gente, arcabuceros, piqueros y otros con otras armas, y vieron asimismo que el adelantado Montejo... se dispuso a resistir, o por lo menos defenderse de (Alvarado), hubo tal tumulto entre ellos que todos desearon dejar sus casas e irse a la montaña, lo que hubiera provocado la despoblación de toda la provincia.[20]

Pedraza, por tanto, decidió negociar un acuerdo personal entre Alvarado y Montejo. Bajo este acuerdo, Alvarado se haría cargo discretamente de la gobernación de Honduras-Higueras y uniría la provincia administrativamente con Guatemala, mientras que Montejo asumiría la autoridad sobre Chiapas sin estimular más la disputa a través de un procedimiento legal prolongado que inevitablemente sería necesario si se llegara a un acuerdo únicamente sobre la base de las cédulas que la Corona le había facultado para hacer cumplir contra Montejo. Bajo su plan, Pedraza propuso que todas las encomiendas que Montejo les había quitado a los seguidores de Alvarado les fueran devueltas automáticamente una vez que Alvarado asumiera la gobernación. De la misma manera Montejo iba a permitir que Alvarado se hiciera cargo de todas las posesiones y propiedades confiscadas mientras Alvarado estaba en Castilla. El nuevo gobernador debía renunciar a todos los reclamos puramente monetarios por pérdidas a través de la confiscación de su propiedad por parte de Montejo, ya que Montejo estaba tan endeudado que posiblemente no podría pagarlas. Pedraza tenía orgullo y confianza en su habilidad como conciliador, especialmente en vista de sus afirmaciones de que había arreglado una disputa entre Cortés y Nuño de Guzmán.[21]

---

[20] Pedraza a la Corona, Sevilla, 26 de diciembre de 1544, AGI, Guatemala 164.
[21] *Ibid.*

Como Pedraza estaba en Gracias a Dios cuando Alvarado llegó a la provincia, aconsejó personalmente moderación a Montejo y, por correspondencia, recomendó la conciliación a Alvarado y sus partidarios. Planeaba ir a San Pedro para entrevistar a Alvarado, pero la situación en Gracias a Dios era tan tensa que parecía necesaria su presencia allí. Sus súplicas para que ambas partes se detuvieran fueron efectivas por un tiempo y calmaron el espíritu de turba de los seguidores más extremistas de Alvarado en Gracias a Dios –un tributo a su capacidad de persuasión– pero, sin embargo, la situación siguió siendo explosiva.

Aunque Pedraza aplazó su entrevista, probablemente jugó un papel decisivo en persuadir a Montejo para que enviara a su hermano Juan a consultar con Alvarado. Montejo, que hasta entonces se había negado a cualquier comunicación directa con su oponente, envió a su hermano a Alvarado para averiguar sus deseos e intenciones. Juan de Montejo regresó de San Pedro con nada más que una fuerte confirmación de la determinación de Alvarado de tomar para sí la gobernación de la provincia.[22]

Montejo era ahora conmovedoramente consciente de que su causa estaba completamente perdida a menos que hubiera un cambio rápido e imprevisto. Su única esperanza era un cambio de actitud de la Corona o una decisión legal a su favor. El 1 de junio redactó el primero de una serie de documentos para la Corona, exponiendo sus logros y defendiendo su política en Honduras-Higueras, alegando sus largos años al servicio real, pidiendo la confirmación como gobernador de Honduras-Higueras, acusando a Alvarado de intento de usurpación, y a él y sus partidarios de actos ilegales. Bien sabía Montejo que el ritmo de las comunicaciones entre las Indias y Castilla no podía dar respuestas rápidas a sus urgentes súplicas, pero esperaba ganar tiempo entretanto mediante prolongados juicios con Alvarado en la misma provincia. Solo un

---

[22] Montejo a la Corona, Gracias a Dios, 1 de junio de 1539, DII, 24:298-310; Montejo a la Corona, Gracias a Dios, 25 de agosto de 1539, AGI, Guatemala 39; Montejo a la Corona, Gracias a Dios, 4 de noviembre y 15 de diciembre de 1539, AGI, Guatemala 9; Montejo v. Pedraza, 1539, AGI, Justicia 129-2; Montejo v. Alvarado, 1541, AGI, Justicia 134-3; Alvarado a la Corona, Gracias a Dios, 5 de agosto de 1539, DII, 24:311-19.

plan así contenía la más mínima promesa de un resultado favorable.

Todo esto mientras Alvarado, impaciente por la acción directa, finalmente se decidió por una solución rápida. En algún momento de junio salió de San Pedro al frente de una poderosa compañía, "todos armados y preparados para la guerra", para marchar sobre Gracias a Dios y someter a Montejo a su voluntad por la fuerza de las armas. Montejo, presa del pánico, hizo frenéticos esfuerzos para organizar a sus propios partidarios superados en número.[23]

Pedraza estaba gravemente preocupado por la amenazante crisis, pues deseaba a toda costa evitar que la provincia fuera desgarrada por una guerra civil. Saltando a la brecha como juez real, primero debe haber disuadido a Montejo de intentar resistir a Alvarado mediante la acción armada y prometió que haría todo lo posible para persuadir a Alvarado de que no empleara la fuerza. Además, es obvio que discutió con Montejo los términos específicos en los que este último ahora debe llegar a un acuerdo con Alvarado, tanto para la transferencia de la gobernación a Alvarado como para el arreglo de los reclamos personales de Alvarado. Pedraza, acompañado de funcionarios y ciudadanos destacados, se apresuró entonces a dialogar con Alvarado. Su principal esperanza era resolver toda la controversia en ese mismo momento siguiendo las líneas del acuerdo personal propuesto.

Alvarado tomó una posición obstinada al principio, porque no vio la necesidad de negociar con el impotente Montejo. Proclamó abiertamente su intención de humillar y castigar a su rival por la fuerza de las armas. Los argumentos de Pedraza prevalecieron, sin embargo, y Alvarado renunció finalmente a su propósito marcial, aceptando las bases de Pedraza para la negociación pacífica. Pedraza luego parece haber regresado a Gracias a Dios para informar a Montejo de su éxito y asegurarse de que la entrada de Alvarado a la ciudad fuera ordenada y tranquila. También persuadió personalmente a Montejo para que recibiera con cortesía a Alvarado y a doña Beatriz. Montejo se sintió complacido con esta inesperada oportunidad de negociar, y la entrada de Alvarado en

---

[23] *Ibid.*

Gracias a Dios fue así pacífica, debido enteramente a los esfuerzos de Pedraza, cuyas palabras sobre este tema vale la pena repetir.

"Me fue necesario levantarme del lecho de enfermo (escribió) y salir doce leguas a recibir al adelantado Alvarado para tratar de entablar amistad entre él y el adelantado Montejo. Como resultado de mis esfuerzos hice que (Alvarado) quitara sus fuerzas que estaban al pie de guerra y renunciara a los malos deseos que me dio a entender que había tenido contra (Montejo). Logré que (ellos) entablaran amistad y traje a (Alvarado) y a su esposa doña Beatriz de la Cueva... a la Ciudad de Gracias a Dios e hice que el adelantado Montejo y todos los ciudadanos... los recibieran casi a media legua de la ciudad, donde (los dos adelantados) se conocieron con gran cordialidad...".[24]

Alvarado y Montejo establecieron relaciones formalmente correctas entre sí, como correspondía a los nobles castellanos. Si bien las relaciones fueron formales, sus esposas encontraron un lazo mutuo de simpatía y formaron una amistad que contribuyó mucho a acercar temporalmente a Alvarado y Montejo.[25] Pedraza condujo paciente y hábilmente estos acercamientos, y cuando llegó el momento presionó para un acuerdo final. Los términos se arreglaron fácilmente, porque por supuesto no había habido tiempo para la respuesta de la Corona a las apelaciones de Montejo, y su posición seguía siendo tan débil como siempre, aunque no tan peligrosa.

Según el acuerdo ahora alcanzado, Montejo debía ceder la gobernación de Honduras-Higueras a Alvarado a cambio del territorio de Alvarado en Chiapas, tal como lo había autorizado la Corona. Como Honduras-Higueras era una provincia mucho más importante que Chiapas, Montejo también iba a recibir la gran encomienda de Alvarado de Xochimilco, justo al sur de la Ciudad

---

[24] Pedraza a la Corona, Sevilla, 26 de diciembre de 1544, AGI, Guatemala 164.
[25] *Ibid.*; Montejo a la Corona, Gracias a Dios, 1 de junio de 1539, DII, 24:298-310; Montejo a la Corona, Gracias a Dios, 25 de agosto de 1539, AGI, Guatemala 39; Montejo a la Corona, Gracias a Dios, 4 de noviembre y 15 de diciembre de 1539, AGI, Guatemala 9; Montejo v. Pedraza, 1539, Justicia 129-2; Montejo v. Alvarado, 1541, AGI, Justicia 134-3; Alvarado a la Corona, Gracias a Dios, 4 de agosto de 1539, DII, 24:311-19.

de México, que era casi una provincia en sí misma y que, con su gran población nativa, produjo ricos tributos. Alvarado iba a recuperar todas las posesiones y propiedades que Montejo le había confiscado, pero renunció a sus fuertes reclamos personales por las pérdidas monetarias sufridas por la usurpación de Montejo. Esta generosa renuncia por parte de Alvarado surgió tanto de la amistad de su esposa con la esposa de Montejo, como de los esfuerzos de Pedraza por obtener un arreglo justo, pues el manifiesto endeudamiento de Montejo dejaba claro que la insistencia en el pago daría como resultado el mayor sufrimiento para Montejo y su familia. Las encomiendas que Alvarado había asignado a los colonos antes de ir a Castilla en 1536 y que Montejo les había quitado y reasignado a sus propios seguidores regresarían discretamente a los antiguos concesionarios. Así, tanto Alvarado como Montejo aceptaron finalmente las bases del convenio, del que se remitió informe al virrey Antonio de Mendoza como árbitro designado por el rey en todo cambio de territorio.[26]

Montejo en un principio acepto los términos sorprendentemente moderados de este acuerdo, pero pronto empezó a cambiar de opinión. Este cambio de actitud se inició cuando finalmente conoció los textos de las cédulas reales por las que se facultaba para actuar tanto a Alvarado como a Pedraza. Estas cédulas le habían sido retenidas hasta que las negociaciones estuvieran realmente en curso. Creyendo que vio cláusulas de escape que podrían permitirle salvar su situación a través de un procedimiento legal complicado, o al menos permitirle retrasar las cosas hasta que la Corona hubiera respondido a sus mensajes, ahora intentó anular el acuerdo. Protestó que se había celebrado totalmente en contra de su voluntad y porque tanto Alvarado como Pedraza habían tergiversado sus propios poderes y la voluntad real. Afirmó que no había ninguna razón verdadera para que renunciara a la gubernatura de Honduras-Higueras. Para retrasar más las cosas sostuvo que, en todo caso, el pacto recién concluido no valía hasta que Mendoza lo aprobara formalmente. Alvarado y Pedraza insistieron en que el pacto se hiciera efectivo de inmediato.

---

[26] *Ibid.*

Además, Montejo no tomó medidas reales para reajustar las asignaciones de encomiendas. Envió otro mensaje a la Corona informando del acuerdo y de su decisión de abrogarlo, exponiendo sus razones y dejando claro que esperaba que la Corona le permitiera permanecer como gobernador de Honduras-Higueras en vista de sus logros militares y administrativos. Incluso mencionó retomar su plan para la conquista del Valle de Olancho "cuando terminara la temporada de lluvias", y escribió sobre planes para mejorar la situación de Trujillo, construir más caminos y explotar las ricas vetas de plata del Valle de Comayagua después de que Alvarado partiera de Honduras-Higueras.[27] Así, Montejo pasó repentinamente del completo abatimiento a una confianza irrazonable y mal fundada. Pedraza estaba consternado por la derogación por parte de Montejo del acuerdo que tan cuidadosamente había creado; Alvarado, con quien Montejo cortó todo contacto, se enfureció.

PLANES DE ACCIONES LEGALES CONTRA MONTEJO

Montejo ahora se volvió contra Pedraza, quien, según él, lo había engañado haciéndole creer que no había otro camino más que renunciar a la gobernación de Honduras-Higueras cuando ese no era el caso en absoluto. Incluso acusó a Pedraza de actuar alevosamente como agente de Alvarado en el asunto. Tal acusación, por supuesto, carecía por completo de fundamento. Montejo no solo se negó a hacer caso a los consejos de Pedraza sino que lo denunció como un enemigo acérrimo y siniestro.

Habiendo rechazado a Pedraza como consejero, Montejo recurrió exclusivamente a su capitán con formación legal, el bachiller Juan Álvarez, en busca de consejo. Con la guía de Álvarez esperaba poder dejar de lado las cédulas recurriendo a tecnicismos legales. Álvarez asumió en consecuencia una posición de suma importancia, atestiguada por el violento antagonismo que

---

[27] *Ibid.*

suscitó en Pedraza y Alvarado y los partidarios de este último, quienes lo responsabilizaron en gran parte del rumbo de Montejo.[28]

Aunque Montejo originalmente había traído a Álvarez a Honduras-Higueras como capellán y consejero legal en asuntos administrativos, parece que también le dio puestos gubernamentales menores, a pesar de que Álvarez solo se formó en derecho canónico. Los opositores de Montejo protestaron abiertamente porque a Álvarez se le habían asignado cargos que conllevaban jurisdicción civil y penal. Álvarez había advertido anteriormente a Montejo que sería legalmente válido para él anular los repartimientos de Alvarado y llevar a cabo los suyos como mejor le pareciera. Desde el principio le había advertido a Montejo que no estaba obligado a obedecer las cédulas reales sobre repartimientos, posesiones de Alvarado o incluso un intercambio de jurisdicción, ya que la Corona había actuado en los tres asuntos sin la información adecuada. Álvarez invariablemente alentó a Montejo a asumir una actitud agresiva hacia Alvarado y Pedraza e indudablemente fue fundamental para poner a Montejo en contra de Pedraza. Aconsejó a Montejo que intentara retener la gobernación, renunciara a su acuerdo con Alvarado y se negara a cumplir con las cédulas que requerían la restitución de las encomiendas, así como las que ordenaban la restauración de las propiedades de Alvarado.[29]

Además, como representante de Montejo, Álvarez buscó por todos los medios ganar un mayor apoyo para él entre los colonos y despertar oposición contra Alvarado, aunque estas eran tareas inútiles. Además de sus deberes oficiales y cuasi-oficiales, Álvarez parece haber actuado durante algún tiempo como agente personal para mantener informados a Montejo y doña Beatriz de Herrera de las opiniones de los colonos para que Montejo pudiera identificar y tratar con los principales enemigos locales. Tal empleo como informante se sumó al número de enemigos de Álvarez. Incluso sus enemigos alegaron que Álvarez había expresado la extrema doctrina papal de que la provincia pertenecía al papa y no al rey, a

---

[28] Residencia de Montejo para Honduras-Higueras, 1544, y para Chiapas, 1546, AGI, Justicia 300.
[29] *Ibid.*

quien el papa había donado el Nuevo Mundo, y que por lo tanto Montejo no estaba obligado a observar los decretos reales.[30]

Además, Álvarez fue criticado como una persona alborotadora, pendenciera y apostadora, que desmintió su estatus eclesiástico y que no cumplió por completo con sus deberes espirituales. Fue acusado de frecuentar tabernas, jugar con cartas falsas y albergar a hombres de mala vida que abiertamente tenían concubinas indias. Se dijo que en una ocasión Álvarez incluso golpeó al propio Montejo durante una disputa de cartas. En un tiempo, cuando él era el único cura residente en Gracias a Dios, muchos colonos rechazaron el sacramento de sus manos, ni se confesaron con él. Pedraza pronto inició una investigación sobre su conducta oficial y personal. Esta acción intensificó la animosidad entre los dos clérigos y más tarde tuvo importantes repercusiones cuando ambos estaban en Castilla. Aunque Álvarez era ingenioso, obviamente era el peor consejero posible para Montejo cuando se necesitaba un consejo sensato, cuidadoso y mesurado por encima de todo.[31]

Dado que su paciente mediación había fracasado por completo y Montejo se había vuelto hacia Álvarez, Pedraza ahora se vio obligado a ver que Alvarado fuera colocado en la gobernación de Honduras-Higueras lo antes posible. Asimismo, estaba obligado a cumplir con sus funciones de juez para hacer cumplir en toda su forma legal las cédulas que requerían el ajuste de las encomiendas en Honduras-Higueras y la restitución de los bienes personales de Alvarado. El impaciente Alvarado debió querer tomar métodos más breves y directos, a lo que se prestaba su gran superioridad en fuerza armada, pero Pedraza lo convenció de que se moviera enteramente dentro del marco de la ley. Como resultado, la controversia entre los dos gobernadores pasó ahora a una fase legal en la que Pedraza asumió sus funciones como juez real contra Montejo en el sentido más completo, con Alvarado detrás de él con su gente armada, listo y dispuesto a intervenir en cualquier momento para forzar el asunto y apoyar las decisiones judiciales de Pedraza.

---

[30] *Ibid.*
[31] *Ibid.*

Consultando con Alvarado, cuya impetuosidad tenía que controlar constantemente, Pedraza trazó cuidadosamente su curso legal. Bajo los nuevos planes de Pedraza, el propio Alvarado iniciaría la acción contra Montejo. El 30 de junio Alvarado inició el litigio a través de su cuñado, Francisco de la Cueva, quien fungió como su representante legal. Exigiendo bruscamente el cumplimiento al pie de la letra, de la Cueva presentó a Montejo las cédulas reales que le exigían que devolviera a los encomenderos originales todos los pueblos que les había quitado y ordenaba que devolviera las posesiones confiscadas a Alvarado. Se recordará que el decreto real que ordenaba esta restitución conllevaba como pena por incumplimiento la destitución del cargo y la confiscación de bienes a favor de la Corona.[32]

Montejo tardó varios días en dar su respuesta, que fue un rotundo rechazo a las exigencias de Alvarado por considerar que las cédulas reales en cuestión se basaban en premisas falsas, ya que la Corona no estaba informada de la situación de la provincia. Montejo negó haberle quitado algo injustamente a Alvarado. Sin embargo, admitió que estaba preparado para devolver a Alvarado cualquier encomienda por la cual este último pudiera presentar título legal. En conclusión, Montejo remitió todo el asunto a Pedraza, con la esperanza de crear demoras.

Alvarado después hizo que de la Cueva solicitara a Pedraza que procediera a la ejecución de los decretos pertinentes. De la Cueva pidió una acción enérgica contra Montejo como "persona poderosa porque es gobernador de la tierra". Pedraza respondió que estaba preparado "conforme a la justicia" y en seguida inició una serie de investigaciones secretas y minuciosas sobre todos los puntos discutidos, llamando a los funcionarios de la Tesorería Real de la provincia, autoridades municipales y colonas. Cuando Montejo se enteró de las investigaciones, quiso presentar testigos cuidadosamente seleccionados a su favor; Pedraza no sólo se negó a permitir sino que llegó a prohibir a cualquier notario que redactara documentos legales para Montejo.

---

[32] La sección entera sobre los aspectos legales de la disputa entre Alvarado y Montejo está basada en Montejo v. Pedraza, 1539, AGI, Justicia 129-2. Solo se citarán las referencias cuando se empleen otros materiales.

Pedraza concluyó su investigación rápidamente e hizo su primer movimiento en contra de Montejo el 7 de julio. Mediante un notario, acompañado por hombres armados, informó a Montejo, quien estaba en su hogar, de las demandas de Alvarado para la ejecución inmediata de las cédulas. Montejo se enfureció tanto que el notario, temiendo por su vida, huyó a la calle y al amparo de sus guardias armados. Al dar testimonio contra Montejo, el notario describió más tarde este incidente:

"(Montejo) me invitó a una habitación diciendo que deseaba hablar conmigo. Dado que no deseaba que me arrebatara los documentos que tenía en mi mano, le pedí que "me perdone Su Excelencia por no aceptar su invitación, y que si deseaba decir algo importante debería decirlo enfrente de testigos...", ya que tuve desconfianza de entrar en el cuarto como él deseaba. Entonces ordenó al alguacil mayor de esta ciudad a capturarme y ponerme en el cepo. Cuando me di cuenta de que tal era su propósito volví a la morada del señor juez de ejecución a decirle lo sucedido para que hiciera justicia en el asunto".

A pesar de su enojo, Montejo se impresionó por el accionar de Pedraza. Ese mismo día, el 7 de julio, hizo que la cédula real que le obligaba a restituir las encomiendas a los destinatarios originales fuera proclamada "dos veces en la plaza pública, una ante la vivienda del gobernador y la otra ante el alojamiento del adelantado Alvarado y el licenciado Pedraza, protector de los indios...", y anunció que estaba dispuesto a devolver las encomiendas a todos los colonos que pudieran presentar título legal, o cédulas de encomienda, que había emitido Alvarado. Pedraza siguió la proclamación de Montejo emitiendo una propia, declarando que todos los encomenderos que habían sido despojados de sus pueblos por Montejo debían presentar sus títulos a este último de inmediato.

Por su parte, Montejo envió un representante a Pedraza para exigir la presentación de la prueba definitiva de su autoridad para actuar como juez arbitrario en la controversia. Montejo declaró que él mismo era el máximo representante de la autoridad real en la provincia y que ni Pedraza ni Alvarado podían ejercer sobre él jurisdicción alguna. Tomó la posición de que Pedraza "no era juez". La respuesta de Pedraza fue igualmente intransigente; no se desviaría de su rumbo fijo mientras Montejo mostrara tal terquedad. Ya no actuaba como mediador y declaró tajantemente que no era "juez para determinar los méritos del caso de Montejo, sino uno que debía hacer cumplir y ejecutar lo que Su Majestad expresamente ordenó".

Montejo consideró que la mera promulgación de la cédula que requería la restauración de los pueblos y su análisis de los títulos de encomienda que se le presentaron durante los días siguientes habían satisfecho las exigencias legales de la situación. Por lo tanto, no tomó ninguna medida para devolver los pueblos a sus primeros encomenderos. Montejo tampoco tomó las medidas legales para restituir las posesiones y bienes de Alvarado que la situación exigía. En consecuencia, cayó en el juego de Alvarado y le dio a Pedraza una base jurídica sólida para continuar con el procedimiento.

Pedraza ahora exigió repetidamente que Montejo le devolviera a Alvarado todas sus posesiones confiscadas y que Montejo cumpliera con la cédula que requería el reajuste de las asignaciones de encomienda, bajo pena de destitución del cargo según lo estipulado por la Corona. Cada vez que se presentaron tales demandas, Montejo reafirmó enérgicamente su posición, declarando que "no consideraba a Pedraza como juez" y que Pedraza estaba "usurpando jurisdicción". Los notarios que Pedraza enviaba para notificar a Montejo de sus demandas iban siempre acompañados por guardias armados, pues en cada ocasión la reacción de Montejo era de enfado. Montejo finalmente ordenó, aunque sin algún efecto, que ningún funcionario local ni ciudadanos reconocieran la autoridad de Pedraza y exigió que Pedraza le permitiera apelar toda la controversia a la Corona, a lo que Pedraza se negó.

Mientras tanto, detenido por Pedraza mientras se desarrollaba la acción legal, Alvarado espero, seguro del resultado pero impaciente por la demora. No obstante, le permitió actuar a Pedraza, pues por militar que fuera, se dio cuenta de que lo mejor a la larga era apoyar su posición en fundamentos legales inexpugnables.

Recién pasada la mitad de julio, Pedraza estaba listo para la acción final. Había completado los trabajos preliminares legales para la destitución de Montejo de su cargo y para su completa humillación personal. Sin embargo, aunque su posición estaba reforzada por la ley y la fuerza armada de Alvarado, Pedraza decidió darle una oportunidad más a Montejo para reafirmar con gracia el acuerdo que tan temerariamente había repudiado. La propuesta que ahora presentó Pedraza es un alto tributo a él y podría haber conducido a un arreglo razonable de todos los puntos en disputa si Montejo no se hubiera excedido en su obstinación. Montejo estaba motivado por un orgullo feroz, una determinación renovada de preservar Honduras-Higueras para su jurisdicción, si era posible, y la realización de que, con Yucatán aún sin conquistar, quedaría reducido a un cargo menor como gobernador de Chiapas. Pedraza propuso una comisión compuesta por Gonzalo Ronquillo, veedor de Guatemala; Alonso de Cáceres, capitán de confianza de Montejo; Gaspar Juárez de Ávila, ahora regidor de Gracias a Dios, quien había servido con Gonzalo de Alvarado y después se convirtió en uno de los primeros partidarios más importantes de Montejo en Honduras-Higueras; y Diego Díaz de Herrera, un ciudadano de Guatemala. Este grupo debía intentar la mediación. Mediante otra lectura a Montejo de las reales cédulas, palabra por palabra, se le aclararía que la única alternativa al pleno cumplimiento de la voluntad real era la inmediata e irrevocable destitución del cargo en Honduras-Higueras. Pedraza escribió:

"Yo (mismo)..., Gonzalo de Ronquillo, el capitán Alonso de Cáceres, Gaspar Juárez de Ávila, regidor de esta ciudad, y Diego Díaz de Herrera anduvimos tratando de establecer la concordia y la paz y mediar entre el adelantado Montejo y el adelantado Alvarado para determinar si sin contienda podían actuar dentro de lo debido y así llegar a un acuerdo en su (controversia), como yo pedía y suplicaba. (Busqué) que se encontraran como amigos, con todos los buenos sentimientos para arreglar (sus diferencias). Montejo fue informado al pie de la letra, y frase por frase, de todos los decretos que llevaba Alvarado (sobre su querella)".

Lamentablemente, el gesto imparcial de Pedraza se vino abajo por completo. Montejo se negó a reunirse con Alvarado, se mantuvo tan obstinado como siempre y no quiso tener nada que ver con los esfuerzos de Pedraza por llegar a un acuerdo razonable.

A continuación Pedraza convocó en su propio domicilio al contador Andrés de Cereceda, al tesorero Diego García de Celis, al veedor Alonso de Valdés, al factor Juan de Lerma, al alguacil mayor Juan López de Gamboa y a los regidores Hernando de Almao y Martín de Alaráz, como un cabildo o junta extraordinaria, representando las opiniones de la mayoría de los ciudadanos de Gracias a Dios, y de la provincia en su conjunto. Cereceda, García de Celis, Valdés y Lerma eran funcionarios de la tesorería por nombramiento real; Almao era concejal municipal por elección. Conferenciaron largamente, especialmente sobre la negativa de Montejo a reconocer la autoridad de Pedraza como juez y a ejecutar los decretos reales sobre encomiendas y reclamaciones personales de Alvarado, y discutieron los mejores medios para hacer cumplir estos decretos.

Pedraza rogó a los miembros de la junta, de los cuales Lerma era leal a Montejo y Cereceda no era hostil, que suplicaran a Montejo que cumpliera y que le hicieran comprender que si rechazaba esta última oportunidad sería destituido de su cargo. Encontraron a Montejo en compañía del alcalde Gonzalo de Alvarado, quien tenía un sincero aprecio por Montejo aunque deseaba volver a ver a su hermano en la gobernación, y le informó detalladamente de las demandas e intenciones de Pedraza. Montejo contestó como antes: que ya había cumplido con las cédulas que ordenaban la restitución de las encomiendas y de los bienes de Alvarado, que de ninguna manera reconocía a Pedraza "para ser juez sobre él" en cosa alguna sobre encomiendas o su controversia con Alvarado, y que Pedraza no tenía autoridad alguna para cuestionar sus actos como gobernador. Montejo consideró la convocatoria de un cabildo por parte de Pedraza sólo como una usurpación más de la autoridad, y como los seguidores de Alvarado volvían a mostrar signos de inquietud, volvió a temer por su vida.

El licenciado Pedraza (declaró) convocó un cabildo en su casa, y allí por propia orden convocó a los funcionarios de justicia y a los concejales municipales de esta ciudad. Esta junta se ocupó en la cuestión de si se le debía quitar la gubernatura al adelantado

Montejo, y se reunió muchas veces en casa de Pedraza. Pedraza y los demás de esta junta decidieron quitarle la gobernación al adelantado (Montejo) con el apoyo de los funcionarios de justicia municipales y de los regidores, y proveer nuevos gobernadores, y dispuso que el adelantado (Montejo) no fuera obedeció de ninguna manera, pues ya no era gobernador...

"Todos los días venían a mí con muchos seguidores armados del adelantado don Pedro de Alvarado para notificarme sus demandas, y llegó el asunto a tal punto que pusieron las manos en las espadas estando yo sentado en mi propia casa. Me hicieron otros insultos y amenazas, aun siendo gobernador en nombre de Vuestra Majestad, y con gran descaro y altanería. Actuaron así porque yo todavía no me ponía de acuerdo con (Alvarado), para cambiar la gubernatura (de Honduras por la de Chiapas). Don Pedro de Alvarado me amenazó con los soldados de su armada y empleó como mensajeros suyos al tesorero (García de Celis), al factor (Lerma), y a un alcalde llamado Gonzalo de Alvarado... También vinieron muchos otros a informarme que ellos planeaban matarme a mí y a Juan de Montejo, mi hermano".[33]

Como todos los esfuerzos para persuadir a Montejo de que fuera razonable habían fracasado, Pedraza rápidamente puso en marcha el plan ahora bien preparado para destituirlo de su cargo y forzar un acuerdo con Alvarado. Pedraza convocó una vez más a la junta y revisó todo el curso de la disputa, declarando en repetidas ocasiones que estando aún en la Corte se le había ordenado enviar a Montejo, si faltaba a la obediencia, "a Castilla en hierros". También enfatizó que, a pesar de la severidad de la actitud de la Corte, él mismo había sido extremadamente paciente y moderado con Montejo.

De conformidad con la práctica constitucional castellana, Pedraza dispuso a continuación el nombramiento de administradores interinos para asumir el control de la provincia hasta que Alvarado y Montejo hubieran concluido su acuerdo, después de lo cual Alvarado asumiría el gobierno. Con la ayuda de

---

[33] Montejo a la Corona, Gracias a Dios, 15 de diciembre de 1539, AGI, Guatemala 9. Véase Montejo a la Corona, Gracias a Dios, 25 de agosto de 1539, AGI, Guatemala 39.

la junta como consejo asesor, eligió al contador Andrés de Cereceda, dos veces gobernador interino de la provincia en años anteriores, y al tesorero, Diego García de Celis, como coadministradores. Como miembros de la junta, ambos hombres deben haber tenido la aprobación del grupo.

MONTEJO DESTITUIDO DE SU CARGO

A las ocho de la mañana del 21 de julio Pedraza convocó a Su Señoría, don Francisco de Montejo, gobernador, que comparezca ante mí, ya sea personalmente o por medio de un representante legal, ya que os he sentenciado en nombre de Su Majestad, conforme a las penas estipuladas en sus cédulas reales... Usted tiene que comparecer ante mí dentro de las próximas tres horas, aunque no estoy obligado a concederle tiempo alguno...

Una hora más tarde Montejo anunció su negativa a comparecer ante Pedraza y volvió a contestar en su tono anterior. Él declaró que no considera juez al (licenciado Pedraza) ..., y apela... a Su Majestad y a los de su muy alto Consejo (de Indias, y que) si el licenciado Pedraza (sin embargo) insiste que él es juez sobre mí... que tenga cuidado en lo que hace...

Pedraza dio rápidamente su sentencia final:

"Habiendo notado la respuesta del adelantado (Montejo), que es de rebeldía y terquedad, y habiendo notado el poco respeto que tiene por las cédulas reales de Su Majestad y que no se ha inclinado a obedecer nada de lo que Su Majestad... y yo, en su real nombre, hemos ordenado..., y como (Montejo) ha dicho a todos los de esta provincia que no me reconozcan ni me obedezcan como juez..., siendo que (hace mucho) pude haberlo... condenado en nombre de Su Majestad... (sin embargo) he tenido paciencia, (pronuncio ahora la siguiente sentencia):

... En nombre de Su Majestad lo condeno en las penas contenidas en los (pertinentes) decretos reales, a saber, privación de cargos y decomiso de bienes a la tesorería y arcas de Su Majestad... Ordeno que los funcionarios de la Tesorería Real de esta provincia de Honduras e Higueras pongan sus bienes a disposición de la Tesorería Real y que estos bienes no les sean devueltos hasta que dispongan lo contrario los miembros de Su Altísimo Consejo (de Indias) ... Al condenar a (Montejo) a privación de los puestos y cargos que tiene como gobernador de Su Majestad en esta provincia de Honduras e Higueras, mando a los funcionarios de justicia, regidores y súbditos leales de esta provincia que en adelante no reconozcan ni le obedezcan como gobernador, y que no le admitan en sus cabildos ni en sus tribunales...".

Pedraza procedió a designar a Cereceda y a García de Celis como coadministradores interinos de la provincia.

Hasta que Su Majestad disponga... lo que sea más conveniente para su servicio (declaró) en nombre de Su Majestad, ordeno que sus señorías Andrés de Cereceda, contador de Su Majestad, y Diego García de Celis, tesorero (de Su Majestad), se harán cargo del gobierno hasta que Su Majestad disponga lo contrario..., a pesar de las razones... que aleguen en contra (y declaro que si no aceptan sus cargos) la responsabilidad de cualquier dificultad, los escándalos públicos, las disensiones, los desórdenes y las muertes que puedan resultar de su negativa caerá sobre ellos...

A las cuatro de la tarde del mismo día, 21 de julio, Pedraza dictó sentencia ante Montejo, en privado pero con total observancia de la forma legal. Temiendo un arrebato violento o una acción temeraria de Montejo, envió veinte hombres bien armados para custodiar al notario que debía notificar la sentencia. Esta vez la reacción de Montejo fue peligrosamente tranquila, ya que cuando cayó el inevitable golpe estaba planeando desesperadamente un movimiento armado. Su única respuesta fue otra negativa a reconocer la jurisdicción de Pedraza y una indicación de que continuaría con el procedimiento legal de llevar todo el asunto directamente a la Corona.

Pedraza demoró varios días en proclamar públicamente la sentencia. En su resolución de ser escrupulosamente justo, es posible que todavía haya enviado representantes, especialmente personas cercanas a Montejo, en otro intento de persuasión. Alvarado y sus partidarios amenazaron simultáneamente con coerción. Montejo se mantuvo desafiante.

El 24 de julio Pedraza proclamó públicamente la sentencia, incluyendo la designación de Cereceda y García de Celis como coadministradores, y fue aceptada por el cabildo de Gracias a Dios. Montejo tomó la acción más inoportuna y desaconsejada que hubiera podido concebir dadas las circunstancias. Primero reunió en su residencia al cabildo de Gracias a Dios y anunció su intención de proclamar una vez más su nombramiento real como gobernador como contramedida a la sentencia de Pedraza. Luego, despreciando a Pedraza y desafiando a Alvarado y sus soldados, Montejo intentó proteger su posición como gobernador por la fuerza armada. Urgentemente mandó citar a todos los ciudadanos (de Gracias a Dios) ... para que vinieran a su residencia con sus armas y caballos... Un paje del adelantado (Montejo)... fue a llamar a los ciudadanos y muchos de ellos respondieron, algunos con sus caballos y espadas mientras que otros iban a pie...

Pudo haber tenido la intención de arrestar a Pedraza con un golpe repentino, o incluso haberse atrevido a intentar atrapar a Alvarado desprevenido. Pero Montejo vaciló en el momento crucial. En lugar de tomar una postura agresiva ante los ciudadanos que respondieron a su llamado –el núcleo fuerte superado en número de sus propios seguidores– no les dio liderazgo ni instrucciones claras. En consecuencia, no hicieron más que dar vueltas sin rumbo fijo en la plaza principal frente a su casa.

Pedraza y Alvarado habían anticipado un posible levantamiento de Montejo. Alvarado tenía 100 arcabuceros listos bajo el mando de Francisco Cava, quien odiaba intensamente a Montejo y había declarado anteriormente que Montejo y su casa debían ser eliminados rápidamente. Cincuenta de estos arcabuceros estaban apostados a cubierto en la vivienda de Pedraza, que estaba cerca de la de Montejo en la plaza pública; los otros cincuenta estaban apostados en la casa de Gonzalo de Alvarado. La caballería de Pedro de Alvarado, sin duda, también estaba en alerta. Pedraza y Alvarado eran así tan completamente dueños de la situación que estaban más molestos que alarmados por el débil intento de Montejo de emplear la fuerza. Pedraza se limitó a ordenar a todos los ciudadanos que habían escuchado el llamado a las armas de Montejo que regresaran a sus hogares, amenazando con fuertes castigos si no se dispersaban de inmediato; inmediatamente cesaron sus inútiles "disturbios y desorden" y se alejaron en silencio. Mientras tanto, todos menos algunos de los miembros del cabildo que habían respondido a la convocatoria de Montejo habían salido de su vivienda. El fiasco de Montejo selló su destino con más certeza que nunca.

La versión de Montejo de este incidente es interesante. Él escribió a la Corona:

"Después de haberme dictado la sentencia que me destituía del cargo, se dictó otro decreto prohibiendo a cualquiera obedecerme como gobernador. Proclamado este decreto, convoqué a los alcaldes, regidores, funcionarios de la Tesorería Real y ciertas personas ilustres de entre los ciudadanos, y cuando algunos de ellos hubieron respondido a mi citación, les dije que bien sabían que yo era gobernador y que el protector (de los indios, Pedraza) no tenía autoridad para hacer lo que había hecho y que iba a publicar mis disposiciones de oficio (nuevamente). Informaron al protector (de mi intención) y este pidió al adelantado (Alvarado) que le enviara hombres armados... (Alvarado entonces) envió al protector a uno de sus capitanes llamado Francisco Cava al frente de cien mosqueteros todos armados, y con sus arcabuces cargados y sus marchas alumbradas... Cuando los que estaban conmigo se enteraron de estos movimientos, y también porque el protector dictó un decreto ordenando que se fueran de mi casa bajo pena de muerte y pérdida de sus bienes, todos se fueron y me dejaron solo".[34]

Con más urgencia que antes, Montejo trató de llevar su protesta contra Alvarado a la Corona. Repitió ferozmente sus ataques a Pedraza como traicionero, engañoso, falto de integridad y mero agente de Alvarado. Denunció que Pedraza era el peor designado posible para el cargo de protector de los indios, sosteniendo, sin el menor vestigio de verdad, que "no hay hombre más brutal con los indios ni que los maltrate tanto como él; dondequiera que esté no pueda haber tranquilidad". Acusó además a Pedraza de usurpar la autoridad al destituirlo de su cargo y que al hacerlo Pedraza no solo había violado la ley sino que había utilizado injustamente los

---

[34] *Ibid.*

procedimientos legales para servir a los intereses personales de Alvarado. Montejo sabía bien que de estas acusaciones no podían salir resultados a tiempo para cambiar su posición, porque la controversia se arreglaría a favor de Alvarado incluso antes de que sus cartas salieran de las costas del Nuevo Mundo, sin embargo contaba con que funcionaran para su futuro beneficio.

Después de que Pedraza le notificó su sentencia el 21 de julio, Montejo envió secreta y apresuradamente a su capellán y asesor legal, Juan Álvarez, a dar su versión de los hechos al virrey y a la Audiencia de la Nueva España, y a protestar por los actos de Pedraza y Alvarado. Álvarez llevaba documentos que exponían las opiniones de Montejo e iba a iniciar un juicio contra Pedraza y Alvarado ante la Audiencia. A través de este movimiento, Montejo esperaba encontrar los medios para retener la gobernación de Honduras-Higueras y evitar que el virrey aprobara el acuerdo final para un intercambio de Honduras-Higueras por Chiapas con Alvarado, que ahora se dio cuenta de que de otra manera era inevitable. Si sus esfuerzos en la Ciudad de México no prometían rápidamente resultados favorables, Álvarez se trasladaría a Castilla para llevar el caso de Montejo directamente ante la Corona.

Con la proclamación pública de la sentencia de la destitución de Montejo el 24 de julio, había llegado el momento de que Cereceda y García de Celis asumieran como coadministradores, pero ambos presentaron objeciones. García de Celis proponía ahora la formación de una junta compuesta por Pedraza, los funcionarios de la Tesorería Real, incluido el propio García de Celis, y los representantes municipales de cada ciudad y pueblo de la provincia para elegir un magistrado principal interino hasta que Alvarado pudiera tomar el gobierno en la debida forma legal. Se verá que, mientras estaba en la Corte con Alvarado, García d Celis había presentado una propuesta que preveía una acción de esta naturaleza ante el Consejo de Indias en un esfuerzo por establecer un procedimiento constitucional permanente para la elección de un magistrado principal interino en Honduras-Higueras en la vacancia de la gubernatura. Sin embargo, la urgencia de Pedraza convenció a Cereceda y García de Celis de aceptar la administración conjunta, y asumieron sus funciones.

MONTEJO LLEGA A UN ACUERDO

Totalmente derrotado y temiendo por la seguridad suya y de su familia, Montejo le indicó a Alvarado y a Pedraza que deseaba llegar a un acuerdo. No es de sorprender que Alvarado deseara ahora un acuerdo, especialmente porque había obtenido una completa victoria. Pedraza tuvo que emprender otra delicada mediación, que llevó a cabo con hábil imparcialidad, a pesar de la drástica acción que había tomado contra Montejo. Apoyado por los funcionarios de tesorería y el cabildo de Gracias a Dios, rogó a Alvarado que aceptara los términos del pacto original, instándolo por "el servicio de Dios y Su Majestad y por el bien general de la tierra que resultaría de su aquiescencia". Alvarado escuchó estas súplicas y al final se mostró dispuesto, mostrándose menos altivo y obstinado, y mucho más razonable que Montejo.

Los dos adelantados firmaron un acuerdo formal el 1 de agosto. Para entonces, Alvarado había moderado generosamente su actitud y Montejo se había suavizado por las circunstancias para que los dos rivales pudieran, por lo menos, tolerarse. El acuerdo, que por mediación de Pedraza era liberal más allá de todo lo que se le pedía a Alvarado para satisfacer las exigencias de justicia de la Corona, incluía ocho artículos, de los cuales el principal formaba parte del acuerdo anterior mientras que otros trataban de asuntos recientes:

1. Alvarado debía ceder a Montejo la magistratura principal de Ciudad Real de los Llanos de Chiapas, esto es, la gobernación de la provincia de Chiapas, a cambio de la de Honduras-Higueras;

2. Alvarado dejaría de lado las reclamaciones que finalmente había fijado en 17,000 pesos de oro por pérdidas resultantes de la confiscación de sus propiedades y posesiones por parte de Montejo;

3. Alvarado debía poner en posesión de Montejo su gran encomienda de Xochimilco, al sur de la Ciudad de México, con todos los derechos e ingresos provenientes de ese pueblo, en compensación por la diferencia de importancia política y económica entre Honduras-Higueras y Chiapas;

4. Como compensación adicional por la diferencia de importancia entre las dos provincias Alvarado debía pagar a Montejo 2000 pesos de oro adicionales dentro de los próximos seis meses;

5. De acuerdo con sus facultades como árbitro designado entre Montejo y Alvarado en cualquier cambio de territorio que pudieran efectuar al amparo de la autorización que la Corona había dado para tal cambio, el virrey de la Nueva España, Antonio de Mendoza, debía aprobar el acuerdo dentro de cinco meses para hacerlo válido;

6. El capellán y asesor legal de Montejo, el bachiller Juan Álvarez, y cualquier otro representante que Montejo hubiera enviado a la Nueva España o Castilla para presentar su versión de la controversia a una autoridad superior, serían llamados de vuelta por Montejo y, a cambio, Alvarado tenía que recuperar todos los mensajes que había enviado a Castilla y la Nueva España durante el curso de la disputa;

7. Alonso de Cáceres, antiguo teniente de Montejo, fue designado juez ejecutor, o ejecutivo, para asegurar que ambas partes cumplieran con el acuerdo;

8. Los dos adelantados debían jurar un pleito homenaje, o compromiso solemne como nobles castellanos, garantizando que cumplirían el pacto con toda sinceridad.

El pleito homenaje que Montejo y Alvarado debían acordar fue redactado inmediatamente después de firmar el acuerdo principal. Las partes también coincidieron en nombrar a Mendoza como juez de las discrepancias que pudieran surgir después de haber manifestado su aprobación del acuerdo y haber entrado oficialmente en vigor. Bajo este compromiso Montejo dio su palabra de no emprender acción alguna para recuperar la gubernatura de Honduras-Higueras o iniciar procedimiento legal de cualquier naturaleza que pudiera avergonzar a Alvarado en su gestión.

Pedraza presidió la celebración del cuerdo y la redacción del pleito homenaje. Su difícil tarea como juez real se había cumplido fielmente. Había logrado el fin deseado por la Corona: la sustitución de Montejo por Alvarado en la gubernatura de Honduras-Higueras y la provisión de una compensación adecuada para Montejo en otro lugar. Que Alvarado le haya permitido a Montejo tan sorprendentemente buenos términos después de la victoria total de Alvarado fue obra únicamente de Pedraza. Tan hábil y concienzudamente había llevado a cabo su misión que Juan de Lerma, viejo amigo y colaborador financiero de Montejo durante sus campañas en Yucatán y ahora factor de Honduras-Higueras, pudo escribir a la Corona que Pedraza había sido un juez "tan bueno que con toda justicia e imparcialidad ha dado a cada uno lo suyo".[35]

Tras su acuerdo, Alvarado y Montejo enviaron un informe conjunto a la Corona relatando su convenio, declarando –aunque no del todo cierto– que cada parte había llegado a un acuerdo por su propia voluntad, y solicitando específicamente a la Corona que confirmara los términos del acuerdo, a pesar de que se había otorgado al virrey Mendoza plena autorización real para dar la aprobación final.[36] Asimismo, enviaron una copia del acuerdo al virrey solicitando su aprobación inmediata.[37] En otro mensaje, Alvarado solicitó a la Corona que confirmara la unión integral de Honduras-Higueras con Guatemala para que las dos provincias pudieran recibir beneficios mutuos permanentes de tal unión. Alvarado declaró que de lo contrario Honduras-Higueras caería en una decadencia irreparable, ya que esa región "sin la otra (provincia) no tenía valor".[38] Esta afirmación coincidía perfectamente con el sentimiento actual de la mayoría de las autoridades locales y estaba redactada casi con las mismas palabras con las que Montejo y su teniente Alonso Dávila habían defendido antes la unión ya inoperante entre Yucatán y Honduras-Higueras. Mendoza aprobó el acuerdo de inmediato, y la Corona dio su sanción suprema cuando el informe conjunto llegó a Castilla.

---

[35] Juan de Lerma a la Corona, San Pedro, 31 de octubre de 1539, AGI, Guatemala 49.
[36] Alvarado y Montejo a la Corona, Gracias a Dios, 10 de agosto de 1539, AGI, Guatemala 9.
[37] Véase Montejo v. Alvarado, 1541, AGI, Justicia 134-3.
[38] Alvarado a la Corona, Gracias a Dios, 4 de agosto de 1539, ADII, 24:318.

Inmediatamente después de la conclusión del acuerdo, Cereceda y García de Celis se hicieron a un lado y Alvarado fue debidamente instalado como gobernador de Honduras-Higueras por el cabildo de Gracias a Dios. Mientras el angustiado Montejo presenciaba la instalación, "los funcionarios de justicia que habían recibido sus bastones de mis manos entraron al cabildo para recibir al adelantado don Pedro de Alvarado (como gobernador)".[39] La unión de Honduras-Higueras con la provincia central de Guatemala de Alvarado se convirtió así en una realidad práctica, con aprobación real. Alvarado pronto se trasladó a Guatemala para prepararse para el viaje al Mar del Sur que había sido su objetivo durante mucho tiempo; Montejo permaneció en Gracias a Dios unos meses más.

La pérdida de Honduras-Higueras fue un duro golpe para los grandes planes de Montejo de construir un adelantamiento más amplio, pues seguía considerando a Honduras-Higueras como el núcleo de las regiones que deseaba unir. Yucatán, su primera provincia, seguía desocupada. A pesar de su acuerdo con Alvarado, esperaba recuperar de alguna manera el control de Honduras-Higueras. No solo no llamó a Álvarez de la Ciudad de México y no devolvió los mensajes ya enviados a la Corona atacando a Alvarado y Pedraza, sino que también envió cartas adicionales a Castilla reclamando la gobernación de Honduras-Higueras como legítimamente suya y lanzando más amargas acusaciones contra Alvarado, Pedraza y otros a quienes consideraba sus enemigos. Ahora acusó violentamente que Alvarado lo había obligado a renunciar a la gobernación de Honduras-Higueras en contra de su voluntad y literalmente a punta de espada, y pidió reparación. De su acuerdo con Alvarado y condiciones durante el período que precedió a su destitución Montejo dijo: "viéndome perdido y para no perder la vida, declaré que quería llegar a un acuerdo, y los términos que se llegaron fueron exactamente los que el Adelantado (Alvarado) quiso...".[40]

---

[39] Montejo a la Corona, Gracias a Dios, 15 de diciembre de 1539, AGI, Guatemala 9.
[40] *Ibid.*

Pedraza intentó impedir que los menajes de Montejo salieran de la provincia, pero Montejo eludió la censura, poniendo, en una ocasión, secretamente cartas en manos de un español de Perú que pasaba por Honduras-Higueras camino a Castilla. Además, Álvarez, que se había apresurado a llegar a la Ciudad de México, había iniciado inmediatamente acciones legales ante la Audiencia en favor de Montejo, aunque este litigio no hizo nada para retrasar la aprobación del acuerdo entre Montejo y Alvarado por parte del virrey. Mendoza no quiso tener nada más que ver con la controversia una vez que se le presentó el acuerdo y lo aprobó de inmediato.

Cuando quedó claro que no podía esperar el más mínimo apoyo de Mendoza en este momento, y dado que cualquier acción de la Corona se demoraría mucho, Montejo y su casa, finalmente liberados de sus propiedades embargadas, partieron hacia Chiapas a finales de 1539, o muy temprano en 1540, moviéndose por tierra vía Santiago de Guatemala. Asumió la gobernación de Chiapas a principios de 1540. Dos años después, Montejo regresaría a Honduras-Higueras en las circunstancias más inesperadas.

8.
Problemas jurisdiccionales, 1539-44

HONDURAS-HIGUERAS COMO PROVINCIA SUBORDINADA DE GUATEMALA

Después de que Alvarado obligara a Montejo a cederle la gobernación de Honduras-Higueras a cambio de Chiapas mediante su acuerdo del 1 de agosto de 1539, el nuevo gobernador permaneció en Honduras-Higueras solo el tiempo suficiente para consolidar su posición y poner orden en la administración provincial. Entre las medidas para este fin estaba el reajuste de las concesiones de encomienda para satisfacer a sus partidarios. Luego, después de asegurar su autoridad sobre la provincia y unirla con Guatemala, se apresuró a viajar a Santiago de Guatemala para prepararse para sus planes del Mar del Sur, largamente proyectados. Alvarado llegó a mediados de septiembre y, bajo cédula real, asumió una vez más la gubernatura de Guatemala. El gobernador interino, Alonso Maldonado, regresó entonces a la Ciudad de México, para retomar sus funciones como oidor de la Audiencia de la Nueva España.

Al salir de Honduras-Higueras, Alvarado nombró al antiguo subordinado de Montejo, el capaz y experimentado Alonso de Cáceres, como su vicegobernador y capitán general, otorgándole plena autoridad civil y militar, y una sede de gobierno en el Pueblo de Comayagua. Esta transferencia de Gracias a Dios se basó en los méritos universalmente reconocidos de la idea de Montejo de convertir a Comayagua en el municipio principal de la provincia.[1] Alvarado había quedado impresionado por los talentos militares y administrativos de Cáceres y finalmente lo había traído para su servicio, porque cuando Montejo se retiró, Cáceres al principio había deseado irse a otra parte. Aunque había servido a Montejo

---

[1] Véase Alonso de Cáceres a la Corona, Comayagua, 5 de septiembre de 1539, AGI, Guatemala 43; Cabildo de Comayagua a la Corona, 5 de septiembre de 1539, AGI, Guatemala 43.

desde 1526, ya no consideraba que tuviera más que "pocas posibilidades".

Una vez de vuelta en Guatemala, Alvarado organizó rápidamente su armada del Mar del Sur. Poco antes de emprender su viaje, designó a su joven y aristocrático cuñado, el licenciado Francisco de la Cueva, como su vicegobernador y capitán general de Guatemala durante su ausencia. Como antes de salir de Castilla Alvarado había obtenido una cédula real que le facultaba para designar a de la Cueva para todas las provincias de su jurisdicción, el joven gozaba así de autoridad superior sobre Honduras-Higueras. Allí envió de la Cueva sus credenciales y fue reconocido como gobernador en nombre de Alvarado por todos los tenientes de Alvarado, los funcionarios reales de la Tesorería y los cabildos de la provincia. Cáceres permaneció como vicegobernador y capitán general.[2]

En desarrollo de su política de unir Honduras-Higueras con Guatemala la Corona en 1541, mientras el prelado interino Cristóbal de Pedraza estaba en Castilla, confirmó la asignación a Francisco de Marroquín, obispo de Guatemala, de la jurisdicción eclesiástica sobre Honduras-Higueras hasta que un obispo fuera nombrado para esa provincia, aunque aún estaba pendiente la designación definitiva de Pedraza como obispo de Honduras.

De esta manera, tal como lo deseaba la mayoría de los colonos, Honduras-Higueras quedó unida a Guatemala en lo administrativo y eclesiástico.

Mientras tanto, Alvarado había llevado su armada del Mar del Sur a la costa oeste de México. Allí, a fines de 1540, llegó a un acuerdo con el virrey de la Nueva España, Antonio de Mendoza, para el trabajo colaborativo del Mar del Sur. Montejo también estaba en la costa oeste buscando una reunión con Mendoza en este momento, en relación con las complicaciones que surgieron de su

---

[2] Para el desarrollo general gubernamental en Guatemala desde 1539 hasta 1542 véase Remesal, 1619; Bancroft, 1883-87; Milla y Gómez Carrillo, 1879-97. Se encuentra el nombramiento de Alonso Maldonado por el virrey y la Audiencia de la Nueva España para reemplazar a los gobernadores interinos en Guatemala que fueron electos localmente en Guatemala tras la muerte de Alvarado y el nombramiento de Maldonado de Juan de Chávez como su vicegobernador en Honduras-Higueras. en AGI, Guatemala 965.

acuerdo con Alvarado sobre Honduras-Higueras. Sin embargo, antes de que Alvarado y Mendoza pudieran poner en práctica sus nuevos planes, estalló la gran Guerra Mixtón en Nueva Galicia en 1541. Los colonos de esa provincia estaban muy presionados por los indios, y Alvarado, siempre inquieto, se apresuró a ayudarlos. En junio encontró una muerte inoportuna por las heridas recibidas ante la fortaleza nativa del Peñol de Nochistlán, y así Castilla perdió repentinamente a uno de sus grandes conquistadores.[3]

El virrey envió la noticia de la muerte de Alvarado a de la Cueva, al cabildo de Santiago de Guatemala y al obispo de Guatemala. Como máxima autoridad de la Nueva España, Mendoza confirmó a de la Cueva como vicegobernador de Guatemala y sus provincias afines y lo autorizó a permanecer como gobernador interino hasta que la Corona nombrara un sucesor de Alvarado. Mendoza ordenó enfáticamente a todos los interesados que reconocieran la autoridad de de la Cueva. Sin embargo, el cabildo de Santiago de Guatemala, el 9 de septiembre, adoptó la medida sin precedentes de nombrar a la viuda de Alvarado, doña Beatriz de la Cueva (La Sin Ventura, como se llamó a sí misma tras la muerte de su marido), gobernadora de Guatemala. Ella aceptó el cargo, pero designó a su hermano, Francisco de la Cueva, su teniente y le dio plenos poderes para actuar en todos los asuntos del gobierno excepto la asignación de encomiendas. El cabildo de Santiago de Guatemala aprobó el nombramiento de la gobernadora de su hermano como el funcionario que en realidad iba a gobernar. Sin embargo, la infortunada viuda pereció en una gran inundación de las laderas del cercano Volcán de Agua, que destruyó Santiago de Guatemala en la noche del 10 al 11 de septiembre de 1541. Con la repentina muerte de la gobernadora, Guatemala quedó de nuevo, al menos técnicamente, sin un gobernante.

El Consejo de Santiago de Guatemala, es decir, el cabildo y el cuerpo ciudadano juntos, se reunió el 14 de septiembre y comenzó a deliberar sobre la selección de nuevas autoridades de gobierno y sobre la reconstrucción o transferencia de la ciudad. El cabildo decidió que los poderes de de la Cueva, ya fueran derivados de

---

[3] Véase Kelly, 1936, para la biografía de Pedro de Alvarado.

Alvarado o de doña Beatriz, ya no eran válidos y que, en consecuencia, eran necesarias nuevas elecciones. También se consultó al doctor Blas Cota, jurista de nacionalidad portuguesa que había servido en un alto cargo administrativo en las Azores y que vino al Nuevo Mundo con Alvarado cuando regresó de Castilla en 1539, y opinó que de la Cueva ya no podía actuar bajo sus nombramientos existentes. A petición del cabildo, de la Cueva dimitió.

El propio cabildo luego eligió a de la Cueva y al obispo de Guatemala como gobernadores interinos conjuntos de Guatemala para servir hasta que la Corona designara un nuevo magistrado principal. De la Cueva aceptó el cargo de inmediato, pero Marroquín, creyendo que los deberes temporales interferirían con las obligaciones espirituales, necesitó más persuasión. Sin embargo, finalmente se instalaron los cogobernadores y el virrey y la Audiencia de la Nueva España dieron su aprobación.

Es interesante notar que el nombre de Montejo, ahora gobernador de la cercana Chiapas y adelantado de Yucatán, surgió durante la votación para el cargo de gobernador interino. Además, Marroquín recomendó a Juan de Chávez, a quien Alvarado había seleccionado para conquistar el interior de Higueras y fundar Gracias a Dios en 1536, pero cuyos soldados descontentos lo obligaron a regresar a Guatemala antes de que pudiera cumplir su misión, pues lo consideraba un soldado, administrador y noble del más alto tipo.[4]

La independencia de esta elección por el cabildo de Santiago de Guatemala tuvo significado constitucional, porque al elegir así gobernadores para su propia provincia estaba eligiendo por la misma acción gobernadores para los distritos subordinados de Honduras-Higueras, San Salvador y San Miguel. Al arrogarse tales prerrogativas, el cabildo de Santiago de Guatemala actuó sin verdadera consulta con los cabildos de los pueblos y ciudades de las provincias adjuntas, una acción que pronto produciría efectos importantes en Honduras-Higueras. Asimismo, al seleccionar sus propios magistrados principales para Guatemala y las provincias

---

[4] Marroquín a la Corona, Santiago de Guatemala, 6 de octubre de 1541, AGI, Guatemala 156.

adjuntas, el cabildo de Santiago de Guatemala ignoró la confirmación que el virrey de Nueva España había dado al nombramiento original de de la Cueva por parte de Alvarado. Habían tratado tan celosamente de reservarse el derecho de designar a sus propios gobernadores interinos que pasaron por alto la posibilidad de que las provincias subordinadas no quisieran aceptar sus nombramientos.

A pesar del entusiasmo original por la unión con Guatemala, los españoles de Honduras-Higueras comenzaron a sentir que tal unión estaba muy por debajo de sus expectativas. El control de la provincia a distancia resultó desagradable y provocó un descontento cada vez mayor, sentimiento que, de hecho, se había desarrollado incluso antes de la muerte de Alvarado, quien naturalmente dio preferencia a Guatemala, la provincia de la que emanaba su autoridad. Considerando a Honduras-Higueras como un área subordinada y menos importante, había gobernado en consecuencia, como debieron prever los colonos de Honduras-Higueras. Así llegaron a sentirse discriminados y desatendidos.[5]

Un resurgimiento de la vieja cuestión de la explotación de los metales preciosos de Honduras-Higueras por parte de los colonos de Guatemala fue parte de este cuadro. Cuando las dos provincias se unieron bajo la jurisdicción de Alvarado ya no hubo restricciones como las impuestas por Montejo. Colonos de Guatemala, con autoridad de Alvarado y luego de de la Cueva,

---

[5] El cambio de sentimiento en Honduras-Higueras sobre la unión con Guatemala, así como las razones de este cambio, se muestran en los siguientes documentos: Funcionarios de la Tesorería Real de Honduras-Higueras a la Corona, Puerto de Caballos, 30 de julio de 1540, AGI, Guatemala 49; Juan de Lerma a la Corona, Gracias a Dios, 30 de noviembre de 1541, AGI, Guatemala 49; Diego García de Celis a la Corona, San Pedro, 14 de marzo de 1542, AGI, Guatemala 49; Juan López de Gamboa a la Corona, Gracias a Dios, 27 de abril de 1542, AGI, Guatemala 52; Montejo a la Corona, Gracias a Dios, 1 de mayo de 1542, AGI, patronato 184-25; Funcionarios de la Tesorería Real de Honduras-Higueras a la Corona, San Pedro, 15 de mayo de 1542, AGI, Guatemala 965; Funcionarios de la Tesorería Real de Honduras-Higueras a la Corona, Gracias a Dios, 21 de julio de 1542, Guatemala 49; Montejo a la Corona, San Pedro, 1 de abril de 1543, AGI, Patronato 184-25; Documentos sobre la elección de García de Celis y López de Gamboa como coadministradores interinos de Honduras-Higueras, 21 de octubre de 1541, AGI, Guatemala 965; Residencia de Montejo para Honduras-Higueras, 1544, y para Chiapas, 1546, AGI, Justicia 300.

regresaron a Honduras-Higueras sin trabas y explotaron yacimientos de oro y plata por todas partes. El oro fue llevado nuevamente a Guatemala para su refinamiento. La continua falta de recursos impidió que los colonos de Honduras-Higueras operaran grandes cuadrillas mineras, mientras que los colonos de Guatemala podían permitírselo. De esta manera gran parte del oro y plata de Honduras-Higueras fue trasladado una vez más a Guatemala, y la misma Honduras-Higueras fue privada de todos los beneficios, tanto para sus colonos como para el enriquecimiento de la Tesorería Real de la provincia. Los colonos españoles todavía consideraban el oro y la plata como sus únicos medios inmediatos de riqueza, ignorando en gran medida las otras potencialidades económicas de la provincia, y resentían profundamente la renovada intrusión de Guatemala. Así, incluso bajo Alvarado, la unión con Guatemala no les agradó. Los funcionarios de la Tesorería Real de Honduras-Higueras declararon a la Corona en 1540 que las minas de oro y plata era la única fuente de riqueza y protestaron en contra del saqueo de los metales preciosos hacia Guatemala. Una fuente adicional de insatisfacción residía en la asignación de algunas de las encomiendas más ricas de Honduras-Higueras a ciudadanos de Guatemala.

Los colonos que habían apoyado a Alvarado contra Montejo esperaban tener permiso para explotar la mano de obra nativa, así como los depósitos de metales preciosos, bajo la gobernación de Alvarado. La negativa de Montejo a permitir el uso no regulado de mano de obra nativa fue una causa importante de su impopularidad. Sin embargo, los colonos de Honduras-Higueras encontraron ahora que Cristóbal de Pedraza, como jefe eclesiástico de la colonia y protector de los indios, imponía en defensa de los indios las mismas restricciones que había establecido Montejo. Sólo en el período inmediatamente posterior a la llegada de Alvarado fue posible la licencia, y esta Pedraza pronto la terminó, frustrando las expectativas de los colonos ante la laxitud de Alvarado en tales asuntos.

Después de la unión de Honduras-Higueras y Guatemala, Alvarado y sus sucesores en Santiago de Guatemala ejercieron autoridad tanto judicial como administrativa sobre Honduras-

Higueras. Las cuestiones y apelaciones judiciales superiores debían remitirse primero a los tenientes guatemaltecos en Honduras-Higueras y luego a los funcionarios en Guatemala misma. Santiago de Guatemala era distante y de difícil acceso. Los gastos de viaje allí eran elevados y las largas demoras en la administración de justicia eran inevitables. En consecuencia, muchos colonos de Honduras-Higueras se convencieron de que la unión con Guatemala perjudicaba gravemente la adecuada administración de justicia de su propia provincia.

También creció un fuerte sentimiento contra la subordinación a Guatemala basada únicamente en el orgullo provincial. A muchos españoles les disgustó el gobierno de otra provincia una vez que se hizo realidad, especialmente después de años de independencia. La unión con Yucatán nunca había tenido aplicación práctica debido a la retirada de Montejo de esa provincia a mediados de la década de 1530. Los que en el pasado habían defendido la unión con otras provincias para fortalecerse, rápidamente perdieron el entusiasmo cuando descubrieron que significaba una completa subordinación, desprecio por sus propios intereses y abandono de su provincia.

LA DISOLUCIÓN DE LA UNIÓN CON GUATEMALA Y LA ADMINISTRACIÓN DE GARCÍA DE CELIS Y LÓPEZ DE GAMBOA

Aunque no era popular, de la Cueva había sido aceptado en Honduras-Higueras como teniente de Alvarado mientras vivió ese gran conquistador. De la Cueva era nuevo e inexperto, no "un hombre de Indias", y se le consideraba altivo y arrogante. Con la muerte de Alvarado, Honduras-Higueras no vio más razones para retener a de la Cueva en ningún aspecto, aunque él y Marroquín habían enviado sus nuevos poderes de cogobierno ante los cabildos de Honduras-Higueras, junto con el decreto por el cual el virrey de la Nueva España había reconocido la autoridad de de la Cueva como gobernador interino de Guatemala.

El descontento y el resentimiento en Honduras-Higueras habían avanzado tanto que los cabildos ya no tenían la menor intención de permanecer subordinados a Guatemala. Al hacer un escrutinio formal de los documentos que les enviaron de la Cueva y Marroquín, los cabildos encontraron rápidamente motivos técnicos para rechazar su autoridad. Sobre la base del decreto de Mendoza, que estaba redactado en términos generales y no especificaba Honduras-Higueras como territorio adjunto a Guatemala, se negaron a reconocer la autoridad de de la Cueva o Marroquín.[6] Aunque a Marroquín, a diferencia de de la Cueva, se le tenía en alta estima, el obispo también representaba la subordinación a Guatemala y por tanto debía ser rechazado.

De la Cueva creó rápidamente la oportunidad de liberarse que buscaban los colonos de Honduras-Higueras. Fue inflexible en cuanto a su autoridad sobre aquella provincia y persistió en enviar allí decretos administrativos y en exigir que los asuntos superiores de justicia le fueran remitidos a Santiago de Guatemala. Continuó la política minera de Alvarado, ordenando que la refinación del oro extraído en Honduras-Higueras por los colonos de Guatemala se hiciera en Guatemala. En contraste, Marroquín no parece haberse preocupado demasiado, dejando la administración civil enteramente a de la Cueva.

Estimulado así su resentimiento general por de la Cueva, las autoridades locales desafiaron sus continuos esfuerzos por gobernar su provincia. Declararon que si venía a residir a Honduras-Higueras reconocerían su autoridad, pero que en ningún caso tolerarían más la subordinación a Guatemala. Sabían muy bien que de la Cueva no podía, y no quería, transferir la sede del gobierno a Honduras-Higueras. De la Cueva estaba lo suficientemente familiarizado con los caminos de Honduras-Higueras por su estancia allí con Alvarado en 1539 para saber lo suficiente como para no insistir más en sus reclamos. El vínculo con Guatemala se cortó así, y Honduras-Higueras estaba en una posición ventajosa para pasar de la separación *de facto* a la *de jure*.

Mientras tanto, Alonso de Cáceres, que había permanecido en Honduras-Higueras como teniente primero de Alvarado y luego de de la Cueva y Marroquín, ya había perdido toda autoridad práctica

---

[6] Véanse las referencias anteriores, especialmente los documentos relativos a la elección de García de Celis y López de Gamboa como coadministradores interinos de Honduras, 21 de octubre de 1541, AGI, Guatemala 965.

excepto por la influencia que podía ejercer personalmente en Comayagua, su sede de gobierno. Había perdido terreno no solo porque los colonos estaban en su contra, sino también porque mientras se producían los cambios de gobierno en Guatemala, él estaba ausente tratando de conquistar el Valle de Olancho, donde había fundado el pueblo de San Jorge y descubierto ricos yacimientos de oro. Aunque se apresuró a regresar por la muerte de Alvarado expresamente para afirmar la jurisdicción de sus superiores guatemaltecos, no pudo lograr nada. Habiendo dejado de lado la autoridad tanto de los gobernadores de Guatemala como de su teniente, Honduras-Higueras se encontraba por el momento sin autoridad ejecutiva centralizada de ningún tipo.

El rechazo de la autoridad externa era una cosa, pero el mantenimiento del orden interno era otra muy distinta. Surgió entonces un grave problema administrativo. De acuerdo con el procedimiento constitucional normal, el gobierno pasó temporalmente a manos de varios cabildos municipales, cada uno de los cuales buscaba ejercer control dentro de su distrito, al mismo tiempo que mantenía contacto con los otros cabildos para la coordinación general. El faccionalismo empedernido pronto produjo sus efectos. Los disturbios y desórdenes se desarrollaron y crearon nuevamente el temor de que los nativos pudieran aprovechar tales condiciones para levantarse en armas. La completa anarquía con la que la provincia había sido maldecida tantas veces antes parecía a punto de repetirse, y había una necesidad imperiosa de crear un gobierno central interino que pudiera prometer un control firme, como los ciudadanos más responsables comprendieron plenamente.

En su calidad de designados directos de la Corona, los funcionarios de la Tesorería Real actuaron. Encabezados por García de Celis, procedieron a elegir administradores hasta que la Corona o un alto organismo de gobierno del Nuevo Mundo designara un nuevo magistrado mayor. García de Celis justificó tal movimiento sobre la base de peticiones que había presentado al Consejo de Indias cuando estaba en Castilla con Alvarado.[7]

---

[7] Documentos sobre la elección de García de Celis y López de Gamboa como coadministradores interinos de Honduras-Higueras, 1541, AGI, Guatemala

La experiencia de García de Celis en Honduras-Higueras antes del rescate de Higueras por parte de Alvarado en 1536 lo había convencido de la necesidad de establecer un procedimiento legal fijo dentro de la propia provincia para establecer la autoridad responsable ante la vacante del gobierno por cualquier causa. (En el caso de Andrés de Cereceda, el gobernador real moribundo, Diego Alvites, nombró gobernador interino a Cereceda). La falta de un procedimiento fija para seleccionar a los magistrados principales interinos y la administración incompetente de las autoridades provisionales habían contribuido en gran medida al desorden que tanto había retrasado el desarrollo de la provincia. Por ejemplo, la total inadecuación de Cereceda y la falta de respeto causaron un gran perjuicio a la colonia originalmente prometedora de Buena Esperanza.

García de Celis propuso una base lo más amplia posible para la selección de los magistrados principales, de modo que los funcionarios elegidos pudieran funcionar con el mayor apoyo posible de todos los interesados hasta que la Corona nombrara un nuevo gobernador real. En consecuencia, la elección de los gobernadores interinos debía ser hecha por representantes de todos los grupos y todo tipo de intereses. Con este fin, García de Celis solicitó a la Corona que autorizara el nombramiento de magistrados principales interinos, o administradores, por una junta provincial compuesta por oficiales de la Tesorería Real, altos funcionarios eclesiásticos –principalmente el jefe espiritual de la provincia– y procuradores de los diversos cabildos, quién hablaría por los colonos. De esta manera todas las facciones estaban representadas.

El Consejo de Indias estudió detenidamente esta petición. El secretario de ese alto cuerpo añadió un capítulo al margen recomendando que en la vacancia de la gubernatura se reunieran en junta los oficiales de la Tesorería Real, el prelado mayor o protector de indios, y los alcaldes y un regidor de cada municipio, y elegir un magistrado principal interino para servir hasta que la Corona misma nombre un gobernador. El Consejo no actuó

965; Diego García de Celis a la Corona, San Pedro, 14 de marzo de 1542, AGI, Guatemala 49.

formalmente sobre toda la propuesta, por lo que no se emitió una cédula para ponerla en vigor. Sin embargo, ante la recomendación del secretario del Consejo, García de Celis y otros funcionarios de Honduras-Higueras consideraron que el tribunal supremo de asuntos exteriores había dado su aprobación tácita. Por lo tanto, tomaron la postura de que tenían motivos válidos para actuar dentro de la provincia siempre que la ocasión lo requiriera.

Fue a este capítulo del Consejo al que García de Celis apeló, en el otoño de 1541, como instrumento a través del cual dotar a Honduras-Higueras de una autoridad central interina.[8] Persuadió a los cabildos de Gracias a Dios, San Pedro y Comayagua para que actuaran en virtud de ella. Estos concejos municipales eligieron representantes para la junta, que, finalmente constituida, estaba compuesta por Gonzalo de Alvarado, ahora nuevamente alcalde, y Francisco de Mejía, el procurador, para Gracias a Dios; Francisco del Barco, un alcalde, y Juan de Cabrera, un regidor, para Comayagua; Nicolás López de Yrarraga, un alcalde, para San Pedro; el eclesiástico Martín de Toribio, como representante del protector de los indios, Pedraza, quien ya había zarpado hacia Castilla; y el mismo García de Celis. La junta se reunió en Gracias a Dios el 21 de octubre de 1541 y con poca discusión eligió al primer impulsor de la acción, García de Celis, y al alguacil mayor de la provincia, Juan López de Gamboa, como "administradores de gobierno y justicia superior y capitanes generales" hasta que la Corona nombre un gobernador o tome otras medidas apropiadas. A estos dos, por voluntad de la mayoría, se les asignó así plena autoridad civil y militar sobre Honduras-Higueras, y fueron juramentados inmediatamente en sus cargos por Gonzalo de Alvarado. Aunque nominalmente ambos funcionarios debían compartir sus facultades absolutas, se entendía claramente que, por su experiencia bélica, López de Gamboa debía hacerse cargo de los asuntos militares mientras que García de Celis se ocupaba de los asuntos civiles. Ciertos miembros de la junta habían querido ganarse al capaz Cáceres de la lealtad a Guatemala y convertirlo en capitán general bajo los dos administradores, pero esta propuesta no fue adoptada. Se proclamó la elección en Gracias a Dios y se

---

[8] *Ibid.*

ordenó obedecer a todos los funcionarios subalternos y colonos de toda la provincia.⁹ Este método de elegir gobernadores interinos entre una amplia representación tenía sus raíces en la muy desarrollada democracia de la Castilla medieval, de la que todavía quedaban vestigios a pesar del avance del absolutismo real.

La junta, por supuesto, no se había reunido sin manifestaciones hostiles de las minorías disidentes, por lo que ordenó a García de Celis y López de Gamboa que tomaran medidas enérgicas contra los alborotadores. Pero los disturbios previstos no se produjeron y los coadministradores entraron tranquilamente en sus funciones en lo que se refiere a Gracias a Dios.¹⁰

El 24 de octubre el veedor Alonso de Valdés y el factor Juan de Lerma como oficiales de la Tesorería Real y "concejales municipales perpetuos" de la provincia por nombramiento real, aprobaron la elección. Los cabildos de Gracias a Dios, San Pedro y Comayagua también lo confirmaron debidamente; el cabildo de Trujillo, que no había enviado representantes, dio un reconocimiento tácito, aunque en la práctica esa antigua ciudad pronto seguiría un curso casi autónomo. El informe de la elección fue enviado a la Corona, y probablemente también al virrey y a la Audiencia de la Nueva España. Así se consumó formalmente la separación de Guatemala, y Honduras-Higueras volvió a tener sus propios magistrados principales, por decisión propia e independiente. Con la acción de la junta, Gracias a Dios volvió a ser la sede del gobierno de Honduras-Higueras.

Todo esto suscitó fuertes protestas en Santiago de Guatemala, donde el sindicato era naturalmente popular. Aunque se instó al virrey de la Nueva España a restablecer la unión administrativa, no actuó de inmediato sino que eventualmente adoptó medidas colaterales de vital influencia.¹¹

Tampoco Cáceres, de regreso en Comayagua desde el Valle de Olancho, aceptó de buena gana la acción de la junta. Todavía nominalmente vicegobernador de Honduras-Higueras en nombre de las autoridades guatemaltecas, al principio estuvo preparado

---

⁹ *Ibid.*
¹⁰ *Ibid.*
¹¹ Residencia de Montejo para Honduras-Higueras, 1544, AGI, Justicia 300.

para intentar la preservación de su jurisdicción, incluso por la fuerza de las armas. Reunió una compañía de seguidores españoles y auxiliares nativos y se preparó para actuar, pero López de Gamboa marchó sobre Comayagua con una gran fuerza, que también incluía guerreros indios. Se habría producido la contienda civil habitual si el tesorero de Guatemala, Francisco de Castellanos, no se hubiera apresurado desde San Miguel, donde realizaba una inspección oficial, a ofrecer una mediación, que tanto Cáceres como López de Gamboa aceptaron justo cuando sus fuerzas estaban a punto de empezar la batalla. Cáceres ahora renunció a cualquier pensamiento adicional de restaurar la jurisdicción guatemalteca, y García de Celis y López de Gamboa eliminaron así el único desafío restante a su autoridad.

Castellanos da detalles de esta casi recurrencia a la lucha civil:
"Cuando la noticia de la muerte de... Alvarado en Jalisco llegó a esta ciudad (Santiago de Guatemala) se levantó en rebelión un capitán llamado Juan López de Gamboa y se hizo llamar administrador de justicia (en Honduras-Higueras). Reunió hombres para ir a Comayagua contra el capitán Alonso de Cáceres, que gobernaba allí con poderes del adelantado don Pedro de Alvarado, para obligar a Cáceres a aceptar su autoridad... Acto seguido Cáceres levantó también gran número de soldados españoles en la ciudad de Comayagua para defenderse de Juan López de Gamboa.

Mientras sucedían estos hechos, el tesorero (Castellanos) estaba en el pueblo de San Miguel, que está a treinta leguas de Comayagua... Partió luego, como buen servidor de Su Majestad, y se fue al pueblo de Comayagua en un día y medio, mientras que por correo son necesarios seis días, para buscar la paz entre los dos capitanes para que no pelearan entre ellos y no resultaran muertos, como se esperaba.

Llegado al pueblo de Comayagua, el tesorero (primero) consultó con... Cáceres sobre la manera en que se podía prevenir las hostilidades, y (luego) en esa misma hora, cerca de la medianoche, se apresuró a salir y llegó al campamento del capitán Juan López de Gamboa, que estaba como a cinco leguas del pueblo de Comayagua, y donde el capitán Juan López de Gamboa preparaba a la gente para marchar. Cuando el capitán Juan López de Gamboa vio al tesorero, le exigió legalmente que tomara las armas y marchara con él contra... Cáceres, pero el tesorero respondió que sólo había venido a servir a Dios y a Su Majestad y a establecer la paz entre los dos capitanes, para que no pelearan el uno con el otro, y para que no murieran (españoles). Entonces discutió el tesorero con el capitán Juan López de Gamboa las condiciones para ponerse de acuerdo con... Cáceres para que no se pelearan entre ellos. Con base en lo convenido en esta discusión, el tesorero volvió lo más pronto posible al pueblo de Comayagua para informar... a Cáceres de los resultados de su entrevista con Juan López de Gamboa. Después de eso fue de ida y vuelta con los dos capitanes cinco o seis veces, cubriendo veinticinco o treinta ligas en estos viajes. Mientras tanto, Juan López de Gamboa continuaba su marcha sobre Comayagua y Alonso de Cáceres había salido en su contra. Finalmente, los dos capitanes y sus hombres estuvieron al alcance de las ballestas uno del otro.

Era casi al anochecer, y las dos compañías estaban listas para atacar, con sus lanzas y espadas en sus manos, su ballesta con las flechas en ellas, y los fósforos de sus arcabuces encendidos. Entonces, con su buena diligencia y con las muchas advertencias que hizo a ambas partes, el tesorero hizo que los dos capitanes llegaran a un acuerdo y se hicieran amigos, e influyó en que todos los demás estuvieran satisfechos.

Si no hubiera sido por la grandísima diligencia, solicitud y trabajo que desplegó el tesorero en dar atención a este malentendido, es seguro que los dos capitanes se habrían envuelto en conflicto armado. Con su esfuerzo sirvió bien el tesorero a Dios Nuestro Señor y a Su Majestad, que de otro modo aquella provincia hubiera corrido peligro de arruinarse, porque si en un encuentro hubiesen muerto y herido algunos españoles los que quedaran ilesos y los heridos hubieran sido muy fácilmente asesinados por los indios que iban en su compañía (como auxiliares) y los demás (nativos) que estaban en la tierra. Si esto hubiera ocurrido, los españoles no habrían tenido fuerzas para extraer oro en el Río de Guayape, que había sido descubierto poco tiempo antes...". [12]

Aunque Honduras-Higueras era ahora una provincia aparte, sus problemas políticos estaban lejos de resolverse, pues ninguna otra provincia de las Indias era menos adecuada para intentar un gobierno doble. Surgió la envidia y la disensión entre García de Celis y López de Gamboa, quienes se inmiscuyeron en los asuntos civiles y militares de cada uno. Funcionaron con una absoluta falta de coordinación. García de Celis era irascible y dominante por naturaleza, y la mala salud agravó aún más su temperamento. Actuó en asuntos importantes sin consultar a su colega, quien resentía mucho tal usurpación. Ambos aceptaron consejos contrarios y, en ocasiones, mal concebidos de sectores opuestos. A medida que caían cada vez más en propósitos opuestos, se formaron facciones contendientes detrás de ellos. En resumen, García de Celis y López de Gamboa eran de "diferente condición y carácter", y "lo que uno dominaba, el otro buscaba disponer". Con esta completa falta de armonía, la administración, que necesitaba una mano firme, cayó en un caos demasiado familiar.[13]

Otros factores estuvieron involucrados. Cuando Cáceres regresó del Valle de Olancho después de fundar San Jorge de Olancho, las cosas empeoraron allí; sólo quedaba un simple puesto de avanzada para mantener la franja occidental de la región. Además, había ansiedad en Honduras-Higueras de que las autoridades de San Miguel pudieran invadir hacia el norte el territorio de Gracias a Dios y Comayagua y tomar para sí pueblos de encomienda allí. Además, como siempre que los españoles mostraban división entre ellos, persistió el temor de una revuelta india.[14]

---

[12] Probanza de Francisco de Castellanos, Santiago de Guatemala, 1560, AGG, Documentos del Archivo Colonial, Sección de Guatemala, leg. 264, exped. 1.

[13] Juan de Lerma a la Corona, San Pedro, 30 de noviembre de 1541, AGI, Guatemala 40; Diego García de Celis a la Corona, San Pedro, 14 de marzo de 1542, AGI, Guatemala 49; Funcionarios de la Tesorería Real de Honduras-Higueras a la Corona, Gracias a Dios, 21 de julio de 1542, AGI, Guatemala 49; Residencia de Montejo para Honduras-Higueras, 1544, AGI, Justicia 300.

[14] *Ibid.*

Mientras tanto, Trujillo, la ciudad más antigua de la provincia, ya se había movido hacia una virtual autonomía. Los ciudadanos habían quedado profundamente resentidos por el traslado de Cereceda hacia el oeste del centro de Honduras-Higueras en 1534, y por la confirmación de ese desplazamiento por parte de Alvarado y Montejo. Sentían que sus intereses no habían sido debidamente atendidos de ninguna manera, ni siquiera por Montejo, quien había hecho planes definidos para fortalecer la posición de su ciudad.[15] Con Higueras cayendo en el caos bajo la administración ineficaz de García de Celis y López de Gamboa, Trujillo tomó su rumbo independiente y eligió a Juan García de Lemos alcalde mayor interino de la ciudad y su distrito, es decir, de Honduras propiamente dicha. Así, las autoridades locales actuaron bajo la premisa constitucional de que la jurisdicción recaía en los cabildos de la provincia en ausencia de un gobernador nombrado por la Corona o por las más altas instancias de gobierno del Nuevo Mundo. En adelante, hasta bien entrado 1542, Trujillo tuvo poco contacto con las autoridades de Higueras, demasiado débiles y confundidas para hacer valer su jurisdicción en la sección de Honduras de la provincia.[16]

Como si las dificultades internas no fueran suficientes, las autoridades de Guatemala enviaron un representante, Álvaro de Paz, en otro intento de recuperar Honduras-Higueras. García de Celis, López de Gamboa y los cabildos rechazaron rotundamente y con éxito tal medida, pero al mismo tiempo los coadministradores nombraron a Paz su visitador general de Honduras-Higueras.[17]

La situación dentro de la provincia se volvió más y más peligrosa a medida que pasaban las semanas. A fines de 1541, la

---

[15] Fiscal v. Juan Pérez de Cabrera, 1556, AGI, Justicia 296-4-1; Juan de Lerma a la Corona, Gracias a Dios, 30 de noviembre de 1541, AGI, Guatemala 49; Juan López de Gamboa a la Corona, Gracias a Dios, 27 de abril de 1542, AGI, Guatemala 52; Funcionarios de la Tesorería Real de Honduras-Higueras a la Corona, Gracias a Dios, 1 de mayo de 1542, AGI, Guatemala 49; Montejo a la Corona, San Pedro, 11 de abril de 1543, AGI, Patronato 184-25; Cédula del 23 de agosto de 1543, AGI, Guatemala 393; Residencia de Juan Pérez de Cabrera, 1544, AGI, Justicia 63.

[16] *Ibid.*

[17] Probanza de Álvaro de Paz, Santiago de Guatemala, 1559, AGI, Patronato 62-13.

anarquía gubernamental, el fracaso en mejorar el punto de apoyo en el Valle de Olancho a pesar de varios esfuerzos, la presión de Guatemala, las amenazas de desórdenes entre los colonos rebeldes y el peligro acechante de un levantamiento indio hicieron que todos, incluidos García de Celis y López de Gamboa, al sentir que su ensayo de doble gobierno fue un miserable fracaso. La necesidad de un fuerte control por parte de un solo individuo se hizo evidente una vez más. García de Celis trató de apartar a López de Gamboa y convertirse en gobernador único, pero rápidamente quedó claro que nadie lo toleraría y envió un llamado a la Audiencia de Santo Domingo para que nombrara un magistrado superior para la provincia sin demora. Ciertos colonos, actuando aparentemente por medio de representantes, también enviaron peticiones similares a la Audiencia.

Se recordará que en 1534 la Corona había trasladado Honduras-Higueras de la jurisdicción de la Audiencia de la Nueva España a la de la Audiencia de Santo Domingo. Fue solo porque Guatemala, a la que Honduras-Higueras se unió administrativamente en 1539, estaba bajo la jurisdicción de la Audiencia de la Nueva España que el tribunal mexicano, del cual Mendoza era presidente, pudo reclamar autoridad en Honduras-Higueras. Como Honduras-Higueras se había desprendido de la unión con Guatemala, García de Celis y los ciudadanos que reclamaron el nombramiento de un nuevo gobernador se movieron cuidadosa y deliberadamente por la Audiencia de Santo Domingo, adhiriéndose y reforzando así su posición sobre el estado jurisdiccional de la provincia.

En Honduras-Higueras hubo movimientos decisivos para la elección de un gobernador, sin embargo, antes de que la Audiencia de Santo Domingo pudiera actuar sobre la solicitud del nombramiento de gobernador, ya que el estado en que había caído la provincia exigía una pronta solución para evitar un desastre irreparable. La iniciativa de una acción tan rápida provino pronto de muchos sectores dentro de Honduras-Higueras, aunque probablemente López de Gamboa tomó la delantera. Entre los años de 1541-42 los representantes de los cabildos municipales se reunieron con él en Gracias a Dios para elegir un gobernador único, actuando bajo el mismo capítulo de consejo a través del cual habían sido elegidos coadministradores García de Celis y López de Gamboa. Esta vez García de Celis, enfermo, desalentado y rechazado, no estuvo presente en la junta.[18]

Después de una cuidadosa deliberación, la junta decidió por unanimidad llamar a Montejo. Votaron por él porque, en retrospectiva, se dieron cuenta tardíamente del verdadero valor de sus logros militares en Honduras-Higueras y la sabiduría previsora de sus políticas administrativas. En el aspecto puramente legal se actuó bajo la premisa de que la Corona nunca había revocado el nombramiento de Montejo como gobernador y que, ante la muerte de Alvarado, el acuerdo por el cual Montejo renunciaba a la autoridad sobre la provincia ya no era válido. También tomaron conocimiento del hecho de que, aunque habían estado unidos por un tiempo con Guatemala, la Corona nunca había disuelto oficialmente la anterior unión con Yucatán. Mientras tanto, la situación en Yucatán se había alterado fundamentalmente. Bajo la autoridad de Montejo, su hijo natural y su sobrino, ambos con su mismo nombre, iban, con capitanes menores, avanzando rápidamente en la conquista de aquella provincia. De ahí que la unión de Yucatán y Honduras-Higueras, que antes no había sido practicable y que la Corona había abandonado tácita pero no oficialmente, ahora era muy posible. Por lo tanto, la junta resolvió llamar a Montejo a Honduras-Higueras, como "un noble justo y pacífico, celoso del servicio real, (y que gobernaría) por el bien de la tierra". Montejo ostentaría la autoridad sobre la provincia "en la misma forma que la tenía antes, y hasta que la Corona dispusiera otra cosa".[19]

Como una cuestión de forma, la junta solicitó a López de Gamboa que renunciara a la vara de su cargo, con lo cual lo nombró administrador interino de la provincia hasta que llegara

---

[18] Residencia de Montejo para Honduras-Higueras, 1544, y para Chiapas, 1546, AGI, Justicia 300; Funcionarios de la Tesorería Real de Honduras-Higueras a la Corona, Gracias a Dios, 21 de julio de 1542, AGI, Guatemala 49; Juan López de Gamboa a la Corona, Gracias a Dios, 27 de abril de 1542, AGI, Guatemala 52; Audiencia de Santo Domingo a la Corona, 10 de marzo de 1543, AGI, Santo Domingo 49.

[19] *Ibid.*

Montejo. Se observaron cuidadosamente todas las sutilezas de la ley y la práctica constitucional. La reelección de López de Gamboa para el servicio temporal dejó de lado al resentido e impopular García de Celis, cuya muerte estaba a pocos meses de distancia.[20] La junta envió de inmediato a Chiapas un emisario, Pedro Dolano, para entregarle a Montejo los documentos que lo llamaban a la gubernatura e instarle, incluso exigirle, que aceptara por los mejores intereses de la provincia y el servicio real.[21]

EL REGRESO DE MONTEJO COMO GOBERNADOR

Para comprender las circunstancias que llevaron a Montejo de regreso a Honduras-Higueras, debemos volver al período anterior a la muerte de Alvarado en 1541.

Después de su instalación como gobernador de Chiapas a principios de 1540, Montejo se había mostrado muy activo en varios aspectos. No había perdido la esperanza de recuperar eventualmente la autoridad sobre Honduras-Higueras, ni había renunciado de ninguna manera a la determinación de construir un adelantamiento más amplio para el cual todavía consideraba a Honduras-Higueras como el centro más ventajoso. Como esa provincia se había perdido para él por el momento, volvió su atención una vez más a su provincia original, Yucatán. Encargó a su hijo, también hombre de grandes dotes militares y administrativos, que emprendiera la conquista de Yucatán poco después de su llegada a Chiapas. Montejo el joven era en ese momento vicegobernador en la cercana Tabasco, que había quedado bajo la autoridad directa de su padre mediante la asignación de la gobernación del territorio entre el Río de Copilco y el Río de Ulúa en 1533. El adelantado también reclutó activamente capitanes, soldados y colonos, además de organizar sus recursos personales. Montejo el joven comenzó lo que resultó ser la conquista final de Yucatán a fines de 1540 o principios de

---

[20] *Ibid.*
[21] *Ibid.*

1541, y con la ayuda del sobrino del adelantado y otros tenientes había asegurado su subyugación y asentamiento para 1545.[22]

Al asumir la gobernación de Chiapas, Montejo primero había considerado necesario establecer un control firme, porque había españoles rebeldes en esa provincia fronteriza, así como en Honduras-Higueras. Luego, hacia fines de 1540, fue a la Nueva España para adelantar un litigio con Alvarado en relación con su disputa sobre Honduras-Higueras. Su representante, el bachiller Juan Álvarez, había iniciado demanda ante la Audiencia de la Nueva España poco después de la firma del acuerdo del 1 de agosto de 1539 entre él y Alvarado y luego había pasado a Castilla para seguir litigando en la Corte.[23]

Cuando Montejo llegó a la Ciudad de México, el virrey estaba muy al noroeste, atraído por el interés en las escurridizas Siete Ciudades de Cíbola, que ya entonces atraían a Francisco Vázquez de Coronado a asombrosas hazañas de exploración. La continuación de la demanda de Montejo contra Alvarado ante la Audiencia pronto lo llevó a un tope. Supo que el virrey regresaba a la costa occidental de la Nueva España para encontrarse con Alvarado, que ahora zarpaba de Guatemala en la primera etapa de su expedición por los mares del Sur; Mendoza estaba interesado en emprender en el vasto Océano Pacífico y deseaba llegar a un entendimiento con Alvarado en ese sentido. Montejo decidió entrevistarse con el virrey y retomar su querella directamente con él y con Alvarado. Los encontró en Puerto Nuevo de la Navidad a fines de 1540 o principios de 1541.

La acción legal formal presentada al virrey no produjo resultados inmediatos, pero Montejo y Alvarado lograron una reconciliación temporal gracias a los esfuerzos de Mendoza. Para entonces, Alvarado había puesto todo el interés en su nueva aventura y mostraba poca preocupación por Honduras-Higueras. Mientras los tres principales y otros notables estaban sentados

---

[22] Véase Chamberlain, 1947b.
[23] Montejo v. Pedraza, 1539, AGI, Justicia 129-2; Montejo v. Alvarado, 1541, AGI, Justicia 134-3; Residencias de Montejo para Chiapas, Tabasco y Yucatán, 1546-50, AGI, Justicia 244 y 300.

alrededor de una mesa en el hospedaje de Mendoza, Montejo declaró que:

no deseaba pelear con Alvarado, y que estaría feliz de permitir que Alvarado eligiera libremente si colocaría (la encomienda de) Xochimilco (que Alvarado había accedido a entregarle en recompensa parcial por la pérdida de la Gobernación de Honduras-Higueras) en su poder o devolverle la gobernación de Honduras-Higueras, y que en lo sucesivo quedaría satisfecho, cualquiera que fuera la decisión de Alvarado.

Alvarado respondió con la misma amabilidad que como Montejo tuvo la bondad de darle libre albedrío, preferiría quedarse con Xochimilco y restituir a Montejo la gobernación de Honduras-Higueras cuando Montejo quisiera.[24]

Sin embargo, este intercambio conciliatorio no logró una solución permanente, y cuando Mendoza regresó a la Ciudad de México, Montejo también fue allí para continuar el litigio formal contra Alvarado. El virrey, impaciente con esta insistencia, interrumpió a Montejo diciéndole abruptamente que apelara directamente a la Corona, si así lo deseaba. Hace tiempo que Mendoza había dado por cerrado el asunto y no quería tener nada más que ver con él.[25]

Habiendo fracasado en recuperar Honduras-Higueras o adquirir la rica encomienda de Xochimilco, y habiendo adelantado su reclutamiento y financiamiento para la conquista de Yucatán en la Ciudad de México, Montejo regresó a Ciudad Real de Chiapas a mediados de julio de 1541. Mientras tanto, como hemos visto, Alvarado recibió su herida mortal ante el Peñol de Nochistlán. Su muerte cerró el asunto personal entre los dos grandes conquistadores, aunque, por supuesto, acrecentó las esperanzas de Montejo de reincorporarse a Honduras-Higueras. Probablemente tal posibilidad le impidió ir personalmente a Yucatán para encabezar la conquista de la península.

De regreso en Chiapas, Montejo se dedicó a los asuntos de esa provincia. Conjuntamente con el obispo de Guatemala, a quien la

---

[24] Montejo v. Alvarado, 1541, Justicia 134-3.
[25] *Ibid.*

Corona había asignado jurisdicción espiritual temporal sobre esta provincia así como sobre Honduras-Higueras, realizó una visita general y estableció una tasación fija de impuestos y servicios de los indios. También hizo planes para el desarrollo económico de la región, envió una expedición para pacificar a los indios obstinadamente rebeldes en la áspera frontera con Tabasco, y tomó medidas para mejorar la suerte de todos los nativos pacíficos de la provincia. Todavía estaba ocupado en realizar su visita general cuando, a principios de 1542, llegó Pedro Dolano con un mensaje de los cabildos de Honduras-Higueras llamándolo a la gubernatura.[26]

Deseando eliminar todas las trabas legales para tal regreso, le dijo a Dolano que informaría a las autoridades de la Nueva España de la solicitud y acataría su decisión. El virrey y la Audiencia tardaron en responder. Pero las autoridades de Honduras-Higueras, al recibir la respuesta de Montejo, se negaron a aceptar demoras. Le enviaron un segundo representante, Lorenzo Duque de Colmenares, exigiendo aún más su regreso inmediato. Hablaron del antagonismo entre García de Celis y López de Gamboa y declararon que si Montejo no llegaba de inmediato, cabía esperar desórdenes y revueltas. Admitiendo que su negativa a atender la citación "sería enviar a la provincia a la destrucción total, en gran perjuicio de Su Majestad", cargaron la conciencia de Montejo en el asunto.

La extrema urgencia de esta segunda petición hizo que Montejo aceptara sin más vacilaciones. Informando al virrey y a la

---

[26] Todas las secciones siguientes que tratan del regreso de Montejo a Honduras-Higueras y de la controversia jurisdiccional que se desarrolló entre Montejo, Juan Pérez de Cabrera y Alonso Maldonado como pretendientes rivales por la autoridad sobre Honduras-Higueras y de los reclamos contradictorios del virrey y la Audiencia de la Nueva España, por un lado, y la Audiencia de Santo Domingo, por el otro, se basan en las siguientes fuentes entrelazadas y casi inclusivas: Residencia de Montejo para Honduras-Higueras, 1544, y para Chiapas, 1546, AGI, Justicia 300; Residencia de Juan Pérez de Cabrera, 1544, AGI, Justicia 63; Fiscal v. Juan Pérez de Cabrera, 1556, AGI, Justicia 286-4-1. Información hecha a petición de Juan Licenciado Maldonado sucesor del adelantado D. Pedro de Alvarado en la Gobernación de Guatemala (1542), AGI, Guatemala 965. Por lo tanto, las citas se darán solo cuando se trate de otras fuentes, o para citas importantes dentro de las fuentes mencionadas.

Audiencia de la Nueva España de las circunstancias, partió para Gracias a Dios con una pequeña comitiva, sin más demora, y dejó Chiapas a cargo de un vicegobernador. Su esposa e hija lo seguirían con el resto de su casa.

Montejo compareció ante el cabildo de Gracias a Dios el 7 de abril de 1542. López de Gamboa estuvo presente como magistrado principal interino. En nombre del cabildo y de los ciudadanos, Alonso Polo, procurador de la ciudad, solicitó formalmente que se recibiera nuevamente a Montejo como gobernador de Honduras-Higueras, ya que ha conquistado y pacificado la tierra y ha gobernado con benevolencia y benignidad, y no es altivo ni vanaglorioso, porque ha gobernado como un padre, visitando nuestras casas y personas, preocupándose de nuestro bienestar y prosperidad, afligido por nuestras pruebas, ayudando a nuestras iglesias y a los pobres...[27]

Polo continuó diciendo que Montejo había sido injustamente expulsado de la provincia por Pedraza, y señaló que la Corona no había revocado la cédula de 1535 por la que Montejo había sido nombrado gobernador por primera vez ni designado ningún otro funcionario tras la muerte de Alvarado. Montejo entonces presentó la cédula de 1535, López de Gamboa renunció formalmente al cargo y Montejo prestó juramento a la gobernación "para servir hasta que Su Majestad dispusiera lo contrario". Es significativo que dos de los enemigos más violentos de Montejo en 1539, Hernán Sánchez de Alvarado, pariente de Pedro de Alvarado, y Francisco Cava, que había abogado por matar a Montejo sin más, fueran miembros del cabildo que por unanimidad lo restituyó a su autoridad sobre la provincia.

El cabildo de Comayagua, al que Montejo envió la cédula de 1535, lo aceptó el 24 de abril; el cabildo de San Pedro recibió a su teniente, su antiguo enemigo Cava. Montejo todavía basaba su autoridad sobre San Pedro en la cédula de 1533 que le otorgaba la gobernación del territorio entre el río de Copilco y el río de Ulúa, y técnicamente sostenía que el pueblo y su distrito eran reconocidos por la Corona como parte definitiva de su adelantamiento de Yucatán. En Trujillo, con su autoproclamada semiautonomía, el

---

[27] Residencia de Montejo para Honduras-Higueras, 1544, AGI, Justicia 300.

alcalde mayor elegido localmente, Juan García de Lemos, continuó gobernando por un tiempo más, pero fue reemplazado después de que Montejo se estableciera firmemente en Higueras.

Montejo, López de Gamboa, los funcionarios de la Tesorería Real y los cabildos notificaron a la Corona de la renovada asunción de autoridad de Montejo sobre Honduras-Higueras, y no solo solicitaron la aprobación real de sus acciones sino también una nueva cédula que específicamente confirmara a Montejo como gobernador. En estas comunicaciones se enfatizó que, aunque Montejo era anciano y estaba cansado por su largo servicio, había respondido a las necesidades de Honduras-Higueras, sirviendo así a los mejores intereses de la Corona y la provincia. Con énfasis en el hecho de que fue Montejo quien había conquistado la provincia y había gobernado bien entre 1537 y 1539, se solicitó que, ya que volvía a ser el magistrado mayor, no se hiciera ningún cambio en la gobernación, ya que los constantes nuevos nombramientos generaban confusión. Montejo y las autoridades locales también escribieron a la Audiencia de Santo Domingo solicitando confirmación.

Las esperanzas de Montejo de un gran adelantamiento llegaron ahora a su punto más alto. Fue a la vez –pero bajo diferentes nombramientos y dispensas– adelantado, gobernador y capitán general de Yucatán, gobernador y capitán general de Honduras-Higueras, gobernador y capitán general de Chiapas, y gobernador real de todo el amplio terreno entre el río de Copilco y el río de Ulúa, incluyendo todo Tabasco. Ahora más que nunca estaba empeñado en hacer realidad su preciado sueño.

Cuando Montejo regresó a Honduras-Higueras, encontró a la provincia "toda trastornada, agobiada por muchos escándalos", e incluso al borde de más luchas civiles. Con su venida, como él mismo declaró, la tensa situación se alivió y la "paz y concordia" política tomaron su lugar. Sin embargo, la situación de fondo seguía siendo sumamente grave y, como la provincia estaba "en un estado tal que sentía profunda pena", quedaba por delante la labor más ardua. Estaba convencido de que a menos que se tomaran rápidamente medidas efectivas, la provincia corría el peligro de estar "totalmente arruinada dentro de dos años (más)".

Nuevamente hubo escasez de suministros desde el exterior. El trabajo forzado en las minas, el acarreo, que en cierta medida había sido sistematizado por García de Celis, y los duros malos tratos en todos los aspectos a partir de 1539, habían reducido aún más a los habitantes indios y trastornado la vida nativa. Se dice que la población de algunos distritos disminuyó en dos tercios de lo que había sido incluso después de la revuelta de 1539. Los indios volvieron a sufrir hambre. Así, las encomiendas individuales se redujeron en tamaño y valor, para gran descontento de los encomenderos, quienes se alarmaron al ver tan pocos indios "para proporcionarles el sustento".

Montejo se resolvió a reparar estas condiciones deplorables lo mejor que pudo. El primer paso fue garantizar la estabilidad política reuniendo firmemente el poder en sus propias manos. Con tacto pero inexorablemente, estableció un rígido control sobre los cabildos municipales y nombró sólo tenientes vigorosos y de confianza en los diversos distritos. Sus planes para el desarrollo económico de Honduras-Higueras y sus políticas generales siguieron siendo los de su primera gobernación, pero ahora su realización era aún más difícil debido al deterioro general.

Para proporcionar a los colonos más indios de encomienda y más oro, Montejo una vez más miró hacia el este, al Valle de Olancho, donde los renovados esfuerzos de conquista y asentamiento después de 1539 no habían logrado hasta ahora garantizar resultados permanentes. Del lado de la política a largo plazo, la ocupación del Valle de Olancho estaba, como antes, diseñada para fomentar la seguridad militar de la colonia y proporcionar a Trujillo un área que esa ciudad podía explotar. Montejo también planeó moverse más allá del Valle de Olancho propiamente dicho hasta el Río de Guayape, donde ya se había encontrado un rico placer de oro, y eventualmente más hacia el este hacia la región aún poco conocida de Taguzgalpa. También revivió el plan de establecer un pueblo en la ruta hacia el sur a la Ciudad de León para fomentar mejores comunicaciones entre Honduras-Higueras y Nicaragua. El mejoramiento de los caminos existentes y la construcción de nuevos entre los municipios de Honduras-Higueras y de ellos a las provincias vecinas fue nuevamente uno de sus proyectos. Tampoco había abandonado su plan maestro de establecer eventualmente una ruta de comercio a través de Higueras desde Puerto de Caballos hasta la Bahía de Fonseca.

Apenas había comenzado Montejo su pesada tarea cuando surgieron inesperadamente nuevas complicaciones. Su derecho a la gobernación de Honduras fue disputado por otros dos pretendientes: Alonso Maldonado, nuevamente nombrado gobernador interino de Guatemala por el virrey y la Audiencia de la Nueva España, y Juan Pérez de Cabrera, designado gobernador de Honduras-Higueras por la Audiencia de Santo Domingo.

PÉRES DE CABRERA, GOBERNADOR DE HONDURAS-HIGUERAS EN EL NOMBRE DE LA AUDIENCIA DE SANTO DOMINGO

Juan Pérez de Cabrera era un miembro de la nobleza castellana que poseía posesiones en la región de Cuenca. Se sintió atraído por el Nuevo Mundo debido a los informes de riquezas en Nueva Granada, donde Gonzalo Jiménez de Quesada había derrocado recientemente al poderoso imperio Chibcha. Tomó servicio con su pariente Alonso Luis de Lugo, adelantado de Canarias y gobernador de Santa Marta, en la costa norte de Sudamérica, a la partida de este hacia el Nuevo Mundo. A sus expensas y con su hermano Rodrigo de Anaya como teniente principal, Pérez de Cabrera organizó en Castilla una armada bien equipada de unos 380 hombres, a la que proporcionó los barcos necesarios para su transporte. Lugo lo nombró maestre de campo y esperaba una recompensa económica y al menos alguna medida adicional de autoridad e iniciativa en los territorios de Lugo en las Indias. Como la expedición se planteaba no sólo con fines militares sino también de colonización permanente, Pérez de Cabrera incluyó en su compañía a un número de hombres y mujeres casados de calidad.

Sin embargo, cuando Pérez de Cabrera llegó a Santo Domingo con Lugo, sus planes cambiaron. Ya sea convencido de que sus oportunidades estaban en otro lugar que no fuera el norte de Sudamérica, o en desacuerdo con Lugo, que ya no confiaba en él, o, muy probablemente, persuadido de volverse hacia Honduras-Higueras por la Audiencia de Santo Domingo, él y sus hombres se quedaron atrás cuando Lugo zarpó hacia Nueva Granada en abril de 1542. Los informes desconcertantes de Honduras-Higueras y los llamamientos directos para el nombramiento de un nuevo gobernador en los meses posteriores a la muerte de Alvarado habían hecho que la Audiencia fuera muy consciente de la necesidad de un magistrado principal que pudiera gobernar con mano dura. Pérez de Cabrera, con una armada numerosa y excelentemente organizada, estaba en una posición admirable para llenar los requerimientos. Dado que las minas de la provincia eran ricas, la Audiencia tenía un argumento persuasivo para respaldar cualquier apelación al sentido del deber de Pérez de Cabrera hacia la Corona para poner orden en una provincia turbulenta e inestable.

En todo caso, la Audiencia de Santo Domingo, que aún no había tenido conocimiento del regreso de Montejo a Honduras-Higueras, el 12 de junio de 1542 nombró a Pérez de Cabrera gobernador de la Provincia del Cabo de Honduras. Estipuló que debía gozar de una autoridad igual en todos los sentidos a la que había ejercido Alvarado y lo dotó de plenos poderes civiles y militares. La Audiencia emitió instrucciones detalladas, bajo las cuales Pérez de Cabrera debía trabajar para la expansión de los ingresos reales, el aumento de la población española, el bienestar de los nativos, la extensión de la Fe y la permanencia de la provincia. Hizo hincapié en que debía actuar de todas las formas posibles para llevar la paz y el orden a la provincia. Debía luchar por el bienestar de los indios en cooperación con el prelado principal y el protector de los indios. Se estimularía la actividad minera y los cargos gubernamentales locales se otorgarían únicamente a los ciudadanos principales de la propia colonia. La Audiencia, determinada a mantener el control sobre Honduras-Higueras, ordenó a Pérez de Cabrera que obedeciera e hiciera cumplir cuidadosamente todos los decretos que pueda emitir.

El artículo más importante de estas instrucciones, tanto desde el punto de vista de Montejo como de la situación política de Honduras-Higueras, era el que declaraba que el nombramiento de Pérez de Cabrera se había hecho con la condición de que si a su llegada a Honduras -Higueras "hubiera en la provincia otro gobernador, nombrado por la Corona, o por otra Audiencia real, gobernador ya recibido en la provincia", no debe pretender ejercer autoridad. En tales circunstancias, el nombramiento de Pérez de Cabrera quedaría sin efecto, y si aún pretendiera tomar posesión del cargo lo haría bajo "las penas en que incurren los que ejercen jurisdicción sin autoridad". Además, se estipuló específicamente que no debía quitar las encomiendas a quienes ya las poseían. Respecto a Pérez de Cabrera como reemplazo de Alvarado, la Audiencia informó a la Corona, que estaba aún más atrasada que el tribunal de la isla, de su nombramiento como gobernador de Honduras-Higueras y dio su asentimiento.

Mientras tanto, el virrey y la Audiencia de la Nueva España habían tomado medidas en marzo de 1542 para afirmar la jurisdicción sobre Honduras-Higueras y reactivar la unión de esa provincia con Guatemala. Estas medidas fueron rechazadas por Montejo y por los cabildos de Honduras-Higueras en el mismo momento en que la Audiencia de Santo Domingo designaba a Pérez de Cabrera gobernador de la provincia.

Pérez de Cabrera llegó a Puerto de Caballos en julio, con una de las expediciones más grandes que jamás haya venido a Honduras-Higueras. El 18 presentó sus credenciales ante el cabildo de San Pedro, que las aceptó sin reparos, pues procedían del alto tribunal de Santo Domingo. Francisco Cava, teniente de Montejo en San Pedro, al no ver otra alternativa, renunció a la autoridad, por lo que Pérez de Cabrera fue instalado como gobernador del pueblo y su distrito. Como los puntos legales siempre eran importantes, el cabildo de San Pedro basó su aceptación de Pérez de Cabrera en el fundamento técnico de que, a su regreso a Honduras-Higueras, Montejo no se había presentado personalmente ante el cabildo para ser recibido como gobernador, sino que había logrado reconocimiento a través de un teniente. Por su parte, Pérez de Cabrera sostuvo que su nombramiento por la Audiencia de Santo Domingo suplantaba la designación de Montejo como gobernador por las autoridades y colonos de Honduras-Higueras y que el nombramiento real de Montejo de 1535 ya no operaba porque había renunciado la gobernación ante

Alvarado en 1539. Por lo tanto, Pérez de Cabrera sostuvo que en las circunstancias existentes no estaba obligado por la instrucción de la Audiencia que invalidaba su propio nombramiento si otro gobernador ya estaba gobernando en Honduras-Higueras.

Una vez aceptado y establecido en San Pedro, Pérez de Cabrera consolidó rápida y firmemente su autoridad. Nombró nuevos alcaldes y regidores, a quienes en adelante controló de cerca, y eliminó y reasignó encomiendas según creyó conveniente, a pesar de las instrucciones contrarias de la Audiencia de Santo Domingo. Ejerciendo una especie de censura, también confiscó todos los mensajes que contenían quejas contra cualquiera de sus actos.

La llegada de Pérez de Cabrera con poderes de la Audiencia de Santo Domingo y su reconocimiento por el cabildo de San Pedro ineludiblemente creó confusión en la sede del gobierno provincial, Gracias a Dios. Montejo se desconcertó mucho, especialmente porque Honduras-Higueras ya había sido separada de Guatemala con la consiguiente negación de la autoridad de la Audiencia de la Nueva España, y Montejo y las autoridades locales recientemente se habían dirigido a la Audiencia de Santo Domingo para su confirmación como gobernador. Dado que el virrey y la Audiencia de la Nueva España ya habían tomado medidas para hacer valer su autoridad sobre Honduras-Higueras sobre la base de la antigua unión de esa provincia y Guatemala, estaba claro para las autoridades locales que un grave conflicto de jurisdicción entre la Audiencia de Santo Domingo y el virrey y la Audiencia de la Nueva España estaba inevitablemente cerca. En consecuencia, al principio estaban perplejos en cuanto al curso que debían tomar.

No solo las autoridades de Gracias a Dios estaban en un dilema, sino que el conflicto de jurisdicción y la multiplicidad de nombramientos para la magistratura principal también causaron inquietud entre los colonos fácilmente exaltados, presagiando un estado de caos y anarquía. Los colonos, que de todos modos se sentían demasiado mal recompensados por sus pruebas, peligros y gastos, vieron ahora que lo poco que poseían se comprometía aún más y decidieron enviar un representante a la Corona para solicitar una aclaración definitiva del estado gubernamental de la provincia.

Los funcionarios de la Tesorería Real de la provincia estaban igualmente desorientados y en una carta a la Corona del 21 de julio de 1542 también abogaban por una actuación inmediata para resolver el conflicto jurisdiccional. Al mismo tiempo expresaron una fuerte oposición a cualquier posible reincorporación de Honduras-Higueras a Guatemala. La actitud de los funcionarios de la Tesorería Real hacia Pérez de Cabrera es quizás el indicador más exacto de la opinión entre las autoridades y colonos de Gracias a Dios sobre la legalidad de su cargo. Como guardianes de confianza de las arcas reales de la provincia, temerosos de un posible desvío de fondos, se negaron a pagar a Pérez de Cabrera el sueldo que le asignaba la Audiencia de Santo Domingo, por no haber sido designado directamente por la Corona. Pérez de Cabrera exigió el pago e incluso amenazó con apropiarse del equivalente de los fondos que le fueron asignados de las arcas reales de San Pedro, pero no cumplió su amenaza al darse cuenta de que tal acción lo colocaría en serias dificultades. Su salario fue retenido durante toda su estancia en la provincia, y más tarde él y sus herederos tuvieron que llevar la demanda ante la Corona.

A pesar del estado jurisdiccional confuso, Montejo estaba decidido a defender su autoridad sobre Honduras-Higueras contra Pérez de Cabrera hasta el final, ya sea por medios legales o por la fuerza de las armas. No perdió tiempo en alinear a las autoridades y ciudadanos de Gracias a Dios y Comayagua para bloquear cualquier intento de Pérez de Cabrera de extender su autoridad hacia el interior. Mientras tanto, estudió los medios para restaurar su propio control sobre San Pedro. En Gracias a Dios, Montejo habló personalmente con los ciudadanos para asegurarse de su apoyo, declarando que "quería saber quiénes eran sus amigos". También obtuvo un comunicado oficial del cabildo que lo respaldaba de manera inequívoca y rechazaba a priori cualquier pretensión de Pérez de Cabrera. Sin embargo, Montejo tuvo que usar un lenguaje abusivo contra uno de los alcaldes, Gonzalo de Cartagena, quien en un principio tuvo algunas dudas legales al respecto. Sin embargo, Montejo fue mucho más allá de estas medidas. Reunió a los ciudadanos de Gracias a Dios y los exhortó a resistir a Pérez de Cabrera por la fuerza armada si exigía el reconocimiento en la ciudad y los organizó para la acción militar. En su residencia se alojó un grupo de seguidores armados a modo de guardia permanente y se colocaron grandes depósitos de municiones en las casas de dos ciudadanos, uno de ellos regidor, listos para entregar a los partidarios de Montejo. Montejo consideró que tales preparativos eran especialmente necesarios ante la numerosa y bien equipada compañía de Pérez de Cabrera. No sabía hasta dónde podría llegar Pérez de Cabrera y, recordando su desconcierto a manos de Alvarado varios años antes, estaba decidido a estar completamente preparado.

Tal como había anticipado Montejo, Pérez de Cabrera no esperó mucho antes de buscar extender su autoridad sobre Gracias a Dios. Sin embargo, sabiendo de la resistencia de Montejo, y deseando ahora evitar conflictos y establecer su jurisdicción por medios puramente legales si fuera posible, se trasladó desde San Pedro hacia Gracias a Dios con solo un pequeño grupo. Sin embargo, Montejo decidió reunir a sus seguidores armados y ordenó al alguacil mayor de la provincia, Lorenzo Duque de Colmenares, que pusiera en armas a todos los ciudadanos para resistir a Pérez de Cabrera en caso de que mostrara hostilidad. Sin embargo, no hizo ningún esfuerzo por impedir que Pérez de Cabrera entrara en la ciudad.

Montejo, que había preparado minuciosamente al cabildo para el rechazo de las pretensiones de su rival, y que tenía plena seguridad del inquebrantable apoyo armado de la ciudadanía, permitió ahora que Pérez de Cabrera compareciera ante el concejo municipal para presentar sus disposiciones de cargo. El cabildo se había reunido en la iglesia de Gracias a Dios para la ocasión, con la presencia de Montejo. Pérez de Cabrera presentó entonces su documento de nombramiento. Montejo replicó declarando que la cédula de 1535 mediante la cual la Corona lo había nombrado gobernador de Honduras-Higueras nunca había sido revocada y que, en virtud de la vigencia de esa cédula y su llamamiento por las autoridades y colonos, era legítimo gobernador de Honduras-Higueras de acuerdo con la voluntad de la Corona. Especialmente dado que todavía era gobernador sobre la base fundamental de su cédula de 1535, Montejo sostuvo que las reconstrucciones de la

Audiencia que prohibían a Pérez de Cabrera reclamar jurisdicción si otro gobernador estaba presente se aplicaban a las condiciones que existían y que, en consecuencia, Pérez de Cabrera no tenía ningún motivo en absoluto sobre el cual reclamar autoridad. Además, aunque era evidente que la Audiencia de Santo Domingo tenía la intención de que Pérez de Cabrera gobernara Honduras-Higueras en su totalidad, su nombramiento real mencionó solo el Cabo de Honduras. Montejo sostuvo que la ausencia de una mención específica de Higueras en su nombramiento impedía que Pérez de Cabrera tuviera algún fundamento para reclamar jurisdicción allí. Por supuesto, el cabildo de Gracias a Dios siguió a Montejo al pie de la letra y se negó rotundamente a reconocer a Pérez de Cabrera como gobernador hasta que la Corona hubiera sido informada de las circunstancias y hubiera dado a conocer su voluntad.

Es interesante notar que Montejo y el cabildo de Gracias a Dios se habían enterado de las instrucciones detalladas de la Audiencia a Pérez de Cabrera no por este último sino indirectamente a través del ex teniente de Montejo en San Pedro y el cabildo de ese pueblo. Consciente de su contenido, Montejo y el cabildo exigieron que Pérez de Cabrera los presentara en el debido procedimiento legal, pero este se negó con el pretexto de que el documento se había extraviado. Montejo y el cabildo aprovecharon entonces esta negativa como base legal adicional para rechazar sus pretensiones a la gobernación.

De esta manera, Pérez de Cabrera quedó bloqueado legalmente en todas direcciones en Gracias a Dios. Su grupo fue superado en número por los seguidores armados de Montejo, y tendría que regresar a San Pedro para reunir a sus hombres y marchar sobre Gracias a Dios en plena forma militar si optaba por recurrir a la fuerza. Mientras tanto, Montejo, cuyo dominio de la situación era completo, contuvo a sus propios seguidores. Tras el rechazo de Pérez de Cabrera como gobernador, la relación personal entre los dos rivales se volvió aparentemente cordial y Montejo mostró una gran hospitalidad hacia su oponente.

Pérez de Cabrera, sin embargo, no tenía planes de renunciar a la jurisdicción sobre la costa o de renunciar definitivamente a sus pretensiones sobre el interior. Pronto regresó a San Pedro y se creía que pretendía regresar a Gracias a Dios al frente de todos sus hombres para buscar una solución armada. Sin embargo, parece haber tenido fundamentalmente un alto sentido del deber y la responsabilidad, ya que cuando estuvo una vez más en San Pedro, se decidió en contra de cualquier movimiento que pudiera poner a los españoles contra los españoles. Montejo tampoco amenazó con moverse contra San Pedro con su fuerza armada.

Después de llegar a San Pedro, Pérez de Cabrera se dedicó a una mayor consolidación de su autoridad allí y al logro del reconocimiento en un territorio fuera de Gracias a Dios, que había demostrado ser un bastión de la autoridad de Montejo. Envió sus credenciales a los cabildos de Trujillo y Comayagua, y empezó a mirar hacia el Valle de Olancho y el aurífero río de Guayape. En estas dos últimas áreas, el punto de apoyo español era todavía débil, ya que, a pesar de sus planes, Montejo aún no había encontrado la oportunidad de asegurar el control español sobre esas regiones. Las autoridades de Trujillo dieron la bienvenida a Pérez de Cabrera como gobernador y se dirigió hacia allí cerca del primero de noviembre de 1542 para ser recibido personalmente, dejando a su hermano Rodrigo de Anaya como su teniente en San Pedro. Sin embargo, el cabildo de Comayagua se mantuvo fiel a Montejo y rechazó sumariamente las pretensiones de Pérez de Cabrera.

Mientras Pérez de Cabrera estuvo en Trujillo, los nativos tanto del Valle de Olancho como de la región del Río de Guayape se sublevaron. Aprovechando al máximo su oportunidad, envió a su hermano para sofocar la revuelta y al mismo tiempo extender su autoridad hacia el interior oriental. Anaya no solo aplastó la revuelta, sino que fortaleció enormemente la posición de los españoles en el Valle de Olancho y el Río de Guayape y puso el área general, con su pueblo de San Jorge de Olancho y ricos yacimientos de oro, firmemente bajo el dominio de su hermano. De hecho, las campañas de Anaya hicieron finalmente perdurable la ocupación española del Valle de Olancho y garantizaron la permanencia de San Jorge. Por lo tanto, para los primeros meses de 1543, Pérez de Cabrera tenía autoridad sobre San Pedro, Trujillo y

San Jorge de Olancho y sus distritos, así como la zona del Río de Guayape; Montejo mantuvo el control de Gracias a Dios y Comayagua y sus distritos.

La autoridad en Honduras-Higueras se dividió una vez más, con Pérez de Cabrera sosteniendo firmemente la costa de Honduras e Higueras y una parte del interior de Honduras, y con Montejo asentado con la misma firmeza en el interior de Higueras. Afortunadamente, se trataba de una división clara de la autoridad. Aunque la provincia en su conjunto estaba dividida administrativamente, cada gobernador tenía el control total sobre su respectivo territorio y el apoyo de sus colonos. En consecuencia, al dejar de amenazar con un enfrentamiento armado entre Montejo y Pérez de Cabrera, hubo una gran confusión pero no una anarquía universal. Sin embargo, la amenaza habitual de un levantamiento nativo masivo en tales condiciones preocupó tanto a Montejo como a su oponente.

Dado que se oponía a cualquier acción militar contra Pérez de Cabrera y sus territorios costeros, Montejo buscó una solución legal al dilema administrativo a través de nuevos llamamientos urgentes a la Audiencia de Santo Domingo para el reconocimiento único. Él, las autoridades municipales de Gracias a Dios y Comayagua, y los funcionarios de la Tesorería Real enviaron a la Audiencia un informe completo de los acontecimientos que siguieron a la llegada de Pérez de Cabrera. Señalaron los peligros de una administración dividida y solicitaron que Montejo fuera confirmado como único gobernador. Uno de los puntos principales que hizo Montejo en sus declaraciones fue que Pérez de Cabrera había asumido el poder en violación de las instrucciones de la Audiencia de no reclamar autoridad si otro gobernador debidamente reconocido estaba presente en la provincia cuando él llegó. Montejo expuso claramente su argumento de que, en vista de su nombramiento real como gobernador y su destitución por parte de las autoridades locales y los colonos, la legalidad de su cargo como magistrado principal era incuestionable. Estos reclamos fueron presentados ante la Audiencia por mensajes y representantes.

Además de la acción de Montejo y sus seguidores, hubo otro factor que influyó en la situación. Pérez de Cabrera había seguido quitando y reasignando encomiendas en el distrito de San Pedro; y cuando Trujillo quedó bajo su control hizo lo mismo. Esto hizo que los encomenderos desposeídos enviaran personalmente a la Audiencia de Santo Domingo enérgicas protestas, que llegaron a Santo Domingo a pesar de la censura de Pérez de Cabrera y que inevitablemente ayudaron a Montejo.

Entre los años de 1542-43, Montejo se encontraba enfrascado en una decisiva acción legal ante la Audiencia de Santo Domingo encaminada a asegurar su posición como gobernador, lucha que le traería el éxito final, aunque mientras tanto se vio obligado a enfrentar un renovado desafío de la Nueva España y Guatemala.

MALDONADO COMO MAGISTRADO PRINCIPAL DE HONDURAS-HIGUERAS POR NOMBRAMIENTO DEL VIRREY Y LA AUDIENCIA DE LA NUEVA ESPAÑA

Mientras Montejo y Pérez de Cabrera se disputaban la jurisdicción sobre Honduras-Higueras, el virrey y la Audiencia de la Nueva España tomaban medidas de gran trascendencia. Cuando, a principios de 1542, el virrey hubo recibido la información de Montejo de la situación en Honduras-Higueras y de su regreso como gobernador a petición de los colonos, rechazó la aprobación. Ni él ni la Audiencia habían reconocido la acción independiente de Honduras-Higueras al separarse de Guatemala, por lo que todavía reclamaban jurisdicción superior sobre ambas provincias. Según su opinión, Honduras-Higueras no tenía derecho a establecer sus propios administradores ni a destituir a Montejo como gobernador. Además, sostuvieron que la unión de las dos provincias inaugurada bajo la gubernatura de Alvarado, con aprobación real, no sólo se mantenía sino que reemplazaba la cédula real de 1534 que había puesto a Honduras bajo la jurisdicción de la Audiencia de Santo Domingo. Daba mayor fuerza a su argumento el hecho de que la Corona había asignado en 1533 a Montejo, como adelantado y gobernador de Yucatán, autoridad sobre el territorio entre el Río de Ulúa y el Río de Copilco, los cuales, excepto partes de Higueras, estaban claramente bajo la jurisdicción de la Audiencia de la Nueva España. Sobre la base de la continuación de la unión, el virrey y la Audiencia también consideraron en el mejor interés del servicio real nombrar a su propio gobernador para Guatemala (y por lo tanto para Honduras-Higueras) para reemplazar a los coadministradores, Francisco de la Cueva y el obispo Francisco de Marroquín.

Por lo tanto, el 12 de marzo de 1542, nombraron al experimentado y capacitado legalmente Alonso Maldonado, ex gobernador interino de Guatemala y todavía oidor de la Audiencia, como magistrado principal de las provincias combinadas. Esto significó la destitución de Montejo de la autoridad en Honduras-Higueras y la renovación efectiva de su unión con Guatemala. Así se informó a la Corona. El 17 de mayo de 1542, Maldonado llegó a Santiago de Guatemala, donde inmediatamente asumió el cargo y estableció su sede de gobierno. Unos días después, el nuevo gobernador nombró a Juan de Chávez, quien había servido en Higueras bajo Alvarado en 1536 y a quien Alvarado había encomendado originalmente la fundación de Gracias a Dios, como su teniente para Honduras-Higueras, con poderes plenarios.

El 10 de julio Chávez presentó sus credenciales ante el cabildo de Gracias a Dios. Tanto la ciudad, que no sólo deseaba mantener a Montejo como gobernador sino que resentía mucho el intento de subordinar nuevamente Honduras-Higueras a Guatemala, como Montejo, que no tenía más intención de ceder ante Maldonado y Chávez que ante Pérez de Cabrera, se negaron a aceptar a Chávez. Se le dijo formalmente que Montejo estaba ahora nuevamente en la gobernación por voluntad de los cabildos de Honduras-Higueras y que, por la cédula de 1534 por la cual la Corona había transferido la provincia de la jurisdicción de la Nueva España a la de Santo Domingo, la Audiencia de la Nueva España ya no tenía autoridad alguna sobre Honduras-Higueras. El concejo municipal de Comayagua también se negó a reconocer la jurisdicción de Chávez. Así, Montejo y los cabildos pidieron a la Audiencia de Santo Domingo que apoyara su posición contra el virrey y la Audiencia la de Nueva España.

Chávez regresó a Guatemala. Maldonado informó a la Nueva España del rechazo de su autoridad sobre Honduras-Higueras y pidió una acción drástica. Mientras tanto se dirigió por asuntos de gobierno a San Salvador, donde recibió noticia de la llegada de Pérez de Cabrera a San Pedro, trayendo su nombramiento como gobernador de Honduras por la Audiencia de Santo Domingo. Como gobernador de las provincias unidas bajo la dispensa de la Nueva España, Maldonado estaba obligado a oponerse a cualquier usurpación de la Audiencia de Santo Domingo. Además, en interés de la Corona, deseaba prevenir el desorden en Honduras-Higueras y prevenir cualquier posible conflicto armado entre Montejo y Pérez de Cabrera. Maldonado escuchó con preocupación la aceptación de Pérez de Cabrera en San Pedro y el rechazo en Gracias a Dios, donde se informó que se dispuso a una solución por la fuerza.[28] Todos estos nuevos desarrollos, por supuesto, fueron informados al por menor al Virrey y la Audiencia de la Nueva España.

Maldonado estaba así dispuesto a intervenir en Honduras-Higueras en el momento oportuno. Cuando la situación llegó a un punto que consideró inminentemente peligroso, se apresuró a Gracias a Dios, donde encontró que Pérez de Cabrera había regresado a la costa y que el peligro de un conflicto armado había desaparecido. También se dio cuenta de que Montejo estaba en una posición más fuerte que nunca en el interior de Higueras. Al ver que aún no había llegado el momento de afirmar sus propios reclamos y que su mediación no era necesaria, se dirigió al sur a San Miguel, que ahora era casi universalmente reconocido como territorio bajo jurisdicción de Guatemala. En ningún momento durante este período Maldonado desafió la autoridad de Pérez de Cabrera en la costa norte de Honduras-Higueras.

Mientras tanto, las autoridades de la Nueva España habían tomado nuevas medidas para imponer su autoridad sobre Honduras-Higueras, ahora dirigida contra la Audiencia de Santo Domingo y Pérez de Cabrera, así como también contra Montejo.

---

[28] Véase Maldonado al Cabildo de Santiago de Guatemala, San Salvador, 5 de septiembre de 1542, AGG, Documentos del Archivo Municipal, Cartas de Personas Ilustres.

En decreto del 22 de septiembre, dirigido a Montejo como "Adelantado y gobernador de las Provincias de Yucatán y Cozumel y de la Ciudad Real de la Provincia de Chiapas", el virrey y la Audiencia ordenaron perentoriamente a todos los cabildos en todo Honduras-Higueras, junto con todas las demás autoridades provinciales y ciudadanos leales, reconocer la jurisdicción de Maldonado sobre toda la provincia y aceptar de inmediato los tenientes que él nombrara. A Montejo, amenazado con la privación de sus cargos y el decomiso de propiedades y encomiendas a favor de la Corona por no obedecer, se le ordenó que abandonara Honduras-Higueras de inmediato y se dirigiera a Chiapas o a Yucatán, donde su hijo y su sobrino ya habían conquistado un territorio amplio. Las autoridades y los colonos fueron amenazados con la pérdida de sus cargos, la confiscación de bienes e incluso la muerte por negarse a reconocer la autoridad de Maldonado.

Aunque el virrey y la Audiencia estaban decididos a retener el control sobre Honduras-Higueras en asuntos administrativos y políticos debido a su argumento de que la provincia todavía estaba unida a Guatemala, hicieron concesiones a la Audiencia de Santo Domingo en asuntos puramente judiciales en vista de la cédula de 1534 por la cual la Corona había colocado a Honduras-Higueras bajo ese cuerpo. Afirmando que no tenían intención de interferir en los asuntos legales, ordenaron a Maldonado y a sus tenientes que permitieran tales apelaciones a la Audiencia de Santo Domingo.

Estas decisiones dieron a Maldonado el mandato deseado y partió de inmediato para Gracias a Dios. Al llegar a fines de 1542, presentó al cabildo los decretos, a los que Montejo y el cabildo de Gracias a Dios no pudieron encontrar una respuesta efectiva. Por lo tanto, Montejo renunció al cargo y Maldonado se convirtió en gobernador. Sin embargo, Montejo y el cabildo hicieron constar oficialmente que Maldonado y la reunión con Guatemala habían sido aceptadas en contra de su voluntad, y que en el sentido legal estaban "agraviados" porque no tenían otra alternativa.

Montejo fue así expulsado de la gobernación de Honduras-Higueras por segunda vez, pero permaneció en Gracias a Dios, "esperando y convencido de que la Corona lo confirmaría como gobernador de (Honduras-Higueras) como el hombre que había conquistado y pacificado el tierra". Confiaba en que no sólo la Corona, sino también la cercana Audiencia de Santo Domingo atenderían sus peticiones. Sorprendentemente, las esperanzas de Montejo no fueron vanas, ya que iba a tener un período más en el cargo antes de perder para siempre.

Tras la asunción de Maldonado de la gobernación, sus relaciones con Montejo y doña Beatriz, nunca personalmente hostiles, se volvieron cordiales. Maldonado procedía de una de las familias más poderosas de Salamanca de Castilla, cuna de Montejo, donde sus familias se conocían desde hacía mucho tiempo. Con esta base de amistad, la relación pronto se transformó en una alianza familiar, pues al poco tiempo Maldonado se casó con Catalina, la hija de Montejo.

Luego de instalarse en Gracias a Dios, Maldonado envió tenientes a presentar sus credenciales a todos los municipios de Honduras-Higueras. Inmediatamente fue reconocido por el cabildo de Comayagua; luego por San Jorge de Olancho y los españoles de la zona del Río de Guayape, quienes renunciaron a Pérez de Cabrera. El cabildo de San Pedro, aún leal a Pérez de Cabrera, lo había reconocido por nombramiento de la Audiencia de Santo Domingo y no reconocía la autoridad de la Nueva España ni admitía la reunión con Guatemala. Un pueblo aparentemente restablecido en Puerto de Caballos, donde habían fracasado los esfuerzos de Montejo por fundar un asentamiento entre 1537 y 1539, también se negó a reconocer a Maldonado, al igual que Trujillo. Sin embargo, Pérez de Cabrera no renunciaría a sus pretensiones sobre San Jorge de Olancho, el Valle de Olancho y la región del Río de Guayape, donde la ocupación se había hecho permanente a través de las campañas de su hermano y donde varios de sus hombres habían permanecido como colonos. En consecuencia, aunque reconocida oficialmente en esas regiones orientales, la posición de Pérez de Cabrera creó dificultades para Maldonado.

A principios de 1543, durante el curso de una visita administrativa a su territorio, Maldonado fue a San Pedro con la esperanza de persuadir a las autoridades para que lo reconocieran. Lo acompañó el obispo Marroquín. Pérez de Cabrera estaba en

Trujillo en ese momento y no pudo contrarrestar los argumentos de peso de Maldonado. El cabildo estaba a punto de recibir a Maldonado como gobernador cuando, en el último momento, apareció el exaltado Pérez de Cabrera y desbarató la idea.[29] Maldonado ahora dialogó directamente. Haciendo hincapié en su propio nombramiento de las autoridades de la Nueva España y recordando a Pérez de Cabrera las instrucciones de Santo Domingo de no asumir la jurisdicción si ya había un gobernador en la provincia, Maldonado trató de persuadir a su oponente de que renunciara a todos los reclamos de la gobernación. Pérez de Cabrera se negó a esto, a pesar de que el nombramiento de Maldonado en realidad era anterior al suyo y Maldonado había enviado a Juan de Chávez a Honduras-Higueras como su teniente antes de que llegara Pérez de Cabrera. Como Maldonado no podía insistir más en su caso en este momento y no deseaba causar más disensión política, se contentó con presentar oficialmente su comisión y exponer sus demandas para que se mantuviera el registro jurídico correcto. Pérez de Cabrera no puso objeciones a estos movimientos legales ya que no tenían una importancia práctica inmediata. Tampoco parece haber presentado contrademandas de reconocimiento en Gracias a Dios o Comayagua.

Sobre la base de sus discusiones, los dos rivales finalmente acordaron, en el mejor interés de la colonia, no interferir más en las zonas de clara influencia de cada uno. Sin embargo, esto no se aplicaba al Valle de Olancho y la región del Río de Guayape, sobre los cuales Pérez de Cabrera reclamaba título por derecho de conquista permanente, a pesar de que las autoridades locales ya habían reconocido a Maldonado. Otra fase de este pacto, que le da mucho crédito a Pérez de Cabrera, preveía la retirada de la mayoría de sus soldados del continente a las Islas de la Bahía de Utila y Guanaja (en esta última fue la primera llegada de Colón a la costa de Honduras en 1502). Con esto se esperaba eliminar cualquier

---

[29] Véase Maldonado al Cabildo de Santiago de Guatemala, San Pedro, 4 de enero de 1543, AGG, Documentos del Archivo Municipal, Cartas de Personas Ilustres; Marroquín a la Corona, San Pedro, 15 de enero de 1543, AGI, Guatemala 156 y Maldonado a la Corona, 1545, DII, 24:346.

posibilidad de enfrentamiento armado entre los hombres de Pérez de Cabrera y otros españoles. Está claro que ni Maldonado ni Pérez de Cabrera tenían ningún deseo de sumir a la provincia en la violencia. Ambos demostraron paciencia, comprensión y habilidad política de una naturaleza que Honduras-Higueras había necesitado durante mucho tiempo. El obispo Marroquín, que había acompañado a Maldonado a San Pedro, había observado con ansiedad estos movimientos, listo con su alto cargo y prestigio para mediar si era necesario, y bien pudo haber tenido algo que ver en la consumación de este acuerdo.

Pérez de Cabrera ahora hizo de Trujillo su capital. Su residencia allí debió dar gran satisfacción a sus ciudadanos, que nunca habían dejado de resentir el desplazamiento del centro de la provincia hacia el oeste después de 1534, ni el abandono en el que sentían que los gobernadores habían dejado caer su ciudad desde entonces. Hasta la llegada de Pérez de Cabrera ningún gobernador había residido en Trujillo durante casi una década, ni siquiera había honrado a los ciudadanos con una visita.

Por supuesto, la jurisdicción sobre Honduras-Higueras permaneció dividida, al igual que mientras Montejo ejercía la autoridad. De hecho, Maldonado había heredado todos los problemas de Montejo, y la solución práctica que había encontrado dentro de la provincia era muy parecida a la de Montejo. Sin embargo, esta vez los gobernadores representaron directamente a la Nueva España por un lado y a Santo Domingo por el otro, enfrentando así a sus autoridades superiores entre sí. Semejante choque de jurisdicciones estaba destinado a producir fuertes disturbios. Mientras Montejo fue gobernador, tanto él como Pérez de Cabrera pudieron remitir sus importantes problemas a una sola agencia de gobierno, la Audiencia de Santo Domingo; ahora había dos a considerar. La confusión abundaba, a pesar de las zonas de influencia que habían acordado Maldonado y Pérez de Cabrera, y más el peligro de que la situación resultara en un completo desorden. Los colonos españoles temían que su provincia se dividiera permanentemente entre las dos Audiencias. Los funcionarios de la Tesorería Real informaron a la Corona del temor generalizado a una renovada anarquía, deplorando la continua rivalidad por la gobernación y la consiguiente desorientación entre las autoridades locales y los colonos. Hablaban de "novedades" desconcertantes, de que lo que "uno hacía, el otro deshacía", y de la inevitable ruina de todos los vasallos de la Corona, fueran españoles o indios. Alegaron que "por el servicio de Dios, el bien de los nativos y el bienestar general (de la provincia)" era esencial que Honduras-Higueras tuviera un solo gobernador designado por la realeza y un solo tribunal de apelación. Luego solicitaron a la Corona que designara a Montejo, ahora más universalmente respetado que nunca, como único gobernador, ya que nos parece que dos resultados seguirían a tal designación: primero que como el hombre que más que cualquier otro ha conquistado y colonizado esta provincia, y que por lo tanto conoce sus necesidades, (él promoverá mejor su bienestar), y segundo (al ser nombrado gobernador), recibirá recompensa de todo lo que había hecho y trabajado, así como recompensa por haber sido despojado del gobierno de esta provincia sin órdenes directas de Vuestra Majestad.[30]

A pesar de la confusión y los presentimientos, la violencia y la anarquía total no se materializaron. Montejo finalmente fue devuelto a la gobernación por un tercer y último período. Cuando fue nuevamente reemplazado, fue por una nueva Audiencia para las provincias centroamericanas que finalmente pondría fin al desorden interno y jurisdiccional que Honduras-Higueras había sufrido durante tantos años.

TERCER Y ÚLTIMO PERIODO DE MONTEJO COMO GOVERNADOR DE HONDURAS-HIGUERAS

Durante este período la Audiencia de Santo Domingo siguió con profunda y ansiosa atención el tumultuoso curso de los acontecimientos en Honduras-Higueras. El tribunal ahora estaba bien informado de los acontecimientos a través de mensajes y documentos que llegaban constantemente de Montejo, Pérez de Cabrera, los cabildos e incluso ciudadanos particulares, así como a

---

[30] Funcionarios de la Tesorería Real de Honduras a la Corona, San Pedro, 20 de febrero de 1543, AGI, Guatemala 49.

través de representantes de las diversas facciones. El propósito de la Audiencia al nombrar a Pérez de Cabrera había sido traer orden y estabilidad en Honduras-Higueras, no más confusión. La controversia entre Montejo y Pérez de Cabrera era bastante seria por sí misma; cuando Maldonado apareció como tercer pretendiente a la gubernatura por nombramiento del virrey y Audiencia de la Nueva España, la solución fue aún más urgente. Por lo tanto, la Audiencia de Santo Domingo buscó medios no solo para rectificar la situación en lo que respecta a Montejo y Pérez de Cabrera, sino también para defender su jurisdicción sobre Honduras-Higueras contra lo que consideraba una usurpación de la Nueva España.

Después de una cuidadosa deliberación, el tribunal de la isla decidió que Montejo había ocupado con justicia el cargo de gobernador cuando llegó Pérez de Cabrera y que, por lo tanto, este último había violado al menos la intención de sus instrucciones. Además, las protestas de los colonos del territorio controlado por Pérez de Cabrera contra su reasignación de encomiendas, contrario a las órdenes, tuvieron una influencia considerable. Más importante aún, la Audiencia deseaba resolver la controversia rápidamente para evitar el peligro del caos.

Habiéndose decidido finalmente a favor de Montejo, la Audiencia, el 23 de febrero de 1543, decretó que Pérez de Cabrera debía renunciar inmediatamente a la autoridad en Honduras-Higueras y tener un juicio residencia, a cargo del veedor Alonso de Valdés. Se decretó además que "el adelantado Montejo debía administrar la provincia y gobernar como antes (de la llegada de Pérez de Cabrera), hasta que la Corona dispusiera lo contrario", indicándose a Montejo que detuviera a Pérez de Cabrera, si fuera necesario, para asegurarse de que se sometiera a juicio de residencia.

Montejo también debía restituir todas las encomiendas a quienes Pérez de Cabrera se las había quitado y asumir jurisdicción en cualquier litigio posterior. Para que Montejo no castigara a los que habían renunciado a su autoridad en favor de Pérez de Cabrera, se le ordenó además que fuera indulgente con los funcionarios y ciudadanos de San Pedro y Trujillo.

La Audiencia ahora nombró al comendador, Diego de Buyca, como tesorero de Honduras-Higueras para reemplazar al difunto García de Celis, y le hizo transmitir los documentos que destituyeron a Pérez de Cabrera de su cargo y reinstalaron a Montejo. Buyca, que había venido de Castilla con Pérez de Cabrera y había servido con él en Honduras-Higueras antes de regresar a Santo Domingo, llegó a Puerto de Caballos el 8 de marzo de 1543. Dos días después presentó el decreto de la Audiencia ante el cabildo de San Pedro y el teniente de Pérez de Cabrera, quien forzosamente aceptó la nueva dispensación.

Al enterarse de la acción de la Audiencia, Montejo se apresuró a San Pedro desde Gracias a Dios, donde había estado viviendo como ciudadano particular, y fue recibido formalmente como gobernador en ese distrito. Pronto nombró a Buyca como su teniente. El 9 de abril se presentó el decreto que confirmaba a Montejo como gobernador, por un representante que él designó, al cabildo de Trujillo, que ahora reconocía a Montejo aunque sin mucho entusiasmo. Pérez de Cabrera no pudo asistir a esta reunión del consejo municipal y tuvo que acatar la decisión de la Audiencia, a la que envió protestas inútiles. También objetó directamente a la Corona, porque tenía un representante capaz en la Corte en la persona de su hermano, a quien había enviado a Castilla a principios de 1543 para proteger sus intereses a largo plazo. Todas las protestas fueron en vano, aunque su residencia no se inició hasta el 13 de septiembre de 1544. Pérez de Cabrera salió de esta revisión judicial con un historial notablemente limpio y regresó a Castilla, al parecer con la mayoría de sus hombres, aunque algunos permanecieron como colonos, especialmente en San Jorge de Olancho y la región del Río de Guayape que su hermano había conquistado.

Así Montejo volvió a ser gobernador de San Pedro y Trujillo y sus distritos. Sin embargo, aún quedaban las regiones donde se había reconocido la autoridad de Maldonado. Al reemplazar a Pérez de Cabrera en los distritos de la costa, Montejo automáticamente fue en contra de Maldonado, y la provincia permaneció por el momento tan dividida como antes. No hay detalles disponibles, pero con la destitución de Pérez de Cabrera se puede suponer que la confusión no se calmó en San Jorge de Olancho y la región del Río de Guayape, donde Maldonado había sido reconocido como gobernador pero donde Pérez de Cabrera nunca renunció su autoridad y todavía tenía muchos seguidores.

Muchos ciudadanos de San Pedro y Trujillo estaban muy disgustados con la destitución de Pérez de Cabrera, a pesar de su reasignación de encomiendas. Su gobierno a lo largo de sus nueve meses de mandato había sido firme y en su mayor parte justo. Parece haber tenido una comprensión instintiva de los problemas de Honduras-Higueras y haber mostrado notables talentos administrativos. Fue tan bien considerado por algunos colonos que una minoría de los ciudadanos de San Pedro, apoyados por ciertas autoridades locales, protestaron enérgicamente por la confirmación de Montejo y buscaron en vano que la Audiencia de Santo Domingo devolviera a Pérez de Cabrera a la autoridad.[31] La culminación de la conquista y colonización del Valle de Olancho y el fortalecimiento del dominio español sobre la rica región aurífera del Río de Guayape por parte de su hermano Rodrigo de Anaya fueron contribuciones importantes y deseadas durante mucho tiempo a la expansión del control español sobre la provincia. Los primeros intentos de conquista y colonización no habían dado resultados permanentes, y los esfuerzos de Cáceres, López de Gamboa y García de Celis desde 1540 hasta la llegada de Pérez de Cabrera de ninguna manera aseguraron la continuidad de la ocupación. Además, como había devuelto a la resentida Trujillo parte de su antiguo prestigio al convertirla en su capital, los españoles lamentaron naturalmente su partida y su subsiguiente decadencia.

Una vez reinstalado en San Pedro y Trujillo, Montejo estaba resuelto a usar el decreto de Santo Domingo para extender su jurisdicción sobre todo Honduras-Higueras. Maldonado ya había regresado a Guatemala, dejando un teniente sobre las secciones de la provincia bajo su control. Cuando la Audiencia de Santo Domingo emitió su decreto en febrero, aún desconocía que Maldonado había removido poco antes a Montejo en virtud de su

---

[31] Véase Alvarado de Paz v. Álvaro y Lorenzo Dorrego, 1547, AGI, Justicia 281-2.

autoridad por las autoridades de la Nueva España. Por lo tanto, asumió que, con la destitución de Pérez de Cabrera, Montejo tomaría el control de todo Honduras-Higueras. Pero Montejo no actuó de inmediato. Primero, quería evitar más desorden y, segundo, quería de la Audiencia de Santo Domingo garantías inexpugnables antes de enfrentarse a Maldonado y a la poderosa autoridad de la Nueva España. También esperaba que mientras tanto la Corona actuara sobre sus anteriores peticiones de reivindicación y que pronto estarían disponibles las cédulas reales que respaldaban su posición.

Por lo tanto, Montejo continuó informando a la Audiencia de Santo Domingo de la situación general, pidiendo más apoyo para poder oponerse con éxito a Maldonado y a las altas autoridades de la Nueva España. Ahora empleó al bachiller Juan Álvarez, su capellán y asesor legal, para exponer su posición a la Audiencia de Santo Domingo. Se recordará que Montejo había enviado a Álvarez primero a la Ciudad de México y luego a Castilla, en un intento de obtener una resolución favorable de su querella con Alvarado en 1539. Aunque Álvarez había fracasado, había presentado tan hábilmente la causa de Montejo en Castilla que mejoró temporalmente la posición de su cliente ante la Corona. Álvarez luego regresó al Nuevo Mundo e inició la acción ante la Audiencia de Santo Domingo el 15 de junio de 1543. Enfatizó el hecho de que la acción real en 1534 había puesto a Honduras-Higueras bajo la jurisdicción de ese tribunal. Protestó contra la intervención de la Nueva España y señaló que la continua interferencia ciertamente causaría una creciente confusión administrativa. Álvarez luego solicitó a la Audiencia que defendiera su legítima jurisdicción sobre Honduras-Higueras y que permitiera a Montejo hacer valer su autoridad sobre toda la provincia.

La Audiencia de Santo Domingo, muy deseosa de tal acción, el 19 de junio emitió un decreto a tal efecto, ordenando a Maldonado que permitiera a Montejo jurisdicción sin trabas sobre toda la provincia. Otros instrumentos generales requerían que la autoridad de Montejo fuera reconocida en todo Honduras-Higueras, independientemente de la acción del virrey y la Audiencia de la Nueva España.

Montejo estaba ahora en una posición legal más fuerte que en cualquier otro momento desde su destitución a principios de 1542. El 18 de julio colocó los nuevos instrumentos de la Audiencia ante el teniente de Maldonado en Gracias a Dios y el cabildo local, que, al día siguiente, lo aceptó como gobernador. El teniente de Maldonado tuvo que renunciar al cargo. Las autoridades de Comayagua, el cabildo de San Jorge de Olancho y los españoles del Río de Guayape también reconocieron definitivamente a Montejo.

Maldonado, que aún estaba en Guatemala, fue informado rápidamente por la Audiencia de Santo Domingo de esta afirmación de su autoridad y del regreso de Montejo a la gobernación de toda Honduras-Higueras. Acto seguido aceptó la situación completa y pronto fue seguido por las altas autoridades de la Nueva España. Montejo tenía ahora el campo despejado: Honduras-Higueras se había separado una vez más de Guatemala, y la Corona confirmó la acción de la Audiencia de Santo Domingo tan pronto como los informes llegaron a la Corte.

Aunque algunos colonos de San Pedro y muchos en Trujillo habían lamentado la destitución de Pérez de Cabrera, los ciudadanos de Gracias a Dios, que siguió siendo la capital administrativa de Montejo, y de Comayagua aplaudieron su regreso, al igual que los funcionarios de la Tesorería Real. Como escribió a la Corona un viejo amigo de Montejo, el factor Juan de Lerma:

"Estoy seguro de que la Audiencia (de Santo Domingo confirmó a Montejo como gobernador) ... porque los nativos lo respetan... y porque los conquistadores y colonos han querido y han pedido tenerlo como su magistrado principal, ya que lo han conocido mucho tiempo y él los conoce, porque ha estado con (los españoles) en la conquista y pacificación de esta tierra. Está familiarizado con todo lo que hay que hacer en esta provincia por su larga residencia aquí. Sé también que tiene un deseo de proteger y favorecer a los nativos...". [32]

El último período de Montejo como gobernador se caracterizó por el orden y la relativa estabilidad. La gran mayoría de los españoles lo apoyaban. La única nota disidente provino de aquellos a quienes había privado de encomiendas y de los elementos en San Pedro y Trujillo aún leales a Pérez de Cabrera. Sin embargo, su oposición y faccionalismo no eran de naturaleza peligrosa. Montejo hizo todo lo posible por promover la unidad y conducir a la provincia hacia el progreso político y económico que tanto tiempo había planeado. Aunque le faltó tiempo para llevar sus planes más lejos antes de ceder ante la nueva Audiencia de los Confines, su administración en general prometía un buen futuro.

Que una situación tan intrincada, provocadora y potencialmente conflictiva como la que había existido en Honduras-Higueras desde la destitución de Montejo a principios de 1542 hasta su surgimiento definitivo, más de un año después, como gobernador único no hubiera llevado a la insubordinación, asesinato y desastre total fue notable a la luz de años anteriores. Tal buena fortuna sólo puede explicarse por los hechos de que (1) los gobernadores rivales involucrados en las controversias de 1542 y 1543 eran fundamentalmente hombres con un alto sentido de la responsabilidad y (2) la influencia implacable del gobierno real colonial absoluto en evolución se estaba sintiendo en la forma del virrey de la Nueva España y las Audiencias de Nueva España y Santo Domingo. De no haber existido estos elementos de estabilidad, Honduras-Higueras habría sido indudablemente desgarrada por disturbios similares a los de días anteriores. Después de muchos años llenos de lucha e incertidumbre, la colonia por fin avanzaba, aunque dolorosamente, hacia la madurez política.

---

[32] Juan de Lerma a la Corona, San Pedro, 10 de marzo de 1543, AGI, Guatemala 49.

LA LLEGADA DEL GOBIERNO REAL ABSOLUTO CON LA CREACIÓN DE LA AUDIENCIA DE LOS CONFINES

Mientras se desarrollaba la controversia triangular por la gobernación de Honduras-Higueras y la contienda jurisdiccional entre la Nueva España y Santo Domingo, en Castilla se formulaban políticas de la mayor trascendencia para el mejor gobierno de todas las Indias y para la protección de los nativos. Estas políticas se expresaron en las célebres Leyes Nuevas de 1542-43. La Corona se había preocupado cada vez más por el estado perturbado del gobierno en Honduras-Higueras, su atraso económico para el que no había excusa en vista de sus recursos potenciales, su falta de desarrollo religioso y la disminución de la población nativa. Como estos asuntos habían sido continuamente denunciados por todos lados durante muchos años, con remedios sugeridos, la Corona resolvió tomar medidas definitivas como parte de reformas generales y medidas administrativas de gran alcance para las Indias.

Se recordará que antes de 1530 la Corona había buscado mejores condiciones en Honduras-Higueras mediante el nombramiento directo de gobernadores reales, pero que por circunstancias desdichadas en la provincia — "la influencia de algún planeta maligno", como había dicho Montejo— esta solución había sido ineficaz. En consecuencia, para la época de las Nuevas Leyes, la Corona había decidido crear una Audiencia similar a la de Santo Domingo para gobernar no sólo Honduras-Higueras sino todas las provincias de Centroamérica. El anterior tesorero, Diego García de Celis, había sugerido que la Corona nombrara dos oidores para gobernar Honduras-Higueras,[33] y el obispo Marroquín había abogado por el establecimiento de una Audiencia completa allí.[34] Las propias ideas de Montejo eran naturalmente opuestas. Instó a la Corona a que independizara la provincia de las dos Audiencias existentes en asuntos judiciales y

---

[33] Diego García de Celis a la Corona, Gracias a Dios, 30 de noviembre de 1541, AGI, Guatemala 49.
[34] Marroquín a la Corona, San Pedro, 15 de enero de 1543, AGI, Guatemala 156.

políticos, y que pusiera toda la autoridad en el gobernador, y que las apelaciones en asuntos legales fueran únicamente al Consejo de Indias. Montejo también solicitó que, para evitar la confusión gubernamental, la Corona designara un órgano de gobierno dentro de la provincia sobre el cual la autoridad recaería automáticamente en forma temporal cada vez que quedara vacante el cargo de gobernador.

La creación de una Audiencia para gobernar las provincias centroamericanas no se designó únicamente con el propósito de resolver problemas administrativos, fueran recientes o antiguos. Fue también una extensión deliberada del inexorable proceso mediante el cual la Corona estaba llevando las formas de absolutismo real que más deseaba a todas las regiones del Nuevo Mundo donde los españoles estaban firmemente establecidos. La Audiencia como institución gubernamental era en efecto una comisión compuesta por un presidente, jueces, un fiscal de la Corona y funcionarios menores, que ejercían poderes ejecutivos, administrativos, militares y judiciales combinados y con frecuencia no claramente diferenciados, que se resumían en el excelente concepto político de que "la adecuada administración de justicia" era el fundamento del buen gobierno. Como organismo gubernamental, la Audiencia, compuesta en gran parte por juristas versados en derecho romano, era particularmente dócil a la voluntad real. La Corona consideró que era el momento propicio para este tipo de instituciones en Centroamérica. Se ordenó una Audiencia para el gran y rico Perú al mismo tiempo, pero allí la gran importancia de la provincia condujo al nombramiento de un virrey, quien también era el presidente de la Audiencia. Sin embargo, las provincias de Centroamérica permanecerían bajo la autoridad política superior nominal del virrey de la Nueva España. En la práctica, la nueva Audiencia remitía los asuntos políticos directamente a la Corona, excepto en las circunstancias más inusuales, y en asuntos judiciales era autosuficiente, con línea de apelación directamente a la Corona y al Consejo de Indias.

Las ordenanzas específicas para la nueva Audiencia se emitieron el 13 de septiembre de 1543.[35] Además del presidente, habría cuatro jueces. Recomendado por el "Apóstol de las Indias", Bartolomé de las Casas, Alonso Maldonado fue designado presidente por su experiencia en la administración y su satisfactorio servicio como oidor de la Audiencia de la Nueva España. La Audiencia tendría jurisdicción sobre Honduras-Higueras, Guatemala, San Salvador, Nicaragua, Costa Rica, Panamá, Chiapas, Tabasco y Yucatán. Cada uno debía conservar su antigua integridad territorial dentro del distrito más amplio de la Audiencia. La nueva Audiencia tendría control completo en todos los aspectos, excepto en Yucatán, donde Montejo tenía autoridad como adelantado por patente real especial, pero incluso aquí la Audiencia tenía jurisdicción legal.[36] La Corona señaló a Comayagua, ahora conocida también como Nueva Valladolid, como su primera elección como sede de la Audiencia, un claro reconocimiento de los planes para convertir esa ciudad en el centro administrativo y comercial de Centroamérica que habían sido propuestos por Montejo, Pedraza y otros.

Dado que la Audiencia para Centroamérica iba a reemplazar a los gobernadores reales, con excepción de Yucatán, se ordenó que, al instalarse el tribunal, como otros gobernadores centroamericanos, Montejo y sus tenientes en Honduras-Higueras y Chiapas debían renunciar inmediatamente a la jurisdicción sobre esas provincias a la nueva agencia. Montejo entonces tenía que someterse a juicio de residencia para Honduras-Higueras y Chiapas, donde se cerró su período de gobierno, y también para Tabasco y Yucatán, a pesar de que todavía gobernaba esta última.[37]

---

[35] Ver varias cédulas reales emitidas el 13 de septiembre de 1543 en AGI, Guatemala 402.

[36] Chiapas, Tabasco y Yucatán habían sido hasta entonces responsables ante la Audiencia de la Nueva España en asuntos judiciales superiores. Tabasco y Yucatán fueron posteriormente retirados de la jurisdicción de la Audiencia de los Confines, que pasó a ser conocida como Audiencia de Guatemala, y devueltos al tribunal anterior.

[37] Cédulas del 13 de septiembre de 1543, AGI, Guatemala 402. Uno de los originales de la cédula que exige a Montejo renunciar al cargo se encuentra en el Archivo General del Gobierno, Guatemala, entre los documentos que antes estaban en la colección del Archivo de Protocolos Coloniales. Este original

Necesariamente transcurrieron algunos meses entre la emisión de las ordenanzas para la nueva Audiencia y su instalación en el Nuevo Mundo. Los miembros de la Audiencia finalmente se reunieron en Gracias a Dios en la primavera de 1544, y dado que consideraban que ese sitio era mejor que Comayagua como su capital, el tribunal se instaló allí a principios de mayo. Primero fue conocida como la Audiencia de los Confines de Guatemala. La Audiencia le pidió a Montejo que le cediera la autoridad sobre Honduras-Higueras y Chiapas el 16 de mayo, y él accedió, poniendo así fin a su cargo de gobernador en esas dos provincias.

---

puede ser el mismo que Montejo "tomó en sus manos, besó y colocó sobre su cabeza, declarando que obedecía... las órdenes de Su Majestad", en la formal ceremonia de obediencia requerida en tales circunstancias. Esta cédula tiene las anotaciones del notario que registró el acto.

9.
Desarrollo Económico, Administrativo y Militar en Honduras-Higueras, 1539-50

EXTENSIÓN DE LA CONQUISTA

Montejo había logrado la conquista final de Honduras-Higueras durante su primer gobierno entre 1537 y 1539. A partir de entonces, la tarea que les quedaba a los españoles era extender el dominio a las regiones periféricas. A pesar de todas las controversias jurisdiccionales que asolaron la provincia, esta expansión continuó desde mediados de 1539 hasta el momento de la constitución de la Audiencia de los Confines.

Como gobernador después de mediados de 1539, Alvarado había ordenado a su teniente Cáceres que extendiera la ocupación española hacia el este desde Comayagua hasta el Valle de Olancho, que estaba bastante poblado y se creía que era rico en oro. Los nativos del área se habían recuperado de los primeros intentos de conquista y, dado que todos los esfuerzos previos de colonización habían fracasado finalmente, la región había permanecido fuera de la órbita española.[1] Se recordará que Montejo tenía la intención de trasladarse al Valle de Olancho en la primavera de 1539, pero se lo impidió la falta de recursos personales y la negativa de los funcionarios de la Tesorería Real a poner fondos a su disposición. Incluso durante su controversia con Alvarado, Montejo no había

---

[1] Probanza sobre los servicios de Alonso de Cáceres, 1560, AGI, Patronato 63-22; Probanza sobre los servicios de Pedro de Alvarado, 1556, AGI, Patronato 60-5-3; Probanza de Alonso Hernández, 1560, AGI, Patronato 60-3-3; Relación del obispo Cristóbal de Pedraza, DIU, 13:405; Probanza de Alonso de Funés, 1549, AGG, Al. 29:1548:61723; Probanza de Pedro Gómez de Rueda, 1553, AGG, Documentos del Archivo Colonial; Probanza de Alonso Hernández, 1553, AGG, Documentos del Archivo Colonial; Probanza de Francisco de Castellanos, 1560, AGG, Documentos del Archivo Colonial; Documentos sobre la elección de Diego García de Celis y Juan López de Gamboa como coadministradores interinos de Honduras-Higueras, 21 de octubre de 1541, AGI, Guatemala, 965. Véase también Alonso de Cáceres a la Corona, Comayagua, 5 de septiembre de 1539, AGI, Guatemala 43.

abandonado sus planes de ocupar el Valle de Olancho, porque esperaba salir de la disputa todavía ejerciendo autoridad sobre la provincia.

Dado que Cáceres había estado plenamente familiarizado con estos planes y había jugado un papel importante en la conquista del Valle de Comayagua, estaba particularmente bien preparado para llevar la colonización española al distrito contiguo. Reunió una compañía considerable de españoles, incluido Juan de Chávez, con auxiliares indios y partió hacia el Valle de Olancho en algún momento de 1540. Con grandes esperanzas de encontrar oro, se llevaron cuadrillas mineras compuestas por esclavos indios y negros y encabezadas por mineros españoles.[2] Cáceres estableció primero un campamento, o real, en el distrito de Guarabuquí, y desde esta base llevó a cabo una serie de campañas. Aunque se encontró con una fuerte oposición, puso un área considerable bajo control. Luego fundó San Jorge de Olancho y asignó los pueblos de la región en encomienda a sus soldados, a quienes pretendía que fueran ciudadanos del nuevo municipio.[3] En gratificante confirmación de sus esperanzas, los españoles pronto encontraron que "toda esa tierra es muy rica en oro", el cual comenzaron a extraer en grandes cantidades, usando a sus esclavos y empleando gran número de indios "libres" del Valle de Olancho, a pesar del hecho de que dicho empleo era ilegal.

Aunque Cáceres había logrado un éxito inicial mensurable, los indios pronto se inquietaron. Les molestaban las exigencias de tributos y servicios, especialmente los trabajos forzados. Algunos recurrieron a la resistencia pasiva, negándose a suministrar provisiones, lo que de por sí era grave porque San Jorge estaba lejos de otros centros españoles. Muchos otros volvieron a tomar las armas, y aún más huyeron de sus pueblos para escapar de las onerosas tareas. El desplazamiento de población y las muertes en las minas pronto provocaron una grave disminución de la población del Valle de Olancho, lo que a su vez complicó aún más el problema de abastecimiento, perjudicó el funcionamiento del sistema de encomiendas y dificultó la plena explotación de las

---

[2] *Ibid.*
[3] *Ibid.*

minas.[4] No obstante, Cáceres envió grupos armados de exploración y cuadrillas mineras. Después de un tiempo, una cuadrilla encontró ricos placeres de oro a lo largo del curso del río de Guayape, a espaldas de Trujillo. Muchas otras cuadrillas se precipitaron a la región para explotar este nuevo gran hallazgo.[5]

A pesar de todos los obstáculos puestos por la hostilidad india, Cáceres, un líder capaz y perseverante, bien podría haber hecho permanente la ocupación española del Valle de Olancho y la región de Guayape, si no hubiera llegado la noticia de la muerte de Alvarado en Nueva Galicia. Como máximo funcionario de Honduras-Higueras por designación de Alvarado, consideró que debía obediencia a las autoridades superiores electas en Santiago de Guatemala en reemplazo de Alvarado. Por lo tanto, Cáceres sintió que lo necesitaban en Comayagua o en Gracias a Dios para mantener la autoridad de sus superiores guatemaltecos. Se opuso a la elección de García de Celis y López de Gamboa como coadministradores de Honduras-Higueras y la consiguiente separación de esa provincia de Guatemala, y estaba dispuesto a defender su posición por la fuerza de las armas. Las mismas dificultades que había encontrado para ocupar el Valle de Olancho influyeron en alguna medida en los españoles, que deseaban ver que la conquista se apresurara a finalizar, en la elección de los coadministradores. Dado que López de Gamboa estaba a cargo de los asuntos militares de Honduras-Higueras, incluido el mando superior de las operaciones en el área de Olancho, la posición de Cáceres era tan anómala en el sentido militar como en el político.[6]

Por lo tanto, Cáceres abandonó Olancho de mala gana a fines de 1541 y se dirigió a Comayagua, su capital, con la mayoría de sus soldados. Debe haberle resultado particularmente difícil dejar el oro descubierto tan recientemente. Solo once hombres permanecieron en la base de Guarabuquí, técnicamente para asegurar la existencia de San Jorge hasta que él u otro capitán

---

[4] *Ibid.*
[5] *Ibid.*, especialmente Probanza de Francisco de Castellanos, Santiago de Guatemala, 1560, AGG, Documentos del Archivo Colonial.
[6] *Ibid.*

pudiera regresar para completar la ocupación.[7] Como Cáceres fracasó por completo en mantener la autoridad guatemalteca, dejó de figurar en los asuntos militares y en la esfera política.

El pequeño grupo que quedó para ocupar el territorio de Olancho se mantuvo a si mismo con el mayor sacrificio, porque estaban amenazados por todos lados por indios hostiles y sufrían mucho por enfermedades y falta de alimentos. Las repetidas súplicas de suministros y refuerzos durante muchos meses fueron en vano. Sin embargo, la determinación y el alto espíritu del grupo los ayudaron hasta que finalmente llegó la ayuda después de aproximadamente un año y medio. Uno de ellos, Alonso de Funes, ha dejado constancia de estos días inciertos:

"Los conquistadores tenían que mantener constantemente una doble guardia para que los indios no los mataran, pues intentaban masacrarlos en varias ocasiones.

Algunos de los españoles quisieron abandonar la tierra algunas veces por la gran hambre y enfermedades y las muchas otras penalidades que sufrían sin recibir ayuda de ninguna parte. Alonso de Funes suplicó a los otros españoles que no abandonaran la tierra porque si (se quedaban y) la tierra finalmente era conquistada, podrían obtener una recompensa mayor que los demás. También les indicó que habían enviado por provisiones para su campamento y apoyo (que debían esperar). Debido a sus súplicas, los españoles esperaron hasta que llegó la ayuda".[8]

El pequeño grupo fue finalmente reforzado por López de Gamboa a fines de 1541, después de que Cáceres fuera apartado.

---

[7] *Ibid*. El tesorero de Guatemala fija el tiempo aproximado del descubrimiento de oro a lo largo del Río de Guayape. Escribiendo su intermediación para evitar el conflicto armado entre Alonso de Cáceres, como vicegobernador de Honduras-Higueras en nombre de las autoridades de Guatemala, y Juan López de Gamboa, como coadministrador de Honduras-Higueras por elección de los cabildos y colonos de esa provincia tras la muerte de Pedro de Alvarado, Castellanos dijo que en ese momento "oro enl. rrio de guayape... se avia descubierto muy pocos dias avia..." y que "se coje y se a cojido asta oy (1560) gran cantidad de pos. de oro de que a llevado su mgt. de sus rreales quitos pasados de trezientos y cincuenta myll. pos. de oro..." (Probanza de Francisco de Castellanos, 1560, AGG, Documentos del Archivo Colonial).

[8] Probanza de Alonso de Funes, 1549, AGG, Al.29:1548:01723.

Aunque antes habían negado una ayuda similar a Montejo, los funcionarios de la Tesorería asignaron 200 pesos de las arcas reales para apoyar a la compañía de López de Gamboa, compuesta por españoles de Gracias a Dios y guerreros indios aliados.[9] La campaña parece haber encontrado una seria resistencia por parte de los indios desde el principio y la escasez de suministros pronto se sumó a las dificultades. Por lo tanto, García de Celis acudió en ayuda de López de Gamboa. A través de esfuerzos unidos, restablecieron nominalmente el control español sobre la mayor parte del Valle de Olancho y le dieron al pueblo de San Jorge una existencia más tangible. Ahora había unos cincuenta españoles en la región, incluidos ciudadanos de San Jorge y soldados comprometidos en la conquista.[10]

La minería se reanudó rápidamente en el valle, y los españoles armados y las cuadrillas se apresuraron a regresar a la región del Río de Guayape, donde la conquista y la febril explotación del placer de oro avanzaron simultáneamente. Se trajeron más esclavos negros para la minería y se emplearon numerosos indios esclavizados en la guerra e indios "libres". El área del Río de Guayape parece haber resultado ser más abundante en oro que cualquier otra parte de Honduras-Higueras. Estos depósitos de placer, junto con el oro ya encontrado en los valles de Naco y Olancho y las pesadas vetas de plata del Valle de Comayagua, elevaron momentáneamente a Honduras-Higueras al rango de provincia "rica". Sin embargo, pasaría algún tiempo antes de que la ocupación española de esta región quedara asegurada sin ninguna duda.

Las intolerables cargas impuestas por los españoles provocaron una creciente hostilidad entre los indios y muchos distritos

---

[9] Juan de Lerma a la Corona, Gracias a Dios, 30 de noviembre de 1541, AGI, Guatemala 49; Diego García de Celis a la Corona, San Pedro, 14 de marzo de 1542, AGI, Guatemala 49. Véase también los documentos sobre la elección de Diego García de Celis y Juan López de Gamboa como coadministradores interinos de Honduras-Higueras, 21 de octubre de 1541, AGI, Guatemala 965; Juan López de Gamboa a la Corona, Gracias a Dios, 27 de abril de 1542, AGI, Guatemala 52; Funcionarios de la Tesorería Real de Honduras-Higueras a la Corona, Gracias a Dios, 1 de mayo de 1542, AGI, Guatemala 49.

[10] *Ibid.*

indignados se levantaron en armas. La escasez de suministros entre los españoles, característica en tales circunstancias, se agudizó. Incluso carecían de suficientes armas. Continuó el desplazamiento de los indios, ya sea a través del traslado de sus hogares a las minas o por la huida de sus pueblos a las zonas periféricas fuera del alcance de sus capataces, desde donde podrían guerrear mejor. Este desplazamiento, combinado con las muertes por la guerra y por el exceso de trabajo en las minas, pronto condujo a tal disminución de la población nativa que los españoles se sintieron gravemente preocupados. Muchos encomenderos de San Jorge quedaron insatisfechos con sus ingresos, que disminuía a medida que disminuyó la población. A pesar del oro en el área, era el ingreso constante de sus encomiendas en forma de tributos y servicios lo que estos ciudadanos veían como su ingreso a largo plazo.[11]

La hostilidad y las revueltas locales entre los indios del Valle de Olancho y alrededor del Guayape finalmente se convirtieron en una rebelión peligrosa y en toda regla a fines de 1542. Los esclavos negros descontentos en las minas, ahora quizás hasta 1000, se unieron al grupo de indios rebeldes, dando lugar a una verdadera sublevación servil. En todas partes en apuros, los españoles fueron expulsados de sus minas de placer en el río de Guayape e incluso de San Jorge.[12]

Para entonces, la pendenciera coadministración de García de Celis y López de Gamboa hacía tiempo que había sido reemplazada. Un punto en disputa entre los dos hombres fue la conducción de la conquista del valle. A pesar de que el más experimentado López de Gamboa se habría encargado exclusivamente de los asuntos militares de la colonia, García de Celis insistió en que las autoridades de San Pedro lo habían autorizado a conquistar esa región. López de Gamboa y los cabildos habían hecho a un lado a García de Celis, como se

---

[11] Véase Montejo a la Corona, San Pedro, 1 de mayo de 1542, AGI, Patronato 184-25.

[12] Información hecha a petición de Juan Pérez de Cabrera, Trujillo, 1543, AGI, Guatemala 110; Residencia de Juan Pérez de Cabrera, 1544, AGI, Justicia 63; Fiscal v. Juan Pérez de Cabrera, 1556, AGI, Justicia 286-4-1.

recordará, y habían convocado a Montejo de Chiapas para que asumiera la gobernación a principios de 1542. Pero Montejo se preocupó tanto por la administración y sus controversias jurisdiccionales con Pérez de Cabrera y Maldonado que no pudo prestar atención al Valle de Olancho y el Guayape, a pesar de su gran interés en ambas áreas y su conciencia de su importancia para toda la provincia.

Pérez de Cabrera, al mando de la costa bajo su designación por la Audiencia de Santo Domingo, vio en la revuelta una oportunidad sin igual no solo para realizar valiosos servicios como gobernador, sino para extender su propia autoridad frente a la de Montejo y Maldonado. Con numerosos soldados dispuestos a la acción, especialmente en una región tan rica en oro, solo Pérez de Cabrera estaba en condiciones de montar una campaña prolongada. Estaba en Trujillo atendiendo asuntos gubernamentales cuando llegaron noticias de la revuelta, por lo que facultó a su hermano y capitán general, Rodrigo de Anaya, a quien había dejado en San Pedro como vicegobernador, para reprimir el levantamiento y restaurar el control español sobre toda la región. Anaya esperó la llegada de treinta caballos comprados en Cuba en previsión de tal campaña y luego marchó desde San Pedro al frente de una compañía fuerte, tal vez de hasta 250 o 300 hombres.[13]

La lucha que siguió fue feroz. Los esclavos negros igualaron a los nativos en una obstinada resistencia. Muchos de los soldados de Anaya perecieron y toda su fuerza sufrió mucho por las dificultades de un país agreste. Pero Anaya era un soldado capaz, y a principios de 1543 aplastó la revuelta. Luego restableció San Jorge a unas "setenta leguas de Gracias a Dios" hacia el este, devolviendo algunas encomiendas a los concesionarios originales y asignando otros pueblos a sus propios hombres. Los españoles y sus cuadrillas se apresuraron a regresar al área del Río de Guayape para continuar con la explotación de su oro.[14]

Bien cumplida su difícil tarea, Anaya regresó a San Pedro, dejando en el Valle de Olancho una fuerte guarnición, probablemente como colonos permanentes. Tenía la intención de

---

[13] *Ibid.*
[14] *Ibid.*

avanzar aún más hacia el este del Guayape después de su éxito allí, pero al final descubrió que la guerra y las durezas habían cobrado un precio tan alto a sus hombres que esto era imposible.[15] Esta campaña bien conducida, aunque costosa, aseguró finalmente la ocupación española del Valle de Olancho y aseguró la permanencia del hasta entonces precario pueblo de San Jorge. También se aseguró la explotación de las riquezas de la zona. Habría levantamientos menores en la región más tarde, pero Anaya había dado el golpe mayor y al hacerlo había hecho una contribución muy importante a la conquista y colonización de Honduras-Higueras en su conjunto, ya que por fin confirmó la ocupación de una amplia y rica área del interior, hasta ahora despoblada, al este del Valle de Comayagua y detrás de Trujillo.

Después de ser confirmado como gobernador por tercera vez, Montejo finalmente encontró la oportunidad de regresar a sus planes largamente postergados de expansión hacia el este. En 1544 buscó fundar un pueblo en la región general del Guayape, un municipio destinado a avanzar la colonización española más allá de San Jorge.[16] Envió a uno de sus capitanes más fieles, Alonso de Reinoso, hacia el este a la conquista y pacificación de una tierra que está entre Olancho y Trujillo, y que se extiende desde el arroyo que es (se cree) ... la desembocadura del Lago de León al Mar del Norte..., (una) tierra que según es rica.

Esta expedición estuvo compuesta en parte por soldados reclutados en el ya consolidado San Jorge. Reinoso había servido hábilmente a Montejo en la conquista de Higueras entre 1537 y 1539 y luego hizo campaña con Montejo el Joven durante la conquista final del oeste de Yucatán entre 1540 y 1542, después de lo cual regresó a Honduras-Higueras para estar con el adelantado.[17]

---

[15] *Ibid.*

[16] Residencia de Montejo por Honduras-Higueras, 1544, y por Chiapas, 1546, AGI, Justicia 300; Audiencia de los Confines a la Corona, 30 de diciembre de 1545, DII, 24:438; Probanza de Miguel de Casanos, 1548, AGG, Documentos del Archivo Colonial, Sección de Honduras, leg. 62, exped. 1; Probanza de Luis de Aguilar, 1550, AGG, Documentos del Archivo Colonial, Sección de Honduras, leg. 57, exped. 1.

[17] Probanza de Alonso de Reinoso, 1542, AGI, Patronato 56-2-3.

Reinoso conquistó parte de esta región oriental pero sólo después de vencer una dura oposición (aunque los indios de la zona parecen haber sido pocos), y sólo después de superar muchas otras dificultades del terreno y el clima. Luego fundó un pueblo llamado Nueva Salamanca "veinte leguas más allá de San Jorge", y dividió el territorio subyugado entre sus soldados en encomienda. Cuando la Audiencia de los Confines asumió el cargo en la primavera de 1544, Montejo tenía otro capitán, Francisco del Barco, que operaba en este territorio oriental recién conquistado, probablemente junto con Reinoso.[18] El hecho de que la villa que

---

[18] Residencia de Montejo para Honduras-Higueras, 1544, y por Chiapas, 1546, AGI, Justicia 300; Pedro Ramírez de Quiñonez a la Corona, Gracias a Dios, 25 de julio de 1545, DII, 24:394; Probanza de Miguel Casanos, 1548, AGG, Documentos del Archivo Colonial, Sección de Honduras, leg. 62, exped. 1; Probanza de Luis de Aguilar, 1550, AGG, Documentos del Archivo Colonial, Sección de Honduras, leg. 57, exped. 1; Probanza de Andrés Francisco, 1559, AGG, Documentos del Archivo Colonial. La Probanza de Miguel de Casanos (Nueva Salamanca, 1548, AGG, Documentos del Archivo Colonial, Sección de Honduras, leg. 62, exped. 1) incluye las siguientes declaraciones sobre la fundación de Nueva Slamanca: "... soy uno de los primeros conquistadores e pobladores deta cibdad de salamanca ques. de quando nuevamente vyno a ella el capitan al de reynoso..." (declaración del mismo Miguel de Casanos), y "este testigo y el dho. miguel casanos an andado en conpañia con el capitan alo. de reynoso que fue el que poblo esta cibdad..." (testimonio de Juan Villasante). Casanos también sirvió como alcalde y regidor de Nueva Salamanca.
Con respecto a las encomiendas, Casanos declaró que le correspondían los pueblos de Xagua y Tanguara, cada uno de los cuales tenía "veynte Indios". En su probanza, Luis de Aguilar declaró que él había servido en la "población y conquista de esta cibdad de seys años a esta parte" y "... al typo. ql. capitan alonso de reynoso vino con ciertos españoles a poblar e pacificar esta provincia e poblar en la dha. cibdad de salamanca vine yo el dho. luys de aguilar en su compañia q. puede aver seys años poco mas o menos..." (Nueva Salamanca, 1550, AGG, Documentos del Archivo Colonial, Sección de Honduras, leg. 57, exped. 1).
Con respecto a las campañas de Francisco del Barco, Andrés Francisco declaró:
"Después de ser pacificada la mayor parte de estas provincias, el adelantado envió al (capitán Francisco del Barco) a conquistar y pacificar el valle de Olancho, y saliendo el capitán Francisco del Barco, Andrés Francisco envió a la conquista a un hombre llamado Juan Yres, con armas que Andrés Francisco suministró a su costa, y (también) treinta o cuarenta Indios aliados. Andrés Francisco estaba entonces en la ciudad de Comayagua como alcalde, en este cargo tenía mucho trabajo velando por la ciudad y abasteciendo el Valle de Olancho con las cosas que necesitaba, por no haber en aquel tiempo segundo

fundó Reinoso llevara el nombre de la ciudad natal de Montejo, Salamanca de Castilla, es testimonio de la importancia que tuvo la expansión hacia el este en los planes de Montejo.[19]

La conquista y colonización hacia el este se detuvo temporalmente tras la instalación de la Audiencia de los Confines, mediante una cédula real, emitida en julio de 1546, que ordenaba que no se avanzaran las conquistas recién emprendidas.[20] Mientras tanto, Nueva Salamanca, que al principio no tenía un cabildo formal, parece haber alcanzado una importancia considerable, aunque efímera, porque organizó un concejo formal y parece haber adquirido el estatus de ciudad. En 1548, Miguel de Casanos, "uno de los primeros conquistadores" del municipio, levantó una probanza de méritos y servicios "en la ciudad de Salamanca" ante "Rodrigo Álvarez, alcalde";[21] y en 1550 el capitán Luis de Aguilar, "uno de los primeros pobladores", que también fue alguacil mayor de la villa, redactó un documento similar en la "Ciudad de Nueva Salamanca de la gobernación (o provincia) de Honduras e Higueras". Carlos de Segura y Juan de Villa Sante eran ahora alcaldes ordinarios del municipio y Pedro Gómez de Rueda era uno de los regidores.[22] Parece que quedaron muy pocos indios en el distrito de Nueva Salamanca para 1550, porque Aguilar declaró que "cuando el capitán Alonso de Reinoso dividió esta tierra en repartimiento, me dio y asignó en encomienda, en nombre de Su Majestad, los pueblos de Xoanya y Paragri, que entre ellos (ahora) tienen sólo cuatro o cinco indios".[23] En 1548 Casanos declaró que los pueblos de Xagua y Tanguara, que Reinoso le había asignado en encomienda, solo tenían veinte indios cada uno. Se oscurece la

---

alcalde..." (Probanza de Andrés Francisco, Valladolid de Comayagua, 1559, AGG, Documentos del Archivo Colonial).

[19] *Ibid.*

[20] Cédula del 9 de julio de 1546, AGI, Guatemala 402.

[21] Probanza de Miguel de Casanos, 1548, AGG, Documentos del Archivo Colonial, Sección de Honduras, leg. 62, exped. 1.

[22] Probanza de Luis de Aguilar, 1550, AGG, Documentos del Archivo Colonial, Sección de Honduras, leg. 57, exped. 1.

[23] *Ibid.*

historia de esta nueva "Ciudad de Nueva Salamanca" a partir de 1550.[24]

El interior oriental — el Valle de Olancho y la región del Guayape — mantuvo durante mucho tiempo su importancia como zona productora de oro. Aunque la producción en las minas de Olancho, donde llegó a haber unos 1500 esclavos negros,[25] disminuyó algo en unos pocos años,[26] "cada esclavo (todavía) saca medio peso o un ducado cada día".[27] La producción de oro a lo largo del Guayape se mantuvo fuerte durante varios años.

La ocupación española permanente de Honduras-Higueras había sido asegurada por las campañas de Montejo de 1537 a 1539. Sin embargo, había indios indomables que aún esperaban expulsar a los invasores. En algún momento de 1544 estalló una sublevación que involucró "una gran parte de los indios del pueblo de Comayagua, del pueblo de Olancho, otro pueblo que se llama Nueva Segovia, y (también) indios de la ciudad de San Pedro".[28] El movimiento parece haber sido coordinado y puede haber sido un intento de los indios de repetir sus inspirados logros de 1537-39. De ser así, los rebeldes no alcanzaron su objetivo, pues esta vez no había ningún genio como Lempira para liderarlos. Los nativos mataron a algunos españoles y algunos de sus esclavos negros que trabajaban en las minas, e incluso obligaron a los españoles a abandonar temporalmente algunas minas.[29] Sin embargo, el levantamiento fue fácilmente aplastado, porque los españoles eran ahora demasiado numerosos, demasiado experimentados, demasiado firmemente organizados y demasiado decididos a quedarse, para permitir que los indios se volvieran realmente peligrosos en cualquier parte excepto en los límites de la provincia.

Los indios del Valle de Olancho también intentaron nuevamente liberarse de sus amos dos años después de haber sido

---

[24] Probanza de Miguel de Casanos, 1548, Documentos del Archivo Colonial, Sección de Honduras, leg. 62, exped. 1.
[25] Maldonado a la Corona, San Pedro, 15 de enero de 1543, DII, 24:351.
[26] *Ibid.*
[27] *Ibid.*
[28] Alonso García a la Corona, Gracias a Dios, 8 de febrero de 1546, AGI, Guatemala 9.
[29] *Ibid.*

aplastado el movimiento más generalizado de 1544. Encubiertamente planearon levantarse repentinamente y masacrar a los ciudadanos de San Jorge. Un español llamado Benito Carrasco informa:

"En el año de 1546 los nativos de este pueblo de San Jorge se levantaron y rebelaron y vinieron contra el pueblo el Miércoles Santo para matar a los españoles del pueblo, que estaban desprevenidos y se sentían seguros, ya que no tenían aviso de la revuelta. Venía yo al pueblo, y llegué al pueblo de Celicia, que está a tres leguas de él, cuando caía la noche. Supe por los indios de aquel pueblo que toda la tierra se había levantado y que los indios iban a atacar este pueblo a la mañana siguiente para quemarlo y matar a los españoles. Yo, Benito Carrasco, para prevenir los males y perjuicios que de tal suceso resultarían, vine de noche al pueblo lo más pronto que pude y avisé a las autoridades del complot. Hicieron los debidos preparativos para que cuando los indios se acercasen al pueblo vieran lo que había pasado y se fueran sin hacer daño".[30]

Además de la guerra con los nativos, hay evidencia un tanto ambigua de que en algún momento durante el último período de Montejo en el cargo, las guerras Habsburgo-Valois se extendieron

---

[30] Probanza de Benito Carrasco, 1554, AGG, Documentos del Archivo Colonial, Sección de Honduras, leg. 27, exped. 1.

Durón (1927, p.48) afirma que San Jorge de Olancho fue posteriormente destruido por erupciones volcánicas: "se perdió por haber hecho erupción dos volcanes en cuyas faldas estaba la ciudad. La mayor parte de los habitantes, atravesando las montañas, se dirigieron al Occidente y fundaron Olanchito. Del resto, unos se establecieron en el sitio llamado Ciudad Vieja y otros se fueron a Nueva Segovia. Se refiere que los vecinos de Olancho eran tan ricos que ponían a sus caballos herradura de oro". Monseñor Federico Lunardi (1946b, p. 37), quien había hecho un extenso estudio de los primeros municipios de Honduras e Higueras, tiene esto que decir respecto a la ubicación de San Jorge de Olancho: Yo visité las ruinas de San Jorged e Olancho el 29 de mayo de 1943, frente al Boquerón vi los cimientos de la pequeña iglesia; se encuentra todavía ladrillos gruesos cuadrados de los españoles... Cuando el 25 de abril de 1944 estuve en Olanchito, y después el día 26 visité la CIUDAD VIEJA de Olanchito que está a unos 4 kilómetros al SE., en la margen derecha del Río Aguan, supe que la tradición que se conserva allí, es que en aquel sitio fundaron la ciudad los españoles al venir del Boquerón, donde estaba la ciudad vieja de San Jorge de Olancho, pero que al ver que se morían mucho, la trasladaron al lugar actual, aun cuando el agua era escasa".

hasta Honduras-Higueras. Hay una vaga referencia de que los "corsarios" franceses, que estaban activos en el Caribe, aparecieron frente a la costa norte, donde realizaron un ataque fallido que condujo a su captura.[31] La Corona ciertamente había ordenado que se construyera una fortaleza en el puerto clave de Puerto Caballos para protegerse de tales ataques.

Con la completa ocupación de las áreas al este de Comayagua y atrás de Trujillo, la colonización inicial de las partes más importantes de Honduras-Higueras se había completado cuando se instaló la Audiencia de los Confines en 1544. A partir de entonces, el asentamiento de estos territorios ya controlados por la expansión de la colonización, en lugar de una mayor conquista, seguiría un curso natural. El inhóspito extremo este de la provincia, hacia Cabo Gracias a Dios (es decir, una gran parte del área general entonces conocida como Taguzgalpa) resultaría permanentemente poco atractivo, y por esa razón fue ignorado durante mucho tiempo. Más avanzado el siglo se echaron los cimientos de lo que sería la Ciudad de Tegucigalpa, al sur de Comayagua y en lo más profundo del centro de la provincia.

MEDIDAS ADMINISTRATIVAS
DESIGNADAS PARA PROMOVER EL DESARROLLO

La Corona, después de 1537, en respuesta a las peticiones de Honduras-Higueras, emitió una serie de decretos que se referían al estado político y económico de la provincia. Ya se han señalado los que surgen de la petición de Montejo entre 1537 y 1539. Otros, originados bajo los auspicios de Alvarado, ya sea mientras Alvarado, García de Celis, López de Yrarraga y Cava estaban en la

---

[31] Véase Audiencia de Santo Domingo a la Corona, 1545, AGI, Santo Domingo 49: "... por esta real audia, se hiço relacion a V. Mt. de los daños y robos q. por acá hizieron el año pasado ciertos navíos de corsarios de francia q. pasaron a estas mares y despues de nosotros venidos tenemos nueva q. se apartaron los dhos. corsarios y el un parte de los qu. llevava con veynte dos frances fue apartar a honduras donde fue tomada y los tienen presos y otra nao q. hazia mucha agua fue a reparar a la ysla de cuba de cabo al puerto q. dizen de matanza de donde salio tomo una nao q. venia de la nueva españa y les robo lo q. traya...".

Corte en 1537 y 1538 o después, también fueron de importancia para la colonia, y su influencia se extendió más allá del período de la primera gobernación de Montejo.[32]

Los procuradores Nicolás López de Yrarraga y Francisco Cava, siguiendo instrucciones de las autoridades de Honduras-Higueras antes de su partida a Castilla con Alvarado en 1536, hicieron las siguientes peticiones durante los dos años siguientes. Buscaron alivio de impuestos y derechos importantes. Pidieron que, por estar en el distrito de San Pedro los yacimientos de oro y plata que hasta ahora se habían descubierto en Higueras, se hiciera la refinación en ese pueblo; que se revoque cualquier licencia hasta ahora otorgada a los colonos de Guatemala para explotar tales yacimientos en Higueras. Se solicitó permiso para pagar solo una décima parte de los metales preciosos a la Corona en lugar del quinto real normal durante un período de años. Se pidió a la Corona que permitiera la esclavización de los indios capturados en la guerra y que impidiera que los indios de los pueblos de Honduras-Higueras que Alvarado había asignado en encomienda fueran llevados fuera de la provincia para trabajo o carga en otra parte. Los procuradores también pedían a la Corona que prohibiera tomar armas, caballos o esclavos de los ciudadanos particulares para endeudarlos.

La libertad de impuestos y el pago a la Corona de un décimo en lugar del quinto legal de metales preciosos eran de una importancia más que ordinaria para una provincia como Honduras-Higueras. Un diezmo permitiría a los colonos tener una mayor porción de oro y plata para ellos durante los primeros años de la colonización. El aislamiento geográfico de Honduras-Higueras hizo que llegaran pocos barcos; este hecho, combinado con la dificultad del transporte dentro de la provincia, provocó escasez de productos del extranjero y altos costos para todo. Una adquisición más fácil y menor de importaciones obviamente contribuiría a una mayor estabilidad y ayuda en el desarrollo de la provincia.

Dado que los colonos naturalmente consideraban la minería como su mayor fuente inmediata de riqueza, todas las medidas

---

[32] Para la naturaleza exacta de estas peticiones y las medidas que la Corona adoptó, que serán mencionadas en los siguientes párrafos, véase varias cédulas emitidas en 1537-39 en AGI, Guatemala 402.

dirigidas al aumento de esa actividad se consideraban fundamentales para su bienestar. Los procuradores y el tesorero García de Celis, como Montejo, deseaban que las riquezas de Honduras-Higueras fueran explotadas exclusivamente por los colonos de la provincia. Tampoco querían que los indios de Honduras-Higueras fueran empleados en otra parte. En estas cosas García de Celis, los procuradores de Honduras-Higueras y Montejo estaban de acuerdo, y por las mismas razones.

La Corona concedió la mayor parte de las peticiones que García de Celis y los procuradores presentaron durante 1537 y 1538. Además, el residuo de la fundición de oro y plata durante seis años, y una suma adicional de 50,000 maravedíes anuales durante dos años de multas impuestas para la Corona, fueron concedidas para la construcción y sostenimiento de hospitales. Sin embargo, la Corona no sólo se negó a aprobar las peticiones de los procuradores para permitir la esclavitud extensiva que luego hizo Montejo, sino que prohibió terminantemente tal acción a través de cédulas emitidas a Montejo.

Una de las principales causas presentadas para explicar la constante agitación política interna que había existido en Honduras desde la fundación de la colonia era la elección anual por parte de cada ciudad y pueblo de alcaldes ordinarios, regidores, alguaciles y otros funcionarios municipales. Estas elecciones anuales, que eran una práctica constitucional tradicional castellana, llevaron al faccionalismo, los celos y las luchas entre los colonos, que formaron partidos rivales y pelearon violentamente no sólo entre ellos sino también con los altos funcionarios provinciales. García de Celis y los procuradores llevaron esta situación ante la Corona en 1537 y solicitaron que, para proporcionar una solución, la Corona debería en lo sucesivo nombrar regidores perpetuos a los cabildos de Honduras-Higueras. Los Regidores perpetuos ocupaban el cargo de por vida por nombramiento directo del Rey y, en consecuencia, fueron liberados de las disputas electorales y los caprichos de las condiciones locales. Se esperaba que se elevaran por encima del mezquino faccionalismo y proporcionaran un elemento estable e independiente en el gobierno municipal que pudiera hacer mucho para calmar el desorden y eliminar los efectos perversos de las rivalidades entre grupos. También se anticipó que los regidores perpetuos constituirían un valioso cuerpo permanente de formulación de políticas y que tenderían a impedir que el gobernador controlara los concejos municipales en su propio interés. Muchos gobernadores hicieron todo lo que estuvo a su alcance para dominar a los cabildos, y tal política con frecuencia produjo disensión y perjudicó los procesos ordenados del gobierno.

La Corona escuchó favorablemente estas peticiones y pronto nombró regidores perpetuos para los cabildos de Honduras-Higueras, eligiendo tanto a funcionarios de la Tesorería Real como a colonos para los puestos. El nombramiento de los funcionarios de la Tesorería Real ya situados de forma independiente como regidores perpetuos era común porque, como funcionarios responsables solo ante la Corona, podían ejercer fácilmente una influencia estabilizadora. El factor Juan de Lerma, que durante muchos años había colaborado con Montejo, y el veedor Alonso de Valdés fueron nombrados regidores de la ciudad en la que residiría el gobernador, en este caso Gracias a Dios. Hernán Sánchez de Alvarado, pariente de Pedro de Alvarado, y Francisco Cava fueron nombrados regidores perpetuos de Gracias a Dios; López de Yrarraga fue nombrado regidor perpetuo de San Pedro.

En el verano de 1539, el licenciado Cristóbal de Pedraza fue elegido procurador para representar a Honduras-Higueras en la Corte por todos los cabildos menos el de Trujillo, que recurrió al influyente Bartolomé de las Casas para dar a conocer sus necesidades a la Corona. Pedraza, como prelado mayor de Honduras-Higueras y juez de la controversia entre Alvarado y Montejo, gozó de un gran prestigio entre los colonos, especialmente entre los partidarios de Alvarado, y fue bien considerado por el propio Alvarado después de que Montejo se rindiera a mediados de 1539. Pedraza había decidido regresar a Castilla en relación con los asuntos eclesiásticos de la provincia y apresurar su nombramiento como obispo que esperaba desde antes de llegar por primera vez a la provincia en 1538.[33] Las peticiones

---

[33] Véase Documento sobre la misión de Pedraza ante la Corte (n. d.), AGI, Guatemala 968B; Designación de Cristóbal de Pedraza como procurador de Gracias a Dios, 7 de julio de 1539, AGI, Guatemala 965; Cabildo de Gracias a

que Pedraza iba a presentar a la Corona ilustran bien las medidas que los gobiernos municipales y la mayoría de los mismos colonos consideraban mejor calculadas para traer estabilidad y prosperidad a la colonia. Reflejan la "opinión pública" de la época.

Como procurador, Pedraza debía dar a la Corona un informe completo de los acontecimientos en Honduras-Higueras que habían llevado a que Montejo dejara el cargo a Alvarado y debía presentar una serie de peticiones en nombre de los cabildos. El cabildo de Gracias a Dios, en especial, dio instrucciones detalladas a Pedraza. Debía solicitar a la Corona que le diera vigencia permanente al acuerdo entre Montejo y Alvarado mediante el cual Alvarado se convirtió en gobernador de Honduras-Higueras y Montejo recibió la gubernatura de Chiapas. Debía dar a conocer la necesidad de incorporar permanentemente Honduras-Higueras a Guatemala, ya que, se decía entonces, los mismos colonos de Honduras-Higueras no tenían recursos suficientes para sofocar una revuelta india general. Se pensaba que el conocimiento entre los nativos de que el apoyo inmediato de Guatemala estaría disponible para Honduras-Higueras haría que los indios se detuvieran. Si ocurría una revuelta, sostenía el cabildo, los colonos de Guatemala unida y Honduras-Higueras estarían en condiciones de suprimir el movimiento mediante sus recursos combinados y no tendrían que solicitar ayuda a la Corona ni a ninguna otra fuente.

Otras peticiones que Pedraza debía presentar ante la Corte eran en general similares a las presentadas anteriormente en nombre de Honduras-Higueras y se referían a medidas que las autoridades locales y los colonos consideraban necesarias para el avance económico y político de la colonia. Debía pedir que se prorrogara por diez años más el privilegio de entregar a la Tesorería Real sólo una décima parte de los metales preciosos, y, asimismo, que se

---

Dios a la Corona, 10 de agosto de 1539, AGI, Guatemala 44; Pedraza a la Corona, Badajoz, 16 de septiembre de 1541, AGI, Guatemala 164. Véase también Cabildo de Comayagua a la Corona, 5 de septiembre de 1539, AGI, Guatemala 43, y Juan de Lerma a la Corona, San Pedro, 31 de octubre de 1539, AGI, Guatemala 49, y varias cédulas emitidas por la Corona entre 1540 y 1543 en respuesta a las peticiones presentadas en la Corte en nombre de Honduras-Higueras, AGI, Guatemala 393, 402 y 965.

prorrogara por diez años más la libertad de impuestos de importación y exportación, que se había otorgado por cuatro años.

Para hacer posible el aumento de la producción de metales preciosos, se pidió a la Corona que permitiera el empleo de sirvientes domésticos indios, nativos capturados en la guerra e indios esclavizados por otros nativos bajo sus propias costumbres, para trabajar en las minas, ya que los colonos carecían de esclavos y suficientes recursos para comprarlos en grandes cantidades de cualquier fuente. Los españoles declararon que a menos que se expandiera la minería, permanecerían constantemente pobres y descontentos y, además, los ingresos reales no alcanzarían el nivel deseado. Pedraza también había de pedir que se enviaran a la provincia 500 esclavos negros más para la extracción de oro, que serían repartidos entre los colonos, quienes pagarían por ellos. Se afirmó que más esclavos aumentarían significativamente tanto los ingresos reales como los ingresos privados al aumentar la producción de oro.

A instancias de las autoridades de Gracias a Dios, Pedraza solicitó además a la Corona que ordenara que la casa de fundición, originalmente establecida en San Pedro, fuera trasladada a Gracias a Dios, o a cualquier otro municipio donde el gobernador y los funcionarios de la Tesorería Real podrían residir. Las autoridades de San Pedro habían solicitado que la Corona ordenara que todas las refinaciones de la provincia se hicieran en ese pueblo, pero los funcionarios de Gracias a Dios sostuvieron que su ciudad estaba más céntrica y que cualquier refinación continua de metales preciosos en San Pedro sería una seria desventaja para Gracias a Dios.

Pedraza también solicitaría a la Corona que ordenara a los funcionarios de la Tesorería Real de Honduras-Higueras que establecieran un almacén bien construido en Puerto de Caballos para facilitar la carga y descarga de barcos, servir como lugar de almacenamiento de mercancías y hacer el propio puerto más atractivo para comerciantes y capitanes de barcos.

Se tenía que pedir confirmación de las concesiones de encomienda tal como estaban después de que Alvarado las reajustara tras la destitución de Montejo. Pedraza también pediría que se convirtieran en posesiones hereditarias, lo que, según se declaró, haría que los encomenderos trataran con más justicia a los nativos y conduciría a una conversión más rápida de los indios al cristianismo. Más importante aún, si a los encomenderos se les asignaban sus pueblos como posesiones hereditarias, tendrían más incentivos para permanecer en la provincia y fomentar su desarrollo.

Se sostenía que las penas de cámara, o multas judiciales, debían aplicarse a la construcción y mantenimiento de obras públicas en los casos de municipios que no poseían terrenos propios o públicos de los que pudieran obtener ingresos. Todos los privilegios generales de carácter político y económico que la Corona había concedido a los municipios de la Nueva España y de Guatemala, también debían pedirse para Honduras-Higueras.

En 1540 o 1541, después de haberse producido cambios en la estructura de gobierno de la provincia, los municipios de Honduras-Higueras eligieron a otro procurador, Bernardo de Cambranes,[34] para representarlos en la Corte. Entre otras cosas, Cambranes repetiría las peticiones de ampliación del plazo durante el cual sólo se debía pagar a la Corona una décima parte de los metales preciosos y de exención prolongada de impuestos de importación y exportación. Estas últimas peticiones finalmente fueron concedidas por la Corona. Otra cédula real, muy en contra de lo que deseaba el cabildo de Gracias a Dios, dispuso que en San Pedro se hiciese la refinación de metales preciosos para la provincia, y que quedara allí una fundición.[35]

DESARROLLO ECONÓMICO

Las autoridades de Honduras-Higueras también dieron pasos, por iniciativa propia, para mejorar las condiciones de la provincia. Los caminos seguían siendo inadecuados, a pesar de los esfuerzos de Montejo por mejorar las comunicaciones durante su primer

---

[34] Véase la Cédula Real del 26 de octubre de 1541, AGI, Guatemala 402, la cual indica la selección de Cambranes como procurador por los cabildos y colonos de Honduras-Higueras.

[35] Véanse varias cédulas emitidas en 1541, AGI, Guatemala 402.

período como gobernador. La falta de un buen camino permanente entre San Pedro y Puerto de Caballos seguía siendo un gran obstáculo para el desarrollo comercial de la provincia.

Los comerciantes y capitanes de barcos continuaron dudando en hacer escala en Puerto de Caballos en gran parte porque se dieron cuenta de la dificultad de transportar sus mercancías tierra adentro. Importar incluso un mínimo de los artículos que necesitaba la provincia era un problema. El comercio en el verdadero sentido siguió siendo casi inexistente. Autoridades y colonos, al darse cuenta de que tal situación debía ser remediada, llegaron a un acuerdo con Alonso Ortiz, uno de los tenientes de los oficiales guatemaltecos mientras Honduras-Higueras aún estaba bajo la autoridad de esa provincia, a través del cual Ortiz garantizó construir y mantener una carretera entre San Pedro y Puerto de Caballos. Los gastos de esta importante empresa correrían a cargo de los colonos de Higueras.[36]

En relación con la importancia que poseía el Puerto de Caballos como puerto para servir tanto a Honduras-Higueras como a Guatemala –y también a San Salvador, San Miguel y el norte de Nicaragua–, la Corona en 1541 ordenó a las autoridades y funcionarios de la Tesorería Real de la provincia que construyeran allí una fortaleza fuerte para su defensa. Consideró necesaria tal fortaleza debido a un posible ataque en las costas del Nuevo Mundo por parte de los franceses en vista de las prolongadas y amargas guerras Habsburgo-Valois. Los nativos de la región debían ser empleados en esta construcción.[37]

Hubo varias visitas generales realizadas en Honduras-Higueras durante el período comprendido entre la toma de posesión de Alvarado en 1539 y la instalación de la Audiencia de los Confines. El objeto de tales visitas era mejorar las obras públicas, escuchar quejas de injusticias gubernamentales ya sea de españoles o indios y salvaguardar el bienestar de los nativos.

La primera de estas visitas fue realizada por Álvaro de Paz, a quien las autoridades de Guatemala habían enviado a Honduras-Higueras para reafirmar su jurisdicción tras la muerte de Alvarado

---

[36] Cédula del 27 de diciembre de 1542, AGI, Guatemala 402.

[37] Cédula del 27 de octubre de 1540, AGI, Guatemala 402.

pero a quien los coadministradores interinos persuadieron para que aceptara el cargo de visitador general bajo su autoridad. Paz buscó salvaguardar el bienestar de los indios y promulgó ordenanzas para establecer reformas con respecto al trabajo de los esclavos negros en las minas de oro del Valle de Olancho y la zona del Guayape. También recomendó enfáticamente que finalmente se estableciera un camino adecuado y permanente entre San Pedro y Puerto de Caballos. Paz luego se desempeñó como teniente de Pérez de Cabrera.[38]

Después de que Maldonado hubiera sido aceptado como gobernador en Gracias a Dios a fines de 1542-43, él y el obispo guatemalteco Marroquín, en vista de la asignación a este último de la supervisión espiritual superior temporal en Honduras-Higueras en espera de la designación de un obispo allí, realizó una visita conjunta al territorio que controlaba Maldonado. Por supuesto, Marroquín se preocupó tanto de los asuntos eclesiásticos como de los civiles durante esta visita. Tanto él como Maldonado contemplaron reformas básicas permanentes para mejorar la situación de los indios, la continua construcción y mejora de caminos y el desarrollo progresivo del puerto de Puerto de Caballos. Marroquín estaba muy preocupado por la evidencia innegable de la disminución de la población india.[39] En vista de cédulas anteriores que ordenaban a Pedraza y Montejo establecer un impuesto fijo oficial de los tributos que los indios debían dar a sus encomenderos, Maldonado y el obispo también debieron tratar de sentar las bases para tal tasación. Sin embargo, los problemas jurisdiccionales y la confusión administrativa que entonces existían les impidieron hacer efectivas en gran medida las medidas generales más importantes que proyectaban, sobre todo porque Pérez de Cabrera controlaba entonces la zona costera y se negaba a ceder su autoridad. Fue en el curso de esta visita que Maldonado, acompañado por Marroquín, había ido a San Pedro en su infructuoso esfuerzo por obtener allí la aceptación como gobernador.

---

[38] Probanza de Álvaro de Paz, 1559, AGI, Patronato 62-13.
[39] Obispo Francisco de Marroquín a la Corona, San Pedro, 15 de enero de 1543, AGI, Guatemala 156.

Como jefe espiritual interino de Honduras-Higueras, Marroquín hizo una segunda visita a la provincia, con la cooperación de Montejo, unos meses antes de que este cediera su autoridad a la Audiencia de los Confines en la primavera de 1544. En esta visita se preocupó principalmente por los asuntos de la iglesia. Marroquín permaneció en Honduras-Higueras hasta el establecimiento de la Audiencia y continuó su visita después de que ese tribunal asumiera el cargo.[40]

El comercio se desarrolló lentamente después de 1544; comenzaron a llegar más navíos a la provincia que en los años precedentes. Montejo, Maldonado, Marroquín y aparentemente también Pérez de Cabrera, así como las autoridades locales, fueron unánimes en su deseo de desarrollar Puerto de Caballos como puerto principal y establecer una camino permanente desde San Pedro a Puerto de Caballos, cuya construcción había sido finalmente asignada a Alonso Ortiz. Volvió a existir un pueblo en Puerto de Caballos, y para 1542 había allí suficientes pobladores – población que aumentó temporalmente cuando llegaron los barcos con mercancías– como para que las autoridades de San Pedro solicitaran a la Corona autorización para designar un alcalde cada año para ejercer jurisdicción civil y criminal en Puerto de Caballos. Esta medida fue sancionada por la Corona, la cual dispuso que las apelaciones contra las acciones tomadas por el alcalde así electo se hicieran ante los tenientes que los gobernadores de la provincia pusieran en San Pedro. El tamaño y la condición de este asentamiento revivido en Puerto de Caballos en su período más antiguo es desconocido, aunque al principio estuvo claramente subordinado a San Pedro.[41]

Durante su último período como gobernador, Montejo dictó decretos que regulaban cuidadosamente el período de almacenamiento y las condiciones de venta de las mercancías que llegaban de Castilla a Puerto de Caballos y San Pedro con el fin de promover el comercio, aunque esta medida era contraria a la normativa que el propio San Pedro había establecido para regir

---

[40] Obispo Francisco de Marroquín a la Corona, Gracias a Dios, 15 de marzo de 1545, AGI, Guatemala 156.

[41] Véanse las cédulas del 6 y 16 de junio de 1543, AGI, Guatemala 393.

dicho tráfico.⁴² A medida que llegaban más barcos a la provincia, los comerciantes se establecieron en los diversos pueblos y ciudades, aunque algunos de ellos, al ver que las condiciones no eran tan favorables como esperaban, pronto se marcharon en busca de campos más rentables. Durante mucho tiempo, las mercancías del extranjero siguieron siendo escasas y caras, a pesar del lento aumento del comercio, pues con la escasez de todo lo de Castilla que hay, lo que vale un maravedí allá aquí vale de cuatro a ocho maravedíes, y lo que allá vale un cuarto aquí vale un real, y lo que vale un real allá vale un peso de oro aquí ... Los comerciantes no quieren traer mercancías (a esta provincia) a menos que puedan ganar doscientos o trescientos por ciento, y aun así maldicen la tierra y se van, diciendo que nunca volverán...⁴³

Aunque hubo una mejora gradual, a pesar de todas las desventajas, y aunque Puerto de Caballos aumentó en importancia, el comercio no comenzó a acercarse al volumen que Montejo y otros habían previsto en sus planes para hacer de Honduras-Higueras una gran provincia comercial en la ruta entre Castilla, las Indias Occidentales y Perú. En general, el desarrollo de la provincia en este aspecto resultó ser un proceso lento, aunque en expansión.

La minería continuó mejorando después de 1539, especialmente con el descubrimiento de oro en el Valle de Olancho y el hallazgo de los ricos depósitos de placer del Guayape. El número total de pesos de oro obtenidos entre agosto de 1540 y marzo de 1542 parece haber sido de 100,000. De este total, 10,000 pesos se destinaron al diezmo real. Mientras Honduras-Higueras aún estaba unida a Guatemala, otros 100,000 pesos de oro fueron extraídos por cuadrillas de autoridades y colonos de Guatemala y llevados a esa provincia. En 1540 las cifras de refinamiento en Gracias a Dios eran 5,000 pesos, para San Pedro 9,000 y para Trujillo 10,000. En marzo de 1542 se reportó oro listo para refinar por valor de 30,000 pesos en San Pedro y de 15,000 pesos en Trujillo. La producción de plata en la región de Comayagua en

---

⁴² Residencia de Montejo para Honduras-Higueras, 1544, AGI, Justicia 300.
⁴³ Obispo Cristóbal de Pedraza a la Corona, Trujillo, 22 de diciembre de 1548, AGI, Guatemala 164.

1541 fue de unos 2,050 marcos.[44] En 1560, el tesorero de Guatemala, Francisco de Castellanos, escribió sobre la fuerte producción de oro de la región del Guayape:

"... hasta el momento (escribí) se ha sacado de (el Río de Guayape) una gran suma en pesos de oro, de la cual han salido para Su Majestad como quintos reales suyos más de 350,000 pesos de oro...".[45]

De ser correcta la afirmación de Castellano, significaría que para 1560 se había obtenido oro por valor de 1,750,000 pesos de los ricos depósitos de la zona del Guayape.

Con respecto a la agricultura y el pastoreo, los españoles desde el principio habían introducido árboles y plantas europeas, así como animales y aves domésticas. A medida que avanzaba la colonización construyeron haciendas, muchas de ellas grandes, en las que criaban ganado. Los españoles entrenaron a los indios para cuidar y criar a estos animales. El trigo, posiblemente introducido por Montejo durante su primer gobierno entre 1537 y 1539, creció bien en el Valle de Comayagua. Los esfuerzos españoles para cultivar trigo tuvieron éxito allí, mientras que fracasaron en muchas partes de las Indias debido al clima adverso. Los españoles enseñaron a los nativos cómo cultivar este alimento básico y para mediados de siglo era un importante artículo de tributo en el distrito de Comayagua.[46]

Los nativos, en cambio, continuaron con su propia agricultura e industria básica. Como antes, cultivaron grandes cantidades de maíz, algodón, frijol y, en las tierras bajas, cacao; tejían telas y hacían cerámica. De estos productos daban tributo a la Corona y

---

[44] Cuentas de tesorería de Honduras-Higueras, 1540, AGI, Indiferente General 1206; Cuentas de la fundición de metales preciosos en Gracias a Dios y San Pedro 1539-41, AGI, Patronato 180-74; Diego García de Celis a la Corona, San Pedro, 14 de marzo de 1542, AGI, Guatemala 49.

[45] Probanza de Francisco de Castellanos, 1560, AGG, Documentos del Archivo Colonial.

[46] Véase Residencia de Montejo por Honduras-Higueras, 1544, AGI, Justicia 300; Residencia de Alonso Maldonado, presidente de la Audiencia de los Confines, y de los oidores de la Audiencia, 1548, AGI, Justicia 299; Tasación de los tributos y servicios de los Indios y pueblos nativos del distrito de la Audiencia de los Confines, 1548-52, AGI, Guatemala 128.

sus encomenderos y diezmos a la Iglesia.[47] De hecho, los mismos requisitos tributarios tendían en muchos sentidos a estimular la industria y la agricultura nativas, así como a enriquecerlas mediante la adición de elementos europeos.

A pesar del entendimiento universal de que una red de caminos adecuados entre los municipios de Honduras-Higueras y con otras provincias era esencial para la seguridad militar y el desarrollo económico, y a pesar de todos los planes y esfuerzos para desarrollar dicho sistema, las comunicaciones en general seguían siendo deficientes cuando la Audiencia de los Confines tomó el cargo. Los vehículos con ruedas podían pasar sobre las carreteras existentes en solo unos pocos lugares, y en muchas localidades era difícil incluso para los animales de carga moverse sobre ellos. Los caminos y senderos permanecían virtualmente intransitables durante la temporada de lluvias y, como antes, había muy pocos o ningún puente sobre los arroyos que se convertían en torrentes cuando llegaban las lluvias. Los resultados de los esfuerzos de Montejo por construir y mejorar caminos entre 1537 y 1539 habían desaparecido en gran medida y las condiciones eran peores que al final de su primer período en el cargo. La incierta situación política surgida a raíz de la controversia jurisdiccional triangular entre Montejo, Maldonado y Pérez de Cabrera había imposibilitado un avance efectivo en ese campo así como en otros.

La magnitud del problema de las comunicaciones queda clara en las distancias entre los municipios de Honduras-Higueras tal como estaban calculadas en ese momento. Estas distancias, calculadas a base de rutas existentes en 1547, se establecieron en catorce leguas de Puerto de Caballos a San Pedro, treinta y cinco leguas de San Pedro a Gracias a Dios, veinticinco leguas de Gracias a Dios a Comayagua, veinte a treinta leguas de Comayagua a San Jorge de Olancho, treinta leguas y más de San Jorge de Olancho al pueblo recién fundado de Nueva Salamanca, y como cuarenta leguas de Nueva Salamanca a Trujillo. Eran unas cuarenta leguas por mar desde Trujillo hasta Puerto de Caballos. Todavía no había un camino terrestre listo entre esos dos puntos. Alonso López de Cerrato, segundo presidente de la Audiencia de

---

[47] *Ibid.*

los Confines, quien sucedió a Maldonado en 1548, finalmente estableció caminos más permanentes desde San Pedro a Gracias a Dios y Comayagua, de modo que esos dos municipios del interior disfrutaron a la larga de mejores comunicaciones con San Pedro y, por la nueva carretera permanente de San Pedro a Puerto de Caballos, con la costa norte.[48]

PROBLEMAS DE ENCOMIENDA

El problema de las encomiendas volvió a aflorar con agudeza entre 1542 y la instalación de la Audiencia de los Confines, debido tanto a la continua disminución alarmante de la población nativa como a la repetida asignación y reasignación de encomiendas por parte de Montejo, Pérez de Cabrera y Maldonado.[49] Las encomiendas más grandes ahora contaban con menos de 200 tributarios o indios que pagaban tributos, y muchas encomiendas no tenían más de treinta. Las encomiendas pequeñas tendían a causar un descontento permanente entre los conquistadores-colonos, y los nuevos colonos no se sentían atraídos por las concesiones que consideraban inadecuadas. Como bien sabía Montejo, "naturalmente no vendrán colonos cuando no haya (más) indios para dar en encomienda..."[50] Las reasignaciones de encomiendas posteriores a 1542 dieron lugar a reclamaciones confusas tanto entre los encomenderos como entre los colonos y los gobernadores, como era inevitable en la incertidumbre jurisdiccional derivada de la presencia simultánea de tres

---

[48] *Ibid*. Cédulas reales emitidas entre 1540 y 1550 sobre los caminos en Honduras-Higueras, AGI, Guatemala 402; Alonso López de Cerrato a la Corona, Santiago de Guatemala, 26 de enero de 1550, AGI, Guatemala 9. Las distancias citadas fueron dadas por Pedraza en una carta a la Corona desde Trujillo, fechada el 1 de mayo de 1547 (AGI, Guatemala 164). La medida oficial de tierra española era de 5000 varas.

[49] Residencia de Montejo por Honduras-Higueras, 1544, AGI, Justicia 300; Residencia de Alonso Maldonado, presidente de la Audiencia de los Confines, y de los oidores de la Audiencia, 1548, AGI, Justicia 299; Residencia de Juan Pérez de Cabrera, 1544, AGI, Justicia 63; Acción de Ambrosio de Palencia, juez de comisión con respecto a las tenencias de encomiendas en Honduras-Higueras por autoridad de la Audiencia de los Confines, 1544, AGI, Guatemala 965.

[50] *Ibid*.

pretendientes a la gubernatura. En conjunto, los problemas actuales de las concesiones de encomienda amenazaban con graves consecuencias.

En su regreso a Honduras-Higueras en 1542, Montejo había tomado para sí las encomiendas que alguna vez estuvieron en manos de Alvarado y quedaron vacantes después de su muerte. La anexión por parte de Montejo de Yamala, pueblo que la Corona había mandado poner bajo su protección –"en la Corona"–, naturalmente le ocasionó dificultades legales. Su asignación anterior a los colonos de Honduras-Higueras de un pueblo que se encuentra en territorio en disputa entre esa provincia y Guatemala y en poder de Cristóbal de la Cueva, anteriormente un importante funcionario de Guatemala, lo llevó a más litigios.[51] Cuando fue gobernador de los distritos de Gracias a Dios y Comayagua, Maldonado hizo una serie de cambios en las asignaciones de encomiendas allí y, a su vez, creó descontento entre los colonos expulsados. Durante su último período en el cargo, Montejo quitó algunos de estos pueblos de los concesionarios de Maldonado y los reasignó a otros, incluida su hija, doña Catalina, y su hijastro, Juan de Esquivel. Los desposeídos pronto presentaron cargos contra Montejo.[52]

Pérez de Cabrera se apropió y reasignó encomiendas en los distritos costeros bajo su control, sin tener en cuenta las instrucciones de la Audiencia de Santo Domingo, y fue rápidamente demandado, especialmente por los encomenderos de San Pedro.[53] Al confirmar a Montejo como gobernador, la Audiencia de Santo Domingo le ordenó que tomara jurisdicción sobre todas las demandas contra Pérez de Cabrera. Entonces Montejo revocó todas las concesiones de este último y dio instrucciones a su teniente en San Pedro, el comendador Buyca, para escuchar las quejas de todos los encomenderos agraviados. Sobre la base de sus hallazgos, Montejo reasignó las encomiendas en el distrito de San Pedro como mejor le parecía.[54] Sin embargo,

---

[51] *Ibid.*
[52] *Ibid.*
[53] *Ibid.*
[54] *Ibid.*

las autoridades de San Pedro enviaron un representante, Francisco de Escobar, para protestar por las medidas de Montejo ante la Audiencia de Santo Domingo. El tribunal finalmente le prohibió hacer más reajustes en ese distrito. Este decreto, presentado a Montejo a principios de 1544 por un juez de comisión especialmente designado, Ambrosio de Palencia, fue cuidadosamente obedecido.[55]

Afortunadamente para Montejo, su política de encomiendas después de 1542 fue menos preocupante que la de 1537-1539, pero no obstante pasó un complicado y delicado problema de encomiendas a la Audiencia de los Confines cuando ese tribunal asumió el cargo. Con sus nuevos poderes reales y conocimiento legal, la Audiencia finalmente pudo desentrañar la complicada cuestión de los títulos legales de las encomiendas y establecer un sistema ordenado de tenencias.

POLÍTICAS INDIAS

El bienestar y protección de los indios y la aplicación efectiva de la legislación real en su beneficio siguió siendo un problema de vital importancia para las autoridades de Honduras-Higueras entre 1539 y la instalación de la Audiencia de los Cofines. Las disminuciones alarmantes en la población india exigieron acción para detener el declive. Sin embargo, las medidas de protección fueron tan difíciles de cumplir como en años anteriores, porque los colonos egoístas estaban decididos a explotar a los nativos sin importar los efectos sobre los indios o sobre el desarrollo económico final de la colonia.

Desde el momento en que llegó a Honduras-Higueras en el otoño de 1538, Pedraza, como protector de los indios, estuvo dispuesto a hacer cumplir la legislación real destinada a fomentar el bienestar de los indios. Aunque él y Montejo habían cooperado estrechamente en tales medidas antes del regreso de Alvarado en 1539, los colonos esperaban tener las manos libres cuando Alvarado volviera a ser gobernador. Pero la cruel y miope explotación de los nativos, casi universal en el primer período de la

---

[55] *Ibid.*

conquista y la colonización, se restringía cada vez más a través de una aplicación más eficaz de la política real, para desilusión de los colonos de Honduras-Higueras. Pedraza renovó la prohibición del empleo de indios libres y domésticos en las minas, medida instituida por Montejo entre 1537 y 1539 pero ignorada tras el regreso de Alvarado. Para proteger a los indios del exceso de trabajo, Pedraza emitió una ordenanza el 19 de octubre de 1539, regulando estrictamente el uso de los nativos en todo tipo de actividad económica. Pedraza se opuso firmemente a la esclavitud de los indios bajo cualquier circunstancia, en cumplimiento de los decretos reales.[56]

Pedraza también prohibió a los ciudadanos de San Pedro vender, arrendar, dar, prestar o cambiar los indios que tuvieran en encomienda. Consideró necesaria esta medida tanto para conservar la población nativa como para proteger a los indios de los malos tratos y abusos de los españoles que los contrataban con encomenderos para el servicio de mano de obra, ya fuera en las minas o en las haciendas. Estos abusos, prohibidos por Montejo en aplicación de cédulas reales durante su primer gobierno, habían sido nuevamente permitidos por Alvarado. Tal trato tuvo efectos nocivos en todas partes, pero parece haber perjudicado particularmente a los nativos del distrito de San Pedro.[57]

Una de las objeciones de Pedraza a los reclamos monetarios de Alvarado contra Montejo durante su disputa por la gobernación fue el empleo ilegal de Alvarado de indios libres para trabajos forzados en las minas. Pedraza se negó a admitir que las reclamaciones en relación con el oro o la plata producidos por los nativos obligados

---

[56] Obispo Cristóbal de Pedraza a la Corona, Gracias a Dios, 1 de mayo de 1547, AGI, Guatemala 164; Cabildo de San Pedro a la Corona, 1 de noviembre de 1539, AGI, Guatemala 44; Diego García de Celis a la Corona, Puerto de Caballos, 30 de julio de 1540, AGI, Guatemala 49; Probanza sobre la promulgación de las medidas en defensa de los indios redactada por Cristóbal de Pedraza, San Pedro, 1539, AGI, Indiferente General 1206; Resumen de una carta de Cristóbal de Pedraza a la Corona sobre las medidas para proteger a los indios (n.d.), AGI, Indiferente General 1206.

[57] *Ibid.*

a trabajar en contravención de las ordenanzas reales eran válidas, una indicación de su sinceridad.[58]

Al igual que los mejores funcionarios y otros eclesiásticos, Pedraza fue un firme defensor de una política básicamente contradictoria desde el punto de vista puramente humanitario: emplear numerosos esclavos negros para aliviar las cargas de los indios que con su estatus legal especial como tutelados de la Corona no podían ser esclavizados, al principio solo en circunstancias específicas y luego en absoluto. Montejo, Pedraza y otros funcionarios de Honduras-Higueras habían recomendado que se importaran esclavos negros, mucho más valorados como trabajadores que los nativos. Así, en Lisboa, camino de Castilla, Pedraza en 1540 contrató a 165 negros. Estos esclavos finalmente llegaron a Honduras, donde 54 fueron asignados a ciudadanos de Gracias a Dios, 57 a los de San Pedro y 54 a los de Comayagua. Se esperaba que los colonos individuales que recibían estos esclavos, destinados al empleo en las minas y para fines laborales generales, pagaran por ellos. Durante su último período como gobernador, Montejo recomendó que se enviaran aún más negros a la provincia. Para 1545 puede haber habido tantos como 1500-2000 en Honduras-Higueras.[59]

Antes de partir hacia Castilla a fines de 1539 o principios de 1540, Pedraza continuó manteniendo su escuela para los hijos de caciques y otros muchachos indios en su morada de Gracias a Dios. Allí los instruyó en la Fe y en los elementos de la educación europea. La escuela se sostuvo, desde el principio, con los ingresos del pueblo de Talva, que Montejo había destinado para su mantenimiento de acuerdo con el decreto real que autorizaba el establecimiento de la escuela. Cuando Pedraza partió para Castilla puso a cargo de su colegio a uno de sus compañeros sacerdotes de Gracias a Dios. Desafortunadamente, dejó de existir poco después de la partida de Pedraza, ya que el éxito original fue el resultado de

---

[58] Montejo v. Pedraza, 1539, AGI, Justicia 129-2.

[59] Véase Maldonado a la Corona, San Pedro, 15 de enero de 1543, DII, 24:351.

la cuidadosa crianza de Pedraza y el apoyo de Montejo hasta que Alvarado asumió la autoridad sobre Honduras-Higueras en 1539.[60]

Los esfuerzos de Pedraza por proteger a los indios y hacer cumplir las ordenanzas reales que los favorecían despertaron el mismo tipo de oposición que habían suscitado medidas similares de Montejo.[61] El cabildo de Gracias a Dios instruyó a Pedraza, como procurador de Honduras-Higueras en la Corte, para solicitar medidas reales que permitieran el empleo de nativos en las minas, en contra de sus propias normas. Luego, después de que partió para Castilla, los funcionarios de la Tesorería Real denunciaron enérgicamente su política a la Corona. Declararon que Pedraza se había apoderado de sus cartas de protesta contra su política, que había representado las condiciones entre los nativos mucho peores de lo que realmente eran y que, con sus medidas de protección, había perjudicado el desarrollo de la minería. Llegaron a pedir a la Corona que desconociera a Pedraza como procurador hasta que los mensajes y documentos redactados por Montejo contra Pedraza a raíz de su destitución en Honduras-Higueras en 1539, y otras protestas de los cabildos fueran cuidadosamente examinados en la corte.[62] Los funcionarios de la Tesorería Real repitieron los viejos argumentos de que los indios pagaban poco tributo en Honduras-Higueras en comparación con otras provincias y que las minas eran la única fuente real de ingresos de la Corona y riqueza individual para los colonos. En consecuencia, enfatizaron, implícitamente, la estrecha relación entre la minería y la permanencia de la colonia tal como la veían, y abogaron por un uso más libre de los indios en la

---

[60] Obispo Cristóbal de Pedraza a la Corona, Trujillo, 1 de mayo de 1547, AGI, Guatemala 164.

[61] Obispo Cristóbal de Pedraza a la Corona, Trujillo, 1 de mayo de 1547, AGI, Guatemala 164; Cabildo de San Pedro a la Corona, 1 de noviembre de 1539, AGI, Guatemala 44; Diego García de Celis a la Corona, Puerto de Caballos, 30 de julio de 1540, AGI, Guatemala 49; Probanza sobre la promulgación de medidas en defensa de los indios redactadas por Cristóbal de Pedraza, 1539, AGI, Indiferente General 1206; Resumen de una carta de Cristóbal de Pedraza a la Corona sobre las medidas para proteger a los indios (n.d.), AGI, Indiferente General 1206.

[62] *Ibid.*

explotación de metales preciosos. La Corona, sin embargo, apoyó firmemente las medidas de Pedraza.[63]

El estado y el bienestar de los nativos fueron motivo de especial preocupación para Montejo, Maldonado y el obispo guatemalteco Marroquín después de que Pedraza partiera hacia Castilla.[64] La cuestión del trabajo forzoso ilegal en las minas y el transporte de cargas persistió como el problema más agudo. A falta de caminos adecuados por los que pudieran pasar vehículos y animales de carga, era imposible relevar a los nativos de la pesada tarea del transporte. El sistema de carga o tamemes tuvo que ser sancionado legalmente, aunque se tomaron medidas para ponerlo bajo control oficial y eliminar los abusos más flagrantes, medidas reglamentarias iniciadas por García de Celis cuando era coadministrador. Esta regularización, aunque bien intencionada, en realidad era poco más que la formalización de prácticas que habían comenzado poco después de que los españoles entraran por primera vez en la provincia. Incluso bajo supervisión oficial, ahora se permitía a los mismos encomenderos emplear a los indios de su encomienda para el transporte y arrendarlos bajo contrato a precios acordados con cualquier otro español. El sistema regularizado se prestó a los mismos abusos que las anteriores prácticas descontroladas. El sometimiento a climas desconocidos seguía cobrándose víctimas. Se requería que los indios llevaran cargas a grandes distancias, a veces hasta sesenta leguas. El abandono, los malos tratos, el agotamiento y las enfermedades continuaron cobrando un alto número de muertos. En este sentido, es significativo destacar que la Corona había ordenado la construcción de caminos adecuados para vehículos y animales de carga con el fin de aliviar las penurias de los indios, así como para mejorar las comunicaciones y promover el desarrollo económico. Tanto Montejo como Maldonado promulgaron ordenanzas entre 1542 y 1544 disponiendo que, para salvaguardar la salud de los indios, ningún español debía enviar a la costa caliente como cargadores a nativos de las partes más altas, frescas y montañosas del distrito de Gracias a Dios. Aunque Montejo, quien había

---

[63] *Ibid.*

[64] Véase Residencia de Montejo para Honduras-Higueras, 1544,

emitido decretos algo similares durante su primer gobierno de 1537 a 1539, fue acusado de haber hecho caso omiso de su propio reglamento en ciertas ocasiones, negó rotundamente tales cargos.[65] Poco después de su instalación, la Audiencia de los Confines tomó más medidas reglamentarias, disponiendo que solo un número específico de tamemes de cada pueblo debía servir cada año, bajo una estricta regulación oficial.[66]

Los encomenderos también continuaron contratando a sus indios para trabajar en las haciendas a pesar de los esfuerzos para evitarlo. Esta acción, como la carga, significó también el traslado de indios a climas y terrenos desacostumbrados, con los mismos perniciosos resultados. El trabajo forzoso en las minas también fue difícil de erradicar. La tasa de mortalidad entre los nativos empleados aquí se mantuvo alta, a pesar de las buenas intenciones de la Corona y los gobernadores provinciales.[67]

Estos problemas eran persistentemente difíciles de solucionar porque las prácticas implicadas eran inseparables de la estructura económica esencial de la provincia y, por lo tanto, eran casi imposibles de eliminar por completo, a pesar de los esfuerzos de Montejo y Maldonado. Medidas mucho más eficaces fueron adoptadas posteriormente por la Audiencia de los Confines, en aplicación de la legislación de la Corona. El sistema de tamemes, que la Audiencia misma se vio en la necesidad de aceptar en un principio y finalmente formalizó, fue finalmente abolido como institución legalizada. Además, según las disposiciones de las Nuevas Leyes, la Audiencia impedía la toma de esclavos nativos bajo cualquier circunstancia y liberaba a los esclavos tomados antes.[68]

La Audiencia también dio otro paso muy importante que la Corona había ordenado ya en 1538 pero que la guerra en Honduras-Higueras y la confusión subsiguiente habían impedido

---

[65] *Ibid.*

[66] Residencia de Alonso Maldonado, presidente de la Audiencia de los Confines, y de los oidores de la Audiencia, 1548, AGI, Justicia 299.

[67] *Ibid.*; Residencia de Montejo para Honduras-Higueras, 1544, AGI, Justicia 300.

[68] *Ibid.*; Residencia de Alonso López de Cerrato, presidente de la Audiencia de los Confines, y de los oidores de la Audiencia, 1553, AGI, Justicia 301 y 302.

que Montejo, Pérez de Cabrera y Maldonado lo dieran. Esta medida fue el establecimiento legal de un régimen fijo de los tributos y servicios que los indios debían dar a sus encomenderos. El servicio para el encomendero, ya sea en sus haciendas o en su casa, ahora solo se permitía con un permiso específico de la Audiencia y estaba limitado a un número designado de indios del pueblo del encomendero, de dos a diez como máximo. El encomendero estaba obligado a proporcionar alimentos a estos nativos mientras estaban en servicio. Los indios de la encomienda ya no debían llevar tributos al municipio en el que residía el encomendero a menos que el mismo encomendero les proporcionara carretas u otros medios de transporte. Además, no se requería de los indios arar la tierra para la siembra del trigo a menos que el encomendero proporcionara bueyes. Según esta evaluación oficial, solo se proporcionarían cantidades y tipos de tributos estipulados, y solo a intervalos específicos. Del lado de la agricultura, el maíz, el trigo, el algodón, los frijoles, las gallinas, los pimientos, la miel y el cacao eran los principales tipos de tributo; del lado de la artesanía nativa, telas de algodón, esteras de junco, alfarería e implementos de piedra para moler el grano. Los pueblos de la costa y los que vivían en las orillas de los lagos y ríos daban pescado como tributo. No se incluía oro ni plata en los tributos, ya que la ley había prohibido durante mucho tiempo el empleo de indios de encomienda en las minas. Estos impuestos oficiales fueron puestos en pleno vigor por la Audiencia de los Confines entre 1548 y 1552.[69]

---

[69] Tasación de los tributos y servicios de los indios y pueblos nativos del partido de la Audiencia de los Confines, 1548-52, AGI, Guatemala 128. Para los inicios de la tasación oficial con carácter general ver Residencia de Alonso Maldonado, presidente de la Audiencia de los Confines, y de los oidores de la Audiencia, 1548, AGI, Justicia 299. La forma de tasación oficial se ilustra con la siguiente tasación para el pueblo Guajiquiro en el distrito de Comayagua (AGI, Guatemala 128):
"... 100 indios: Juan de Monguía (encomendero)
"En la ciudad d. sanctiago dla. provia. de guatimala en primero dia del mes d. março año dl. nacismio. de nro. salvador ihu. xpo. D. mil e quias. e quarenta y nueve años los señores presidente e oidores dl. audia. y chancilleria rreal d. su magd. q. en la dha. ciudad rreside se taso el pueblo d. guaxaquiro ques. en los terminos e juron. dla. villa de comaiagua y esta encomendado en juan de

LA IGLESIA

La Corona tenía la intención de que Honduras-Higueras constituyera un obispado varios años antes de que la provincia se convirtiera en una diócesis independiente.[70] Ya se ha visto que un obispo, Fray Alonso de Guzmán, había sido designado antes de 1535 pero no había tomado el cargo.[71] Pedraza fue entonces, en 1538, nombrado jefe eclesiástico interino de la provincia, aparentemente con el claro entendimiento de que más tarde se convertiría en obispo.[72] Mientras tanto, primero en 1538 y nuevamente en octubre de 1541, a la espera del nombramiento efectivo de Pedraza durante su visita a Castilla, la Corona asignó al obispo de Guatemala la jurisdicción eclesiástica superior sobre Honduras-Higueras. También se ordenó a Marroquín que hiciera una gira de inspección eclesiástica por Honduras-Higueras. Fue sobre la base de esta autorización que había hecho la visita general conjunta de la provincia con Maldonado en 1543 y su propia visita al año siguiente.[73]

---

monguia vezino della madose. a los naturales dl. dho. (pueblo) q. es en el valle de la dha. villa le siembren en cada un año en dos sementeras quatro hanegas d. mahiz e ma. de frisoles y lo beneficien cojan y encierren en la millpa donde se sembrare y lo q. dellos se cogiere sy su encomendero les diere carreta y harina se lo lleven a la dha. villa y le sienbren y venefficien el el dho. valle cada año una hanega de algodón y de lo q. dello se cogiere den quarenta toldillos cada año y le siembren el el dho. pueblo y le den cada pascua dos dozenas de gallinas de castilla q. son por año seis dozenas y le den cinco cantaros de miel cada año y seis petates pequenas para barbacoas y seis cantaros y seis ollas y seis comales y cinco indios de servio. ordinarios en la dha. villa con q. sea obligado a darles. d. comer todo el tpo. que le sirvieren y enseñarles la dotrina xpiano. no an de dar otra cosa ni se les a de llevar los dhos. indios por ninga. via que sea ni comuta ninga. cosa de un tributo en otro so las penas contenidas en las leies y ordenancas por su mt. hechas para la buena governon. de las yndias el licendo. cerrato el licendo. pero rramirez el licendo. rrogel".

[70] Véase la cédula que designa a Montejo como gobernador de Honduras-Higueras, 1 de marzo de 1535, AGI, Guatemala 402.

[71] *Ibid.*

[72] Cédulas que designan a Cristóbal de Pedraza como cabeza espiritual de Honduras-Higueras, 29 de enero de 1538, AGI, Guatemala 402.

[73] Véanse las cédulas del 12 de febrero de 1538, AGI, Guatemala 393, y del 26 de octubre de 1541, AGI, Guatemala 402.

Mientras tanto, en la Corte, Pedraza trabajaba para acelerar su nombramiento como obispo de Honduras-Higueras[74] y buscaba la adopción de medidas para su promoción religiosa. Eventualmente fue designado así y obtuvo una serie de decretos para fortalecer la Iglesia dentro de la provincia, incluido el nombramiento de más clérigos. También, por su propia iniciativa y gasto, contrató a un grupo de carpinteros y albañiles para que lo acompañaran a su nuevo obispado para construir iglesias y adquirió los materiales y herramientas necesarios. Compró un barco en Sevilla para llevar todo esto y a él mismo de regreso a Honduras-Higueras, presumiblemente a mediados de 1542.[75] Justo cuando estaba a punto de zarpar, la Corona ordenó un retraso.[76]

La orden real que detuvo a Pedraza surgió de los cargos que el capellán y consejero legal de Montejo, el bachiller Juan Álvarez, había presentado ante el Consejo de Indias en relación con la destitución de Pedraza de Montejo de su cargo en Honduras-Higueras en 1539. Cabe recordar que Álvarez había iniciado acción contra Pedraza y Alvarado ante el virrey y la Audiencia de la Nueva España justo después de la destitución de Montejo y que no logró ningún progreso en la Ciudad de México hacia la restitución de Montejo en la gubernatura. Luego, siguiendo las instrucciones de Montejo, que violaban el artículo de su pacto con Alvarado que disponía que se detuvieran los litigios sobre su

---

[74] Véase la cédula del 26 de junio de 1539 (emitida en Toledo), AGI Guatemala 402, por el tiempo aproximado comenzaba a tomar forma definitiva la confirmación de Pedraza como obispo de Honduras e Higueras. Esta cédula comienza: "Por quanto vos geronimo ytaliano y pantales de negro estantes en esta corte aveis encargado del despacho de las bulas del obspado. De la provincia de ygueras y cavo de honduras...". Siguen las instrucciones relativas al envío de las bulas.

[75] Para la acción de Pedraza en la Corte y en otros lugares de Castilla, véanse los Documentos relativos a Pedraza, "El Obispo de Honduras" (n.d.), AGI, Guatemala 968B; Pedraza a la Corona, Sevilla, 8 de julio de 1543, AGI, Guatemala 164; Pedraza a la Corona, Sevilla, 16 de diciembre de 1544, AGI, Guatemala 164; Pedraza a la Corona, Sevilla, 28 de julio de 1544, AGI, Guatemala 164; Documentos sin fecha relativos a Pedraza, AGI, Indiferente General 1380.

[76] Cédula del 9 de junio de 1542, AGI, Indiferente General 1380; Cédula del 8 de agosto de 1542, AGI, Contratación 5010.

controversia, Álvarez había navegado hacia Castilla para defender el caso de Montejo en la Corte.[77]

Álvarez se embarcó en Veracruz en enero de 1540, en el mismo barco que llevaba a Hernán Cortés a España. En La Habana Álvarez se había encontrado con su enemigo Pedraza, entonces también de camino a Castilla. Pedraza decidió encontrar alguna manera de retrasar el viaje de Álvarez y apeló a Cortés, quien estaba completamente familiarizado con la disputa sobre Honduras-Higueras y a quien Pedraza persuadió para evitar que Álvarez continuara el viaje en el mismo barco. Pedraza zarpó con Cortés mientras que Álvarez tuvo que esperar a otro barco.[78] Sin embargo, Álvarez finalmente llegó a la Corte, donde presentó el caso de Montejo contra Alvarado y Pedraza y buscó que la Corona vindicara a Montejo. Lanzó cargos particularmente amargos contra Pedraza, declarando que había usurpado la jurisdicción real al despojar a Montejo de su cargo en Honduras-Higueras y que los colonos de esa provincia "claman a Dios y a la Corona por los agravios que sufren a manos de Pedraza". Mensajes de Montejo llegaron a la Corte para fortalecer la mano de Álvarez.[79] Mientras tanto, la controversia entre Montejo y Alvarado había quedado cerrada por la repentina muerte de Alvarado en 1541; pero tan hábilmente fueron presentados los cargos de Álvarez y tan elocuentes los argumentos de Montejo en sus mensajes, que finalmente la Corona decidió investigar la conducta de Pedraza como juez en la querella entre Alvarado y Montejo.

Pedraza finalmente se liberó de los cargos de Álvarez, pero no fue hasta bien entrado 1545, mucho después de que se instalara la Audiencia de los Confines en Gracias a Dios, que llegó nuevamente a Honduras-Higueras.[80] En su viaje hizo escala en

---

[77] Montejo v. Pedraza, 1539, AGI, Justicia 129-2; Montejo v. Alvarado, 1541, AGI, Justicia 134-3; Juan Álvarez a la Corona, la Habana, 14 de febrero de 1540, AGI, Santo Domingo 116; Documentos sin fecha relativos a Pedraza, AGI, Indiferente General 1380; Residencia de Montejo para Honduras-Higueras, 1544, AGI, Justicia 300.

[78] *Ibid.*

[79] *Ibid.*

[80] *Ibid.*

Santo Domingo, donde reclutó los servicios de varios sacerdotes.[81] Llegó a Trujillo el 9 de agosto de 1545, donde, como escribió:

"...Fui muy bien recibido por todos en la ciudad, tanto viejos como jóvenes, todos los cuales se regocijaron mucho con mi llegada... Y al día siguiente... presenté mis bulas y la provisión real de Vuestra Majestad... y asumí el cargo de obispo, para gratificación y satisfacción de los ciudadanos y autoridades, y de todos los demás que estaban presentes, fueran eclesiásticos o laicos. Concluida esta ceremonia me puse las vestiduras y dije misa...".[82]

Pedraza estableció la primera sede del Obispado de Honduras en Trujillo. Unos quince años después, tras la muerte de Pedraza, fue trasladada a Comayagua, que había alcanzado el estatus de ciudad y se había convertido en la capital política de la provincia.

Hasta 1541, se habían erigido en Higueras pocas iglesias de construcción duradera, si es que alguna, aunque la ciudad más antigua de Trujillo, en Honduras, tenía iglesias permanentes. En Higueras otros edificios públicos o privados, entre ellos la vivienda de Montejo en Gracias a Dios, fueron usados en un principio para servicios divinos. Así lo informó el procurador Cambranes a la Corona, que ordenó que se construyeran edificios permanentes. Para 1542 se había construido una iglesia permanente en Gracias a Dios, y otras la siguieron rápidamente.[83]

La Iglesia en Honduras-Higueras estuvo lejos de ser rica durante muchos años. Los diezmos que daban los españoles y los indios en especie no eran grandes ni producían buenos ingresos. Durante la conquista de Higueras entre 1537 y la primera parte de 1539 se aplicaron a la guerra los diezmos que se pudieron recaudar. Para el resto de 1539 ascendieron a sólo 100 pesos. De hecho, en Gracias a Dios nadie se preocupó de tomar un contrato para recolectar diezmos durante 1539. Las condiciones políticas inestables y la dislocación de la población nativa inevitablemente

---

[81] Obispo Cristóbal de Pedraza a la Corona, Trujillo, 21 de agosto de 1545, AGI, Guatemala 164.

[82] *Ibid.*

[83] Obispo Cristóbal de Pedraza a la Corona, Trujillo, 1 de mayo de 1547, AGI, Guatemala 164; Residencia de Montejo para Honduras-Higueras, 1544; AGI, Justicia 300; Cédula del 29 de noviembre de 1541, AGI, Guatemala 402.

obstaculizaron la recolección durante varios años más. Sin embargo, a medida que las condiciones se estabilizaron, llegaron más eclesiásticos y la organización de la Iglesia se fortaleció, las finanzas eclesiásticas mejoraron, al mismo ritmo que el progreso de la administración civil.

LA POBLACIÓN

Al inicio de 1542, se dice que Gracias a Dios tenía 28 ciudadanos, menos de los que tenía la ciudad varios años antes; San Pedro tenía 32 y Comayagua 39.[84] Trujillo ahora tenía de 20 a 25, pronto aumentó a 50. Sin embargo, el cuerpo de ciudadanos de Gracias a Dios no tardó mucho en crecer considerablemente. No se sabe cuántos españoles, aparte de "ciudadanos", estaban presentes en estos municipios en este momento, pero debe haber sido un número considerable. Tampoco se dispone de información sobre la población de Nueva Salamanca ni de San Jorge de Olancho, aunque este último quedó con unos 25 ciudadanos tras su refuerzo por Anaya en 1542-43. El número de pobladores de Puerto de Caballos es incierto, pero este pueblo debió alcanzar proporciones considerables, pues sus ciudadanos resentían la subordinación a San Pedro y en 1543 enviaron dos representantes a la Corte para solicitar la condición de municipio independiente. Estos emisarios debían solicitar el estatus municipal pleno para el pueblo para que ya no estuviera subordinado de ninguna manera a San Pedro. Posteriormente, la Corona ordenó a la Audiencia de los Confines que "fundara" formalmente un municipio en Puerto de Caballos para facilitar el comercio, pero la relación del pueblo con San Pedro podría depender de la discreción del tribunal.[85] Durante este período, también San Pedro buscó asumir el estatus de ciudad, como un paso honorario hacia arriba desde su estatus de pueblo y en reconocimiento de su creciente importancia. Como ya se indicó, Comayagua, conocida también como Nueva Valladolid en estos

---

[84] Véanse los documentos concernientes al nombramiento de esclavos negros para los ciudadanos de Honduras-Higueras, 1542, Guatemala 965.

[85] Véase la cédula del 27 de diciembre de 1542, AGI, Guatemala 402; Cédulas del 6 y 16 de junio de 1543, AGI, Guatemala 393.

años,[86] a partir de mediados del siglo se convirtió en capital tanto política como eclesiástica, con estatus de ciudad plena, tal como lo habían planeado Montejo y otros.

Es difícil estimar con precisión la población india cuando la Audiencia de los Confines asumió la autoridad en 1544. Sin embargo, en 1547 el obispo Pedraza pintó un cuadro desolador: "La tierra está tan arruinada y despoblada de nativos debido a la gran destrucción causada por los antiguos gobernadores, que en algunos distritos se puede pasar treinta leguas sin ver un pueblo..."[87] Según un informe, había 5786 nativos tributarios en todo Honduras-Higueras en 1600, distribuidos así en los distritos de las siguientes ciudades y pueblos: Valladolid (o Comayagua) 1666, Gracias a Dios 1888, San Jorge de Olancho 464, Trujillo 500, San Pedro 376, y Puerto de Caballos 104.[88] Había, por supuesto, un gran número de mestizos, o personas de sangre mixta española e india, en la provincia en ese momento, que no se contaban como contribuyentes nativos. Suponiendo un máximo de otros cinco indios por cada pagador de tributos, la población nativa combinada, como lo indica este censo, era menos de 36,000, un sorprendente contraste con la estimación de los españoles cuando llegaron por primera vez a Honduras-Higueras.

CONCLUSIÓN

Como gobernador real de Honduras-Higueras, Montejo pudo en 1544 entregar con orgullo a la nueva Audiencia de los Confines una provincia en la que los españoles tenían un dominio firme y que ahora era más estable, respetuosa de la ley y políticamente madura que nunca. Los principales problemas que habían desgarrado a la provincia desde los primeros años de su existencia

---

[86] Véase obispo Cristóbal de Pedraza a la Corona, Trujillo, 1 de mayo de 1547, AGI, Guatemala 164, para una declaración general sobre el estado de los diversos municipios de Honduras-Higueras y sus respectivos organismos ciudadanos.

[87] Obispo Cristóbal de Pedraza a la Corona, Trujillo, 1 de mayo de 1547, AGI, Guatemala 164.

[88] Informe de la ruta entre Puerto de Caballos y la Bahía de Fonseca, ca. 1590, AGI, México 257.

fueron resueltos en gran medida; el progreso ahora era posible. Que tal situación se hubiera materializado después de tantos años se debió en gran parte a los logros militares de Montejo. Sus talentos administrativos y su amplia visión también habían hecho sus contribuciones.

La destitución de Montejo de su cargo en Honduras-Higueras y Chiapas en 1544 tras la instalación de la Audiencia de los Confines fue, por supuesto, un duro golpe personal. Sus planes de construir un adelantamiento más amplio de Yucatán se hicieron añicos. De hecho, en vista de la política real de someter a las colonias de las Indias a un control cada vez mayor, tales aspiraciones como las de Montejo eran totalmente inalcanzables, como debería haberse dado cuenta. El control personal duradero del territorio o la influencia individual era lo último que la Corona permitiría ahora. Su siguiente pérdida fue la parte de Higueras del territorio comprendido entre el Río de Copilco y el Río de Ulúa, del que la Corona le había hecho gobernador real en 1533. A pesar de sus protestas, la Audiencia de los Confines le negó autoridad alguna en las porciones del sureste de estas amplias tierras, que incluían el pueblo de San Pedro, y negó su afirmación de que la Corona había unido alguna vez ese territorio con Yucatán. Sin embargo, influenciado por su reciente matrimonio con Catalina de Montejo, Maldonado, como presidente de la Audiencia, permitió que su suegro conservara la jurisdicción por un tiempo más sobre Tabasco, que constituía el extremo noroeste de su concesión entre el Río de Copilco y el Río de Ulúa.[89]

Montejo se sometió a juicio de residencia por Honduras-Higueras al dejar el cargo, y luego de concluido ese proceso permaneció en Gracias a Dios algunos meses. En 1546 fue a Ciudad Real de Chiapas a someterse a una investigación similar por su gobernación de Chiapas, así como para Yucatán y Tabasco. Cada residencia la conducía un oidor de la Audiencia.

Terminadas sus residencias en Chiapas, Montejo regresó por fin a Yucatán, a fines de 1546, asumiendo la administración general de la provincia después de una ausencia de más de una

---

[89] Para los últimos años de Montejo como conquistador y administrador véase Chamberlain, 1948.

década. Regresó a un Yucatán que había sido conquistado por su hijo, su sobrino y otros capitanes, y en el cual la ciudad de Mérida al noroeste, los pueblos de San Francisco de Campeche en la costa occidental, Valladolid en el interior oriental, y Salamanca de Bacalar, muy al sur, habían sido fundados. Sin embargo, justo cuando regresaba a su primera provincia, los españoles de Yucatán estaban a punto de enfrentar una prueba final. Los indios de los distritos del este central y del sur se levantaron en una revuelta repentina y fanática, que los españoles sofocaron después de varios meses de furiosa lucha. Esto dejó a los mayas yucatecos demasiado exhaustos para más levantamientos.

Las aspiraciones de Montejo de un mayor adelantamiento pronto se desvanecieron aún más. Fundó un pueblo no lejos del extremo occidental del Golfo Dulce en una región que creía ventajosa para el desarrollo del comercio de Guatemala y Honduras-Higueras así como para Yucatán, pero el sucesor de Maldonado en la presidencia de la Audiencia de los Confines, Alonso López de Cerrato, objetó. Lo mismo hicieron los dominicanos que ahora estaban llevando a cabo la "reducción pacífica" de Vera Paz bajo la rígida protección real. La Corona ordenó entonces a Montejo que se retirara de la zona del Golfo Dulce. De esta manera su territorio se hizo más pequeño. López de Cerrato, con aprobación real, también puso fin a la autoridad de Montejo sobre Tabasco.

Así, para 1549, Montejo se quedó solo con la península de Yucatán. Incluso esto pronto le fue arrebatado, ya que la Corona ordenó su residencia y remoción de su cargo allí, a pesar de la patente real de 1526 que lo convertía en gobernador vitalicio. Como los funcionarios de la Tesorería Real de Honduras-Higueras habían escrito a la Corona sobre Montejo en una ocasión anterior, era "una gran lástima que en su vejez estuviera tan oprimido, afligido, y tan pobre".

Montejo fue a la Ciudad de México después de ser destituido de su cargo en Yucatán y luego regresó a Castilla para buscar la reivindicación y reconocimiento por sus servicios de manos de su soberano. Cuando se disponía a zarpar de la Nueva España, recibió un último y señalado honor: el virrey lo designó para comandar la flota del tesoro de 1551 desde Veracruz a La Habana, donde sus naves se unieron a las de Panamá, comandadas por el capitán general Sancho de Viedma, para el viaje a través del Atlántico. En la corte, Montejo no perdió tiempo en buscar reparación de todos sus agravios ante el Consejo de Indias. Logró recuperar una cierta cantidad de favores, pero murió en el otoño de 1553 antes de que finalmente se resolvieran sus reclamos. La muerte le sobrevino en su ciudad natal de Salamanca, donde fue enterrado. Así terminó la vida del verdadero conquistador de Higueras y de un hombre que había vislumbrado planes para el desarrollo de Honduras-Higueras en su conjunto. En muchos aspectos fue el verdadero fundador de la colonia.

Mientras tanto, la Audiencia de los Confines había llevado firmemente la autoridad real a sus provincias centroamericanas y Honduras-Higueras entró en un período de relativa tranquilidad y orden administrativo que le permitió ocupar su lugar entre los bien ordenados reinos del Nuevo Mundo de la Corona de Castilla. Atrás quedaron los turbulentos días de Honduras-Higueras que Pedraza describió con estas palabras:

"No sé, Vuestra Santa Católica Majestad, qué mala fortuna puede ser la que persigue esta tierra, ni qué saturnino planeta reina sobre ella, que desde que los primeros cristianos vinieron a conquistarla, pacificarla y poblarla, nunca han cesado las disensiones y motines entre los gobernadores que hasta este tiempo han tenido autoridad, como se desprende de lo que sucedió a Cristóbal de Olid, que fue el capitán que fue a la conquista, y luego lo que sucedió a Diego López de Salcedo y a un noble que se llamaba Saavedra, a quien el Marqués del Valle (Hernán Cortés) había dejado en la tierra como su teniente. Igualmente lo que les sucedió a Vasco de Herrera y Diego Méndez (de Hinostroza). Debido a que Diego Méndez deseaba tener el poder, hizo que mataran a Vasco de Herrera, que gobernaba entonces, y obligó a todos a obedecerle como gobernador. (Diego Méndez) gobernó hasta que la sangre de Vasco de Herrera clamó venganza a Dios, el cual se complació en que los cristianos que en ese tiempo estaban en Trujillo eligieran al contador Cereceda como gobernador y principal oficial de justicia en nombre de Vuestra Majestad. Y la mayoría de los cristianos se juntaron y capturaron a Méndez y lo descuartizaron, y colgaron, azotaron y cortaron las manos y los pies de muchos de sus partidarios. Poco después llegó a la provincia el tesorero Diego García de Celis..., y nada más llegar se puso a pelear con Andrés de Cereceda, que entonces gobernaba, de modo que se formaron partidos rivales como si fueran ciudadanos de Cáceres y Trujillo (en Castilla). El tesorero (García de Celis) y otros que se le unieron ridiculizaron a Cereceda, y apenas quisieron obedecerle en lo que mandaba. Los que seguían al tesorero deseaban que él (solo) gobernara y que el otro (Cereceda) fuera destruido. Entonces trataron de destruir (al Contador), porque (el tesorero) volvió a Castilla y le puso muchas acusaciones ante el Concejo Real... A la hora que salí para la provincia fui allí con el tesorero (García de Celis, que entonces volvía de Castilla), y al llegar allí lo primero que hice fue ponerme a la tarea de hacer amigos a (García de Celis y Cereceda). Después (solucioné una disputa entre) los adelantados Montejo y Alvarado. (Peleas) como estas han causado mucha destrucción en la tierra y han llevado a la dispersión de sus indios, porque al ver las matanzas, desórdenes y daños que vinieron sobre (todos los indios) muchos de los que aún quedaban en sus pueblos huyeron a las montañas, donde se han quedado hasta este mismo tiempo...".[90]

Lograda la conquista y la colonización y con la provincia más escarmentada y madura en 1544, la Audiencia de los Confines y los españoles de Honduras-Higueras podían esperar en lo sucesivo un período de desarrollo normal. Sin embargo, Honduras-Higueras y Gracias a Dios no siguieron siendo por mucho tiempo el centro administrativo de las provincias centroamericanas, como deseaban sus funcionarios municipales y colonos. Después de que Alonso López de Cerrato reemplazó a Maldonado como presidente en 1548, la sede de la Audiencia se transfirió a Santiago de Guatemala, y el tribunal eventualmente pasó a ser conocido como la Audiencia de Guatemala. Santiago de Guatemala en adelante, excepto por un breve período de cinco años que finalizó en 1570, fue la capital política de la Centroamérica colonial, con Honduras-

---

[90] Obispo Cristóbal de Pedraza a la Corona, Sevilla, 16 de diciembre de 1544, AGI, Guatemala 164.

Higueras como una de las provincias del distrito de la Audiencia, también conocido como el Reino de Guatemala.[91] Simbolizando la transición del período áspero, duro y desesperado de la conquista y la colonización inicial a uno en el que se completaron estas grandes tareas y se podía anticipar la estabilidad y el progreso, los juristas de la Audiencia, inmersos en el derecho romano y servidores incondicionales de un absoluto monarca, había, en 1544, reemplazado a los soldados audaces, truculentos e inflexibles que trajeron primero el dominio castellano a la tierra.

---

[91] Tal como quedó finalmente constituido, luego de una serie de cambios de política y asignaciones territoriales, el distrito de la Audiencia de Guatemala quedó integrado por Guatemala, Honduras-Higueras, San Salvador, Chiapas, Nicaragua y Costa Rica. Brevemente resaltados, los cambios en el territorio fueron los siguientes: luego de transferencias entre los distritos de la Audiencia de Guatemala y la Audiencia de la Nueva España, Yucatán fue finalmente asignado a la Audiencia de la Nueva España en 1560; Tabasco también fue finalmente asignado a la Nueva España; Panamá fue transferida entre los distritos de las Audiencias de Guatemala y Perú hasta que en 1567 fue colocada dentro del Virreinato de Perú, con una audiencia nueva, pero subordinada. Un cambio potencialmente importante en el centro de gravedad y cambios territoriales dentro de las provincias centroamericanas se produjo con la transferencia de la sede de la audiencia centroamericana de Santiago de Guatemala a Panamá a mediados de la década de 1560. Chiapas y Guatemala estaban ahora asignadas al distrito de la Audiencia de la Nueva España, y el tribunal centroamericano tenía jurisdicción sobre Honduras-Higueras, Nicaragua, Costa Rica y la costa occidental de Nueva Granada. Sin embargo, la Audiencia regresó a Santiago de Guatemala en 1570, con autoridad sobre Guatemala, Chiapas, Honduras-Higueras, San Salvador, Nicaragua y Costa Rica. Véase Haring, 1947, pp. 81-82, 90-91.

Bibliografía

COMENTARIOS SOBRE LAS FUENTES

La historia de Honduras-Higueras desde su primera colonización hasta mediados de 1539 ha sido registrada en crónicas tempranas, documentos publicados y obras de escritores modernos, especialmente Bancroft en su *Historia de América Central*, Milla en la *Historia de la América Central*. y Durón en su *Bosquejo de historia de Honduras*... Fuentes manuscritas tales como mensajes, residencias, juicios y probanzas de méritos y servicios en el Archivo General de Indias de Sevilla y el Archivo General del Gobierno, en la ciudad de Guatemala agregan elementos importantes que no están disponibles en forma publicada, y posibilitan nuevas interpretaciones y reevaluaciones. Entre los cronistas, Herrera, Gómara, Bernal Díaz y Oviedo dan narraciones detalladas del curso de los acontecimientos en Honduras-Higueras hasta 1536, la Quinta Carta de Relación de Hernán Cortés es una fuente importante de la intervención de ese gran conquistador, y la *Colección de documentos inéditos... de Indias* (DII) incluye muchos documentos de fundamental valor, como los relativos a Andrés de Cereceda y las cartas de Pedro de Alvarado y Francisco de Montejo. Herrera da el único relato disponible del ascenso del gran líder indio Lempira y de su asesinato en el sitio del Peñol de Cerquín, aunque muchos documentos publicados e inéditos cuentan en detalle la "Guerra de Cerquín". La historia completa de la conquista final de Higueras por Montejo se ha hecho disponible únicamente a través de la recaudación de información contenida en un gran número de documentos publicados e inéditos.

La controversia entre Montejo y Alvarado por la jurisdicción de Honduras-Higueras en 1539 es abordada brevemente por Herrera y Oviedo, pero los detalles solo quedan claros en los voluminosos juicios Montejo versus Pedraza, 1539 (AGI, Justicia 129-2) y Montejo versus Alvarado, 1541 (AGI, Justicia 134-3), y cartas inéditas de Montejo y otros funcionarios que se encuentran en el Archivo General de Indias de Sevilla.

La historia de Honduras-Higueras desde que Alvarado despojó a Montejo de la gobernación en el verano de 1539 hasta la instalación de la Audiencia de los Confines en Gracias a Dios en la primavera de 1544 es casi en su totalidad un capítulo hasta ahora desconocido en la historia colonial española, y depende totalmente de fuentes manuscritas del Archivo General de Indias de Sevilla, junto con algunos documentos de apoyo del Archivo General del Gobierno, Ciudad de Guatemala. Los documentos que revelan este capítulo desconocido son muchos. Consisten en residencias, documentos originados en las Audiencias de Nueva España y Santo Domingo y en los cabildos de las ciudades y pueblos de Honduras-Higueras, demandas, correspondencia de gobernadores y otros funcionarios, cédulas reales y probanzas de méritos y servicios. La separación de Honduras-Higueras de Guatemala luego de la muerte de Alvarado se revela principalmente por el registro de la elección de Diego García de Celis y Juan López de Gamboa como coadministradores de Honduras-Higueras por parte de los cabildos de la propia provincia (AGI, Guatemala 965) y las Residencias de Montejo para Honduras-Higueras y Chiapas, 1544 y 1546 (AGI, Justicia 300). La compleja y significativa situación constitucional en la que se encontraron Montejo, Juan Pérez de Cabrera y Alonso Maldonado como contendientes rivales por la autoridad sobre Honduras-Higueras entre 1542 y 1544 se revela en las mencionadas residencias de Montejo, la Residencia de Juan Pérez de Cabrera, 1544 (AGI, Justicia 63), el juicio Fiscal v. Juan Pérez de Cabrera, 1566 (AGI, Justicia 286-4-1), y en menor grado la Residencia de Maldonado, 1548 (AGI, Justicia 299). Un gran número de otros manuscritos añaden más detalles a la historia de este período hasta ahora desconocido.

TABLA DE ABREVIATURAS BIBLIOGRÁFICAS
A. Fuentes Manuscritas

AGG – Archivo General del Gobierno, Ciudad de Guatemala.

AGI – Archivo General de Indias de Sevilla. Al citarse legajos que se dividan en números y ramos, las subdivisiones se indicarán con los números correspondientes separados por guiones: ej. AGI, sección de Patronato, legajo 1, número 1, ramo 1, sería Patronato 1-1-1. Con excepción de casos inusuales "sección de" y "legajo" serán omitidos al citar las fuentes manuscritas, ya sea del Archivo General de Indias o de otra parte.

B. Documentos Publicados

DII – Colección de documentos inéditos relativos al descubrimiento, conquista y colonización de las antiguas posesiones españolas en América y Oceanía, sacados de los archivos del Reino, y muy especialmente del de Indias.

C. Crónicas y Obras Secundarios

Bancroft – Bancroft, H. H. Las obras de Hubert Howe Bancroft.
Herrera – Herrera y Tordesillas, Antonio de. Historia general de los hechos de los Castellanos en las islas i tierra firme del Mar Océano. La cita se hace como década, libro y capítulo, ej. Herrera, 1601-15, 1-1-1.
Oviedo – Fernández de Oviedo y Valdés, Gonzalo. Historia general y natural de las Indias, isla y tierra firme del Mar Océano. Las citas se hacen como libro y capítulo, ej. Oviedo, 1851-55, 1-1.
Remesal – Remesal, Antonio de. Historia de la Provincia de S. Vicente de Chyapa y Guatemala de la Orden de nro. glorioso Padre Sancto Domingo. Las citas se hacen como libro y capítulo, ej. Remesal, 1619, 1-1.

A. Bibliografía General, Historiografía, y Ayudas Bibliográficas

Antonio, Nicolás
1783-88 Biblioteca hispana nova hispanorum scriptorum qui ab anno MD ad MDCLXXXIV flouere notitia. 2 vols. Madrid.

Harisse, H.
1866 Biblioteca americana vetustissima: descripción de las obras publicadas entre los años de 1492 y 1551. Nueva York.

Jones, C. K.
1942 Bibliografía de bibliografías latinoamericanas. Washington.

Keniston, H.
1920 Lista de obras para el estudio de la historia Hispanoamericana. Nueva York.

León Pinelo, Antonio de
1629 Epítome de la biblioteca oriental i occidental náutica i geográfica. Madrid.

Sánchez Alonso, B.
1927 Fuentes de la historia española e hispanoamericana: ensayo de bibliografía sistemática de impresos y manuscritos que ilustran la historia política de España y sus antiguas provincias de ultramar. 2 vols. Madrid.

Toribio Medina, J.
1897-1907 Biblioteca hispanoamericana (1493-1810). 7 vols. Santiago de Chile.

Weber, F.
1911 Beiträge zur charakteristik der alteren geschictsschreiber über Spanish-Amerika. Leipzig.

B. Guías para los Archivos y Librerías

Gropp, A. E.
1941 Guía para las librerías y archivos en Centroamérica y las Indias Occidentales, Panamá, Bermuda, Guayana Británica. Nueva Orleans.

Pardo, J. Joaquín
1945 Índice de los documentos existentes en el Archivo General del Gobierno, Tomo I. Guatemala.

Rodríguez Marín, P.
1916-26 Guía histórica y descriptiva de los archivos, bibliotecas y museos arqueológicos de España que están a cargo del Cuerpo Facultativo del Ramo. 2 vols. Madrid.

Torres Lanzas, P.
1900 Relación descriptiva de los mapas, planos, etc., de México y Florida existentes en el Archivo General de Indias. 2 vols. Sevilla.
1903 Relación descriptiva de los mapas, planos, etc., de la Audiencia y Capitanía de Guatemala... existentes en el Archivo de Indias. Madrid.

Villacorta C., J. Antonio
1944 Bibliografía guatemalteca. Guatemala.

C. Geografía

Alcedo, Antonio
1786 Diccionario geográfico histórico de las Indias Occidentales o América. Madrid.

Carlson, F. A.
1944 Geografía de Latinoamérica. Nueva York.

James, P. E.
1942 Latinoamérica. Nueva York.

López de Velasco, Juan
1884 Geografía y descripción universal de las Indias. Madrid.

Vázquez de Espinosa, Antonio
1942 Compendio y descripción de las Indias Occidentales.

(Traducido por Charles Upson Clark). Washington.

D. Leyes

Carro, V. D.
1944   La teología y los teólogos-juristas españoles ante la conquista de América. 2 vols. Madrid.

Eschriche y Martín, J.
1874-76   Diccionario razonado de legislación y jurisprudencia. 2
1847-51   vols. Madrid.
           Los códigos españoles, concordados y anotados. 12 vols. Madrid.

Puga, Vasco de
1563   Provisces, cédulas, instrucciones de Su Majestad. México.

Solórzano Pereira, Juan de
1776   Política Indiana... Madrid.

Spain
1681   Recopilación de leyes de los Reynos de las Indias. 4 vols. Madrid.

Spain, Consejo de Indias
1596   Libro primero (segundo) de provisiones, cédulas, capítulos de ordenanzas y cartas, librados y despachados en diferentes tiempos por los Reyes Católicos, con acuerdo de los señores presidentes y de su consejo, tocantes al gobierno de las Indias (editado por Diego de Enzinas). Madrid.

1893   Las Nuevas Leyes de las Indias para el buen trato y preservación de los indios promulgadas por el emperador Carlos V, 1542-1543. Londres.

E. Fuentes Manuscritas

Archivo General del Gobierno, Ciudad de Guatemala (citada como AGG)
    Cédulas (libros de registro).
    Probanzas de Méritos y Servicios:
        Gonzalo de Cartagena, Santiago de Guatemala, 1570.
        Alonso de Funes, Comayagua, 1549.

Documentos del Archivo Colonial, Ciudad de Guatemala: Cédulas, originales y copias, y libros de registro.
Probanzas de Méritos y Servicios:
Luis de Aguilar, Nueva Salamanca, Sección de Honduras, leg. 57, exp. 1.
Gonzalo de Armenta, San Miguel de la Frontera, 1564.
Juan Bardales, Trujillo, 1544, Sección de Honduras, leg. 72, exp. 2.
Benito Carrasco, San Jorge de Olancho, 1544, Sección de Honduras, leg. 27, exp. 1.
Miguel de Casanos, Nueva Salamanca, 1548, Sección de Honduras, leg. 62, exp. 1.
Francisco de Castellanos, Tesorero de Guatemala, Jerez de la Frontera, 1560, Sección de Guatemala, leg. 268, exp. 1.
Álvaro de Fuentes y de la Cerda, 1624, Sección de Guatemala, leg. 344, exp. 9.
Andrés Francisco, Valladolid del Valle de Comayagua, 1560.
Pedro de Garro, Santiago de Guatemala, 1541.
Pedro Gómez de Rueda. Santiago, 1533.
Melchor Hernández, Santiago de Guatemala, 1556, Sección de San Salvador, leg. 193, exp. 1.
Francisco Méndez, Gracias a Dios, 1548, Sección de Honduras, leg. 13, exp. 1.
Juan Rodríguez, Gracias a Dios, 1548, Sección de Guatemala, leg. 411, exp. 2.
Juan Ruiz de la Vega, Comayagua, 1548.
Miguel de Trujillo, San Miguel de la Frontera, 1548.
Sección de San Salvador, leg. 121, exp. 21.
Antonio de Vergara, Comayagua, 1543.
Documentos del Archivo Municipal de la Ciudad de Guatemala:
Cartas antiguas de particulares.
Cartas antiguas escritas a esta Ciudad de Guatemala.
Cartas de agentes.
Cartas de ciudades y villas.

Libro de consultas.
Cartas de personas Ilustres.
Instrucciones y cartas.
Reales cédulas, lib. 4.

Documentos del Archivo de Protocolos Colonial, Ciudad de Guatemala:

Cédulas concernientes a Honduras-Higueras (originales).

Libro de la tesorería de su majestad de la cuenta y razón q. de ella tiene yo el tesorero franco. de castellanos, tesorero en esta provincia, de Guatemala desde el año de MDXXIX que comenzó... en adelante (1524-1558).

Libro de votos de las causas y pleitos que comenzó en el mes de julio de 1545 hasta el de 1564.

Probanza de méritos y servicios de Alonso de Funes, Comayagua, 1549.

Archivo General de Indias, Sevilla (citado como AGI)

Audiencia de Guatemala

Leg. 1. Consultas originales correspondiente al distrito de la Audiencia de Guatemala. 1586-1637.

Leg. 9. Audiencia de Guatemala: Cartas y expedientes del presidente y oidores de dicha Audiencia: año de 1529 a 1573.

Leg. 39. Cartas y expedientes de los gobernadores de Costa Rica y Honduras. 1526-1699.

Leg. 43. Cartas y expedientes de los cabildos seculares de León de Nicaragua, San Salvador y Comayagua. 1539-1689.

Leg. 44. Cartas y expedientes de varios cabildos seculares del distrito de la Audiencia. 1530-1695.

Leg. 49. Cartas y expedientes de oficiales reales de Valladolid de Comayagua en Honduras. 1530-1697.

Leg. 52. Cartas y expedientes de personas seculares del distrito de la Audiencia de Guatemala. 1526-1561

Leg. 53. Cartas y expedientes de personas seculares del distrito de la Audiencia de Guatemala. 1562-1571.
Leg. 97. Confirmaciones de encomiendas de indios en el distrito de la Audiencia. 1564-1611.
Leg. 110. Informaciones de oficio y parte del distrito de la Audiencia. 1526-1551.
Leg. 111. Informaciones de oficio y parte del distrito de la Audiencia. 1552-1569.
Leg. 112. Informaciones de oficio y parte del distrito de la Audiencia. 1570-1571.
Leg. 128. Un libro de tasaciones a los naturales de las Provincias de Guatemala, Nicaragua, Yucatán y Comayagua. 1548-1551.
Leg. 156. Cartas y expedientes de los Obispos de Guatemala. 1536-1639.
Leg. 161. Cartas y expedientes de los Obispos de Chiapas. 1541-1699.
Leg. 162. Cartas y expedientes de los Obispos de León de Nicaragua. 1544-1685.
Leg. 163. Cartas y expedientes de los Obispos de Vera Paz. 1570-1604.
Leg. 164. Cartas y expedientes de los Obispos de Valladolid de Comayagua en Honduras. 1541-1700.
Leg. 168. Cartas y expedientes de personas eccas. del distrito de dicha Audiencia. 1532-1570.
Leg. 173. Cartas y expedientes de personas eccas. del distrito de dicha Audiencia. 1600-1605.
Leg. 386. Registros de oficio: reales órdenes dirigidas a las autoridades del distrito. 1551-1647.
Leg. 393. Registros de partes: reales órdenes dirigidas a las autoridades corporaciones y particulares del distrito. 1529-1551.
Leg. 402. Registros: Honduras e Higueras: reales órdenes dirigidas a las autoridades y particulares de aquella provincia. 1525-1605.
Leg. 965. Papeles por agregar. 1527-1577.
Leg. 966. Papeles por agregar. 1578-1599.

Leg. 968A, 968B. Papeles por agregar.
Leg. 971. Papeles por agregar.

Audiencia de México

Leg. 68. Cartas y expedientes del presidente y oidores de Méjico vistos en el Consejo. 1533-1571.
Leg. 1098. Registros de oficio y partes: reales órdenes dirigidas a las autoridades y particulares de Nueva España. 1548-1552 y 1566-1569
Leg. 2999. Registros: reales órdenes dirigidas a las autoridades y particulares. 1531-1604.

Audiencia de Santo Domingo

Leg. 49. Cartas y expedientes remitidos por la Audiencia de Santo Domingo. 1530-1561.
Leg. 71. Tres libros de cartas de las autoridades, personas eclesiásticas y seculares de esta isla: 1534-1574.
Leg. 116. Cartas y expedientes de los cabildos seculares de Cuba y Habana. 1527-1612.
Leg. 168. Cartas.
Leg. 172. Cartas.

Contaduría

Leg. 1. Cuentas de los gastos de varias comisiones conferidas a diferentes sujetos por encargos particulares. 1514-1547.
Leg. 661. Cuentas de los tesoreros de Nueva España... 1544-1553.
Leg. 662A. Cuentas de los tesoreros de Nueva España... 1533-1543.
Leg. 987. Cuentas de Real Hacienda de los años de 1527 a 1529 y 1533 a 1556.

Contratación

Legs. 3281, 4948A, 5009, 5010, 5103. Todos los legajos citados incluyen importantes materiales sobre Honduras-Higueras.

Escribanía de Cámara

Leg. 1006A. Dn. Francisco. Montejo, conqor. Adelantado y governor. de las Provs. De Yucatán, con el sor. Fiscal sre. el despojo que se le hizo del gobierno y approvechamto. De los tributos de indios qe. posehya... 1552. Citado como Montejo v. Fiscal sobre la destitución del cargo, 1552.

Indiferente General

Leg. 415. Registros, Asientos y Capitulaciones. 1508-1605.
Leg. 737. Consultas del Consejo y Cámara. 1529-1556.
Leg. 857. Papeles y borradores del Consejo.
Leg. 1206. Expedientes, Informaciones y Probanzas. 1539-1541.
Leg. 1207. Expedientes, Informaciones y Probanzas. 1547-1549.
Leg. 1380. Peticiones y Memoriales.
Leg. 1382A. Peticiones y Memoriales.
Leg. 2984. Reales resoluciones sobre consultas, breves y expedientes. 1523-1559.

Justicia

Leg. 63. Residencia tomada el año de 1544 a Dn. Juan Pérez de Cabrera Govor. que fue de la provincia de Honduras; por Dn. Alonso de Valdez, juez nombrado para este efecto. 1544. Citado como Residencia de Juan Pérez de Cabrera, 1544.

Leg. 129, núm. 2. El Adelantado Dn. Franco. Montejo Govor. de las provincias de Yucatán, Higueras y Honduras, con el protector de Yndios Licdo. Dn. Cristóbal de Pedraza sre. haverle este embargado los bienes y suspendido de sus empleos. 1539. Citada como Montejo v. Pedraza, 1539.

Leg. 134, núm. 3. Dn. Franco. de Montejo Govor. y capn. General de la prova. De Yucatán, con el Adelantado Dn. Pedro de Alvarado, sre. el derecho a una encomienda de indios. 1541. Citado como Montejo v. Alvarado, 1541.

Leg. 204, núm. 2, ramo 1. El Adelantado Dn. Franco. de Montejo con el Fiscal de S. M. sre. la suplicación que interpone de una cedula dada sre. el Pueblo de Escupuçalco: México. Año de 1556.

Leg. 244. Relación de la Residencia q. tomo el doctor blas cota al adelantado Montejo (1549-1550). Citado como Residencia de Montejo para Yucatán y Tbasco, 1549-1550.

Leg. 280, núm. 4. Dn. Diego de Alvarado vezino de la Ciudad de Gracias a Dios, con Juan de Castriqui de la propia vecindad sobre la pertenencia a la mitad de los pueblos de indios Coloma Yarnaynia y Chandeque. 1546.

Leg. 281, núm. 2. Álvaro de Paz vecino de la Ciudad de Sn. Pedro en la gobernación de Higueras con Alonso y Lorenzo Dorrego hermanos vecinos de la Ciudad de Gracias a Dios sobre el derecho al pueblo de indios de Machola. 1547.

Leg. 282, núm. 1. Elena de Chaves vecina de la Ciudad de Gracias a Dios, con Luis de Barrasco de la propia vecindad, sre. que este la devolviese los pueblos de indios Tambla Tenambla Cuzuyegua. 1549.

Leg. 272, núm 3. Francisco de Alvarado vecino de la Ciudad de Gracias a Dios con Franco. Lievana de la propia vecindad sobre derecho a los pueblos Lepaera y Tocuyuco. 1549.

Leg. 286, núm. 1. Juan Vasco de Placencia, contador de la prova. de Honduras con el Fiscal de S. M. sre. cierta condenación... 1550.

Leg. 286, núm 4, ramo 1. Fiscal con Juan Pérez de Cabrera Gobernador que fue de la provincia de Honduras sre. el pago de los sueldos que le correspondían el tiempo que servía el gobierno de la Nueva Cartago. 1556. Citado como Fiscal v. Juan Pérez de Cabrera, 1556.

Leg. 295, 296. Residencia tomado et año de 1535 al Adelantado Dn. Pedro de Alvarado Gobernador que fue de la provincia de Guatemala y a sus tenientes por el Licdo. Alonso Maldonado oidor de la Audiencia de México. 1535. Citado como Residencia de Alvarado, 1535.

Leg. 299. Residencia tomada el año de 1547 a los Licdos. Alonso de Maldonado, Pedro Ramírez de Quiñonez, Diego Herrera y Juan Rogel, Presidente y Oidores de la Audiencia de Guatemala, por el Licdo. López Cerrato juez nombrado para este efecto. 1547. Citado como Residencia de Maldonado 1547 (1548).

Leg. 300. Audiencia de Guatemala: Residencia tomado a el Adelantado Dn. Francisco Montejo Gobernador que fue de las provincias de Chiapa, Yucatán, Tabasco y Cozumel y a sus tenientes, por el Licdo. Juan Rogel Oidor de la Audiencia de Guatemala, juez nombrado para este efecto. 1533. Residencia q. tomo el Licendo. Rogel al adelantado Montejo de la gobernación de Honduras... (1544). Citado como Residencia de Montejo para Honduras-Higueras, 1544. Residencias de Montejo para Honduras-Higueras, Chiapas, Yucatán, y Tabasco, 1544-1550. Residencias de Montejo para Chiapas, Yucatán y Tabasco, 1546-1550.

Leg. 301, 302. Residencia tomada el año de 1553 a los Licdos. Alonso López Cerrato, Tomas López, Diego Herrera y Juan Rogel, Presidente y oidores de esta Audiencia de Guatemala, por el Don Antonio

Rodríguez de Quesada Oidor de la Nueva España, juez nombrado para este efecto. 1553.

Leg. 1005, núm 3, ramo 1. El Adelantado D. Francisco Montejo Governor de las provincias de Yucatán con Dn. Pedro de Alvarado sobre el derecho a los términos del Rio de Grijalva que dho. Montejo había conquistado y pacificado a su costa. 1533. Citado como Montejo v. Alvarado, 1533.

Leg. 1008, núm. 3, ramo 3. Andrés Núñez, vecino de la villa de Comayagua, con Alonso Alemán y Hernando de Baeza vecinos de Sevilla sobre fianzas de unas mercaderías. 1543.

Leg. 1021, núm. 3, ramo 2. El Adelantado Dn. Franco. de Montejo, Govor. de la Prova. de Yucatán, con el Fiscal de S. M. sre. el pago de su salario y otras cosas. 1552. Citado como Montejo v. Fiscal sobre los salarios, 1552.

Leg. 1031, núm. 2. Dn. Cristóbal de Pedraza, Protector de Yndios de la Gobernación de Honduras, con el Br. Juan Álvarez Clérigo sobre ciertos desordenes cometidos en cuanto a la observancia de las reales provions. 1540.

Leg. 1032, núm. 1, 2, 3. Juicios entre ciudadanos de Puerto de Caballos y ciudadanos de otro lugar sobre los pueblos indios. 1541-1544.

Leg. 1032, núm. 2. Martin de Villarubia, vezno. de la Ciudad de Sn. Pedro de Puerto de Caballos, con Cristóbal Gallegos vecino de dha. ciudad sre. dro. a los pueblos de indios de Petoa y Cuchivite en la Provincia de Honduras. 1543.

Leg. 1032, núm. 4, ramo 1. Alonso García, vecino de la Ciudad de Gracias a Dios, con el Adelantado Dn. Francisco Montejo, Gobernador de la provincia de Higueras, sre. haberle despoblado del pueblo de indios de Yamala. 1545.

Leg. 1033, núm. 2, ramo 1. Dn. Cristóbal de la Cueva, vecino de la Ciudad de Xerez de la Frontera, con el Adelantado dn. Francisco Montejo sobre derecho a los tributos del pueblo de indios de Tecurucelo. 1553.

Leg. 1035, núm. 2, ramo 2. El Señor Fiscal: con el Adelantado Dn. Pedro de Alvarado, gobernador de Guatemala, sre. que se le manda apremiar al dho. Adelantado a q. vuelva en persona a su gobernación a dar residencia del tiempo qe. ha servido en ella. 1537. Citado como Fiscal v. Alvarado, 1537.

Leg. 1035, núm. 3, ramo 1. Fiscal con... García de Celis, tesorero de la provincia de Honduras, sobre excesos cometidos en su oficio. 1537. Citado como Fiscal v. Diego García de Celis, 1537.

Leg. 1037, núm. 2, ramo 2. Fiscal con el Licdo. Alonso Maldonado, Presidente que fue de la Audiencia de Guatemala, sobre derecho al pueblo de indios Azapuçalco. 1550.

Patronato

Leg. 20.
Leg. 56. Méritos y Servicios de los Conquistadores. 1540-1543
Leg. 58. Méritos y Servicios de los Conquistadores. 1548
Leg. 60. Méritos y Servicios de los Conquistadores. 1552-1556.
Leg. 62. Méritos y Servicios de los Conquistadores. 1559.
Leg. 63. Méritos y Servicios de los Conquistadores. 1560.
Leg. 71. Méritos y Servicios de los Conquistadores. 1571.
Leg. 72. Méritos y Servicios de los Conquistadores. 1572.
Leg. 74. Méritos y Servicios de los Conquistadores. 1575-1576.
Leg. 180. Papeles sobre el buen gobierno de Nueva España. 1519-1540.
Leg. 181. Papeles sobre el buen gobierno de Nueva España. 1541-1560.
Leg. 184. Papeles sobre el buen gobierno de Nueva España. 1525-1572.
Leg. 275. Son copias de minutes de Reales Cédulas, de sentencias en varias residencias, de despachos y

provisiones de emplazamiento despachados por el Consejo y Cámara de Indias pertenecientes al buen gobierno de aquellos dominios. 1511-1586.

Leg. 278. Minutas de cedulas... (sobre) buen gobierno de las Indias. 1539-1540.

F. Documentos Publicados

Arbitraje de límites
1932 Arbitraje de límites, Guatemala y Honduras: Anexos. Washington.

Cedulario heráldico
1933 Cedulario heráldico de conquistadores de Nueva España. México.

Colección de documentos
1864-84 Colección de documentos inéditos relativos al descubrimiento, conquista y colonización de las antiguas posesiones españolas en América y Oceanía sacados de los archivos del Reino y muy especialmente del de Indias. 42 vols. (Citado como DII). Madrid.

1934 Libro viejo de la fundación de Guatemala. Guatemala.

Gayangos, Pascual de
1866 Cartas y relaciones de Hernán Cortés al Emperador Carlos V. Paris.

Rújula y de Ochotereno, José de, y Antonio del Solar y Taboada
1931 Francisco de Montejo y los Adelantados del Yucatán, genealogía de los Condes y Duques de Montellano: notas y documentos biográficos y genealógicos. Badajoz.

España, Ministerio de Fomento
1877 Cartas de Indias. Madrid

España, Ministerio de Trabajo y Previsión
1930 Catálogo de pasajeros a Indias durante los siglos XVI, XVII y XVIII. Madrid.

G. Crónicas, Primeras Historias y Obras Secundarias

Aguado, Pedro de
1916-17 Historia de Santa Marta y Nuevo Reino de Granada. 2 vols. Madrid.

Aiton, A. S.
1936 Antonio de Mendoza, primer virrey de la Nueva España

Álvaro, Héctor, y Tito Pérez Estrada
1936 Homenaje a la Ciudad de Gracias a Dios en el CD aniversario de su fundación, 1536-1936. San Pedro Sula.

Anghiera, Peter Martyr D.
1912 De orbe novo, las ocho décadas de Peter Martyr D'Anghiera. Traducido por F. A. MacNutt. 2 vols. Nueva York y Londres.

Bancroft, H. H.
1883-87 La historia de Centroamérica. 3 vols. San Francisco.

Casas, Bartolomé de las
n.d. Historia de las Indias. 3 vols. Madrid.
1646 Bervíssima relación de la destrucción de las Indias. Barcelona.

Chamberlain, R. S.
1940 El linaje del adelantado don Francisco de Montejo y su voluntad y testamento. *Rev. Hist. de América*, no. 8, págs. 53-56. México.
1943 La controversia entre Cortés y Velázquez sobre la gobernación de la Nueva España, 1519-1522. *Anales Soc. Geog. E Hist. de Guatemala*, 19: 23-56. Guatemala.
1945[a] Un documento desconocido del licenciado Cristóbal de Pedraza, protector de los indios y obispo de Honduras. *Analaes Soc. Geog. e Hist. de Guatemala*, 20: 33-38. Guatemala.
1945[b] El último testamento de don Francisco de Montejo, adelantado de Yucatán, 1553. *Anales Soc. Geog. e Hist. de Guatemala*, 20: 83-90. Guatemala.
1945[c] Ensayo sobre el adelantado don Francisco de Montejo y sus proyectos para el desarrollo

económico de la Provincia de Honduras e Higueras. *Anales Soc. Geog. e Hist. de Guatemala,* 20: 209-217. Guatemala.

1946[a] La fundación de la Ciudad de Gracias a Dios, primera sede de la Audiencia de los Confines. *Hispanic Amer. Hist. Rev.*, 26: 2-18. Durham.

1946[b] Plan de siglo XVI para abrir un camino de Puerto Caballos a la Bahía de Fonseca en sustitución de la ruta de Panamá. *Anales Soc. Geog. e Hist.* 21: 61-65. Guatemala.

1947[a] Primeros años de San Miguel de la Frontera. *Hispanic Amer. Hist. Rev.*, 27: 633-646. Durham, N.C.

1947[b] La gubernatura del adelantado Francisco de Montejo en Chiapas, 1539-1544. *Carnegie Inst. Wash.*, Pub. 574, Contrib. 46. Washington.

1947[c] Proyectos de conquista pacífica formulados por el Licdo. Cristóbal de Pedraza, protector de los Indios y prelado de Honduras e Higueras, y por el licenciado Juan de Arteaga, obispo electo de Chiapas. *Honduras Maya*, año 2, números 2 y 3, págs. 12-18. Tegucigalpa.

1948 La conquista y colonización de Yucatán, 1527-1550. *Carnegie Inst. Wash.*, Pub. 582. Washington.

Diaz del Castillo, Bernal
1904 Historia verdadera de la conquista de la Nueva España (Genaro García, editor). 2 vols. México.
1933-34 Verdadera y notable relación del descubrimiento y conquista de la Nueva España y Guatemala. 2 vols. Guatemala.

Diffie, B. W.
1945 Civilización latinoamericana: periodo colonial. Harrisburg, Pa.

Durón, R. E.
1927 Bosquejo de historia de Honduras de 1502 a 1921. San Pedro.

Fernández de Oviedo y Valdés, Gonzalo
1851-55 Historia general y natural de las Indias, Islas y Tierra-Firme del Mar Océano. 4 vols. Madrid.

Fernández Piedrahita, Lucas
- 1688　Historia general de las conquistas del Nuevo Reino de Granada. Amberes.

Fuentes y Guzmán, Francisco Antonio
- 1882-83　Historia de Guatemala, o Recordación Florida. 2 vols. Madrid.
- 1932-33　Recordación Florida... 3 vols. Guatemala.

González Barcía, Andrés
- 1749　Historiadores primitivos de las Indias Occidentales. 3 vols. Madrid.

Groot, J. M.
- 1889-93　Historia eclesiástica y civil de Nueva Granada. 5 vols. Bogotá.

Guatemala, Comisión de Límites
- 1929　Cartografía de la América Central. Guatemala.

Hanke, Lewis
- 1949[a]　La lucha española por la justicia en la conquista de América. Filadelfia.
- 1949[b]　Bartolomé de las Casas, pensador político, historiador, antropólogo. La Habana.

Haring, C. H.
- 1947　El imperio español en América. Nueva York.

Helps, A.
- 1900-04　La conquista española en América. 4 vols. Londres y Nueva York.

Herrera y Tordesillas, Antonio de
- 1601-15　Historia general de los hechos de los Castellanos en las Islas i Tierra Firme del Mar Océano. Madrid.

Icaza, F. A.
- 1923　Conquistadores y pobladores de Nueva España. 2 vols. Madrid.

Ipsilanti, George
- 1943　Escudos de armas de la Provincia de Honduras. *Boletín de la Biblioteca y Archivo Nacionales*, Año 3, Número 6, págs. 131-156. Tegucigalpa.

Juarros, Domingo
- 1857　Compendio de la historia de la Ciudad de Guatemala. 2 vols. Guatemala.

Kelly, J. E.
- 1932　Pedro de Alvarado, conquistador. Princeton.

Lehmann, W.
1920 Central-Amerika. Teil I. 2 vols. Berlin.
López de Gómara, Francisco
1554 La historia general de las Indias con todos los descubrimientos y cosas notables que han acaecido en ellas dende que se ganaron hasta ahora. Anvers.
Lunardi, F.
1941-42 Descubrimiento de la gran metrópoli Maya en el Valle de Comayagua, Republic de Honduras. *Revista del Archivo y Biblioteca Nacionales*, vols. 19, 20. Tegucigalpa.
1942-43 Lempira, el héroe de la epopeya nacional de Honduras. *Revista del Archivo y Biblioteca Nacionales*, vols. 20, 21. Tegucigalpa.
1943 Los misterios Mayas del Valle de Otoro. *Revista Geográfica Americana*, vol. 20, no. 118. Buenos Aires.
1945[a] Choluteca: ensayo histórico-etnográfico. Tegucigalpa.
1945[b] Iglesia y convento de San Francisco: El Valle de Comayagua: *Documentos para la historia*: no. 3. Tegucigalpa.
1946[a] El Tenguax y la primera iglesia catedral de Comayagua: El Valle de Comayagua. *Documentos para la historia*: no. 1. Tegucigalpa.
1946[b] La fundación de la Ciudad de Gracias a Dios y de las primeras villas y ciudades de Honduras. Tegucigalpa.
MacNutt, F. A.
1909 Bartolomé de las Casas: su vida, su apostolado, y sus escritos. Nueva York y Londres.
Mendieta, Gerónimo de
1870 Historia eclesiástica indiana. México.
Merriman, R. B.
1918-1937 El surgimiento del Imperio Español en el Viejo Mundo y en el Nuevo. 4 vols. Nueva York.
Milla, José, y Agustín Gómez Carrillo
1879-1897 Historia de la América Central desde el descubrimiento del País por los españoles (1502) hasta su independencia de España (1821). 4 vols. Guatemala.
Morrison, S. E.

1942 Almirante del Mar Océano: la vida de Cristóbal Colón. Boston.

Pardo, J. Joaquín
1944 Efemérides para escribir la historia de la Muy Noble y Muy Leal Ciudad de Santiago de los Caballeros del Reino de Guatemala. Guatemala.

Peralta, M. M. de
1883 Costa Rica, Nicaragua, y Panamá en el siglo XVI: su historia y sus límites.

Plaza, J. A. de
1850 Memorias para la historia de la Nueva Granada desde su descubrimiento hasta el 20 de julio de 1810. Bogotá.

Ramos, M. A.
1929 Divulgaciones militares. Tegucigalpa.

Remesal, Antonio de
1619 Historia de la Provincia de S. Vicente de Chyapa y Guatemala de la Orden de nro. glorioso Padre Sancto Domingo. Madrid.
1904 Revista del Archivo y Biblioteca Nacional de Honduras. Vol. 1.

Roys, R. L.
1943 El trasfondo indio del Yucatán colonial. *Carnegie Inst. Wash.,* Pub. 548. Washington.

Salgado, Félix
1931 Elementos de historia de Honduras. Tegucigalpa.

Sandoval, Prudencio de
1681 Historia de la vida y hechas del Emperador Carlos V: Máximo Fortíssimo. 2 vols. Amberes.

Santa Cruz, Alonso de
1920-27 Crónica del Emperador Carlos V. 5 vols. Madrid.

Scholes, F. V., y R. L. Roys
1948 Los indios mayas chontales de Acalan-Tixchel. *Carnegie Inst. Wash.*, Pub. 560. Washington.

Simón, Pedro
1627 Conquista de Tierra Firme. Cuenca.
1882-92 Noticias historiales de las conquistas de Tierra Firme en las Indias Occidentales. 5 vols. Bogotá.

Spinden, H. J.
1928 Antiguas civilizaciones de México y Centroamérica.

Squire, E.G.
Nueva York.
1855 Notas sobre Centroamérica; particularmente de los Estados de Honduras y San Salvador. Nueva York.

Stone, D. Z.
1940 El Valle de Ulúa y el Lago Yojoa. Con los mayas y sus vecinos, págs. 386-94. Nueva York.
1941 Arqueología de la costa norte de Honduras. *Mem. Peabody Mus. Harvard Univ.*, vol. 9, no. 1. Cambridge.

Strong, W. D.
1935 Investigaciones arqueológicas en las Islas de la Bahía. *Smithsonian Misc. Coll.*, vol. 92, no. 14. Washington.
1940 Problemas antropológicos en Centroamérica. Con los mayas y sus vecinos, págs. 377-85. Nueva York.

A. Kidder II, y A. J. D. Paul, Jr.
1938 Informe preliminar sobre la Institución Smithsonian. Expedición arqueológica de la Universidad de Harvard al noreste de Honduras, 1936. *Smithsonian Misc. Coll.*, vol. 92, no. 14. Washington.

Torquemada, Juan de
1723 Monarquía India. 3 vols. Madrid.

Valle, Rafael Heliodoro
1948 Cristóbal de Olid, conquistador de México y Honduras. México.

Vázquez, Francisco
1714-16 Chrónica del Provincia del Santíssimo Nombre de Jesús de Guatemala de el Orden de No. Seráphico Padre San Francisco en el Reyno de la Nueva España. 2 vols. Guatemala.

Winsor, J.
1884-89 Narrativa e historia crítica de América. 8 vols. Boston y Nueva York.

Zavala, S.
1945 Contribución a la historia de las instituciones coloniales en Guatemala. *Jornadas*, no. 36. México.

www.ingramcontent.com/pod-product-compliance
Lightning Source LLC
Chambersburg PA
CBHW072103050526
44107CB00099B/401